SONG HONGBING

LA GUERRE DES MONNAIES II
Le pouvoir de l'or

Song Hongbing

Song Hongbing est un jeune chercheur en économie qui a émigré aux États-Unis. Il y travaille comme consultant pour les fonds de pension américains Freddie Mac et Fanny Mae, fonds de pension qui vont disparaître lors de la crise financière de 2008.

货币战争②金权天下

LA GUERRE DES MONNAIES II
Le pouvoir de l'or

Traduit du chinois et publié par Omnia Veritas Limited

www.omnia-veritas.com

© Omnia Veritas Ltd — 2021

Tous droits réservés. Aucune partie de cette publication ne peut être reproduite par quelque moyen que ce soit sans l'autorisation préalable de l'éditeur. Le code de la propriété intellectuelle interdit les copies ou reproductions à usage collectif. Toute représentation ou reproduction intégrale ou partielle par quelque procédé que ce soit, faite sans le consentement de l'éditeur, est illicite et constitue une contrefaçon sanctionnée par la législation sur le droit d'auteur.

PRÉFACE 13
CHAPITRE I 16
   L'ALLEMAGNE : LE BERCEAU DES BANQUIERS INTERNATIONAUX 16

      Qui sont les banquiers internationaux ? 17
      La guerre qui s'est arrêtée 20
      Le vieux Bleichröder : L'agent de Rothschild 23
      Oppenheimer : le seigneur financier de Cologne 27
      La révolution de 1848 et le sauvetage des banques 31
      L'ascension de Bismarck 35
      Bleichröder : Le banquier privé de Bismarck 37
      La crise danoise : L'occasion inattendue de Bismarck 41
      La guerre de Prusse : un test de la puissance de l'or 43
      Les libéraux parlementaires : des obstacles sur la route de la réunification allemande 47
      La privatisation du chemin de fer Cologne-Minden : une source de richesse pour la guerre austro-prussienne 49
      Pourquoi la guerre austro-prussienne s'est terminée brusquement ? 53
      La bataille pour la vulgarisation du droit : 10 000 taels d'or au son d'un canon 55
      5 milliards de francs d'indemnités de guerre : le "gros gâteau" du banquier 60

CHAPITRE II 63
   LE ROYAUME-UNI : LES SOMMETS DU POUVOIR DE L'OR 63

      Francis, le fondateur de la dynastie des Baring 64
      Les Pays-Bas : l'apogée du capitalisme commercial 66
      La famille Hope : Baring est l'homme le plus riche d'Europe 69
      "Red Top Businessmen" : Le pouvoir de l'or au pouvoir 71
      Réseau transatlantique de personnes 74
      Financement de la Louisiane : L'affaire financière la plus étonnante jamais réalisée 76
      La guerre anglo-américaine de 1812 : La famille Baring à l'intérieur et à l'extérieur 78
      Le paiement de la France d'après-guerre : Baring se hisse au rang de sixième puissance en Europe 81
      Les contrats de la dette publique française : une querelle entre deux hommes 84
      Rothschild est enfin le roi 87
      Financiers et politiciens 91
      Le Canal de Suez : Le blitzkrieg financier de Rothschild 94
      Sauver la Banque de Baring 98
      Croix d'or 100
      Entrer en Chine 102

CHAPITRE III 106
LA FRANCE : LA CESSION DE L'OR 106

La famille de banquiers suisses derrière la Révolution française 107
Banque de France : Le retour sur investissement du " Coup du 18 Brumaire ". 111
Le Monopole est brisé : L'ascension de la famille bancaire juive 114
La révolution de l'innovation financière 116
Le Crédit Mobilier : Le défi de Pereire 119
"À la fois un menteur et un prophète" 122
Banque de France : un atout stratégique pour vaincre Pereire 127
Guerre de Crimée 132
Banquiers catholiques : La troisième force 136
L'évolution du pouvoir de l'or : de la propriété au contrôle 136

CHAPITRE IV 141
LES ETATS-UNIS : LE "CERCLE DE LA PUISSANCE DE L'OR" 141

Seligman : Du petit homme d'affaires au banquier international 142
August Belmont's "Federal Reserve" 145
La haute société new-yorkaise 147
Le roi de la dette nationale, Seligman 150
Seligman serre la main du ministre des finances 155
Seligman : Le Rothschild de l'Amérique 159
Seligman : le véritable "père du Panama" 164
L'ère de Schiff 170
Schiff et la guerre russo-japonaise 176
Nouveau cercle et ancien cercle 179

CHAPITRE V 185
UNE EUROPE TURBULENTE 185

Un désir inassouvi : retourner, retourner à Sion. 186
La famille bancaire allemande : le feu de l'espoir d'un retour 187
Le dilemme palestinien 192
Siège et essor : la concurrence stratégique de Yingde 194
Ligne Hambourg-Amérique : La bataille pour l'hégémonie maritime 196
Max Warburg : Le tsar économique du futur 198
Le chemin de fer Berlin-Bagdad : Le corridor stratégique de l'Allemagne en état de siège 201
Incident d'Agadir 203
La déclaration Balfour et le rêve des banquiers 206
Trahison : La contradiction de l'élite dirigeante britannique et du sionisme 209
Les armes économiques et la convention de Versailles 213

L'"indépendance" de la Banque centrale allemande en 1922 : l'"œil du vent" de l'ouragan super-inflationniste 217
La "guerre monétaire" qui a renversé la République de Weimar 219
La bataille de Schacht pour la "marque du loyer foncier"......................... 223
Le plan Dawes : Soutenir les débuts de l'Allemagne................................. 227

CHAPITRE VI 231
LE "NEW DEAL" D'HITLER 231

"Hitler cynique".. 233
Feder : le mentor financier d'Hitler... 236
Putsch de la Brasserie : la gloire d'Hitler... 239
Hitler a été adoubé par le dieu de la richesse 242
Cercle d'amis du leader du Troisième Reich... 248
L'accord Haavara 249
Schacht : l'intermédiaire des banquiers internationaux 252
Le grand jeu d'échecs.. 257
Plate-forme de pouvoir social dans l'Allemagne nazie 261
Le système économique de l'Allemagne nazie.. 266
Le "New Deal" d'Hitler 268
Le premier feu du New Deal d'Hitler : la nationalisation de la banque centrale. 270
"Federity" : Les Lincoln Greenbacks de l'Allemagne 272
L'"innovation financière" a sauvé l'économie allemande 276
Rothschild et Hitler.. 279
Le jeu de pouvoir d'Hitler 281

CHAPITRE VII 285
BANQUIERS ET RÉSEAUX DE RENSEIGNEMENTS 285

Les "Cinq de Cambridge" du KGB 286
"Le Cinquième Homme" 289
Le Cercle du Conseil Apostolique... 291
Le père de Philby 296
Kim Philby et Victor Rothschild 299
"Les cinq de Cambridge" ont pénétré les services secrets britanniques... 300
Entre le sumérien et l'américain, les deux faces d'une même médaille... 302
Core Confidential 305
Le prix de Victor : L'échange secret de bombes atomiques contre la création de l'État d'Israël 311
"Cible Patton" 315
Origine de Donovan 319
OSS — "Oh So Social" 321
Le motif du meurtre de Patton.. 322

CHAPITRE VIII 324

- L'ÉLITE DIRIGEANTE ET LES "OLIGARQUES INVISIBLES"..................................324
  - Le mystérieux crash de Korean Air KAL007..................................325
  - L'empire du diamant et les pères de l'élite 329
  - Le Lodz Club, l'"Académie militaire Whampoa" de l'élite dirigeante britannique. 332
  - "Groupe Milner"..................................336
  - La politique allemande du "Groupe Milner" repose sur deux points essentiels 339
  - "Bloc de pouvoir anglo-américain" 341
  - La Fondation : La richesse invisible des Rothschilds..................................344
  - La soupe au poulet du cœur dit : plus tu abandonnes, plus tu as… 348
  - Les Rockefeller, la "famille du bas". 351
  - Effet de levier et contrôle de la richesse 356
  - Enquête du Congrès 360
  - Fondations, groupes d'élite et gouvernements 363
  - Les fondations et le système éducatif..................................367
  - Formation de l'opinion publique..................................369
  - Le gouvernement mondial : l'objectif du "bloc de pouvoir anglo-américain". 371

CHAPITRE IX 376
- APRÈS LE TSUNAMI FINANCIER..................................376
  - Greenspan : Ingénieur de la machine économique..................................379
  - La guerre de Corée a fait le succès de Greenspan du jour au lendemain .383
  - Ayn Rand : La muse de Greenspan..................................385
  - Qui est la Main de Dieu ?..................................389
  - La pseudo-proposition d'Ayn Rand 390
  - "Si Hercule frappe"..................................394
  - L'or : la monnaie idéale pour l'élite 396
  - Le dollar déformé et la "lagune de la dette"..................................400
  - L'avenir de l'économie mondiale : 14 ans de "Grande Dépression". 404

CHAPITRE X 409
- RETOUR VERS LE FUTUR 409
  - Le 1er janvier 2024, la monnaie unique mondiale est lancée 410
  - La monnaie unique : la fin de l'histoire..................................415
  - La crise est arrivée au bon moment..................................422
  - Le sort de l'argent et le sort des nations..................................427
  - La combinaison parfaite et mortelle : Monnaie unique mondiale = or + carbone 435
  - La fin du dollar 439
  - "Le monde sous Hercule" 441

- REMERCIEMENTS ET RÉFLEXIONS 445

POSTFACE **448**
AUTRES TITRES..**451**

PRÉFACE

Le 11 juin 2009, à 2 h 41 du matin, "La guerre des monnaies II — Le pouvoir de l'or" est enfin terminé. Depuis l'achèvement de "La guerre des monnaies" à l'été 2006, nous avons travaillé à la collecte d'informations pour ce deuxième volume. Au cours des trois dernières années, nous avons soigneusement passé au peigne fin les connexions entre toutes les grandes familles bancaires d'Allemagne, d'Angleterre, de France et des États-Unis depuis plus de deux cents ans, ainsi que leurs liens avec les guerres, les révolutions, les coups d'État et les crises dans divers pays, de 1723 à 2024, impliquant de nombreux événements historiques importants en Europe et aux États-Unis et les opérations financières qui les sous-tendent, pour parvenir à une carte des connexions entre les "17 grandes familles bancaires" du monde.

En plus de 1 000 jours et nuits, en lisant des centaines d'histoires familiales, d'histoires économiques de divers pays, toutes sortes de documents, de cartes, de magazines, de journaux, d'articles en ligne, etc., le volume total de lecture a dépassé 50 millions de mots, soit une moyenne de 50 000 mots par jour, il a finalement terminé ce travail auquel il est maintenant trop difficile de repenser. Pendant les journées de 2009, il n'a pas dormi plus de quatre heures par jour en moyenne et a travaillé de nuit pendant huit semaines consécutives.

Je pense évidemment que *La guerre des monnaies II – Le pouvoir de l'or* est plus de 10 fois plus instructif que le premier livre, avec pas moins de 200 personnages aux noms de famille, et je crois que les personnes qui ont lu le premier livre ne devraient pas considérer qu'elles ont perdu leur temps après avoir lu le second. La logique des deux livres est parfaitement autonome, un grand nombre de faits historiques se corroborent les uns les autres, et beaucoup des grandes énigmes historiques auront une logique rationnelle et unificatrice pour les soutenir.

Il y a un point aveugle majeur dans la communauté théorique chinoise lorsqu'il s'agit d'étudier le fonctionnement de la société occidentale, et c'est d'ignorer les liens humains dans la société occidentale. Toute société est composée de personnes, et l'étude de la société devrait être centrée sur les personnes, en particulier les groupes minoritaires clés qui jouent un rôle important dans une société. Une compréhension approfondie du réseau de relations de ces personnes est une base importante pour une bonne compréhension de la société occidentale.

En fait, la structure de toute société humaine est typiquement pyramidale, avec une minorité critique de personnes qui montent progressivement dans la structure sociale grâce à leur propre intelligence et diligence, et dans certains cas par la violence et la fraude. Lorsqu'ils disposent d'un pouvoir financier et d'une influence suffisants, ils consolident et étendent à leur tour leurs intérêts en changeant les règles du jeu et en créant une élite dirigeante aux intérêts imbriqués. Si la structure pyramidale du pouvoir des sociétés orientales repose sur des régimes, la pyramide de domination occidentale est une chaîne de dettes très cachées qui maintiennent fermement ensemble les différentes strates de la société. Dans les sociétés occidentales, les créanciers ont un pouvoir dominant et les débiteurs sont en position dominée, et la principale fonction de l'appareil d'État est de protéger et de renforcer la fiabilité de cette chaîne. En Occident, celui qui est le plus grand créancier est le législateur ultime du jeu, et les banques centrales, contrôlées par les banquiers internationaux depuis le XIXe siècle, sont sans aucun doute les plus grands créanciers de la société dans son ensemble, le reste de la société, y compris les gouvernements, étant leurs débiteurs. De ce point de vue, l'Occident actuel est en fait une puissance financière qui contrôle les décisions des gouvernements.

La Chine devient de plus en plus une grande puissance ayant une influence mondiale. La nouvelle génération de penseurs stratégiques chinois doit avoir une large perspective mondiale et une profonde perspective historique afin de former une stratégie nationale pratique et à long terme. La prémisse de toute formation de stratégie est qu'il est nécessaire de déterminer qui est l'adversaire stratégique principal, qu'une stratégie sans adversaire ne devient pas une stratégie, et qu'une stratégie basée sur le mauvais adversaire principal ne devient pas une stratégie efficace. Une compréhension complète et approfondie des origines historiques et des connexions des groupes de pouvoir financiers internationaux est la pierre angulaire d'une stratégie nationale correcte pour la Chine.

Ce livre décrit de manière exhaustive la formation, le développement, l'exclusion, les conflits, les alliances et les freins et contrepoids des principaux groupes de pouvoir financier en Europe et aux États-Unis sur une période de 300 ans, analyse systématiquement le fonctionnement et le mécanisme de prise de décision des forces dominantes dans les coulisses du monde d'aujourd'hui, et dévoile pour la première fois le mystère du "club international des familles bancaires" qui dirige le monde. Le livre présente la relation subtile entre les puissances financières qui dominent le monde d'aujourd'hui de manière panoramique et tridimensionnelle, avec des histoires passionnantes, un langage vivant, une large perspective financière, une large perspective historique, un fondement théorique profond et des données historiques solides.

Il s'agit d'un vaste réseau de contacts internationaux qui, jusqu'à présent, était presque entièrement inconnu des Chinois. L'industrie financière est au cœur de ce réseau, qui est entrelacé avec des agences gouvernementales, des consortiums pétroliers, des complexes militaro-industriels, des groupes biopharmaceutiques, des systèmes de renseignement stratégique, des forces armées nationales, des médias d'information et des groupes de pression, des organes judiciaires et législatifs, des organisations sans frontières, de vastes systèmes de fondations, des groupes de réflexion, des groupes religieux, des groupes d'élite secrets et d'autres forces sociales clés. C'est la boussole qui permet de bien comprendre les fréquentes crises financières, les guerres et les conflits, les émeutes révolutionnaires, les bouleversements et les coups d'État, les points chauds religieux, les agendas mondiaux, la géopolitique, les relations entre grandes puissances et les organisations internationales dans le monde actuel.

En raison de la grande période de temps, des relations complexes, des rebondissements des événements historiques et de mes connaissances théoriques limitées, les erreurs et les omissions sont inévitables.

Auteur.

Pékin, 20 juin 2009

CHAPITRE I

L'Allemagne : le berceau des banquiers internationaux

Depuis le 19e siècle, 17 grandes familles bancaires internationales, représentées par les Rothschild, dont les Pays-Bas, l'Angleterre, la France et l'Allemagne sont le berceau, se sont progressivement étendues à la Russie, à l'Autriche, à l'Italie et aux États-Unis, pour finalement former une colonne vertébrale de contacts financiers aux implications considérables pour le monde d'aujourd'hui.

Les banquiers internationaux constituent une minorité critique dans un monde à l'énergie énorme, et la façon dont ils pensent et agissent détermine en grande partie le sort de l'humanité. Au cours des deux cents dernières années, ces familles ont été très puissantes sur la scène mondiale, et le réseau vaste et complexe de relations humaines formé par ces familles au cœur de la société occidentale a joué un rôle majeur dans la trajectoire de développement de l'histoire humaine et la formation du modèle mondial actuel. Certaines familles sont tombées au milieu des marées montantes et descendantes, mais la plupart exercent encore aujourd'hui une influence importante, voire critique.

Les Chinois ne sont nullement étrangers à l'histoire humaine du pouvoir, mais ils sont loin d'être familiers avec l'histoire humaine de la richesse. Commençons donc ce voyage de découverte sinueux en Allemagne, le pays d'origine des banquiers les plus internationaux.

Au moment critique de la guerre austro-prussienne, le chancelier prussien Bismarck a insisté pour abandonner l'avion de guerre sous la menace de démissionner et de sauter d'un immeuble, alors que l'armée prussienne était en bonne position pour capturer la capitale autrichienne, Vienne, d'un seul coup.

Derrière la fin abrupte de la guerre, on verra se succéder les banquiers internationaux, Rothschild, Bleichröder, Oppenheimer... et derrière ces personnages, il y a un réseau financier familial bien connecté, profondément enraciné, verticalement connecté. Ils sont nés l'un pour l'autre, travaillant ensemble tout en se battant et en mettant en place un piège.

Ce réseau de pouvoir d'or omniprésent et omnipotent manipule, contrôle et détermine essentiellement les subtilités de la diplomatie intérieure nationale, des guerres et des révolutions, des régimes et des intrigues de l'Europe. De l'ascension du chancelier de fer Bismarck au processus de réunification de l'Allemagne, de la révolution de 1848 à la crise danoise, en passant par la guerre franco-prussienne, il ne fait aucun doute que ce puissant réseau du pouvoir d'or est inextricablement lié. L'histoire se joue aussi de façon palpitante en se tournant vers les nuages et la pluie.

Qui sont les banquiers internationaux ?

Depuis le 19e siècle, 17 grandes familles bancaires internationales, représentées par les Rothschild, avec pour berceau les Pays-Bas, l'Angleterre, la France et l'Allemagne, se sont progressivement étendues à la Russie, à l'Autriche, à l'Italie et aux États-Unis, pour finalement former une colonne vertébrale de contacts financiers aux implications considérables pour le monde d'aujourd'hui. Lorsque la vague de la révolution bourgeoise française a déferlé sur le continent, la royauté religieuse et féodale a décliné, les anciens blocs de domination sociale se sont effondrés et la bourgeoisie émergente a rapidement comblé le vide du pouvoir social. Au cours de l'expansion explosive des chemins de fer, de la métallurgie, de l'exploitation minière, de l'industrie militaire, de la machinerie, des communications et d'autres industries résultant de la révolution industrielle, lorsque des guerres successives ont éclaté en raison du déséquilibre du pouvoir des puissances européennes, les banquiers internationaux ont saisi avec perspicacité la grande opportunité historique de réunir rapidement de grandes sommes d'argent par le biais des marchés financiers pour l'expansion industrielle et les guerres entre les nations, s'enrichissant ainsi d'une grande et étonnante richesse tout en exerçant une grande influence sur le cours de l'histoire.

Le pouvoir de la richesse se reflète dans l'érosion du pouvoir, le désir de pouvoir et le contrôle du pouvoir. Les banquiers internationaux ont progressivement contrôlé les canaux des flux mondiaux de capitaux et de crédits dans le processus d'arrimage de l'offre et de la demande de capitaux, et ont développé un ensemble de règles du jeu.

Les Chinois d'aujourd'hui sont familiers avec le concept de "le canal est roi", et si même le contrôle des canaux et le pouvoir de négociation de Wal-Mart dans le domaine de la distribution des produits de base ont été mémorisés par de nombreux entrepreneurs, l'influence sociale du contrôle monopolistique sur les canaux des flux de capitaux et de crédit dont chacun dans la société a besoin est loin d'être égalée par Wal-Mart.

Depuis leurs humbles débuts dans la société, les banquiers internationaux sont passés d'une position de subordination aux puissants et à l'élite de chaque pays, gagnant progressivement un grand pouvoir économique et le contrôle des capitaux et des canaux de circulation de chaque pays, prenant progressivement le contrôle des systèmes industriels et commerciaux et créant des intérêts imbriqués, qui commencent alors à influencer les politiques nationales pour le plus grand bien. Ils s'intègrent de plus en plus aux intérêts des puissants et des élites, en utilisant la tentation de l'argent à laquelle il est difficile de résister, et dominent de plus en plus la sélection des politiciens, de la nomination des responsables gouvernementaux aux élections présidentielles, de la formulation des politiques économiques à la formation des stratégies étrangères, de l'exploitation des systèmes d'intelligence stratégique à la promotion des généraux militaires, de la formation des groupes d'élite à l'influence des agendas publics, de la gestion de l'"autorégulation" de la publication des médias à l'influence des sources d'information sociale, de l'éducation des préférences culturelles à la formation de l'idéologie… Après plus de deux cents ans d'évolution, le Pouvoir d'Or a progressivement achevé la transformation historique de la germination à la croissance, de l'influence au monopole, du front office aux coulisses, devenant une force dominante invisible dans la société occidentale, supplantant le pouvoir législatif, exécutif et judiciaire, achevant la transformation de la dictature du Pouvoir d'Or.

Ce groupe de banquiers internationaux très dynamiques comprend :

> La famille Rothschild, le "grand frère" de la finance internationale depuis plus de 200 ans.

> Bleichroder, le banquier berlinois qui était un confident du chancelier allemand endurci Bismarck.

- La famille Oppenheim de Cologne, en Allemagne.
- La famille Warburg de Hambourg, en Allemagne.
- La famille Selingman (Seligman), banquiers de Wall Street d'origine bavaroise en Allemagne.
- La famille Schiff, de Francfort, en Allemagne, qui est devenue une superstar aux États-Unis.
- La famille Schroder, qui a débuté à Hambourg, en Allemagne, puis s'est étendue à Londres et à New York.
- La famille Speyer (Speyer), qui a vu le jour à Francfort, en Allemagne, puis a émergé aux États-Unis.
- La famille Mendelsohn (Mendelssohn), la plus ancienne famille de banquiers de Berlin, en Allemagne.
- La famille Baring d'Angleterre, qui est devenue célèbre avec les Rothschild au 19ème siècle.
- La famille Hope d'Amsterdam, aux Pays-Bas.
- La famille Fould (Fould), sur laquelle s'appuie la famille royale française.
- La famille Mallet, une famille française qui est administrateur de la Banque de France depuis un siècle.
- La famille Pereire, fondatrice du Crédit Mobilier en France, qui a défié les Rothschild.
- La famille Mirabeau (Mirabaud), les titans des banquiers suisses.
- Les Rockefeller et la famille J.P. Morgan, issue des Rothschild, qui sont rapidement devenus les forces financières dominantes dans le monde grâce à l'essor des États-Unis.

Il s'est avéré que ce sont les Rockefeller et les Morgan qui sont rapidement devenus la force financière dominante dans le monde actuel grâce à l'essor des États-Unis après la famille Roche.

Les banquiers internationaux constituent une minorité critique dans un monde à l'énergie énorme, et la façon dont ils pensent et agissent détermine en grande partie le sort de l'humanité. Là où ils viennent, il y a la prospérité ; là où ils abandonnent, il y a la récession et la dépression. Ils sont capables de stimuler la création massive de richesses dans la société en transformant les mains en nuages, et ils sont également capables de s'emparer d'énormes quantités d'argent en transformant les mains en pluie.

Au cours des deux cents dernières années, ces familles ont été très puissantes sur la scène mondiale, et le réseau vaste et complexe de relations humaines formé par ces familles au cœur de la société occidentale a joué un rôle majeur dans la trajectoire de développement de l'histoire humaine et la formation du modèle mondial actuel. Certaines familles sont tombées au milieu des marées montantes et descendantes, mais la plupart exercent encore aujourd'hui une influence importante, voire critique.

Le monde change tous les jours, mais la nature humaine se répète constamment. Combien la nature humaine était avide et craintive de richesse il y a des milliers d'années, combien elle était obsédée et maudite par le pouvoir, c'est encore vrai aujourd'hui. Le désir de liberté des êtres humains mais leur souffrance, leur quête d'équité mais leur égoïsme, leur désir de bien mais leur incapacité à rejeter le mal, qu'il s'agisse du jeu politique dans les "vingt-quatre histoires" de la Chine ou des combines d'argent et de pouvoir dans l'histoire occidentale, répètent constamment l'essence de l'humanité. C'est là qu'il est logique pour nous d'appréhender l'avenir en étudiant l'histoire. Tous les phénomènes qui se produisent aujourd'hui dans la nature humaine peuvent trouver un précédent dans l'histoire.

Les Chinois ne sont nullement étrangers à l'histoire humaine du pouvoir, mais ils sont loin d'être familiers avec l'histoire humaine de la richesse. Commençons donc ce voyage de découverte sinueux en Allemagne, le pays d'origine des banquiers les plus internationaux.

La guerre qui s'est arrêtée

> " Au cours des deux cents dernières années de son histoire, les Rothschild se sont concentrés sur deux événements majeurs : la guerre et la révolution. Qu'il s'agisse d'une guerre ou d'une révolution, les belligérants sont tenus de réaliser des financements importants afin de mener une violence organisée à grande échelle. "
>
> Niall Ferguson.

À l'aube du 3 juillet 1866, une force de 35 000 hommes avançait silencieusement et rapidement à travers le rideau de pluie de la forteresse de Konigrecs, dans le village de Sadova, en Bohême (aujourd'hui territoire tchèque). Un visage jeune et anguleux rempli de tension, d'excitation et d'anticipation. Ces jeunes gens de l'Elbe prussienne savent qu'ils sont sur le point d'attaquer 200 000 soldats alliés autrichiens et saxons. L'ennemi étant en infériorité numérique, ils ne pouvaient compter que sur le Premier Corps prussien de 85 000 hommes, commandé par le Prince Frederick Charles, qui attaquait de l'autre côté au même moment. Conformément à la stratégie du général Helmuth Karl Bernhard von Moltke, chef de l'état-major général prussien, l'attaque aurait dû inclure 100 000 hommes du deuxième corps, dirigé par le prince héritier prussien, le futur Kaiser Wilhelm II, mais la manœuvre n'a pas eu lieu parce que le corps était stationné hors de portée du signal télégraphique et ne pouvait pas recevoir d'ordres à temps.

En raison de la précipitation excessive, le Corps de l'Elbe des Prussiens n'a pas suffisamment étendu sa ligne d'attaque, et ses tirs ont croisé le chemin d'attaque du Premier Corps ; la situation a été pendant un temps très chaotique. À 11 heures, l'attaque prussienne était stoppée sous le contre-choc autrichien et le feu intensif de l'artillerie, et les réserves étaient engagées dans une attaque frontale déjà intensive. Si les Autrichiens avaient lancé une charge de cavalerie déterminée à ce moment-là, les Prussiens auraient pu être chassés du champ de bataille. Mais le commandant autrichien trop prudent, le maréchal Benedek, a laissé la cavalerie maintenir ses troupes en place. Les deux camps se sont retrouvés dans une impasse sur le champ de bataille chaotique.

Alors que l'armée prussienne était sur le point d'être vaincue, Otto von Bismarck, le premier ministre prussien qui se trouvait avec Mauch, remarqua soudain qu'une ligne d'objets ressemblant à des arbres se déplaçait à quelques kilomètres à l'est du champ de bataille. Mauch a pris le télescope et l'a observé un moment, puis a dit avec enthousiasme au roi Guillaume Ier, qui était à ses côtés : "Sa Majesté n'a pas seulement gagné la bataille, mais aussi la guerre". "Il s'est avéré qu'au moment où l'Elbe prussienne et le premier corps d'armée étaient engagés dans une bataille acharnée contre l'armée autrichienne, un messager a parcouru plus de 30 kilomètres pour transmettre les ordres impératifs du roi au prince héritier, et le deuxième corps d'armée a immédiatement commencé à se déplacer vers le nord, les "arbres mobiles" que Bismarck a vus. À 14 h 30, le Deuxième Corps attaque la zone défensive autrichienne au nord. La ligne de défense autrichienne se désintègre. Le maréchal Benedek ordonne une retraite totale à 15 heures. Mais l'offensive prussienne est si féroce que la Première armée autrichienne ne peut lancer qu'une contre-attaque de cavalerie pour soutenir l'artillerie et couvrir la retraite des forces voisines amies. L'opération s'est soldée par 10 000 pertes en 20 minutes, et la Première armée était presque paralysée. Mais la contre-attaque a permis de gagner du temps, et près de 180 000 soldats autrichiens ont réussi à se retirer de la brèche avant d'être complètement encerclés. Lors de la bataille de Sadoue, les Prussiens remportent une victoire décisive, et 10 jours plus tard, ils se rapprochent de la capitale autrichienne, Vienne, et s'emparent de la forteresse de Frosloff, à seulement 6 km de Vienne. La prise de Vienne et la conquête de l'Autriche sont à portée de main.

À ce moment-là, quelque chose d'étrange se produit : le roi Guillaume Ier de Prusse, bientôt victorieux, le Premier ministre Bismarck et le général Mauch, chef d'état-major général, se disputent soudainement à ce moment-là. Mauch, du point de vue d'un soldat, voulait bien sûr saisir cette rare occasion de prendre d'un seul coup la ville de Vienne, déjà isolée. Cependant, le chancelier Bismarck s'efforça de "verser de l'eau dans le vin bouillant", insistant pour que l'attaque de Vienne soit abandonnée et que l'avantage militaire soit pris pour signer au plus vite un armistice avec l'Autriche, ce qui serait un grand succès tant que le but d'exclure l'Autriche de la famille allemande serait atteint. Le roi ne voulant pas céder, Bismarck verse des larmes chaudes, menace de démissionner de son poste de Premier ministre de Prusse et a même l'intention de se jeter du haut de quatre étages. La querelle dura jusqu'à tard dans la nuit, lorsque le roi promit finalement et douloureusement de renoncer à l'attaque, mais de consigner les circonstances dans les Archives nationales "pour prouver à quel point il était impuissant et compatissant".

Plus tard, la Prusse a signé avec l'Autriche la "ligue des sous-cités" sans céder de terres et l'Autriche s'est retirée de la Confédération allemande. Cependant, Bismarck a renoncé à attaquer Vienne afin d'étendre les résultats de la guerre dans des circonstances extrêmement favorables, et l'affaire est devenue un cas non résolu dans l'histoire de la guerre mondiale.

Pourquoi Bismarck a-t-il résolument empêché l'armée prussienne qui approchait de marcher sur Vienne, même sous la menace de démissionner et de sauter d'un immeuble, contre la volonté du Saint-Esprit ? Deuxièmement, bien que les Prussiens aient remporté une victoire décisive à la bataille de Sadoue, ils n'ont pas détruit la force principale de l'armée autrichienne, et celle-ci, forte de 180 000 hommes, a réussi à briser le siège et à se retirer pour défendre la capitale. Brillant stratège, Bismarck avait une vision à plus long terme.

En fait, Bismarck ne se qualifiait pas de brillant stratège ; il était juste un aventurier chanceux. À peine quatre ans plus tard, lors de la guerre franco-prussienne, Bismarck a insisté pour forcer la France vaincue à céder les provinces d'Alsace et de Lorraine et à payer une énorme indemnité de guerre de 5 milliards de francs, insérant ainsi une lame toujours douloureuse dans le cœur des Français fiers et orgueilleux, et faisant en sorte que la France s'engage dans les bras du véritable futur adversaire stratégique de l'Allemagne, les Britanniques. L'Allemagne n'était pas obligée d'humilier délibérément les Français, ce qui lui laissait une marge de manœuvre pour exploiter à l'avenir le conflit anglo-français dans le but stratégique de la montée en puissance de l'Allemagne dans le monde, mais la myopie de Bismarck voyait dans l'Allemagne un ennemi formidable et invincible et incitait les alliances anglo-françaises à assiéger la montée en puissance de l'Allemagne en Europe, et les défaites désastreuses de l'Allemagne dans les deux guerres mondiales ultérieures étaient liées à la stratégie imprudente de Bismarck.

En fait, il y avait une autre raison derrière la guerre de Bismarck qui s'est terminée brusquement sous la ville de Vienne. C'est-à-dire qu'au moment où la guerre austro-prussienne atteignait sa septième semaine, Bismarck, qui approchait les limites de sa capacité de mobilisation financière sous la ville de Vienne, était impuissant à poursuivre la guerre. Pour comprendre la situation de l'armée prussienne à cette époque, nous devons élargir nos horizons au processus historique de l'ascension de la Prusse au pouvoir, pour observer le rôle crucial joué par les forces financières. Sans comprendre les forces financières à l'origine des guerres et des révolutions, nous ne pouvons pas vraiment voir l'ensemble de l'histoire.

Le vieux Bleichröder : L'agent de Rothschild

L'Allemagne se trouve au point de connexion entre l'Est et l'Ouest de l'Europe, et Berlin en particulier est au centre géographique de l'Europe et une plaque tournante des transports. Les marchands du nord au sud et de l'est à l'ouest convergeaient vers Berlin, créant une situation où toutes les devises d'Europe étaient concentrées à Berlin.

Dès le début de l'Empire romain, Berlin était le centre d'échange de devises, et après l'occupation de la région par Napoléon, la demande d'échange de devises est devenue encore plus forte.

Le vieux Bleichröder s'appelait Samuel, et sa principale activité consistait à acheter et à vendre des obligations d'État locales, en gagnant une marge dans le processus d'achat et de vente. Vers 1828, la famille Bleichröder a entamé une relation d'affaires avec la famille Rothschild. Comme la famille Rothschild était au sommet de la puissance financière européenne, c'est ce type de partenariat commercial avec les "grands noms" qui a permis à la famille Bleichröders de se distinguer du reste des banquiers berlinois. Après 1830, la famille Bleichröders a commencé à recevoir des commissions régulières de la part des Rothschild, tandis que la plus ancienne famille bancaire de Berlin, Mendelssohn, était progressivement marginalisée.

Coordonné par le commandement unifié de la famille Roche, Bleichröder recherchait des opportunités d'arbitrage entre les marchés financiers de Londres, Paris, Francfort, Berlin, Vienne et Naples en achetant à bas prix et en vendant à prix élevé. Comme les prix des diverses obligations et devises sur le marché européen peuvent varier légèrement d'une ville à l'autre, la clé de l'arbitrage utilisant les écarts géographiques est d'obtenir des renseignements précis et de saisir le bon moment. Le secteur financier est très demandeur de renseignements depuis le tout début et, en fait, les agences de renseignement internationales modernes sont basées sur le système de livraison de renseignements des premières familles bancaires internationales. Le système de renseignement le plus avancé à l'époque était sans aucun doute le système de messagerie de la famille Rothschild, dont la couverture, la vitesse, la confidentialité, la précision et la sophistication dépassaient de loin les systèmes officiels des gouvernements.

Dès les années 1830, la famille Bleichröder souhaitait vivement avoir accès au réseau de courriers de renseignement de la famille Rothschild. Ils faisaient des affaires à Berlin, et il fallait six jours pour recevoir la correspondance de Paris à Berlin. Si elle ne mettait que cinq jours à passer par le réseau de renseignements de Roche, cette différence d'un jour représenterait d'énormes avantages commerciaux. Les Rothschild ont progressivement intégré les Bleichröder dans leur propre système de renseignements, sur la base d'années d'inspection.

En 1831, les Bleichröder deviennent les fidèles agents des Rothschild à Berlin, qui leur transmettent constamment des informations sur divers aspects des affaires intérieures prussiennes ainsi que sur les marchés financiers, comme l'attitude politique des cinq puissances européennes, comme le roi des Pays-Bas, à l'égard de la Belgique nouvellement créée, et l'attitude et la position de la Russie tsariste face à la rébellion polonaise. La famille Bleichröder a également fait des rapports sur la propagation de la peste en Europe, ainsi que sur la dynamique de la révolution de 1848 à Berlin, et a sécurisé à plusieurs reprises l'or et les obligations achetés pour les Rothschild. [1]Les différents types de renseignements recueillis et transmis par les Bleichröder, qui alimentaient en permanence le système de renseignement européen de la famille Rothschild, ont permis à cette dernière de tirer parti des asymétries d'information, influençant ainsi les politiques intérieures et étrangères des pays européens de manière large et profonde, et ont également tiré un grand profit des transactions sur les marchés financiers à travers l'Europe.

Le marché financier de Berlin était petit dans les années 1830 et 1940, et le produit financier le plus actif était les obligations ferroviaires. Le gouvernement prussien, dans un effort pour "attirer les capitaux" vers l'extérieur, a attiré l'attention de banquiers internationaux tels que les Rothschild sur les obligations ferroviaires et a essayé d'inciter les Rothschild à investir dans l'industrie ferroviaire prussienne. Au cours de cet investissement, l'influence de la famille Rothschild dans l'industrie prussienne s'est considérablement accrue, devenant progressivement directeurs de plusieurs compagnies ferroviaires.

En 1836, James Rothschild de Paris prend la tête de la famille à la mort de Nathan, chef de la Banque d'Angleterre de la famille Rothschild et chef de toute la famille. Au début de la défection de Bleichröder au profit de James, les deux parties sont sur un pied d'inégalité totale, et Bleichröder doit céder beaucoup d'avantages pour être autorisé à rejoindre le réseau financier privilégié de la famille Rothschild. À l'époque, James ne traitait pas bien Bleichröder et lui martelait souvent de ne pas négliger les intérêts de la famille Rothschild. Cet avertissement signifiait en fait que la famille Rothschild n'était pas très satisfaite de sa coopération et qu'elle avait essayé de trouver de nouveaux agents et partenaires.

---

[1] Niall Ferguson, *The House of Rothschild*.

Afin de maintenir ce canal spécial avec la famille Rothschild, les Bleichröders ont dû fréquemment sacrifier leurs propres intérêts, notamment lors de la grande crise des marchés financiers allemands en 1840, lorsque les Bleichröders ont perdu leurs commissions en échange de commandes de la famille Rothschild. Les années passent et la coopération ne satisfait toujours pas les Rothschild, à tel point que parfois, non seulement les Bleichröders n'obtiennent pas de commission, mais ils doivent même rembourser de l'argent afin de maintenir leur relation d'affaires avec la famille Rothschild.

L'affiliation des deux partis peut être entrevue dans une lettre écrite par Bleichröder Sr. à la famille Rothschild. Dans cette lettre, Semio recommande son fils de 17 ans, Gerson, au Baron Solomon Rothschild de Vienne.

> *"Permettez-moi de vous exprimer ma gratitude de tout mon cœur et de mon amour le plus profond. Au fil des ans, j'ai été honoré par votre générosité et votre gentillesse, comme si un grain de poussière avait été cueilli dans un nuage de sable. Vous êtes un noble des plus nobles et des mieux intentionnés. Je ne vous remercierai jamais assez de m'avoir placé à un poste aussi important dans une grande famille. Aussi longtemps que je vivrai, votre portrait restera dans mon cœur et mon esprit jusqu'à la fin de ma vie, et je vous serai toujours entièrement fidèle, mon bienfaiteur. Je vous demande maintenant de pouvoir transmettre à mon fils votre amour et votre sollicitude à mon égard."* [2]

Au milieu du XIXe siècle, la révolution industrielle est en pleine expansion en Allemagne et les marchés financiers de Berlin entrent dans une ère de prospérité sans précédent, alimentée par le développement industriel. À ce moment-là, l'atout le plus important pour les Bleichröders reste leur longue et solide relation d'affaires avec Rothschild. Ce modèle de coopération a été encore cimenté pendant la période où Gerson était à la tête de la famille Bleichröders. En même temps, Gerson a commencé à construire ses propres centres de pouvoir. Il a formé une grande communauté d'intérêts avec de nombreux autres banquiers juifs à Berlin, pénétrant largement dans la métallurgie, la construction ferroviaire et d'autres industries. Leur principal partenaire à l'époque était la famille Oppenheimer de Cologne.

---

[2] S. Bleichröder au baron Anselm Solomon, 17 nov. 1839.

Oppenheimer : le seigneur financier de Cologne

En 1834, Abraham Oppenheimer épouse Charlotte Dreyfus, 23 ans, petite-fille de Rothschild père. Dès lors, Abraham a un beau-père et un oncle riches et puissants : Amschel, qui détermine la politique fiscale de Francfort, Solomon, qui détient les clés du trésor autrichien, Nathan, qui domine la cité financière de Londres, Karl, qui contrôle la fiscalité italienne, et James, qui conquiert l'industrie bancaire à Paris.

Les Oppenheimer, qui ont pu épouser la fille des Rothschild, n'étaient certainement pas médiocres. La famille Oppenheimer appartenait à la plus haute classe de juifs, les "juifs de cour", et en 1789, le père d'Abraham, Solomon Oppenheimer, a fondé à 17 ans la banque de la famille Oppenheimer à Bonn, qui a ensuite déménagé à Cologne. Solomon, qui était jeune mais suivait les traces de son père sur le marché financier depuis de nombreuses années, était parfaitement conscient que l'aristocratie féodale avait progressivement perdu le contrôle à l'époque de l'expansion rapide du pouvoir financier de la bourgeoisie émergente.

Tout groupe social dominant créera inévitablement une situation fracturée de lutte pour le pouvoir à mesure que son contrôle sur les divers autres groupes sociaux diminuera. Dans l'histoire de la Chine, du déclin de la dynastie Zhou à la montée des cinq hégémons de la période des Printemps et Automnes, de la désintégration de la dynastie des Han orientaux à la formation des trois royaumes, de la lutte interne de la dynastie Jin au chaos des Cinq Hu, de la fin de la dynastie Tang à la domination des clans et des dix royaumes des cinq dynasties, chaque déclin du contrôle est destiné à former un vide de pouvoir, à ce moment-là les forces émergentes externes et internes arrivent, est destiné à former une reconstruction sociale subversive. Il en est ainsi à l'Est et à l'Ouest. Le capitalisme, avec la recherche du profit comme valeur centrale, s'est développé dans l'Europe de la fin du 18e siècle et a fait éclater l'aristocratie féodale et la théocratie religieuse qui liaient tous les secteurs de la société, et les structures de pouvoir traditionnelles des sociétés en déclin se sont effondrées. Le pouvoir de l'argent va rapidement s'insinuer à travers les fissures de la structure sociale et les ruines de l'effondrement du pouvoir, et il sera accroché et mis en filet, grimpant le long des murs et des coutures, s'épanouissant et finissant par éclipser le ciel.

Le jeune Solomon Oppenheimer décide de passer des activités traditionnelles de prêt judiciaire et de change à l'activité émergente de souscription d'obligations d'État et d'arbitrage sur les marchés croisés. En 1810, les actifs de la banque de la famille Oppenheimer atteignent 1 million de francs, ce qui la place parmi les plus grandes familles bancaires. L'ambitieuse famille Oppenheimer est déterminée à imiter le modèle de réussite de la famille Rothschild, qui a fini par devenir un vaste empire financier. À cette fin, Salomon n'hésite pas à utiliser tous les moyens pour atteindre ses objectifs. Le 18 mars 1814, dans une lettre adressée à ses partenaires à Amsterdam, les Rothschild les mettent en garde contre les méthodes d'Oppenheimer.

> *" Nous sommes heureux de constater que les devises qui vous sont expédiées par notre place James (succursale Rothschild à Paris) et Oppenheimer à Cologne sont exactement celles dont vous avez besoin. Ce dernier passera aussi par nos cousins pour vous livrer encore une somme. Mais faites bien attention à tout ce que les Oppenheimers envoient et qui doit être examiné avec soin ; ils sont très gourmands et ne respectent pas toujours les règles, il faut donc veiller à ne pas leur donner des ordres sans limite supérieure, sinon les bénéfices seront tout à eux. "* [3]

En 1813, il marie sa fille de 15 ans à Benedict Fould, fils de la famille Fould, une importante famille bancaire juive de Paris, en France. C'est avec le soutien de la famille Fould que le futur empereur français Napoléon III monte sur le trône. Grâce aux liens du mariage, la famille Oppenheimer étend son influence sur les marchés financiers français. Les deux familles de la mariée et du marié ont contribué conjointement à hauteur de 60 000 francs à la création de la célèbre maison B. L. Fould & Fould-Oppenheim.

En 1815, après la défaite désastreuse de la bataille de Waterloo, la France doit faire face à des conditions de réparation encore plus dures que lors de la paix de Paris de 1814, en particulier la Prusse, qui avait été conquise à plusieurs reprises par la France dans le passé, exigeant des réparations de guerre pouvant atteindre 170 millions de Taylor (argent prussien, 1 Taylor = 3,54 francs). Le paiement de cette importante somme d'argent au nom de l'agent aurait représenté un travail considérable. À cette époque, la région rhénane de Cologne avait

---

[3] Michael Sturmer, Gabriele Teichmann et Wilbelm Treue, *Striking the Balance – Sal. Oppenheim jr. & Cie. Une famille et une banque*, 1994, p. 37.

été adoptée par la Prusse en tant que province rhénane. Oppenheimer, un néo-Prussien, s'empresse de contacter sa belle-famille française récemment mariée, Fould, pour travailler ensemble sur cette grosse affaire. Avec l'aide de ses beaux-parents français, Oppenheimer fait appel à la vieille famille de banquiers berlinois, Mendelssohn, et obtient finalement en 1818 le paiement de la grosse facture de 52,5 millions de francs par l'agent des réparations de guerre.

La famille Mendelssohn de Berlin est l'une des plus anciennes familles bancaires juives de Berlin. Le compositeur, pianiste et chef d'orchestre Felix Mendelssohn, mondialement connu au XIXe siècle, est un descendant direct de cette famille. Son grand-père était le célèbre philosophe allemand Moses Mendelssohn, dont le père banquier, Abraham, a un jour flirté avec l'idée que "j'étais le fils d'un père célèbre et je suis ensuite devenu le père d'un fils célèbre". "[4]La banque de la famille Mendelssohn est devenue l'agent royal désigné de la Russie tsariste vers 1850, responsable de la souscription de grandes quantités d'obligations du Trésor russe sur le marché européen jusqu'au début de la Première Guerre mondiale.

Le 4 novembre 1818, Oppenheimer conclut un accord avec la Commission de liquidation du pays victorieux, qui réunit 52,5 millions de francs à Paris en 14 jours et les verse à la Commission de liquidation d'Aix-la-Chapelle, avec une commission de 0,75 pour cent pour la collecte, le change, le transport et les garanties, ce qui représente un revenu énorme de près de 400 000 francs. Pour cette affaire, Oppenheimer a également investi tous ses biens mobiliers et immobiliers. L'affaire fut menée à bien de façon remarquable et reçut des éloges de toutes parts. Aux yeux des banquiers prussiens traditionnels, ces honoraires n'étaient pas grand-chose, car ils s'imaginaient que la collecte d'une telle somme en si peu de temps, et la livraison de pièces d'argent, seraient un projet fastidieux et compliqué d'alimentation en hommes et d'escorte armée, sans se rendre compte qu'après l'établissement d'un réseau international de banquiers et de contacts, la collecte de 52.5 millions de francs était tout simplement insuffisante pour être distribuée sur le marché des capitaux français sous le contrôle des banquiers juifs, et n'était pas moins contestée que les notes de financement à court terme et les bons à

---

[4] Sebastian Hensel, tr. Carl Klingemann, *La famille Mendelssohn 1729-1847*.

moyen terme qui sont si populaires sur le marché interbancaire chinois aujourd'hui. Il était si simple de transférer une lettre de change entre Paris et la Banque de Cologne pour une si grosse somme d'argent liquide, qu'Oppenheimer et d'autres firent 400 000 francs avec facilité et plaisir. Le système bancaire prussien arriéré est profondément ébranlé par l'émergence du réseau de contacts financiers.

L'influence de la famille Oppenheimer sur les marchés financiers européens s'épanouit après son mariage avec les Fould. En 1826, les affaires d'Oppenheimer et la famille Rothschild sont inextricablement liées. À cette époque, Solomon Oppenheimer entretient des relations commerciales étroites et quasi quotidiennes avec les Rothschild de Francfort, Vienne, Paris, Londres et Naples. Avec le développement des ressources touristiques de la région rhénane, le voyage vers le Rhin devient une mode dans la classe supérieure britannique. Ces touristes de la partie aisée hésitent à transporter trop d'argent liquide. Les Rothschild s'associent alors à Oppenheimer pour ouvrir une lettre de crédit à la famille Rothschild anglaise qui permettrait de tirer de l'argent liquide à la banque de la famille Oppenheimer dans la région du Rhin, et les relations se renforcent encore.

En 1834, Abraham épouse Charlotte Befes, et lors de son voyage de noces suivant, il rend visite à ses oncles et grands-parents. Dans une lettre à son oncle le plus puissant, Nathan Rothschild, Abraham mentionne humblement.

> *"Votre Altesse le Baron, jusqu'à il y a deux ans, vous aviez l'habitude de renvoyer tous vos clients à Cologne, mais récemment, sans que ce soit de notre faute, nous avons perdu vos clients, ce qui nous a causé une grande détresse, Comme récemment j'ai eu la chance d'épouser votre nièce pour me donner accès à votre asile, je n'ai pas la prétention de spéculer si vous serez en mesure de restaurer l'ancienne relation entre nos deux familles, et de nous donner une priorité plus élevée que la famille Schaffhausen. Je ferai également de vous un choix privilégié pour notre association familiale. J'espère que ma demande sera acceptée par vous. J'ai l'honneur de vous rendre le plus grand hommage."* [5]

---

[5] Michael Sturmer, Gabriele Teichmann et Wilbelm Treue, *Striking the Balance – Sal. Oppenheim jr. & Cie. Une famille et une banque*, 1994.

Depuis 1830, les familles Oppenheimer et Hansemann s'associent pour financer l'industrie ferroviaire et maritime et créer une nouvelle société par actions pour investir dans le projet de chemin de fer rhénan. En raison du taux élevé de développement industriel dans la région prussienne, toute la région est à court de fonds et presque toutes les entreprises industrielles ont atteint les limites de leur crédit. Abraham saisit l'occasion et se lance dans l'assurance-crédit pour les entreprises et les investissements. Avec la coopération de la famille Rothschild, Abraham crée la première compagnie de réassurance au monde.

En 1842, Abraham Oppenheimer a établi des liens commerciaux étroits avec les principaux banquiers juifs de Berlin, la famille Bleichröder, qui a ensuite joué un rôle majeur dans le processus de réunification de l'Allemagne. Depuis lors, le réseau de contacts de la famille Oppenheimer en Europe a été provisoirement établi comme un banquier international ayant une position dominante à Cologne, un rôle de premier plan en Prusse et une influence incontournable en France, en Autriche, en Italie et en Angleterre.

La révolution de 1848 et le sauvetage des banques

La période autour de 1830 a marqué un tournant important dans l'histoire récente du monde, avec une accélération significative de la propagation de la révolution industrielle de la Grande-Bretagne au continent européen. Des pays comme la France, l'Allemagne et l'Autriche sont entrés dans une toute nouvelle phase de développement économique. Le processus d'industrialisation, d'une part, a conduit à un développement sans précédent de l'exploitation minière, des textiles, des machines, des chemins de fer, des navires et d'autres industries, et, d'autre part, a créé un grand nombre de gagnants pour la bourgeoisie industrielle et, en même temps, un nombre encore plus grand de perdants, à savoir, les paysans dépossédés et forcés à se rendre dans les villes par la perte de leurs terres, les ouvriers travaillant dans des conditions extrêmement dures, les artisans au chômage et la classe pauvre urbaine. L'emprise des forces autoritaires féodales s'amenuisant, les gagnants de la révolution industrielle, mécontents que leur pouvoir politique ne soit pas à la hauteur du pouvoir économique croissant, ont exigé davantage de pouvoir de leurs dirigeants. Dans le même temps, les perdants de la révolution industrielle ont longtemps éprouvé du ressentiment à l'égard des réalités tragiques de la vie, notamment la forte résistance des Juifs à plus de mille ans de discrimination religieuse et sociale, et ces puissantes forces d'agitation ont convergé vers des questions telles que les droits civils pour une égalité totale et une révolution violente. Sous un paysage industriel apparemment en plein essor, une tempête soudaine se prépare.

De 1845 à 1847, de nombreux pays européens ont connu trois années de catastrophes naturelles et de famine dans de vastes régions. Les mauvaises récoltes agricoles, la flambée des prix des denrées alimentaires et la baisse des ventes de produits agricoles ont entraîné une réduction de l'importance du crédit agricole et une diminution de l'emploi. Dans le même temps, l'industrie européenne commence à stagner à partir de 1840, d'autant plus que le rythme de construction des chemins de fer perd largement de sa croissance et que le crédit industriel se resserre. Les deux forces d'austérité se sont combinées pour créer la dépression économique de 1848 dans de nombreuses régions d'Europe, et la stabilité créée depuis la fin des guerres napoléoniennes en 1815 a été fracturée par l'énorme pression de la contraction économique.

Après avoir observé l'effondrement généralisé des capitaux sur divers marchés de capitaux européens, Abraham Oppenheimer prévoyait déjà une crise majeure.

En février 1848, la bourse de Paris, en France, s'effondre et la révolution tant attendue éclate enfin. Le ressentiment du peuple et l'impulsion de la bourgeoisie à prendre le pouvoir ont provoqué une éruption volcanique de griefs sociaux, et le 26 février, la famille Fould en France a envoyé un message indiquant que la révolution semblait avoir réussi et que la Seconde République pourrait être établie avec succès. En mars, la vague de la révolution française commence à toucher Cologne, et les révolutionnaires demandent à Abraham Oppenheimer de négocier avec le gouvernement en tant que leur représentant, ce qu'Abraham refuse sans même y réfléchir. En fait, la famille Oppenheimer avait un lien inhabituel avec les révolutionnaires, puisque le troisième frère d'Abraham, Dagobert Oppenheim, était directement impliqué dans le financement de l'agitation révolutionnaire, et à l'été 1842, après avoir obtenu son diplôme de l'université Marx, il travailla comme rédacteur en chef du *Rheinische Zeitung*, financé par Dagobert Oppenheimer, bombardant souvent le gouvernement prussien à l'artillerie lourde.

Le marché immobilier de Cologne s'est effondré et la Schaffhausen Bank a connu une crise de paiement en raison d'un surinvestissement dans l'immobilier. Oppenheimer n'a pas beaucoup investi dans l'immobilier. Dans la tradition des banquiers internationaux, qui sont rarement impliqués dans des investissements immobiliers en raison d'une aversion extrême pour les actifs illiquides, le 29 mars, la Schaffhouse a cessé d'effectuer les paiements de 170 clients et de plus de 40 000 travailleurs. Des déposants terrifiés se sont précipités pour récupérer leur argent, la Banque de Schaffhouse n'était plus en mesure de payer et la survie de la banque était en jeu. Si la banque de Schaffhouse s'effondre, c'est tout le système bancaire de la province du Rhin qui s'écroule. C'est donc le genre de banque qui est trop grosse pour faire faillite (Too Big to Fail).

Une fois la banque Schaffhausen tombée, il y aura également de sérieux problèmes pour la famille Oppenheimer, avec qui elle fait des affaires. Le chemin de fer Colon-Minden, financé par la famille Oppenheimer, est à court d'argent et a besoin d'un demi-million de Taylor en liquide, tandis que la banque Oppenheimer a besoin de la même somme pour s'en sortir. Simon, le frère d'Abraham, qui préside aux affaires ferroviaires de la famille, écrit à Abraham le 3 avril,

> " J'ai une superbe confiance en vos capacités, et je sens que vous réussirez à nous obtenir du gouvernement au moins un demi-million de Taylor pour un an ou plus. "

Trois jours plus tard, Simon a envoyé d'autres mauvaises nouvelles :

> " Mon cher Abraham, aujourd'hui, le colon Minden a encore dépensé 3 000 Taylor, et à Dagburke, ils disent qu'ils auront besoin de plus d'argent demain. "Le 10 avril, n'ayant pas encore reçu les bonnes nouvelles d'Abraham, Siméon est inquiet : "Nous sommes dans une situation très particulière, et Hansemann (le ministre des finances prussien) aurait cédé. Nous sommes la plus grande, et actuellement presque la seule banque encore en activité dans la province du Rhin, et c'est dans l'intérêt du gouvernement (de nous renflouer), et tout le monde conviendra que protéger une entreprise comme la nôtre est un choix très sage ". "Le 11 avril, Simon insiste à nouveau : "J'espère que le Tout-Puissant bénira le fruit de notre espérance qui a mûri hier, et que Hansemann a pris la décision de nous fournir la somme d'un demi-million de Taylor. Cher Abraham,

> *tu dois être sûr que nous devons avoir cet argent si nous voulons dormir tranquillement chaque nuit.* " [6]

Le 1er avril, Abraham s'était rendu personnellement à Berlin pour demander à son vieil ami Hansemann un crédit d'État de 500 000 Taylor sur des biens immobiliers et des actions pour sauver la banque de Schaffhouse, car sauver la banque de Schaffhouse signifiait alors se sauver lui-même. Après deux semaines de va-et-vient, Hansemann décide de trouver un compromis entre les créanciers et les banquiers, et pour y parvenir, il faut demander de l'argent à Berlin. La partie berlinoise est d'abord réticente à donner de l'argent, et Abraham menace que l'importance de renflouer les banques n'est pas simplement une question de sauver les liquidités des banques individuelles, mais de savoir si la révolution peut être contenue, une question politique majeure de la survie du gouvernement prussien. Il conclut que si le crédit bancaire n'est pas rétabli, les banques de l'ordre social existant s'effondreront. Le gouvernement prussien est si alarmé qu'il met immédiatement en place un comité de coordination de crise, avec Hansemann du côté du gouvernement et Abraham du côté des banquiers, afin de convenir de moyens spécifiques pour sauver la Schaffhausen Bank. Un accord a rapidement été conclu pour transformer la Schaffhausen Bank en une banque par actions et la première banque par actions de l'histoire de la Prusse était née. Cela faisait en fait partie de la politique de réforme financière que les libéraux et Abraham avaient demandé au gouvernement de mettre en œuvre depuis 1830.

Pour accentuer la pression sur le gouvernement, Abraham menaça même que, à moins d'un renflouement rapide de la crise financière, la sécession de la Rhénanie de la Prusse serait inévitable. Apparemment, Abraham a élevé la banque de sauvetage aux sommets de la souveraineté nationale, un geste meurtrier effectué alors que le gouvernement prussien était trop occupé à calmer l'agitation sociale pour le déranger. À cette époque, l'approche principale du gouvernement prussien était la stabilité avant tout, l'opinion d'Abraham, de Hansemann et d'autres étant que "la stabilité politique présuppose la stabilité financière". Tout cela était en fait une stratégie orchestrée depuis longtemps par des gens comme Abraham et Hansemann, dont l'objectif était une révolution descendante de la

---

[6] Ibid.

finance et de la politique. À travers l'agitation sociale et le chaos politique, Abraham atteint finalement le but de son rêve.

Début mai, Oppenheimer reçoit un renflouement de 500 000 Taylor du gouvernement prussien, et le système financier prussien commence à subir des changements majeurs.

Si nous comparons cette histoire avec la crise financière en cours et le sauvetage du gouvernement américain, nous constatons qu'avec quelques ajustements mineurs de la chronologie et du nom, elle pourrait tout simplement être publiée directement à la une du Wall Street Journal aujourd'hui. Il est intitulé "Sauvetage bancaire et réforme financière : le ministre des finances et les banquiers s'accordent sur les objectifs".

La nature humaine se répète sans cesse dans l'histoire, et cette fois-ci ne fait pas exception.

L'ascension de Bismarck

Si l'unification de l'Allemagne n'aurait pas pu se faire sans Bismarck, le succès de Bismarck n'aurait pas pu se faire sans le banquier juif qui le soutenait, Gerson Bleichröder. La position de Bismarck dans l'histoire de l'Allemagne est similaire à celle de Qin Shi Huang dans l'histoire de la Chine, tous deux ayant accompli l'unification du pays avec ténacité et un sang de fer, laissant une marque indélébile de proéminence dans l'histoire. Il existe plus de 7 000 monographies différentes sur Bismarck en Allemagne, et ses réalisations et ses échecs ont été analysés et étudiés en profondeur par la communauté historique allemande. Mais l'influence de l'immense puissance financière à l'origine des politiques de Bismarck est presque totalement ignorée dans cette littérature en sueur. Dans la propre biographie en trois volumes de Bismarck, qui ne mentionne la famille Bleichröder qu'une seule fois, à la mort du Kaiser Guillaume II, l'influence des banquiers juifs sur la politique allemande semble être un angle mort de la recherche.

En fait, la correspondance de Bismarck avec les familles Bleichröder et Rothschild s'est comptée par milliers tout au long de sa carrière politique, et tout au long de sa carrière, il a fourni aux Rothschild des informations presque quotidiennes sur les changements dans la politique allemande, les mouvements militaires et les marchés financiers.[7] À partir de ces communications, nous pouvons juger avec précision que sans le solide soutien financier de Bleichröder et de Rothschild, Bismarck aurait difficilement pu prendre pied dans la politique allemande, et encore moins accomplir la grande tâche d'unifier l'Allemagne. Pendant plus de cent ans, Bleichröder a été noyé dans la poubelle de l'histoire, et sa ré-excavation permettra de rétablir de manière authentique l'influence significative de forces financières longtemps négligées dans l'histoire allemande.

Bismarck est né avec une cuillère en or dans la main, appartenant à la classe des propriétaires fonciers Junker. Dès son plus jeune âge, il était ambitieux, et c'est cette supériorité innée qui a donné à Bismarck sa personnalité unique, car nombre de positions sociales et de richesses inaccessibles aux yeux du commun des mortels lui étaient aisément accessibles et faciles. Il était colérique, rapide, audacieux et dur, dur et grossier, et même un peu têtu.

Bismarck est ambitieux et s'intéresse de près à la politique. En même temps, il avait, comme les autres nobles Junker, un grand désir d'argent. Son principal objectif en possédant de l'argent était d'obtenir une position sans scrupules, en utilisant de grandes sommes d'argent pour satisfaire ses ambitions politiques et sa soif de pouvoir. Si un jour il se trouve ennuyé par une carrière politique, il pourra se retirer facilement de la politique, libre de toute influence et de toute contrainte économique.

Depuis que Bismarck est entré en politique, son appétit pour l'argent s'est accru, et il a eu de moins en moins de temps pour le gérer lui-même. Il a donc dû utiliser la sensibilité du Juif à l'argent et son talent pour la gestion de fortune pour l'aider dans la gestion de son argent privé et réaliser l'accumulation et la croissance de sa richesse. Ce faisant, Bismarck a adopté une attitude pragmatique à l'égard des banquiers juifs, qui, par nature, n'aimaient pas particulièrement les Juifs, et pensaient même que les Juifs ne devaient pas entrer dans les institutions publiques gouvernementales, et que ce qu'il devait demander aux Juifs, c'était leur capacité financière supérieure, et qu'il s'appuyait dans une large mesure sur ces familles de banquiers juifs rusés pour accroître sa richesse personnelle.

---

[7] Fritz Stern, *Gold and Iron – Bismarck, Bleichröder, and the Building of the German Empire*, 1977, p. 21.

Le grand vide de pouvoir créé par les révolutions européennes de 1848 offre à Bismarck une grande marge de manœuvre, alimente ses ambitions politiques et contribue à son attitude réaliste caractéristique. Dans la vague de la révolution, Bismarck choisit finalement son orientation pour devenir un royaliste convaincu. Bismarck est convaincu que l'Allemagne doit finir par s'unifier et que ce processus doit reposer sur la force d'une monarchie forte. Il pense que la démocratie ne peut conduire qu'à la faiblesse et au laxisme et, dans ce but ultime, il doit être un ardent défenseur du roi. En 1851, en contrepartie de ces paroles et de ces actes, Frédéric-Guillaume IV nomme Bismarck délégué de la Prusse au congrès de la Confédération allemande à Francfort.

Dès lors, Bismarck devient officiellement un personnage public et entre sur la scène de l'histoire.

Bleichröder : Le banquier privé de Bismarck

> *Gerson Bleichröder était à la fois le banquier privé de Bismarck, le premier chancelier du Reich allemand, et le banquier du public allemand. Il a récolté de grands bénéfices grâce à d'habiles tours de passe-passe et à sa patience. Les Rothschild étaient ses modèles et ses alliés secrets, mais il était encore plus un homme qui suivait sa propre voie et réalisait ses valeurs.*
>
> Fritz Stern.

Bismarck arrive à Francfort en 1851 et attire rapidement l'attention d'Amschel Rothschild, le chef de la famille Rothschild, qui siège alors à Francfort. À l'époque, Amschel, l'aîné des cinq frères Rothschild, est octogénaire. Dès sa première rencontre, Bismarck est extrêmement impressionné par Amschel et imite souvent l'accent de Rothschild pour sa femme lorsqu'il rentre chez lui, y compris l'utilisation des accents et de la grammaire juifs pour exprimer l'allemand. Il avait une très forte impression de la grande richesse et de la puissance de la famille Rothschild, et était également heureux de rencontrer la famille Rothschild. Chaque fois qu'il était invité par les Rothschild à l'avenir, il était toujours flatté d'être invité. Il a un jour décrit Amschel Rothschild de la manière suivante :

> *" C'était un très vieux juif, avec des tonnes d'or et d'argent, avec beaucoup, beaucoup d'assiettes en or, des couteaux et des fourchettes. Comme Amschel n'avait pas de descendance, malgré sa richesse, il n'avait pas de descendants à hériter. Il*

> *était plutôt comme un pauvre homme dans un palais de luxe, entouré d'innombrables personnes qui trichaient et complotaient pour obtenir son argent. Ses proches, qui l'entouraient afin d'hériter de sa richesse, n'avaient en réalité aucun amour véritable ni aucune gratitude pour lui.* " [8]

Bismarck était industrieux et érudit, il aspirait désespérément au pouvoir et à la sagesse, et ses ambitions et ses aspirations en politique ont rapidement attiré l'attention d'Amschel et de son beau-fils, Meyerkar. Les Rothschild étaient particulièrement friands de la formation des jeunes pousses politiques, et ils se targuaient souvent d'être une aubaine. Tout au long de l'histoire récente de l'Europe, la famille Rothschild a choisi d'élever un certain nombre de stars politiques. Rothschild est convaincu que Bismarck sera une action potentielle très intéressante à investir. Outre Bismarck, les Rothschild ont choisi Benjamin Disraeli, qui deviendra plus tard Premier ministre du Royaume-Uni; les Rothschild ont également choisi le comte de Rosebery, qui avait trois aspirations majeures dans sa vie de jeunesse : gagner la course Derby, épouser une femme super riche, et devenir Premier ministre du Royaume-Uni, toutes choses qu'il a finalement obtenues. Ce sont les Rothschild qui ont découvert, cultivé et développé les hommes politiques de poids qui ont influencé l'histoire du monde entier. [9]

Bien que Nathan Rothschild ait un jour prétendu qu'il avait "contrôlé l'émission de la monnaie dans l'Empire britannique", les vieux aristocrates d'Europe ont toujours un profond mépris pour Rothschild et les autres banquiers juifs qui émergent de la "méga-monnaie". Cependant, dans des cas spécifiques, la noblesse a également dû succomber au pouvoir de l'argent. Bismarck avait une mentalité similaire, exploitant et méprisant à la fois les banquiers juifs.

Bismarck arrive d'abord à Francfort et entame bientôt une lune de miel plutôt douillette avec les Rothschild, mais il ne faut pas longtemps avant qu'une dispute inhabituellement vive n'éclate avec les Rothschild. Tout a commencé lorsque l'Autriche, alors à la tête de la Confédération germanique, s'est montrée souvent arbitraire et irrespectueuse envers le gouvernement prussien. Bismarck était un

---

[8] Bleichröder au Baron James, 21 fév. 1863.

[9] Niall Ferguson, *The House of Rothschild*.

homme extrêmement sensible et puissant qui, en tant que diplomate, ne pouvait que se soumettre à la volonté politique du côté de Berlin, mais qui était souvent furieux de l'arrogance et des détails du côté autrichien. En 1852, l'Autriche et la Prusse ont eu un conflit pas si grave que ça au sujet de la Confédération allemande. La Confédération germanique disposait à l'époque d'une petite flotte, était mal financée et difficile à soutenir, et avait désespérément besoin d'une somme d'argent pour payer l'équipage. L'Autriche demande directement à la famille Rothschild un prêt de 60 000 florins, malgré la ferme opposition de la Prusse. Rothschild était en quelque sorte réticent à financer cette flotte, mais il était néanmoins disposé à suivre les ordres de la dynastie des Habsbourg. Cet incident a fortement irrité Bismarck, qui s'est vivement disputé avec Amschel.

Les Rothschild, même s'ils étaient riches, étaient inévitablement des rats dans la boîte à vent et se trouvaient dans une position difficile lors de la lutte entre les gouvernements prussien et autrichien. Ces aristocrates féodaux au pouvoir considéraient toujours les Juifs de leur os comme un groupe subordonné inférieur, et d'après les circonstances historiques de l'époque, l'argent ne résolvait pas le problème du statut politique inférieur des Juifs.

Même après le grand combat, la colère de Bismarck n'est pas complètement retombée. Il avait l'impression que les Rothschild étaient plus proches de l'Autriche que de la Prusse, et dans sa colère, il a commencé à rejeter les invitations des Rothschild, tout en persuadant le gouvernement prussien d'utiliser la Bestman Bank, une rivale des Rothschild, comme banque officielle de tout le gouvernement prussien. Malheureusement, le trésor prussien n'est pas aussi impulsif que Bismarck et il ne remplace pas les Rothschild. La principale raison en est que la position de Rothschild est essentiellement irremplaçable. Le gouvernement prussien savait par cœur que seuls les Rothschild pouvaient apporter une aide décisive lorsque l'argent était vraiment nécessaire. Après une telle querelle, l'ambassadeur autrichien a quitté Francfort, indigné, et Bismarck pensait l'avoir emporté dans la lutte. Comme le dit le dicton, pas de combat, pas d'accord. Bismarck a également pesé sur le poids de son adversaire lors de sa rencontre avec les Rothschild.

En 1853, Bismarck soutient la proposition du gouvernement de faire des Rothschild de Francfort les banquiers officiels du gouvernement prussien. De plus, il demande que l'aigle rouge de Prusse soit décerné à Sir Meyerkar (le beau-fils d'Amschel). La relation étant réparée, elle est beaucoup plus réaliste et étroite qu'auparavant.

En 1858, le prince héritier de Prusse (futur Kaiser Wilhelm I) nomme Bismarck ambassadeur à Saint-Pétersbourg. Avant de quitter Francfort en mars 1859, Bismarck demande expressément à Meyer Karl Rothschild de lui recommander un banquier fiable à Berlin, et Bismarck insiste pour que le banquier privé responsable de ses finances personnelles à Berlin soit juif. Pour diverses raisons, il pensait que seul un banquier juif aurait suffisamment de talent et de capacité pour l'aider à atteindre ses objectifs en matière de gestion financière. La véritable raison derrière cela était qu'il voulait poursuivre sa relation spéciale et étroite avec les Rothschild par ce biais. Les Rothschild ont donc officiellement recommandé Gerson Bleichröder comme banquier privé de Bismarck.

En 1861, Bleichröder était devenu un banquier juif extrêmement influent à Berlin. Bien qu'il y ait eu plusieurs familles bancaires plus anciennes à Berlin à l'époque, comme Mendelssohn, et que ces familles plus anciennes étaient supérieures en taille et en profondeur à Bleichröder, les Bleichröders, avec leurs relations d'affaires étroites avec les Rothschild, se sont rapidement élevés pour devenir des "étoiles montantes" dans l'industrie bancaire de Berlin. En d'autres termes, parmi les nombreuses familles bancaires, plus la relation avec Rothschild est étroite, plus les chances de celui qui est capable d'être le meilleur dans la compétition du marché sont grandes.

La famille Bleichröder entre rapidement dans ce rôle après être devenue le banquier privé de Bismarck. L'ensemble du salaire et des autres revenus de Bismarck était remis à la banque de la famille Bleichröder, tandis que celle-ci gérait le paiement de ses dettes privées, créait et gérait pour lui des comptes bancaires à l'étranger et était responsable de la gestion des actifs de Bismarck, qui n'étaient pas importants à l'époque.

À partir de ce moment, Bismarck et la famille Bleichröder commencent à correspondre étroitement. Comme les Rothschild, toutes les familles de banquiers sont super-sensibles aux nouvelles politiques et aux renseignements sur les marchés, car derrière ces informations se cachent de nombreuses opportunités commerciales. Les Bleichröder ne demandent pas de récompense monétaire à Bismarck ; tout ce qu'ils souhaitent en retour, ce sont des informations politiques et quelques renseignements d'initiés.

La crise danoise : L'occasion inattendue de Bismarck

L'argent et la nourriture sont à la base de toute guerre, et celui qui dispose des ressources économiques potentielles les plus importantes a plus de chances de remporter la victoire finale dans la guerre. La première chose que Bismarck a rencontrée dans le processus historique d'unification de l'Allemagne a été le dilemme de l'argent.

Lorsque Guillaume Ier succède au trône en 1861, le premier obstacle qu'il doit affronter est un parlement détenu par les libéraux. Depuis la révolution bourgeoise française à la fin du 18e siècle, l'idéologie libérale, avec la démocratie en son cœur, a balayé l'Europe, et surtout après la révolution de 1848, l'influence des libéraux en Europe est devenue encore plus profonde, allant jusqu'à la violence et l'effusion de sang dans une tentative de briser complètement la structure du pouvoir social féodal et autoritaire. En Prusse, pays à la tradition idéologique plus conservatrice, les libéraux aspirent à la fois au modèle démocratique français et britannique et craignent du fond du cœur la révolution sanglante qu'a connue la France. C'est la faiblesse la plus fatale des libéraux prussiens, qui restent, jusqu'à l'os, des nationalistes terriens, et ne font que se revêtir de la peau des libéraux.

Guillaume Ier a hérité d'une tradition militaire prussienne, et ses années de service militaire l'ont conduit à s'intéresser de plus près à la constitution de son armée. Il fut le plus déterminé à réprimer les révolutions européennes par la force en 1848, s'opposant à tout compromis politique. En 1862, Guillaume Ier se décide enfin à nommer le controversé Bismarck Premier ministre et ministre des Affaires étrangères de Prusse, après que le projet de réforme de l'armée a été bloqué par le Parlement. Dans son discours inaugural, Bismarck a avancé la fameuse théorie du sang de fer, en déclarant : "Les grands problèmes de notre temps ne peuvent être résolus par des discours et des résolutions majoritaires ; c'est l'erreur que nous avons commise en 1848 et 1849 ; (ces problèmes) ne peuvent être résolus que par le fer et le sang". "Bismarck donne en même temps un coup de fouet à Guillaume Ier : " Puisque nous allons mourir tôt ou tard, ne pouvons-nous pas mourir plus décemment… Sa Majesté n'a pas d'autre voie à suivre que de s'efforcer ! "Depuis, Bismarck a gagné le soutien ferme de Guillaume Ier pour sa politique. [10]

Au cœur du projet de réforme militaire se trouve le renforcement de l'armée régulière et l'affaiblissement de la garde nationale. Le projet de loi prolonge la période de service dans l'armée régulière de deux à trois ans. La raison apparente de l'opposition du Congrès est que les dépenses militaires sont excessives, et dans le fond, c'est le ressentiment de la rétrogradation de la Garde nationale. Dans l'établissement militaire prussien, où le noyau de l'armée régulière était l'aristocratie féodale Junker et où la Garde nationale représentait le pouvoir bourgeois émergent de la classe moyenne urbaine, le renforcement de l'armée régulière entraînait inévitablement un renforcement du pouvoir autoritaire prussien, ce dont le parlement libéral avait profondément peur. Leur tactique consiste à refuser d'approuver le budget du gouvernement et à prendre Bismarck à contre-pied sur la question de l'argent. Bismarck ne montre aucun signe de faiblesse et menace immédiatement d'ajourner le Parlement et de gouverner sans lui.

La crise danoise éclate à un moment où les deux parties sont dans l'impasse. En mars 1863, le roi du Danemark veut inclure les territoires contestés du Schleswig et du Holstein à la frontière prussienne, ce qui attise immédiatement le nationalisme prussien. Bien que ces deux régions soient gouvernées par le Danemark en vertu du traité de Londres de 1852, leur souveraineté demeure dans la Confédération allemande. Le spectre de la guerre commence à planer sur la Prusse. [11]

Pour Bismarck, c'est une occasion unique. Il utilisera la guerre contre le Danemark pour affaiblir considérablement l'opposition libérale à l'intérieur et consolider son pouvoir. À ce stade, Bismarck a trop besoin d'une victoire dans la guerre étrangère. Analysée stratégiquement, l'approche de Bismarck est calme et à l'ancienne. Afin d'atteindre son objectif de vaincre le Danemark, il doit s'assurer la participation de l'Autriche. À cette fin, il propose astucieusement de placer le Schleswig sous domination prussienne et le Holstein sous domination autrichienne, ce qu'il accepte volontiers. Dans le même temps, afin d'apaiser l'ingérence des autres puissances européennes,

---

[10] Holborn, l'*Allemagne moderne*.

[11] Eyck, Erich, *Bismarck et l'Empire allemand*, W. W. Norton & Company. (1964).

Bismarck fait un geste de soutien au traité de Londres et à la préservation de l'ordre européen existant pour apaiser la Grande-Bretagne, la France et la Russie.

Les manœuvres politiques et les compétences diplomatiques de Bismarck dans la crise danoise sont à leur meilleur niveau, et la machine militaire prussienne est plus que suffisante pour faire face au Danemark, mais ce qui dérange le plus Bismarck est le fait que ses énormes coûts de guerre n'ont pas été couverts, que le Parlement s'oppose obstinément à sa politique intérieure et étrangère, et qu'il est impossible d'adopter son budget de guerre.

La guerre de Prusse : un test de la puissance de l'or

Le seul espoir de Bismarck est de contourner les contraintes budgétaires parlementaires et de trouver un autre moyen de financer la guerre. Il place ses principaux espoirs dans son propre banquier privé, Bleichröder. Bleichröder avait des liens étroits avec la famille Rothschild, qui non seulement pouvait résoudre les énormes problèmes financiers, mais avait également une influence extraordinaire sur Napoléon III de France. Dans la guerre contre le Danemark, la neutralité de Napoléon III était la clé du succès ou de l'échec.

À cette époque, Bismarck, flanqué de Bleichröder, observe tranquillement une série de bouleversements dans la politique prussienne, et réfléchit à la manière dont ce changement politique majeur pourrait être utilisé à son avantage économique. En termes de bien et de mal personnel, Bleichröder, en tant que juif, penche plutôt du côté des idées libérales. En fait, les Juifs ont constitué une force importante dans la révolution de 1848 pour leur propre pouvoir équitable. Mais en tant que banquier, son jugement doit être absolument rationnel, voire froid, et il doit choisir des intérêts !

Grâce à une correspondance quotidienne avec la famille Rothschild, un flux constant d'informations sur le marché commercial et de renseignements politico-militaires du côté de Berlin parvenait à James Rothschild à Paris… Le 1er mai 1863, Bleichröder révélait dans une alerte de renseignement à Rothschild que la crise danoise avait entraîné

> "notre ministre (des finances) avait prévu un prêt de 50 millions de Taylor pour la construction navale, mais (la crise danoise) a réduit le prêt à 30 millions de Taylor, principalement pour la

> *défense des ports de la mer Baltique... (Bismarck) a révélé que les événements danois pourraient entraîner de graves complications, mais qu'il n'y aurait pas d'action pendant trois mois, les préparatifs militaires n'étant pas encore terminés".* [12]

De mai à novembre 1863, les préparatifs de guerre de Bismarck sont soumis à une forte pression financière. Après des négociations répétées avec Rothschild, Bleichröder fait finalement une offre à Bismarck en novembre. La proposition de Bleichröder était simple, la Prusse pouvait vendre des actifs appartenant à l'État pour obtenir un financement. Les riches réserves de mines de charbon de la région de la Sarre, qui étaient principalement sous le contrôle du gouvernement prussien, les intéressaient et Bleichröder proposait de les vendre aux Rothschild de France. En fait, dès 1861, des rumeurs circulent selon lesquelles les Rothschild sont prêts à payer 20 millions de Taylor pour les mines de charbon de la région de la Sarre. Bismarck savait depuis longtemps que Napoléon III était également intéressé par les mines de charbon de la région, et Napoléon III a même montré directement à Bismarck que si la France devait rester neutre dans la guerre de Prusse, elle devrait échanger les mines de charbon de la Sarre prussienne.

Dans une lettre adressée à Rothschild le 7 décembre 1863, Bleichröder révèle que le gouvernement est sur le point de présenter un budget de 10 millions de Taylor au Parlement, qui pourrait le rejeter. Deux jours plus tard, Bismarck propose de manière décisive un budget de 12 millions de Taylor pour la guerre en Prusse. Le trésor prussien disposait alors de 21 millions de Taylor pour la guerre contre le Danemark, mais Bismarck, par une évaluation prudente des dépenses de guerre, considérait que l'argent devait être conservé en cas d'imprévu, et le 22 janvier 1864, le Parlement rejeta la demande de Bismarck par une marge étroite de 275 contre 51. [13]

Bismarck a dû trouver un autre moyen de trouver de l'argent. C'est alors que le banquier de Francfort Raphael von Erlanger se présente à la porte de Bismarck dans l'espoir de lui proposer un prêt de 15 millions de Taylor. Cet incident a provoqué la colère de la famille Rothschild. La famille Erlanger, qui dépendait à l'origine de la famille Rothschild,

---

[12] Fritz Stern, *Gold and Iron – Bismarck, Bleichröder, and the Building of the German Empire*, 1977, p. 32.

[13] Ibid, p. 39.

s'était développée d'elle-même pour devenir l'un des principaux rivaux de la famille Rothschild et s'était hissée dans les rangs des banquiers internationaux. La famille Rothschild avait toujours détesté la trahison de ses propres disciples, sans parler du fait que la famille Earlanger avait souvent entraîné les familles françaises Fould et Pereire pour voler des affaires à la famille Rothschild.

James Rothschild s'insurge à ce sujet, reprochant à Brexler son ineptie. Bleichröder s'empresse d'assurer que le Parlement est fermement opposé à tout prêt au gouvernement par des banques privées sans l'approbation et l'autorisation du Parlement, et que " l'approche d'Erlang concernant les prêts au gouvernement a été complètement rejetée. " [14]

La guerre contre le Danemark est officiellement lancée par les forces austro-prussiennes le 1er février 1864, et le 3 février, après avoir rencontré Bismarck, Bleichröder met à nouveau en garde Bismarck, au nom des Rothschild, de ne pas accepter le prêt d'Erlangen. Rothschild demande même à Bismarck de dénigrer Erlanger dans la presse prussienne. Bismarck rejette cette demande excessive, mais assure que le gouvernement prussien étudiera attentivement la possibilité de coopérer avec Erlanger. Bleichröder fait alors une nouvelle proposition à Bismarck : hypothéquer le montant des prêts que le Parlement avait autrefois approuvés pour la construction de chemins de fer, en les finançant avec un certain pourcentage d'escompte aux banquiers, qui à leur tour vendent le montant total des obligations aux investisseurs.

Au cours de la première semaine de la guerre, les inquiétudes de Bismarck concernant le financement de la guerre de suivi l'emportent sur ses préoccupations quant à la situation, les dépenses de la guerre dépassent nettement ses prévisions et, sans financement de suivi, l'armée de Bismarck ne pourra peut-être la soutenir que pendant deux mois environ. D'ici là, si la guerre n'avait pas pris fin, Bismarck aurait été pris entre le bombardement aveugle du Parlement et le ridicule jubilatoire des puissances européennes. Il n'est pas exagéré de dire que le nom de Bismarck deviendra la risée de l'Europe, et que lui-même se retirera désormais de la scène de l'histoire.

Au début du mois de mars, lorsque la banque prussienne conclut un accord secret avec la famille Erlanger, Rothschild est indigné et

---

[14] Bohme, *Deutschlands Weg*, chapitres 2 et 3.

traite à nouveau Bleichröder d'incompétent. Le 14 mars, Bleichröder répond par écrit en jurant que "Bismarck n'était pas au courant et était profondément troublé par cet acte". Bismarck s'engage à condamner le ministre des finances en charge.

Bien sûr, Bismarck n'était pas non plus une lumière pour économiser l'essence. Voyant la contradiction entre Rothschild et Erlanger, il a consciemment et inconsciemment exagéré la menace potentielle d'Erlanger afin d'obtenir le meilleur prêt possible de Rothschild aux meilleures conditions le plus rapidement possible. Il a appliqué la sagesse de la politique internationale à l'aspect financier, jouant le tour de "l'argent pour l'argent" est vraiment habile. En fin de compte, Bismarck a obtenu un financement de guerre à 4,5 % d'intérêt, et Rothschild a obtenu une commission lucrative d'agent financier.

Le 18 avril 1864, la Prusse remporte une victoire décisive. Mais les dépenses de la guerre ont également créé une grave crise, et " tout au long de l'été 1864, Bismarck a été troublé par la tension des liquidités causée par la guerre de Prusse ". "La guerre avait coûté un total de 22,5 millions de TTL, et l'excédent fiscal de 5,3 millions de TTL des années précédentes et les fonds levés par le gouvernement prussien de 17 millions de TTL avaient été épuisés. [15]

Grâce à la guerre, Bismarck a finalement pris conscience de l'importance de la monnaie, en particulier dans les moments critiques où les politiciens sont souvent contraints de faire des compromis majeurs avec les banquiers. La guerre de Prusse éclate à peu près en même temps que la guerre de Sécession, et dans un commentaire sur la guerre et l'assassinat de Lincoln, Bismarck déclare : "Il ne fait aucun doute que la division des États-Unis en deux confédérations plus faibles, le Nord et le Sud, a été réglée par les puissances financières d'Europe bien avant que la guerre de Sécession n'éclate. "Il (Lincoln) a reçu du Congrès l'autorisation d'emprunter en vendant la dette nationale au peuple, de sorte que le gouvernement et le pays ont échappé au piège des financiers étrangers. Lorsqu'ils (les banquiers internationaux) ont compris que l'Amérique allait échapper à leur emprise, la mort de Lincoln ne serait pas loin. La mort de Lincoln a été une grande perte pour le monde chrétien. Personne en Amérique ne

---

[15] Fritz Stern, *Gold and Iron – Bismarck, Bleichröder, and the Building of the German Empire*.

pourra suivre ses traces, et les banquiers reprendront le contrôle de ceux qui sont riches. Je crains que les banquiers étrangers, avec leur droit de cuissage et leur cruauté, ne finissent par s'enrichir de l'Amérique et ne l'utilisent ensuite pour corrompre systématiquement la civilisation moderne."

Les mots de Bismarck auraient dû être sincères.

La guerre de Prusse est la première grande victoire de Bismarck et permet de faire d'une pierre plusieurs coups. La première est d'utiliser l'Autriche rivale pour atteindre ses propres objectifs stratégiques, la deuxième est de détourner l'Autriche de ses alliés et la troisième est de faire taire l'opposition libérale intérieure.

Les libéraux parlementaires : des obstacles sur la route de la réunification allemande

En 1815, les guerres napoléoniennes prennent fin. Après l'effondrement du Saint Empire romain germanique, de nombreux États allemands ont formé la Confédération germanique, vaguement organisée, et l'Autriche est devenue le chef de file de la Confédération germanique. Depuis la révolution européenne de 1848, l'idée de l'unification allemande est double : la création d'un grand empire germanique, englobant toutes les régions germaniques, y compris l'Autriche, un empire multiethnique ; et la création d'une petite Allemagne, excluant l'Autriche, avec la Prusse comme noyau. Bismarck, pour des raisons pratiques, a choisi la petite Allemagne.

Après la fin de la guerre de Prusse, l'Autriche devient le principal obstacle à l'ambition de Bismarck d'unifier l'Allemagne. Pour atteindre cet objectif stratégique, Bismarck adopte toujours la stratégie consistant à utiliser la guerre étrangère pour forger un consensus intérieur et forcer le parlement à céder le pouvoir et à consolider sa position au sein de la Prusse. Sur le plan diplomatique, Bismarck voit dans l'Italie une occasion de résister à la domination autrichienne et établit une alliance stratégique avec elle. Dans le même temps, la France est tentée par le grand intérêt des mines de charbon de la région de la Sarre pour garder Napoléon III neutre. Bismarck utilise également le différend russo-autrichien dans les Balkans pour gagner la compréhension de la Russie. Enfin, il y avait l'attitude de la Grande-Bretagne, insensible à l'éventualité d'un changement de l'équilibre des forces sur le continent, et bien que la Grande-Bretagne ne veuille pas voir la Prusse unifier l'Allemagne, l'Autriche semblait avoir plus de chances de l'emporter au vu de la situation, sans parler de l'inertie de la pensée créée par l'ère napoléonienne pour contenir la France, et Bismarck pensait que la Grande-Bretagne ne serait pas satisfaite de la guerre austro-prussienne, mais ne serait pas non plus farouchement opposée. Après l'opération de Bismarck, à l'été 1864, la Prusse avait plus d'amis que l'Autriche et moins d'ennemis que cette dernière.

En ce moment, c'est l'argent qui inquiète le plus Bismarck. Le trésor prussien avait été gravement blessé par la guerre de Prusse, et des années d'excédents financiers avaient été balayées par les cendres de la guerre, et Bismarck le ressentait le plus directement dans son étonnante capacité à dévorer les richesses. La guerre, en effet, se fait avec de l'argent et de la nourriture !

De 1864 à 1866, Bismarck se démène pour faire deux choses : faire de son mieux pour obtenir chaque centime pour la Prusse afin de préparer la guerre, et faire de son mieux pour empêcher l'Autriche de lever des fonds pour la guerre sur les marchés financiers européens. La stratégie de Bismarck consiste à pousser ses adversaires à l'extinction sur le plan financier, en tirant vers le bas la puissance nationale de l'Autriche sous la menace de la guerre. La situation financière de l'Autriche est en effet pire que celle de la Prusse, qui est depuis longtemps épuisée et au bord de la faillite à la suite d'années d'épuisement à réprimer les émeutes nationalistes dans les Balkans et ailleurs. Aucun des deux camps ne veut montrer publiquement son embarras financier, tous deux collectent secrètement des fonds en coulisses, prêts à frapper un grand coup.

Ce qui rendit Bismarck le plus fou fut que le Parlement, comme auparavant, rejeta tous ses budgets et déclara que le gouvernement n'avait pas le droit d'utiliser les fonds publics sans l'approbation du Parlement, sinon c'était inconstitutionnel et les ministres du gouvernement en étaient pleinement responsables. Le même jour, Bismarck publie une réponse ferme, qualifiant l'opposition parlementaire de "traîtres" qui font obstacle à la politique étrangère du roi et ont objectivement pour effet de collaborer avec l'ennemi. En fait, Bismarck savait que de nombreux libéraux parlementaires se réjouissaient intérieurement de la victoire prussienne dans la guerre de Prusse, et que son accusation de trahison était une tentative délibérée de poignarder ces gens dans leur amour-propre, les incitant ainsi à changer de discours. Les fanatiques parmi les libéraux parlementaires ne sont pas non plus des végétariens, et certains ont attaqué Bismarck pour avoir trompé le parlement et le roi. Bismarck, en apprenant cela, est furieux et demande immédiatement un duel. Toute la scène politique berlinoise est choquée d'apprendre que les duels sont un mélange de bravoure et d'imprudence, qu'une fois qu'ils commencent, il n'y a aucune possibilité de reculer ou de décourager un combat, et que la probabilité de mort ou de blessure de part et d'autre est extrêmement élevée. Si le Premier ministre prussien mourait dans un duel, toute la situation en Europe aurait changé soudainement. Ce Bismarck était un homme très irascible, qui avait 27 combats en duel dès ses années de collège, et qui avait une quantité incroyable de tripes. Bleichröder et d'autres s'empressent de le dissuader en privé, et même Rothschild, qui se trouve loin à Paris, s'inquiète du duel. Alors que l'épreuve de force finale est dissuadée, la colère et l'anxiété de Bismarck face au rejet par le Parlement du budget du gouvernement augmentent de jour en jour.

Bismarck était trop avide d'argent, et sans lui, ses idéaux ne pouvaient être que des rêves, et ses rêves finissaient par s'évanouir en fantaisie.

La privatisation du chemin de fer Cologne-Minden : une source de richesse pour la guerre austro-prussienne

En 1865, la balance de la guerre et de la paix penche un peu au-dessus de la direction du flux de crédit, et en juillet, le financement de la guerre tant attendu par Bismarck apparaît enfin. Il s'agit de la privatisation du chemin de fer Cologne-Minden.

Le chemin de fer Cologne-Minden a été l'une des premières lignes de chemin de fer construites en Prusse. Conçu en 1833, il a été entièrement achevé en 1859 et est devenu la plaque tournante du système ferroviaire prussien. Le projet ferroviaire a été construit à l'origine pour transporter à bas prix le charbon de la région de la Ruhr vers les sites de production industrielle. Bleichröder a joué un rôle clé dans le financement du chemin de fer Cologne-Minden, en devenant directeur de la compagnie ferroviaire et banquier qui a financé la société. Considérant que le système de transport ferroviaire peut transporter un grand nombre de personnel militaire et de matériel dans les guerres futures avec une grande efficacité et une faible consommation, la nationalisation des compagnies ferroviaires est la principale direction de développement de la société. En fait, le chemin de fer Cologne-Minden était dès le départ un grand projet d'infrastructure publique mené par le gouvernement prussien. Le gouvernement prussien a acheté carrément 1/7des actions initiales et a garanti les obligations du chemin de fer à un taux d'intérêt nominal de 3,5 % pour 14 millions de TTL. En 1854, le gouvernement prussien, influencé par l'économie de marché, a suspendu le processus de nationalisation jusqu'en 1870, date à laquelle il a été décidé de le poursuivre ou non, en fonction de l'évolution de la situation. Cependant, la garantie du gouvernement sur les intérêts des obligations ferroviaires est toujours en vigueur, et la garantie de 14 millions de TTL est bloquée dans un compte dédié et indisponible.

Les préparatifs de guerre de Bismarck pour l'Autriche nécessitaient un total de quelque 60 millions de Taylor, et le fardeau de réunir des coûts de guerre aussi astronomiques retombait sur les épaules de Bleichröder. En fait, dès décembre 1862, Bleichröder avait proposé, après un calcul minutieux et de nombreuses délibérations, la privatisation controversée du chemin de fer Cologne-Minden. L'élément central de ce projet était qu'au lieu de l'achat massif par le gouvernement des actions du chemin de fer en 1870, ce qui mettait les finances à rude épreuve, le gouvernement prussien, au prix d'un renoncement à la nationalisation, pourrait recevoir immédiatement une compensation du chemin de fer et, en même temps, renoncer à sa garantie des intérêts sur les obligations, et pourrait immédiatement liquider une partie de la marge de 14 millions de Taylor.

Dès son introduction, il a suscité l'opposition de nombreuses personnes qui voyaient dans le programme Brexler-Lauder un moyen de faire des actionnaires de la compagnie ferroviaire, dont Brexler lui-même, des profiteurs au détriment des pertes à long terme du gouvernement. Dans ce scénario, le gouvernement perdrait un total de 30 millions de dollars tanzaniens en droits divers en échange de 10 millions de dollars tanzaniens de compensation et de 14 millions de dollars tanzaniens de marge disponible. Le chemin de fer Cologne-Minden est un projet très rentable dans lequel le gouvernement a investi, et le programme de privatisation fournira au gouvernement un financement d'urgence à court terme, mais au prix de la vente de bons actifs avec une décote de moins de 50 pour cent, et de la perte du droit aux futurs bénéfices à long terme, ce qui n'est de toute façon pas une bonne affaire pour le gouvernement.

Le moment venu, en 1865, les choses changent radicalement. L'ambition de Bismarck d'unifier l'Allemagne était écrasante, et il n'y avait pas grand-chose d'autre à faire pour se préparer à la guerre contre le mastodonte qu'était l'Autriche. C'est pourquoi les banquiers internationaux adorent la guerre. Lorsque les gouvernements y sont contraints, ils vendent des actifs de qualité à des prix exceptionnellement bas, lorsque l'occasion de faire fortune se présente. Lorsque les banquiers internationaux atteignent un certain niveau de pouvoir, ils stimulent le sentiment nationaliste, attisent l'antagonisme national, encouragent les gouvernements à investir massivement dans l'armement, enflamment les contradictions potentielles, déclenchent le processus de guerre, puis s'avancent pour gérer dignement les indemnités de guerre. Les banquiers internationaux recevront toujours des honoraires élevés pour leurs services, tant qu'une grande quantité d'argent passera entre leurs mains. Là où il y a un flux d'argent et de crédit, il y a un banquier d'affaires.

Le 18 juillet 1865, le gouvernement prussien a signé un contrat avec la compagnie de chemin de fer Cologne-Minden. Le résultat final est que le gouvernement renonce à son pouvoir de nationaliser les chemins de fer et reçoit une compensation de 13 millions de taylor, avec un premier paiement de 3 millions de taylor en espèces, dû le 1er octobre 1865, et un second paiement de 2,705 millions de taylor en espèces, dû le 2 janvier 1866, le reste étant compensé par l'émission de nouvelles actions par le chemin de fer. En reconnaissance du crédit de Bleichröder, Bismarck lui confie l'affaire du transfert des fonds impliqués dans le traité entre la Prusse et l'Autriche. Le transfert de 2,5 millions de taels est effectué au profit des Rothschild autrichiens, et Bleichröder a l'amabilité d'empocher 1 % des "frais de gestion".

Les ressources financières n'étant pas au rendez-vous, Bismarck prépara une autre main pour une solution diplomatique, et les négociations durèrent longtemps. Lorsque Bismarck a appris que le contrat gouvernemental avec le chemin de fer était officiellement signé, il a immédiatement adopté une ligne diplomatique dure contre l'Autriche. Le jour de la signature du contrat, Bismarck envoya immédiatement un télégramme au prince héritier prussien : " À la conférence de Ratisbonne, Sa Majesté a résolu que les moyens financiers pour un début de guerre complet et une année de guerre étaient disponibles, s'élevant à environ 60 millions de contes ". "Une semaine plus tard, le secrétaire à la guerre de Bismarck, Roon, déclarait dans une lettre à un ami,

> *"Nous avons assez d'argent pour nous donner une plus grande liberté diplomatique, et nous pouvons mobiliser toutes nos forces militaires pour une guerre totale si nécessaire. Cela renforce notre position, et nous pouvons forcer l'Autriche à*

> *accepter nos demandes raisonnables, permettant ainsi aux deux parties d'éviter une guerre inutile. D'où vient l'argent ? Sans enfreindre la loi, le réarrangement a été réalisé grâce au chemin de fer Colon-Minden."*[16]

La partie autrichienne se rendit rapidement compte que les arrangements financiers pour le chemin de fer Cologne-Minden étaient un arrangement d'urgence pour le début de la guerre et que la partie autrichienne était encore loin d'être prête pour la guerre et commença à adoucir sa position dans les négociations diplomatiques. D'autre part, Bismarck, une fois l'euphorie initiale retombée, s'est aussi progressivement rendu compte que le chemin de fer Cologne-Minden était encore loin d'être financé et, à en juger par les réactions des contacts de Brexler avec les banquiers internationaux, la situation n'était pas bonne. Le transfert de la créance de 9 millions de Taylor entre la famille Rothschild et le chemin de fer de Minden est au point mort lorsque les parties ne parviennent pas à s'entendre sur un prix. Avec l'énigme du financement de la guerre suspendue au-dessus de sa tête comme une épée, Bismarck est de nouveau sur le feu, et la seule chose qu'il est le plus anxieux de savoir est quand l'argent arrivera.

À ce stade, la ferme détermination de Bismarck à entrer en guerre commence également à vaciller et il doit sérieusement envisager la possibilité d'une solution diplomatique.

Le 10 août 1865, Bismarck divulgue son remaniement : "Nous avons encore besoin de temps pour réunir des fonds et maintenir la neutralité de la France... En attendant, nous pouvons préserver notre honneur tout en gardant l'option de la guerre". Le jugement de Bismarck a également influencé ses décisions d'investissement privé, et il a commandé un message à Bleichröder : "Si j'ai encore des placements en obligations sur mon compte d'investissement, ce que je ne peux pas savoir ici maintenant, il n'aurait pas dû les vendre (le chemin de fer de Minden) simplement à cause d'inquiétudes de guerre prématurées."[17] Le comportement de Bismarck est, selon les normes d'aujourd'hui, suspect d'utiliser des informations privilégiées pour investir et récolter des bénéfices illégaux.

---

[16] Roon, *Denkwurdigkeiten*, p. 354-355.

[17] Rohl, "Kriegsgefahr", p. 102.

Dans cette atmosphère, la Prusse et l'Autriche concluent l'accord de Gastein, la Prusse administrant le Schleswig et l'Autriche le Holstein, et les deux parties continuant à partager la souveraineté. Mais la Prusse et l'Autriche savent pertinemment que cet accord n'est qu'une tactique dilatoire et qu'elles attendent une percée majeure dans la question du financement de la guerre.

Pourquoi la guerre austro-prussienne s'est terminée brusquement ?

En février 1866, les efforts de Bleichröder pour lever des fonds afin d'acheter des actions du chemin de fer Cologne-Minden sur le marché européen se heurtent à un boycott général des banquiers internationaux, menés par les Rothschild, qui estiment que les fonds seraient utilisés par la Prusse pour la guerre et que la paix est l'"idéal commun" des banquiers internationaux ; à la mi-février, la lettre secrète de Bleichröder à Rothschild mentionne en langage codé que le gouvernement pourrait envisager la vente de la mine de charbon de la Sarre, et des rumeurs circulent sur le marché selon lesquelles Rothschild et Oppenheimer pourraient être des acheteurs. Apparemment, bloquer la vente des actions du chemin de fer de Minden en prévision du changement de mains de la mine de charbon de la Sarre signifiait que les banquiers internationaux trouvaient les gains potentiels de la mine encore plus importants, et le gouvernement prussien serait certainement réticent à vendre à nouveau la mine de charbon de la Sarre si cela permettait à Bismarck d'obtenir suffisamment d'argent grâce à un transfert en douceur des actions du chemin de fer.

Le problème de l'argent n'a pas progressé de manière substantielle, tandis que les préparatifs de guerre se sont intensifiés. Le 28 mars 1866, l'armée prussienne a commencé à se préparer à la guerre à grande échelle et, à la fin du mois de mars, sans espoir de trouver un acheteur privé, le ministère prussien des finances a lancé une vente publique des actions du chemin de fer Cologne-Minden sur le marché. Le 8 avril, la Prusse annonce son alliance militaire avec l'Italie et la bourse s'effondre. Les instructions de Rothschild à Bleichröder étaient de jeter toutes les obligations de Law à Berlin dès que la guerre était sur le point de commencer. À ce moment-là, Bleichröder avait déjà vendu les obligations des Rothschild de manière importante, avec pour résultat que les Rothschild étaient furieux parce que, selon leur pensée, ils ne commenceraient jamais une guerre jusqu'à ce que Bismarck obtienne de l'argent substantiel, donc une alliance avec l'Italie ne signifiait pas que la guerre était sur le point de commencer.

Bleichröder a clairement fait l'erreur d'enfoncer ses dents.

Rothschild a déclaré dans sa lettre : "Il n'y a aucune preuve que vous protégiez les intérêts de notre famille et nous aimerions entendre une explication de votre dumping de nos obligations. Le télégramme que nous vous avons envoyé ce matin indique que nous n'acceptons pas votre récente vente (d'obligations). "Le 18 avril, Bleichröder s'est empressé de revenir pour expliquer que la vente d'obligations avait été complètement interrompue en raison de l'apaisement récent des relations avec l'Autriche.

En mai 1866, la mobilisation générale prussienne commence, et le coût de la mise en état de préparation des neuf légions s'élève à 24 millions de taylor, et augmente de 6 millions de taylor par mois.[18] Le 18 mai, face à une grave pénurie de fonds, le gouvernement prussien est contraint d'annoncer la création d'un organisme public de crédit et l'octroi d'un crédit non garanti de 25 millions de taylor, tout en abrogeant tous les décrets restreignant les taux d'intérêt élevés et en cherchant à attirer des capitaux privés pour le crédit. Malgré cela, le resserrement du crédit ne s'est pas atténué, le ministre des finances se lamentant de ne plus avoir assez d'argent pour faire la guerre, ni même pour couvrir ses dépenses deux mois plus tard. [19]

Vers le dernier obstacle avant le début de la guerre, le projet de chemin de fer Cologne-Minden de Bleichröder a joué un rôle décisif. Après l'échec de toutes les tentatives pour lever des fonds, le Trésor prussien était amèrement déterminé à charger Bleichröder et Hansemann de former un syndicat pour acheter les actions du chemin de fer. Le prix du rachat des actions a été fixé à 110 Tk et le marché s'est négocié à 117 Tk, d'autres banquiers que les deux hommes ayant essayé de profiter des difficultés financières du gouvernement pour faire baisser le prix à 105 Tk. Le gouvernement ne pouvait pas accepter une offre aussi basse et a décidé de vendre par lots. Si les combats se déroulent bien, les prix des actions vont grimper en flèche. C'est

---

[18] Michael Sturmer, Gabriele Teichmann et Wilhelm Treue, *Striking the Balance – Sal. Oppenheim jr. & Cie. Une famille et une banque*, 1994.

[19] Ibid.

également une décision risquée, car si la guerre se passe mal, le gouvernement devra faire face à la fois à l'épuisement des fonds et à la chute des prix des actions. Mais Bismarck est déterminé à prendre le risque !

Grâce à la renonciation du gouvernement à la nationalisation et à la libération de la garantie des intérêts du prêt, 14 millions de taels ont été immédiatement obtenus, et c'est cet argent qui a soutenu la guerre pendant les sept semaines suivantes, en plus des fonds provenant de la vente des actions du chemin de fer Cologne-Minden pour la mobilisation militaire générale. Lorsque l'armée de Bismarck arrive à Vienne, l'argent est déjà inférieur à 3 millions de taels, et avec 180 000 troupes autrichiennes encore stationnées à Vienne, Bismarck serait l'homme politique le plus injuste de l'histoire s'il ne pouvait pas forcer l'Autriche à se rendre dans les deux semaines.

La fin abrupte de la guerre a permis à Bismarck de triompher de ce grand pari sur le sort de l'Allemagne et sur son destin personnel !

La bataille pour la vulgarisation du droit : 10 000 taels d'or au son d'un canon

Le perdant de la guerre austro-prussienne est Napoléon III de France, qui assiste à l'ascension rapide de la Prusse sous ses yeux. Au lieu de recevoir une "compensation pour neutralité" substantielle à la suite de la tromperie stratégique de Bismarck, la France a été raillée et ridiculisée par Bismarck dans le cas du Luxembourg. L'erreur de Napoléon III, qui s'est aliéné l'Autriche, est la même que celle du roi Huai de Chu, qui a été incité par Zhang Yi à rompre les liens diplomatiques avec Qi en "offrant 600 miles de terre aux marchands".

La Grande-Bretagne, qui a toujours joué le jeu de la parité des puissances, n'est pas aussi sensible qu'elle aurait dû l'être à la dangereuse perspective de voir la Prusse émerger comme le plus grand challenger de l'unification de l'Allemagne. La Grande-Bretagne est encore négligée par l'amoureux du bluff qu'est Napoléon III, qui a surestimé la force du Second Empire français. Le canal de Suez, construit par la France en 1859, est achevé et ouvert à la navigation en 1869. La Grande-Bretagne y voit une menace directe pour le Moyen-Orient et l'Inde sous sa domination : couper la ligne de communication entre le continent britannique et les colonies indiennes reviendrait à couper l'épine dorsale de l'Empire britannique, ce que les impérialistes britanniques ne pouvaient en aucun cas tolérer. Le gouvernement britannique, stratégiquement myope, a donc utilisé la Prusse comme contrepoids à la France et lui a donné le feu vert pour unifier l'Allemagne. Les préoccupations britanniques concernant la France l'emportent sur celles concernant l'unification de l'Allemagne.

Les relations de la Russie tsariste avec la Grande-Bretagne et la France sont tièdes depuis la défaite écrasante de la guerre de Crimée. Elle était ostensiblement neutre, mais soutenait en fait la Prusse dans sa lutte contre la France afin de récolter les bénéfices des pêcheurs et de se venger de la gifle reçue cette année-là. Le tsar, paresseux et fermé d'esprit, se concentrait sur l'attisage des flammes dans les Balkans, sans tirer pleinement parti de la Prusse, d'un ancien allié antifrançais et de dizaines de petits États confédérés allemands peu structurés, semant ainsi les graines d'une future défaite.

L'Autriche, nouvellement vaincue et au bord de l'insolvabilité financière, n'est plus en mesure de soutenir la France dans ses représailles contre la Prusse.

Plutôt qu'un grand stratège, Bismarck était un aventurier chanceux dont la fortune reposait sur la négligence stratégique de ses adversaires et sur une ascension fulgurante au pouvoir à laquelle il ne s'attendait pas lui-même. Après la fin de la guerre austro-prussienne, seul Bismarck sait que l'unification de l'Allemagne ne pourra se faire sans vaincre la puissante France. Une guerre de droit populaire sera inévitable.

Le fusible de la guerre franco-prussienne est le "télégraphe d'Ames", dans lequel un prince de la famille prussienne des Hohenzollern est élu héritier du trône d'Espagne au début du mois de juillet 1870. Napoléon III ordonna à l'ambassadeur de France en Prusse de protester sous prétexte que la France ne pouvait tolérer des menaces tant sur le flanc est que sur le flanc ouest. À cette époque, Guillaume Ier, en convalescence à la station thermale d'Ames, indique à l'ambassadeur français que la famille Hohenzollern pourrait envisager de renoncer à son droit au trône d'Espagne. Napoléon III, cependant, n'est pas en reste et ordonne à l'ambassadeur français de retrouver Guillaume Ier pour lui donner une assurance écrite. Guillaume Ier promet de revenir à Berlin pour négocier à nouveau l'affaire, tout en envoyant un télégramme à Bismarck. À la réception du télégramme, Bismarck en expurge une partie du contenu, faisant de celui-ci un télégramme de Guillaume Ier refusant de négocier avec l'ambassadeur de France, et le publie publiquement dans les journaux, et le 19 juillet 1870, Napoléon III déclare la guerre à la Prusse sous prétexte d'être insulté.

Et à ce moment-là, la France n'avait même pas d'allié.

En tant que contributeur majeur à la guerre de Pu'ao, la position de Bleichröder n'est plus ce qu'elle était, et il est passé du statut de frère cadet des Rothschild à celui de partenaire égal. La confiance de Bismarck en lui l'emporte sur sa révérence pour les Rothschild, et peu après la fin de la guerre austro-prussienne, Bismarck transfère résolument l'intégralité de son compte privé de la banque Rothschild de Francfort à la banque Bleichröder.

Dix jours seulement avant le déclenchement de la guerre, Bleichröder s'enquiert de l'éventualité d'une guerre dans une lettre confidentielle adressée à Bismarck, et mentionne astucieusement les investissements sur le compte privé de Bismarck. Dans la lettre, il demande.

> *" Pour ma part, je ne crois pas que des circonstances politiques extrêmement graves soient apparues, je n'ai donc pas vendu les avoirs sur votre compte, Si je me trompe dans mon jugement, et que vous pensez que beaucoup d'événements désagréables sont sur le point de se produire, je vous prie de me prévenir en temps utile."*

Il s'est avéré que Bismarck n'osait pas être laxiste lorsqu'il s'agissait du profit et de la perte de la richesse personnelle de Bismarck, et le lendemain, une réponse est arrivée, mais au nom de Mme Bismarck, qui était.

> *"Il ne pensait pas que quelqu'un d'autre passerait soudainement à l'offensive contre nous parce que le vote des Espagnols n'a donné raison à personne. Mais il pensait qu'à un moment donné, l'anticipation de la guerre serait peut-être plus forte qu'aujourd'hui, et que ce serait donc une bonne idée de vendre les actions du chemin de fer, et il aurait de toute façon besoin de l'argent ici. "*

En recevant la réponse, Bleichröder comprend immédiatement que la guerre est sur le point de commencer. Le lendemain, il envoie immédiatement cette précieuse information à Rothschild à Paris : " Toutes les offres tombent rapidement ". "Dans le même temps, il donne l'ordre aux traders des différents marchés européens de se débarrasser de tous ses actifs, dont certains sont même vendus à perte. Bleichröder ne pouvait pas se soucier moins à ce stade.

La guerre austro-prussienne a notamment eu pour effet de mettre fin à la crise constitutionnelle prussienne et d'accorder au gouvernement de Bismarck un degré considérable de liberté financière. Le 21 juillet 1870, le Parlement confédéré d'Allemagne du Nord, dominé par la Prusse, a approuvé un crédit de guerre de 120 millions de Taylor.

Dans les premiers jours de la guerre, la situation boursière à Berlin frise la panique, avec même des actions de qualité comme le chemin de fer Cologne-Minden qui chutent de 30 %. Le gouvernement prussien, dans une vente d'urgence de 100 millions de premières obligations de guerre de Taylor, a essayé de se débarrasser du canal de souscription monopolisé par les banquiers et les a offertes directement au marché à la condition d'un intérêt de 5 % et d'une remise de 88 %, alors que l'offre des banquiers de 85 % de remise a été rejetée par le gouvernement. "Cette condition est ridicule dans les conditions actuelles du marché", a souligné M. Oppenheimer dans une lettre adressée à M. Brexit. En conséquence, la vente a subi un énorme échec et l'obligation ne s'est vendue que pour 60 millions de Taylor. En fait, le fond du problème est que les banquiers ne peuvent pas gagner de commissions de souscription si le gouvernement vend directement, ils ont donc recours à un boycott collectif. Ce point montre une fois de plus le pouvoir des "chaînes comme roi" sur les marchés financiers. [20]

Le 1er septembre 1870, les camps français et prussiens s'engagent dans une bataille générale à Sedan, et l'armée française est à nouveau vaincue. Le lendemain, Napoléon III se rend avec 100 000 soldats français, et le 4 septembre, les ouvriers parisiens organisent un soulèvement armé pour renverser le pouvoir de Napoléon III.

Après la bataille de Sedan, pas moins de 300 000 prisonniers français ont été emmenés en captivité en Prusse. Conscient qu'il s'agissait d'une excellente occasion de gagner de l'argent, Bleichröder s'est porté volontaire pour assumer la "responsabilité" de payer les frais de subsistance mensuels des prisonniers de guerre. Pour lui, il s'agissait d'une affaire de prêt sûre, et à l'avenir, quiconque représenterait le gouvernement français devrait payer le principal et les intérêts de cet

---

[20] Ibid, p. 176.

énorme prêt, qui ferait partie du paiement de la guerre. Bleichröder n'avait pas peur de la tricherie française, car tant que l'armée prussienne ne recevrait pas de réparations de guerre, elle ne quitterait pas le sol français. Et l'armée française a été complètement démantelée, et il est impossible qu'elle se relève à court terme.

À mesure que la guerre approche et éclate, la correspondance commerciale quotidienne entre Bleichröder et Rothschild à Paris devient de plus en plus difficile, et plus tard, les contacts directs entre Berlin et Paris doivent être redirigés via Bruxelles et Amsterdam. Comme d'habitude, Bleichröder fait un rapport sur le marché de Berlin. Avant la bataille de Sedan, Bleichröder informe d'urgence Rothschild de vendre au plus vite les actions du chemin de fer Cologne-Minden qu'il détient. Bleichröder vend alors 1 250 actions du chemin de fer pour Rothschild à 128 Taylor, soit 95,72 Taylor en juillet. Après le 15 septembre, le contact est rompu, Paris est assiégé et Rothschild est pris au piège le 20 septembre. Ce n'est qu'en février 1871 qu'il est reconnecté. Pendant cette période, Roche à Paris ne peut que transmettre occasionnellement des informations au moyen de ballons. Le 5 octobre, l'armée prussienne exproprie le domaine de Ferrier de la famille Rothschild pour le mettre sous le commandement de Guillaume Ier, de Bismarck et du maréchal prussien Mauch. C'est là qu'a lieu la célèbre "réunion Ferrier", au cours de laquelle le ministre français des Affaires étrangères tente en vain de persuader Bismarck de signer le traité de paix.

À la fin du mois d'octobre 1870, le gouvernement prussien a retenu la leçon de la dernière fois et a chargé Hansemann de former un groupe de souscription pour vendre les 20 millions de l'emprunt Taylor II à Londres et à Berlin. Grâce au rapport rapide de l'armée prussienne, le prix de ces contrats d'emprunt a augmenté, le gouvernement a pu bientôt saisir certaines des lignes de crédit gagées, et finalement le taux d'intérêt des obligations de guerre a été fixé à 5 pour cent pour une période de cinq ans. D'énormes sources d'argent de guerre affluent vers les armées prussiennes sur le front français, et le 30 novembre, les banquiers poursuivent leurs efforts avec une autre émission réussie en Angleterre d'un emprunt de 92 fois 34 millions de Taylor, avec une option pour émettre 17 millions de Taylor supplémentaires. Et au même moment, bien que les Britanniques commencent à sympathiser avec la France malchanceuse, les obligations françaises se vendent à peine en Angleterre, et sur le front invisible de la finance, la France échoue à nouveau.

Le 18 janvier 1871, le roi Wilhelm Ier de Prusse est couronné empereur à Versailles et l'Empire allemand est proclamé ; le 28, un armistice est signé entre les deux belligérants et un traité de paix préparatoire est signé le 26 février. À cette date, la guerre franco-prussienne est terminée, et le coût total de la guerre en Prusse s'élève à 22 millions de Taylor.

5 milliards de francs d'indemnités de guerre : le "gros gâteau" du banquier

L'armée de Bismarck commence à se reposer, mais les banquiers internationaux sont encore plus occupés. Le marché des réparations de guerre, qui peut atteindre 5 milliards de francs, est une affaire énorme qui fait saliver tout le monde, et si l'on applique un taux de frais généraux de 1 %, cela représente à lui seul un gâteau de 50 millions de francs !

En novembre 1870, alors que la guerre est en cours, Rothschild d'Autriche offre à Bismarck ses services à la Prusse pour collecter les futures réparations de guerre de la France. Bien sûr, Oppenheimer et d'autres familles bancaires internationales ont rivalisé pour obtenir leurs services. Bismarck a demandé l'avis de Bleichröder, qui, bien sûr, voulait le prendre pour lui, et Bleichröder s'est porté volontaire pour venir à Versailles le 7 février 1871. Il obtint les deux grands ordres qu'il désirait le plus, à savoir réunir 200 millions de francs pour les réparations de guerre à Paris et organiser la coordination des réparations de guerre dans toute la France.

Sur le montant des réparations de guerre, le gouvernement français de Tigre envisageait 5 milliards de francs, mais Bismarck a pris un bout de papier et a écrit 6 milliards de francs en un éclair ! Teiyaer bondit en un éclair comme un chien qui a mordu. Les deux hommes ont commencé à se disputer violemment. L'une des autres raisons de la fureur de Bismarck face à l'opposition de la France est l'intervention soudaine de la partie britannique, qui demande à Bismarck d'y mettre un terme. Thiers a fait valoir que des réparations de guerre excessives n'étaient ni justes ni réalistes, et que la France ne pouvait pas sortir autant d'argent. Bismarck est tonitruant et impitoyable. Enfin, Thiers a suggéré de demander à Rothschild d'intercéder. Lorsque Rothschild apparaît, Bismarck retourne toute sa colère contre Rothschild, et toutes les personnes présentes sont stupéfaites. Rothschild est indifférent et insiste toujours sur le fait que 5 milliards de francs sont un montant "durable" de compensation. Plus tard, Bleichröder mentionne l'affaire dans une lettre à l'empereur Guillaume II, qui est également très mécontent du comportement délibérément grossier de Bismarck.

La fureur était inébranlable, la position de Rothschild sur les marchés financiers internationaux était inébranlable, et sans accepter ses conditions, il n'y avait aucun espoir de collecter des réparations de guerre suffisantes sur les marchés européens, l'armée prussienne devrait rester indéfiniment dans la France hostile, toutes les dépenses quotidiennes pour approvisionner l'armée augmentaient rapidement, et le mécontentement envers Bismarck s'accumulait rapidement en Prusse et dans les pays européens. Après avoir pesé le pour et le contre, Bismarck doit accepter l'offre de 5 milliards de francs de Rothschild. Ce que le gouvernement français du Tigré ne pouvait pas gérer, la famille Rothschild l'a immédiatement pris en charge.

Le 10 mai 1871, l'Allemagne et la France signent officiellement la paix de Francfort. Le traité prévoit le paiement par la France de 5 milliards de francs pour la cession de toute l'Alsace et de la majeure partie de la Lorraine.

Immédiatement après, la partie française a commencé à préparer les 2 premiers milliards de francs d'obligations de réparation de guerre, avec des taux d'intérêt fixés à 5 %, et un consortium de souscription allemand, dirigé par Bleichröder, a été créé avec la participation des familles Oppenheimer, Warburg et autres. L'émission obligataire qui en résulte est un énorme succès, sursouscrite jusqu'à 14 fois. Les réparations totales ont été achevées avant la date prévue et remises par la banque de la famille Rothschild directement aux banques Bleichröder et Hansemann. En 1872, le deuxième emprunt pour les réparations de guerre de 3 milliards de francs a été sursouscrit 13 fois, la famille Oppenheimer souscrivant à elle seule 490 millions de Taylor, dont elle détenait elle-même 74 millions. Les réparations se déroulent étonnamment bien, et à l'été 1873, les réparations de guerre, qui s'élèvent à un montant stupéfiant de 5 milliards de francs, sont achevées. Les troupes allemandes commencent à se retirer du territoire français. Les puissantes capacités de collecte de fonds des marchés financiers modernes étaient totalement inimaginables par le passé. Alors que les réparations de guerre de la dynastie Qing étaient généralement versées directement aux pauvres gens sous forme d'impôts, l'Occident a offert aux riches une opportunité d'investissement sous forme d'obligations. Des idées différentes créent des effets complètement différents.

Dans ce processus, les banquiers internationaux jouent un double rôle. D'une part, ils résolvent les problèmes et, d'autre part, ils les créent. Ils fournissent aux deux camps un ensemble complet de solutions de guerre, depuis la cotation des entreprises d'armement, l'émission d'obligations d'armement, le financement opérationnel, jusqu'à l'émission d'obligations de guerre nationales, la souscription d'obligations de réparation après la guerre, le transfert de fonds de réparation, le financement de la reconstruction nationale et d'autres opérations. En temps de guerre, où le gouvernement ne coûte rien, c'est l'occasion parfaite pour les banquiers d'acquérir des actifs publics à bas prix. Un dicton chinois dit tout : dès qu'un canon part, l'or vaut 10 000 taels ! Quelle que soit l'issue de la guerre, les banquiers internationaux des deux camps sont tout aussi rentables.

Ou Napoléon a-t-il vu clair : l'argent n'a pas de patrie, seulement du profit aux yeux des banquiers !

CHAPITRE II

Le Royaume-Uni : les sommets du pouvoir de l'or

Depuis l'essor du capitalisme commercial au 16e siècle, la Grande-Bretagne a profité du moment, de l'emplacement et des gens pour tirer pleinement parti du commerce d'outre-mer et de l'expansion coloniale, accumulant rapidement d'énormes quantités de richesses. Avec l'essor du capitalisme industriel, représenté par la machine à vapeur Watt dans les années 1870, la productivité de l'Angleterre s'est considérablement accrue. La création de la Banque d'Angleterre en 1694 a été un événement majeur dans l'histoire de l'humanité, les banquiers anglais ayant enfin découvert le secret du crédit, appelé à devenir une partie importante de la monnaie. Soutenue par une forte capacité de production matérielle, l'énergie financière de la Grande-Bretagne est fortement amplifiée. La révolution du crédit, la révolution industrielle et le capitalisme commercial sont pleinement intégrés, et la création de richesses atteint des niveaux d'étonnement sans précédent, créant finalement un empire en plein essor, aussi puissant que jamais dans l'histoire humaine.

Le XIXe siècle a été une période historique critique dans le développement et la croissance des banquiers internationaux, dont l'ascension au pouvoir en Grande-Bretagne, en France, en Allemagne et aux États-Unis a suivi des schémas différents. Parmi ceux-ci, le Royaume-Uni est le cas le plus particulier. En raison de la force du capital privé, le développement des industries du textile, de la métallurgie, du charbon, du transport maritime, des chemins de fer, de la construction de machines et de l'armée de la révolution préindustrielle dépendait largement des investissements des banques privées et du financement du capital national, et la Grande-Bretagne disposait toujours d'un excédent de capital en plus de fournir et de satisfaire les besoins en capital de la révolution industrielle. À l'exception de grandes quantités de besoins de financement de la dette publique britannique et étrangère, les besoins en capitaux des banquiers internationaux ne sont pas forts pour le développement industriel national. Malgré le laxisme relatif du droit des sociétés britannique, la surcapitalisation a entraîné le développement relativement lent des banques par actions, et la banque privée reste la force dominante du secteur financier britannique, le secret qui lui correspond étant devenu une tradition essentielle.

Derrière le rideau du secret se cachent 17 familles de banquiers privés britanniques qui ont contrôlé la Banque d'Angleterre tout au long de l'histoire britannique, même après la nationalisation de la Banque d'Angleterre en 1946. Parmi elles, les familles Baring, Rothschild et Schroeder occupent une place de choix. Elles contrôlent les canaux financiers d'émission d'obligations en Grande-Bretagne et même en Europe et aux États-Unis, monopolisant la direction du flux de capital et de crédit mondial. Après avoir acquis de vastes richesses, elles ont progressivement commencé à influencer les décisions gouvernementales sur les affaires étrangères et intérieures. Ils attisent les conflits nationaux à titre privé, soutiennent fortement l'industrie militaire, financent les guerres avec des paris des deux côtés, provoquent des coups d'État de leurs mains et gèrent les réparations de guerre de l'intérieur et de l'extérieur. Leurs intérêts peuvent également s'opposer. Elles embrassent chacune des porte-parole politiques, se font concurrence pour de grands projets et, dans des cas extrêmes, elles s'affrontent sur les marchés financiers.

Là où il y a de l'argent, il y a un jeu d'intérêts, là où il y a plus d'argent, il y a une lutte de pouvoir, et là où il y a un pouvoir maîtrisé, il y a plus d'argent.

Francis, le fondateur de la dynastie des Baring

La famille Baring a plus d'ancienneté que les Rothschild, et pendant que les banques Baring étaient à Londres pour financer les puissances européennes, la famille Rothschild jouait encore un petit commerce de pièces d'or à Francfort. La famille Baring, en tant que banquiers chrétiens, est l'un des rares banquiers internationaux, mais le plus précoce et le plus influent, et son modèle pionnier d'un réseau bancaire multinational moderne est devenu plus tard l'objet d'imitation par la famille Rothschild. [21]

La famille Baring est originaire d'Allemagne du Nord, et ses premiers ancêtres recensés vivaient à Groningue, où ils ont été fortement influencés par les luthériens chrétiens. La plupart de leurs descendants étaient des ministres et des fonctionnaires luthériens chrétiens, et ont commencé à faire des affaires dans la génération de John Baring. John s'installe à Exeter, en Angleterre, en 1717 et épouse la fille d'un riche marchand local en 1723, ce qui marque le début du parcours légendaire de la famille Baring.

C'est Francis Baring qui a véritablement fait progresser la famille Baring. Tout au long du 18e siècle, la pénétration accrue de l'Europe dans le sous-continent indien, l'Asie du Sud-Est et l'Extrême-Orient, combinée à l'essor des marchés du Nouveau Monde en Amérique du Nord, a entraîné un boom du commerce international centré sur l'Europe. Avec une demande énorme d'un côté, une capacité de fabrication de produits de base en plein essor de l'autre, et une industrie du transport maritime prête, mais un secteur financier à la traîne servant l'ensemble du processus de commerce international, Francis a décidé de faire passer l'entreprise familiale des secteurs traditionnels de la fabrication et du commerce au secteur financier. Il a mis en place des opérations séparées à Exeter et à Londres, où il s'est soutenu mutuellement et a été le pionnier d'un nouveau modèle d'entreprise qui couvrait le commerce, l'industrie et les affaires de note. Ce modèle n'a été reproduit par les Rothschild à l'échelle européenne que 25 ans plus tard.

Mais la transition audacieuse de Francis vers la finance ne s'est pas faite sans heurts, et sa décision s'est heurtée à une opposition farouche du côté d'Exeter de la famille. En raison de divergences d'idées sur les affaires et de conflits d'intérêts, plusieurs frères de la famille Baring ont dû signer un accord de séparation en 1777, Francis devenant propriétaire de la branche londonienne de l'entreprise familiale. Londres est alors en train de remplacer rapidement Amsterdam comme centre financier mondial, et Francis dirige la famille Baring qui commence à faire son chemin sur la scène historique.

---

[21] Byron, *Don Juan*, 1821.

Après la séparation, Francis cherche à se débarrasser de ses bras et à faire un coup d'éclat dans le secteur financier. L'évolution de la situation internationale ne semble toutefois pas favoriser l'ambitieux Francis. La victoire dans la guerre d'indépendance américaine a non seulement diminué la puissance militaire de l'Empire britannique, mais elle a également presque détruit l'économie britannique. Le commerce impérial s'est effondré pendant un certain temps et la branche d'Exeter de la famille Baring a été durement touchée ; en 1790, elle avait presque disparu. La branche londonienne de Francis fut également épargnée, grâce à sa femme, héritière de l'ancien archevêque de Canterbury, et à ses talents de gestionnaire, qui l'aidèrent à survivre. Mme Barring a maintenu le coût de fonctionnement de la maison à 800 £ par an, et c'est ainsi que Francis s'est lamenté après la mort de sa femme :

> *" Si, au cours de ces années difficiles, le coût du fonctionnement de la maison aurait sûrement atteint 1 200 £ par an sans les soins de ma femme, alors j'aurais été condamné. "*

L'entreprise familiale s'est remise sur les rails après la crise, les bénéfices passant de 3 400 £ en 1777 à 10 300 £ en 1781 et à un record de 12 000 £ en 1788. Le capital social de la société, qui n'était que de 19 452 £ au début de la guerre d'indépendance américaine en 1776, était passé à 43 951 £ à la fin de la guerre en 1783.[22] En 1780, les importantes succursales de la famille étaient réparties dans les îles britanniques et en Europe continentale, avec une succursale à Exeter, à Londres, à Saint-Pétersbourg, à Carthagène en Espagne et à Leghorn en Italie, en plus de deux succursales à Amsterdam, le centre financier mondial de l'époque. Un réseau financier reliant les flux d'argent, de logistique et d'information dans toute l'Europe prenait déjà forme, et les nuages de la future dynastie financière Baring étaient désormais au-dessus de l'Europe.

Les Pays-Bas : l'apogée du capitalisme commercial

Avant la montée en puissance de Londres, Amsterdam était le centre financier de l'Europe. Les Pays-Bas, dont les origines remontent au commerce oriental, rivalisent avec le Portugal pour la domination du commerce oriental avec une forte présence de la construction navale.

---

[22] Philip Ziegler, *The Sixth Great Power*, Alfred A. Knopf, 1988.

De 1605 à 1665, les chantiers navals néerlandais utilisaient pleinement les machines et construisaient des navires à un rythme assez rapide, construisant presque un navire par jour. Les Pays-Bas possédaient au total des dizaines de milliers de navires, représentant les trois quarts du volume de navigation de l'Europe en termes de tonnage, et la majeure partie du fret commercial mondial était transportée par des navires marchands néerlandais, connus à l'époque comme les "cochers de la mer". Le nombre total de gens de mer aux Pays-Bas s'élève à 250 000. En comparaison, le Portugal ne dispose que d'une flotte d'environ 300 navires et ne compte que 4 000 marins au total. Après 60 ans de concurrence commerciale et de conflits armés, les Pays-Bas ont finalement vaincu le Portugal dans la seconde moitié du 17e siècle et ont pris le contrôle du Cap de Bonne-Espérance, faisant de celui-ci une plaque tournante du commerce Est-Ouest. À son apogée, la Compagnie néerlandaise des Indes orientales comptait 15 000 succursales et négociait la moitié du commerce mondial total. Avec plus de 10 000 navires marchands arborant le tricolore néerlandais et sillonnant les quatre océans du monde, les Pays-Bas sont devenus le centre du monde capitaliste commercial.

La croissance explosive du commerce néerlandais a créé une forte demande de services financiers et, en 1609, la première banque nationale du monde, la Banque d'Amsterdam, a été créée.

Une raison importante de la création de la Banque d'Amsterdam était de réglementer l'industrie financière, qui était très chaotique à l'époque. À l'époque, deux grands cercles existaient dans l'industrie financière d'Amsterdam, un groupe de banquiers juifs émigrés d'Anvers et un groupe de banquiers autochtones dont le noyau était constitué de chrétiens. Les banquiers juifs s'occupaient principalement de leurs activités domestiques traditionnelles : change, escompte de billets, acceptation de dépôts et prêts, et l'un des problèmes majeurs de ces opérations était la grande variation des taux d'intérêt et la confusion de la gestion.

> *"La raison principale de la création de cette institution (Banque d'Amsterdam) n'était pas de fournir du crédit, mais d'empêcher le change sans scrupules et la prolifération des devises et la spéculation excessive dans l'escompte des effets, fournissant ainsi un service d'escompte de change efficace et stable (pour le commerce). Le point clé pour elle (Banque d'Amsterdam) est sa*

> *nature publique plutôt qu'une institution privée ou gérée par le privé.*"[23]

Au cours des plus de cent ans qui ont suivi sa création, la Banque d'Amsterdam a grandement contribué au développement du commerce néerlandais, a consolidé la position du pays en tant que centre commercial mondial et a créé une prospérité et une richesse sans précédent aux Pays-Bas. Un certain nombre de familles méga-riches ont vu le jour grâce à elle, la famille Hope en étant un représentant éminent.

La famille Hope, dont les ancêtres étaient des commerçants écossais, a ensuite exploité des entreprises de transport maritime, d'entreposage, d'assurance et de crédit à Amsterdam et à Rotterdam, aux Pays-Bas. C'est principalement à Rotterdam qu'elle paie pour organiser l'émigration des laïcs vers le Nouveau Monde et pour gérer le commerce d'esclaves d'Amsterdam. Dans le premier cas, l'Église paie 60 florins pour chaque membre du laïcat qui part, tandis que dans le second, le traitement des esclaves pendant le transport maritime est désastreux, entraînant un taux de mortalité moyen de 16 %. Tout au long de la guerre de Sept Ans (1756-1763), la famille Hope fait fortune grâce à ce commerce spéculatif.

Après la guerre de Sept Ans, la famille Hope entre dans le domaine de la finance internationale, organisant des prêts gouvernementaux pour la Suède, la Russie, le Portugal et la Bavière, dirigeant le syndicat anglo-néerlandais pour garantir ces dettes nationales, sur lesquelles Hope lui-même prend une commission de 5 à 9 %. La famille s'attache également à prêter de l'argent aux planteurs des Antilles, obtenant en retour du sucre, du café et du tabac, qui sont ensuite vendus sur le marché d'Amsterdam. En raison des prêts importants accordés par la famille Hope à la famille royale portugaise, les Portugais ont autorisé Hope à exploiter le commerce des diamants brésiliens, faisant ainsi d'Amsterdam le centre du commerce européen des diamants.[24]

Le client le plus important de la famille Hope est l'impératrice russe Catherine la Grande, qui, également en raison de l'important prêt financier accordé par Hope au gouvernement tsariste, accorde à Catherine le droit exclusif d'importer du sucre de Russie, ainsi que de

---

[23] Stephen Zarlenga, *The Lost Science of Money* (American Monetary Institute 2002).

[24] Schama, S., Patriots and Liberators, *Revolution in the Netherland 1780-1813*.

représenter le commerce européen des céréales et du bois russes. Grâce à leurs opérations commerciales et financières, les Hope sont devenus presque la famille la plus riche d'Europe à l'époque, et leur influence a non seulement permis de contrôler la Compagnie néerlandaise des Indes orientales et la Compagnie des Indes occidentales, mais aussi de former un syndicat anglo-néerlandais avec leurs principaux alliés britanniques pour influencer les affaires politiques et étrangères des pays européens et américains grâce à leur puissance financière.

À partir de 1779, Henry Hope est à la tête de Hope & Co. et en 1786, Adam Smith dédie la quatrième édition de son chef-d'œuvre, La richesse des nations, à Henry Hope.

> "À l'origine, je n'ai apporté aucune modification de quelque nature que ce soit à cette 4 édition. Maintenant, cependant, je trouve qu'il est de mon devoir de remercier M. Henry Hope d'Amsterdam. C'est grâce à cet homme que j'ai pu obtenir des informations uniques et complètes sur un sujet aussi intéressant et important que la Banque d'Amsterdam. Avant qu'il ne m'aide, les informations sur les comptes de la banque d'Amsterdam n'étaient pas satisfaisantes pour moi, voire incompréhensibles. Le nom honorable de ce monsieur est si éminent en Europe que quiconque recevra de telles informations de sa part sera honoré au-delà de toute mesure. Ma vanité me fait tenir à remercier M. Henry Hope, afin d'avoir l'honneur de le joindre à la dernière édition révisée de cet ouvrage maladroit, comme la meilleure publicité pour celui-ci. " [25]

Être capable d'établir une relation d'affaires avec la famille Hope signifiait un laissez-passer pour la richesse et le pouvoir dans les cercles de banquiers européens de l'époque. Francis Baring fait partie des heureux élus.

La famille Hope : Baring est l'homme le plus riche d'Europe

L'apparence froide de Francis, son tempérament calme et son adhésion à l'intégrité lui ont progressivement conféré une grande crédibilité dans le monde de la finance, et son entreprise a fait de grands progrès pendant les guerres napoléoniennes. En 1771, Francis avait été

---

[25] Adam Smith, *Enquête sur la nature et les causes de la richesse des nations* (4 édition).

nommé directeur de la Royal Exchange Assurance, qui avait à son tour des liens étroits avec la famille Hope. C'est ce poste qui a ouvert la porte à Francis pour travailler avec la famille Hope et qui a été une occasion importante de se développer.

La famille Hope tentait d'ouvrir le marché britannique avec une émission d'obligations, et Francis a saisi l'occasion pour agir rapidement afin de mettre en ordre l'émission d'obligations de 15 000 £ de la famille Hope, et les deux familles sont alliées depuis lors. Commentant l'affaire, le banquier français John Mallet a déclaré :

> "La famille Hope est frappée non seulement par l'enthousiasme et l'exécution dont fait preuve Baring, mais aussi par son excellente réputation et ses abondantes ressources. À partir de ce moment, la famille Baring devient l'un des amis importants de la famille Hope. "

En 1790, William Hope s'excuse d'avoir tardé à écrire à Francis en raison de son emploi du temps chargé :

> " Mon cher monsieur, notre correspondance est aussi intime qu'une correspondance familiale, et d'ailleurs cette intimité est basée sur le fait que vous nous avez traités de la même manière. " 26

Par la suite, chaque fois qu'un membre de la famille Hope se rend à Londres, il séjourne toujours chez les Baring. En 1796, les associés de la famille Hope sont mariés à la fille de Francis Baring, et l'union des deux familles marque la formation définitive de l'alliance Hope-Baring.

En janvier 1794, Henry Hope a écrit à Francis :

> " J'ai le sentiment que l'Angleterre et la Hollande ont toujours été amicales et dans le même esprit, et que je suis resté en Angleterre (chez Baring) comme chez moi. " 27

Toutefois, un an plus tard, l'évolution de la situation a confirmé la déclaration d'Henry Hope, lorsque l'armée révolutionnaire française est entrée aux Pays-Bas en 1795 et que la famille Hope a fui en toute hâte et s'est réfugiée à Londres. Sous l'action de la famille Baring, la Royal

---

[26] Philip Ziegler, *The Sixth Great Power*, Alfred A. Knopf, 1988.

[27] Ibid.

Navy britannique envoie des canonnières pour les escorter. Le fils de Francis, Alexander Baring, reçut l'ordre de rester au bureau de la Hope Bank jusqu'à ce que les bottes françaises sonnent à Amsterdam, après quoi il fut évacué et renvoyé à Londres.

Avec la signature de la paix d'Amiens en 1802, la guerre en Europe est temporairement terminée et la famille Hope est prête à retourner à Amsterdam pour reprendre ses affaires. En 1802, la banque familiale est enfin rouverte, tandis que la majeure partie du capital reste entre les mains de la famille Baring. À cette époque, Alexander était arrivé aux États-Unis et, contre la volonté de son père, Baring, il hésitait à retourner aux Pays-Bas pour travailler avec Hope. Les développements ultérieurs ont prouvé qu'Alexander était prévoyant. Bientôt, la guerre en Europe reprend et les Français pénètrent à nouveau aux Pays-Bas, et la richesse de la famille Hope aux Pays-Bas subit une perte importante. En 1813, la famille Hope avait été réduite à néant et Alexander, le nouveau chef de la famille Baring, a repris l'entreprise de la famille Hope pour seulement 250 000 £, mais compte tenu de la relation étroite entre les deux familles, il n'a pas annexé complètement le domaine de la famille Hope. La famille Hope continue d'exister en tant que principal partenaire commercial de Baring, sous l'aile de ce dernier. Les Hopes ne sont alors plus une force financière indépendante, et les deux sont essentiellement deux en un.

"Red Top Businessmen" : Le pouvoir de l'or au pouvoir

Alors que les affaires se sont développées à pas de géant après son alliance avec Hope, Baring a commencé à s'intéresser à la politique. En 1786, Francis écrit au marquis de Lansdowne (ancien comte de Sherborne) : "Je suis principalement préoccupé par trois choses : le domaine familial, les affaires publiques et la Compagnie des Indes orientales…" À cette époque, ses yeux étaient fixés sur l'entreprise coloniale de l'Empire britannique en Orient, et il était parfaitement conscient des opportunités commerciales illimitées qui s'y trouvaient.

Dans une lettre adressée à Henry Dundas, secrétaire de la marine du premier ministre Pitt en 1787, Francis défend les mérites d'un traité commercial avec les Pays-Bas :

> *"Il serait très avantageux pour notre pays que les Pays-Bas, en tant que nation commerçante, puissent contribuer à l'expansion du marché de nos produits en Inde. Cela s'ajoute au soutien politique fort qui peut être apporté à mon pays, puisque nos deux*

> *pays partagent la même philosophie fondamentale et des intérêts complémentaires. Dans le cas de mon pays, l'intérêt premier est la perpétuation de l'empire lui-même, suivi de l'intérêt du commerce, tandis que l'intérêt néerlandais est tout aussi important, le monopole des Indes orientales et l'intérêt du commerce. Les intérêts fondamentaux des deux ne sont pas en conflit et sont économiquement complémentaires, et un partenariat stratégique doit être maintenu.*"[28]

La lettre est ostensiblement dans l'intérêt national, et les intérêts particuliers de l'alliance Hope-Baring implicite derrière elle ont été clairement exposés.

Et c'est John Dunning qui a vraiment amené Francis en politique. Dunning, alors premier avocat du duché de Lancaster, était un ami proche du colonel Isaac Barre, qui avait été chancelier du premier ministre Pitt en 1782, et tous trois avaient formé une alliance triumvirale intimidante avec le marquis de Lansdowne, chancelier de l'Échiquier du premier ministre Pitt.

Si Dunning a aidé Francis à entrer en politique, c'est en grande partie parce qu'il était déjà pris dans un piège de dettes et incapable de payer. À partir de 1783, Francis lui a payé une énorme dette de 5 000 £ par an pendant six ans.

Dans le cadre du fonctionnement de la troïka, le Premier ministre britannique, M. Pitt, a fait de M. Francis son invité d'honneur, l'écoutant notamment sur la traite des esclaves sénégalais, la diplomatie turque, la présence militaire de Gibraltar et la réforme douanière.

Les efforts de la famille Baring dans l'arène politique ont finalement porté leurs fruits. Leur relation étroite et leur confiance mutuelle avec les ministres du gouvernement ont permis à la famille Baring de bénéficier d'un gros gâteau de contrats gouvernementaux. Baring s'est vu confier la tâche de fournir un soutien logistique au front, et le marquis de Lansdowne a pu obtenir un meilleur approvisionnement en nourriture pour ses troupes. En 1780, le gouvernement britannique a tenté de trouver une famille de banquiers pour financer son effort de guerre en Amérique du Nord, de préférence avec ses propres ressources ou celles de ses clients et d'investisseurs extérieurs, afin de prendre des obligations de guerre. Il s'agissait d'une

---

[28] Ibid.

activité à haut risque et à forte rentabilité, et Francis a sauté sur l'occasion de se lancer dans la souscription, gagnant 19 000 £ sur les obligations de guerre nord-américaines entre 1780 et 1784. Le chiffre semble faible, mais il est suffisant pour satisfaire l'appétit du gouvernement et pour établir une bonne image auprès du gouvernement britannique. Le gouvernement connaît Baring et lui fait confiance, ils aiment Francis et respectent ses capacités et ont toujours l'impression de lui devoir quelque chose. Ce sentiment aidera Baring à obtenir davantage de contrats gouvernementaux.

La fin du 18e siècle et le début du 19e siècle ont été marqués par de fréquentes guerres en Angleterre, d'énormes dépenses militaires et une augmentation spectaculaire de la dette nationale. Cette situation a permis à des familles de banquiers comme Baring de s'enrichir en souscrivant des obligations de guerre, gagnant 190 000 £ pendant 12 des 16 années entre 1799 et 1815 en tant que principaux souscripteurs d'obligations du Trésor britannique. La réputation de la famille Baring a atteint son zénith dans la Cité financière de Londres, les pays émetteurs de dette publique venant frapper à sa porte.[29]

En mars 1797, au plus fort de la guerre contre la France en Europe, le prince du Brésil du Portugal se rend à Londres pour tenter de réunir 1,2 million de livres sterling. Il a l'intention d'utiliser les bénéfices du commerce brésilien de diamants et de tabac à priser comme garantie pour le prêt, et si ces garanties ne suffisent pas, d'ajouter "la riche île de Mozambique". Francis est intéressé, mais demande d'abord l'avis du Premier ministre Pitt. Pitt répond qu'il n'est pas enthousiaste à l'idée d'un tel prêt "à un moment de grandes difficultés pour le Portugal" ; cependant, il ne s'opposerait pas à ce que Baring le finance en tant que société privée, mais il n'y aurait pas de soutien officiel. Compte tenu de l'opinion de Pitt, Baring doit laisser passer l'occasion.

En 1801, les Portugais ont désespérément besoin d'importantes sommes d'argent pour payer les énormes dépenses de guerre, et la question des prêts refait surface. Cette fois, le premier ministre Pitt quitte temporairement ses fonctions et Francis décide de laisser le gouvernement seul. Francis a dit à son gendre et partenaire de la famille Hope, Pierre Labouchere : " En cette période mouvementée de l'année,

---

[29] N. Baker, *Government and Nick Leeson Contractors : Le Trésor britannique et les fournisseurs de guerre* (1971).

nous ne devrions pas parler aux ministres de prêts portugais, et comme vous le savez, ces ministres sont pour la plupart désemparés en matière de financement international. "

Sous la direction de François, Pierre Loebchelle et George Baring ont été envoyés à Lisbonne pour négocier les détails de la coopération en matière de prêts. Les deux hommes ont chevauché une charrette tirée par un âne jusqu'à Lisbonne, puis ont trouvé le processus de négociation lui-même aussi difficile que leur mauvais voyage. Pierre Loebchelle s'est plaint que les Portugais "changeaient sans cesse le texte des négociations, et c'était tout un texte que je ne comprenais pas, et cela me donnait le vertige". En 1802, plusieurs autres banquiers juifs étaient arrivés à Lisbonne pour se joindre à la bataille pour le contrat, mais George Baring a déclaré que "ces Juifs, bien qu'ennemis redoutables, ne doivent pas être négligés ; ils sont trop pauvres pour payer le prix que nous pouvons", et le contrat a finalement été attribué au consortium Baring-Hope, Baring ayant souscrit 5 millions de florins.

Après avoir gagné de l'argent, le vieux Baring a commencé à réfléchir sérieusement à la nécessité de devenir un "homme d'affaires au sommet rouge". La mauvaise réputation du banquier a toujours donné au public l'impression d'un homme d'affaires mesquin, et ce n'est qu'en devenant politicien que l'on peut devenir membre de la classe dirigeante et que l'on peut bâtir les fondations de l'entreprise familiale sur une base solide d'honneur. Ayant pris sa décision, Francis a dépensé 3 000 £ pour l'opération, a été élu sans surprise à la Chambre des communes et, pendant les quelque 150 années suivantes, sa famille a conservé ses sièges au Parlement.

Réseau transatlantique de personnes

Francis a eu très tôt une idée de l'importance future du marché américain et, dès 1774, il a conclu un partenariat commercial avec Thomas Willing et Robert Morris de Philadelphie, en Pennsylvanie. Thomas Willing devint plus tard président de la première banque centrale privée des États-Unis, la First Bank of the United States, et Robert Morris était l'une des familles bancaires les plus célèbres d'Amérique et l'un des principaux architectes de la nation américaine. Ces relations de poids ont joué un rôle clé dans le développement ultérieur des affaires de la famille Baring aux États-Unis.

À la fin du 18e siècle, le chaos causé par la Révolution française a amené la famille Baring à déplacer temporairement le centre de ses affaires vers l'Amérique du Nord. En 1795, David Humphreys, le ministre américain à Lisbonne, avait désespérément besoin d'argent pour négocier avec le régime des Berbères (pirates nord-africains) la libre navigation des navires marchands américains en Méditerranée. Le gouvernement des États-Unis a demandé à la famille Baring d'émettre une dette nationale de 6 % d'une valeur de 800 000 dollars. Un mois plus tard, la famille Baring a réuni 200 000 dollars pour les États-Unis, soulageant ainsi le ministre de Lisbonne de son besoin urgent. Rufus King, alors ministre américain en Grande-Bretagne, a écrit spécifiquement à Baring à ce sujet, le félicitant pour sa "disposition généreuse et son habileté à aider Hafez à réussir une opération aussi importante". et a déclaré :

> " J'ai écrit à notre ministre des Finances pour l'informer de vos actes, et je lui demanderai de se joindre à moi pour l'assurer que le gouvernement des États-Unis gardera une bonne impression du rôle important que vous avez joué dans cette affaire. " [30]

À l'époque, le conflit entre les États-Unis et la France était sur le point d'éclater, et la famille Baring a contribué à hauteur de 45 000 dollars à l'acquisition de 10 000 fusils à âme lisse et de 330 canons pour les États-Unis, ce qui, à l'époque, était suffisant pour équiper une grande armée. À la fin du 18e siècle, la famille Baring n'était pas encore un agent européen désigné du gouvernement américain, mais elle s'adressait toujours à Baring chaque fois que les Américains avaient besoin de lever des fonds en Europe.

Baring pensait que le marché boursier américain serait un refuge sûr pour les investisseurs européens en cas d'instabilité en Europe causée par la Révolution française, et a organisé une poussée importante sur le marché boursier américain par les investisseurs britanniques. En 1803, les investisseurs étrangers détenaient la moitié de la valeur totale du marché boursier américain (environ 32 millions de dollars). Les investisseurs britanniques investissent dans des actions américaines et les États-Unis envoient des dividendes au Royaume-Uni, créant ainsi

---

[30] Ibid.

un réseau financier transatlantique étroit, avec la famille Baring au centre du réseau.

Thomas Willing était un allié fidèle de la famille Baring depuis 1790, devenant l'agent financier de la famille aux États-Unis. À cette époque, Baring était devenu l'agent officiel du gouvernement des États-Unis. L'ambassadeur des États-Unis au Royaume-Uni, Rufus King, a indiqué à la Baring que le gouvernement américain avait décidé de nommer "une famille de banques britanniques de premier ordre en termes d'honneur et de stabilité" comme agents pour régulièrement "accorder un financement substantiel à la Conférence continentale" et pour financer les missions diplomatiques américaines dans divers pays. En 1803, les Barings sont officiellement nommés agents financiers du gouvernement des États-Unis en Angleterre.

Financement de la Louisiane : L'affaire financière la plus étonnante jamais réalisée

La famille Baring a fait plus que tout autre dans l'histoire de la finance mondiale pour financer l'incroyable achat de la Louisiane par les États-Unis.

La région de la Louisiane, entre le fleuve Mississippi et les montagnes Rocheuses, s'étend du Canada au nord au golfe du Mexique au sud, et couvre une superficie égale à la somme des 13 États qui constituent aujourd'hui le Midwest des États-Unis. Historiquement, la Louisiane était une colonie française, cédée à l'Espagne après avoir perdu la guerre de Sept Ans. En 1800, alors que l'Empire napoléonien battait son plein, l'Espagne a dû rendre la colonie à la France. Le gouvernement américain frémit à l'idée d'une puissante armée française à sa porte. La Grande-Bretagne propose aux États-Unis que la colonie soit d'abord conquise par la Grande-Bretagne et que le territoire soit donné aux États-Unis lorsque la guerre en Europe se sera calmée. Cette proposition terrifie tout simplement les Américains plus que l'armée française qui est sur le point d'apparaître. Le président Jefferson envoie donc un émissaire à Paris pour tester les murmures de l'empereur Napoléon et voir s'il pourrait vendre une partie de la Louisiane aux États-Unis. Au grand plaisir de la mission américaine, Sa Majesté l'Empereur avait l'intention de vendre la totalité de la colonie de Louisiane aux États-Unis. La direction générale étant fixée, il ne reste plus qu'à négocier, la France exigeant d'abord 15 millions de dollars pour finalement se contenter de 11,25 millions de dollars.

En fait, Napoléon souffrait d'une affliction indescriptible. À l'époque, Napoléon avait envoyé 20 000 personnes pour envahir Haïti et avait désespérément besoin d'argent pour se regrouper. En avril 1803, les États-Unis et la France ont signé un traité de paix, et les États-Unis ont facilement acquis environ 2,6 millions de kilomètres carrés de terres (l'équivalent de 3,85 Français) pour moins de 5 $ par kilomètre carré.

La question est maintenant de savoir où trouver cet argent. La réponse est facile à trouver. Ce n'est que grâce aux efforts d'Alexander que la France a accepté de réduire le prix de la transaction à 11,25 millions de dollars, après qu'Alexander ait servi de médiateur en tant que représentant de la famille Baring dès que les Français et les Américains ont négocié le montant de la transaction à Paris. Lorsque l'accord a été finalisé, Baring-Hope a logiquement assumé la tâche de lever des fonds pour l'émission de la dette nationale du gouvernement des États-Unis, les Hope prenant 40 % et les Baring 60 %, sur le marché financier européen, à 5 % d'intérêt. Cela revenait à un achat de facto de la Louisiane à la France par le consortium Baring-Hope, qui revendait ensuite les terres au gouvernement des États-Unis.

En juin 1803, la guerre entre la Grande-Bretagne et la France reprend et les deux pays sont en état d'affrontement militaire. Tolérant mal qu'une banque britannique verse des millions de francs par mois à ses ennemis pour aider indirectement Napoléon à se préparer à la guerre, le Premier ministre Addington oblige la famille Baring à suspendre les paiements français. Les Baring contournent facilement le risque politique en confiant simplement la responsabilité du paiement à leur alliée, la famille Hope à Amsterdam, qui l'exécute en leur nom. À ce moment-là, la correspondance de Baring avec la famille Hope avait été surveillée et Hope, en réponse à une lettre de Baring demandant un paiement au gouvernement français en son nom, a déclaré que "nous n'avons aucune objection à la poursuite des paiements à la France et ne pouvons pas nous conformer à votre demande (de payer en son nom)". Les deux familles semblaient être en désaccord, mais en réalité, Baring savait que Hope allait certainement payer la France, et Hope savait que Baring ne faisait qu'une protestation verbale en apparence, tout cela pour la frime du gouvernement britannique. Au final, Hope et Baring ont gagné au total plus de 3 millions de dollars grâce à l'affaire de l'achat de la Louisiane.

La guerre anglo-américaine de 1812 : La famille Baring à l'intérieur et à l'extérieur

En 1806, l'ancien vice-président américain Aaron Burr est accusé de conspirer pour démembrer les États-Unis, et tout le monde croit qu'il veut ramener le pays sous la domination britannique. Entre-temps, l'animosité populaire entre les deux pays a fortement augmenté et les nuages de la guerre planent lourdement sur les deux côtés de l'Atlantique. De plus, la guerre entre la Grande-Bretagne et la France entraîne l'imposition d'un embargo maritime sur le continent européen, ce qui affecte grandement le commerce entre les États-Unis et la France. Par ailleurs, la marine britannique fait régulièrement respecter la loi dans une zone située à moins de trois milles des côtes américaines, ce qui constitue une violation manifeste des eaux territoriales américaines. Les États-Unis interviennent alors que le Royaume-Uni continue à faire ce qu'il veut. Le potentiel de conflit entre les deux parties est encore accru.

Une autre cause majeure de la guerre est la question de la First Bank of America. La First Bank a été la première banque centrale privée des États-Unis, créée en 1791, et la famille Baring est l'un des principaux actionnaires de la First Bank of America. Thomas Willing est précisément le président de la First Bank of America, et lui et Baring sont des partenaires commerciaux depuis près de 30 ans.

Lorsque le gouvernement américain a autorisé la formation de la First Bank of the United States en 1791, il ne lui a accordé qu'un mandat de 20 ans, et les opérations de la First Bank devaient prendre fin en 1811. Dès le début, la formation de la First Bank a fait l'objet d'un débat animé aux États-Unis. Finalement, l'opinion de l'opposition a prévalu et, le 3 mars 1811, le gouvernement américain a cessé d'accorder une nouvelle prolongation à la First Bank of the United States, qui a fermé ses portes. Cette affaire est un formidable coup de pouce pour les banquiers britanniques, qui détiennent une participation majoritaire de 70 % dans la First Bank of America. Les intérêts fondamentaux de Baring, Rothschild et autres sont sérieusement remis en question.

Pour la famille Baring, c'est aussi une rare et bonne opportunité. Là où il y a la guerre, il y a des opportunités. Cela est particulièrement vrai pour un homme comme la famille Baring, qui est un maître à la fois du côté britannique et américain. Avec le déclenchement de la guerre, l'émission de la dette nationale par les parties britannique et américaine ne pouvait qu'augmenter. À cette époque, Baring domine le marché de la souscription d'obligations des deux côtés de l'Atlantique, et dès qu'elle est rentable, elle peut atteindre les sommets de la richesse en un instant. Dans le même temps, la guerre ne peut que contraindre les États-Unis, économiquement faibles, à s'endetter lourdement, augmentant ainsi leur dépendance financière vis-à-vis de Baring, et comment mener la guerre sans argent ? Le gouvernement américain finit inévitablement par céder sur le plan politique et accepte une banque centrale privée opérant sous le contrôle des banquiers britanniques. C'est à ce moment-là que Baring a de nouveau pris les devants pour être une bonne personne et se faire un nom des deux côtés, tant du côté britannique que du côté américain.

En 1812, la guerre anglo-américaine éclate enfin. La situation a évolué de manière imprévisible. Au moment de la guerre de 1814, les États-Unis étaient endettés, et les 6 millions de dollars d'obligations de guerre, vendus en juillet, se sont vendus avec une lamentable décote de 2 % sur le marché. Non seulement les finances du gouvernement étaient gravement sous-financées cette année-là, mais il n'y avait pas non plus d'argent pour la guerre de 1815. Le secrétaire américain à la Marine, William Jones, s'est exclamé : "Il faut agir de toute urgence, et vite ! Sinon, nous nous retrouverons dans une situation sans précédent dans l'histoire, à soutenir notre armée et notre marine sans fonds, et à mener une bataille difficile ". "Le pauvre secrétaire de la Marine a fouillé tous les recoins du trésor comme un mendiant, essayant de trouver le strict minimum pour soutenir certaines des opérations militaires de défense les plus urgentes. Le recrutement des marins de la marine est complètement paralysé car " les marins ne montent jamais à bord sans argent ".

La situation au ministère de la Guerre n'est pas meilleure. L'arsenal de Springfield a été complètement fermé par manque de fonds. La Virginie, l'État " le plus démocratique " d'Amérique, a connu une mutinerie de soldats en raison du manque de nourriture et de solde. Le manque de liquidités du New Hampshire pour rembourser la dette de l'État aux anciens combattants "les a incités à haïr le gouvernement". Dans d'autres régions, les troupes affirment qu'elles occuperont les casernes et vendront les biens de l'État à bas prix si elles ne reçoivent pas leur solde à temps. Les soldats n'ont pas reçu leurs salaires depuis 6 à 12 mois, voire plus dans certaines régions, et les soldats ne reçoivent même pas le pitoyable salaire de 30 dollars par an. Dans de nombreuses régions, l'armée a vu un grand nombre de déserteurs, et les officiers n'ont non seulement pas les moyens d'attraper les déserteurs, mais ne peuvent même pas se permettre de faire de la publicité localement pour les signaler. Les prisons militaires de la Nouvelle-Angleterre ont été dissoutes parce qu'elles n'avaient pas les moyens de fonctionner, et les hôpitaux de campagne de New York ont longtemps manqué de médicaments et de fournitures. Les responsables gouvernementaux et militaires ont parfois dû emprunter de l'argent à d'autres personnes à titre privé pour faire face à certaines de leurs dépenses les plus urgentes.[31]

La guerre est toujours une machine géante qui dévore les richesses, et il est illusoire de vouloir mener une longue guerre sans argent. D'un autre point de vue, l'argent est à nouveau le maître de la guerre, à la fois comme une fin en soi et comme un outil pour la maîtriser. C'est cette compréhension profonde qui fait que les banquiers internationaux aiment la guerre. Non seulement ils profitent de la guerre, mais ils peuvent aussi contrôler le gouvernement et influencer les politiques d'après-guerre pour mieux atteindre leur objectif stratégique de rentabilité à long terme.

Pendant la guerre, en tant que citoyen britannique, Baring ne pouvait naturellement pas financer les États-Unis de manière flagrante sur le marché londonien, bien que cela ne regardait personne de souscrire des obligations américaines par l'intermédiaire de leurs agents dans d'autres villes européennes. Non seulement la famille Baring prévoit activement de revenir sur le marché américain après la guerre, mais elle continue même à verser des dividendes aux investisseurs qui détiennent des actions américaines pendant la guerre. En 1813, le gouvernement américain envoie finalement une délégation en Europe en juillet pour des pourparlers de paix avec la Grande-Bretagne. Pensant que la Grande-Bretagne accueillerait la Russie comme médiateur, les Américains se précipitent d'abord à Saint-Pétersbourg.

Le fils de Francis, Alexander Baring, commence à blanchir et à vendre des faveurs aux deux côtés du gouvernement anglo-américain. Il fait office de coordinateur entre Gallantin, chef de la délégation américaine, et Castlereagh, le ministre britannique des Affaires étrangères. Il dit à ses amis américains que les Britanniques

---

[31] Donald R Hickey, *La guerre de 1812 : The Forgotten Conflict* (University of Illinois Press 1990).

n'accueilleront jamais un Russe dans le rôle de médiateur, et dans sa lettre, il note que " dans un conflit familial, l'intervention d'un étranger ne peut avoir qu'un effet négatif ". "Gallatin arrive finalement à Londres en mars 1814. James, le fils de Gallatin, se plaint :

> *"J'ai trouvé Londres beaucoup plus ennuyeux que Paris ou Saint-Pétersbourg, nous n'étions pas dans un environnement populaire, nous étions souvent invités par de nombreuses personnes mais nous nous sentions toujours un peu contraints... Le seul endroit où nous nous sentions vraiment chez nous et vraiment bienvenus était la maison de Mr Barring."*

D'une certaine manière, c'est "l'amour de la paix" de la famille Baring qui a finalement permis l'armistice entre la Grande-Bretagne et les États-Unis en 1815. Baring et d'autres banquiers britanniques ont réussi à faire fortune. Le gouvernement américain a succombé à la pression des banquiers internationaux et, en décembre 1815, a promis une deuxième banque centrale privée, la Second Bank of the United States. Baring, comme elle le souhaitait, a détenu l'élément vital du commerce et de la finance transatlantique anglo-américaine pendant des décennies après la fin des guerres napoléoniennes.

Le paiement de la France d'après-guerre : Baring se hisse au rang de sixième puissance en Europe

> *Aujourd'hui, il existe six grandes puissances en Europe : les familles britannique, française, russe, autrichienne, prussienne et Baring.*
>
> Le premier ministre français Richelieu.

En 1815, la France est vaincue et Napoléon est exilé. En vertu du traité de paix de Vienne, la France doit payer 700 millions de francs de réparations de guerre et couvrir les coûts de 150 000 troupes alliées antifrançaises en France pendant cinq ans. "En 1816, la récolte agricole française est un échec et le trésor public est vide. Incapables de gagner la confiance et le soutien du consortium financier national, les Bourbons restaurés se tournent vers la famille britannique Baring, la plus puissante d'Europe à l'époque, en vue d'un règlement rapide de leurs réparations à la nation victorieuse et du retrait rapide des forces d'occupation étrangères en France.

Avec le soutien de l'ambassadeur britannique en France, le duc de Wellington, et du Premier ministre français, le duc de Richelieu, petit-fils du cardinal de Richelieu éponyme de Louis XIV, Gabriel-Julien

Ouvrard se rend à Londres au nom de Louis XVIII pour voir la famille Baring. Cet Ouvrard avait été le conseiller financier de Napoléon et avait été jeté en prison à plusieurs reprises pour des comptes peu clairs. Mais cet homme, très au fait des changements de pouvoir, et qui entretenait des relations étroites avec le Premier ministre Richelieu et le roi Louis XVIII, était, selon les normes d'aujourd'hui, un rustre standard.

Ouvrard a déclaré à la famille Baring que le Premier ministre Richelieu et le ministre des Finances Corvetto lui avaient donné les pleins pouvoirs pour négocier le prêt avec le consortium anglo-néerlandais. La famille Baring n'a pas pris cette affaire à cœur dans un premier temps, car l'"intermédiaire", qui n'avait ni nom ni réputation, n'était pas fiable et n'avait donc pas une attitude claire.

À son retour, Ouvrard ajoute à l'histoire en disant aux ministres français combien Baring et la famille Hope sont intéressés par l'affaire et très enclins à accepter l'accord. Le Premier ministre Richelieu et le ministre des Finances sont ravis. Grâce aux longues manches d'Ouvrard, les parties se sont trompées et ont commencé à négocier les détails du prêt. Aux Tuileries, en France, siège des négociations, les familles Baring et Hope sont entourées d'opposants au prêt, la famille Hope se tenant toujours prête à écouter les objections, tandis que la famille Baring hausse les épaules avec dédain et va de l'avant avec le projet de prêt. Le ministre français des Affaires étrangères, Talleyrand, par intérêt, ne veut pas d'un accord négocié, alors que Louis XVIII lui-même se dit prêt à accueillir Baring à Paris.

En décembre 1816, les négociations ont progressé à tel point que le duc de Wellington écrit officiellement au ministre britannique des Affaires étrangères Castlereagh pour l'informer que le montant total de la dette publique française s'élève à environ 300 millions de francs (environ 12 millions de dollars), dont l'équivalent d'une action de 2 millions de livres sterling serait offert sur le marché financier de Londres. La famille Baring bénéficie du soutien d'hommes politiques européens de premier plan, comme le Premier ministre autrichien Metternich, qui ont également acheté à titre privé des bons du Trésor français souscrits par la famille Baring. La famille Baring, avec son partenaire parisien Jacques Laffitte, a mené à bien la mission de prise ferme, levant 315 millions de francs pour le gouvernement français en trois versements.

Au cours du processus de collecte de fonds, le consortium français, qui s'était auparavant montré méfiant à l'égard de la famille royale, dirigé par la famille Baring, a commencé à soutenir la dette publique française, en souscrivant à un quart de celle-ci dans les deux premières tranches et à plus de la moitié dans la troisième. La famille Baring a été pendant un certain temps un leader de la finance française. Le duc de Wellington, dans une lettre à ses amis, commente :

> *"Baring a pris en main les finances françaises, et les obligations françaises sont aussi bonnes que du poisson sur le marché obligataire britannique. Dans une certaine mesure, Baring contrôle presque les marchés financiers du monde. Baring sentira la puissance du pouvoir (financier) dont il dispose, et pensera que toute manœuvre contre lui a moins de chances d'être gagnée. "*

En tant que vétéran d'une centaine de batailles, les mots de Wellington contiennent à la fois des louanges et un avertissement.

Dans l'ensemble du projet de représentation du gouvernement français, les alliés anti-français ont été payés, la France a été libérée du fardeau de l'occupation étrangère, et la famille Baring a fait une fortune de 720 000 livres, non seulement sous la forme d'une énorme somme d'argent, mais aussi sous la forme d'une position politique, ce qui était une source de grande joie. Non seulement la famille Baring engrangeait des commissions lucratives, mais sa réputation dépassait de loin celle de toute autre famille bancaire. Le Premier ministre français Richelieu se lamentait,

> *" Aujourd'hui, il y a six grandes puissances en Europe : les familles britannique, française, russe, autrichienne, prussienne et Baring. "*

La carrière de la famille Baring est à son apogée.

Comme pour tout ce qui atteint son apogée, le moment de la plus grande brillance annonce souvent le début du déclin. Comme l'a dit le duc de Wellington, il existe déjà d'autres familles bancaires prêtes à s'opposer à l'hégémonie à elle seule de la famille Baring dans le secteur financier. La plus puissante et la plus redoutable de ces rivales est la famille Rothschild, qui s'est fait connaître pendant les guerres napoléoniennes. Ce sont les Rothschild qui ont tiré Baring du trône financier et l'ont remplacé dix ans après que la famille eut atteint l'apogée de sa carrière.

Les contrats de la dette publique française : une querelle entre deux hommes

En 1815, la famille Rothschild dans le sang et le feu de la guerre napoléonienne, en utilisant son réseau d'intelligence financière développé, afin d'apprendre les résultats de la bataille de Waterloo plus tôt que le décalage horaire du marché, le premier grand court des obligations britanniques, puis après le plongeon dans le prix des obligations publiques, une grande quantité de manger, comme le rapport de guerre officiel de retour à Londres, la famille Rothschild a saisi le marché des obligations publiques britanniques en un seul coup droits de fixation des prix, devenant un cas classique dans l'histoire financière mondiale de la guerre.

La famille Rothschild, qui avait été au pouvoir pendant les guerres napoléoniennes, a connu une ascension rapide sur les marchés financiers européens et, à la fin des guerres napoléoniennes, elle avait l'ambition et la force de devenir le seigneur financier du monde. Rothschild a donné le coup d'envoi d'une bataille pour la suprématie financière qui a profondément influencé l'histoire récente du monde dans sa bataille avec Baring pour le contrat de la dette publique française.

Alors que Baring négocie avec le gouvernement français pour représenter la dette publique française, la nouvelle famille Rothschild est également active. Utilisant le réseau de vente puissant et efficace de la famille, composé de banquiers juifs à Francfort, Vienne, Paris et Londres, ils sont déterminés à obtenir une part de cet énorme marché de la souscription de la dette publique française.

Au départ, la situation semblait plus favorable pour les Rothschild. Rothschild a fourni de grands prêts à la famille royale française des Bourbons pendant la restauration de la France, et le vieil ami de la famille Rothschild, le ministre français des Affaires étrangères Talleyrand, était très important dans le gouvernement des Bourbons, et l'influence de la famille Rothschild sur la dynastie française a été importante pendant un certain temps. Mais le bon temps n'a pas duré longtemps, et avec le départ de Talleyrand, un nouveau gouvernement a été formé en France, dirigé par le duc de Richelieu, qui avait l'intention d'affaiblir la position des Rothschild en France. James, le cinquième James de la famille Rothschild à Paris, était très proche du secrétaire du Premier ministre Richelieu, qui informait aussi fréquemment la famille Rothschild des véritables intentions du gouvernement de quelque valeur. Toutefois, à l'automne et à l'hiver 1816, le gouvernement français confie la souscription d'obligations publiques au consortium Baring-Hope. Ce qui rend les Rothschild encore plus déprimés est que le consortium Baring-Hope a complètement exclu la famille Rothschild de cette grande affaire.

James, à contrecœur, a d'abord cherché à se joindre au consortium Baring-Hope pour la souscription partielle de la troisième tranche d'obligations d'État françaises, avec pour résultat qu'à la fin de 1817, les négociations ont été rompues et Rothschild s'est retrouvé sans rien. Outré, James reproche à Baring d'avoir "dit ce qui n'allait pas dans son cœur et ce qui n'allait pas dans son esprit".

De retour de Paris à Londres, Solomon, le second de la famille Rothschild, ne peut s'empêcher d'"envier" les méthodes de la famille Baring,

> *"Baring est un vrai méchant. Aujourd'hui, lui et Lafayette ont couru pour dîner avec nous... nous devons surveiller de près chacun de ses mouvements. Il est aussi habile à utiliser et à manipuler l'influence que nous le sommes. Tous les dignitaires de Paris ont des liens étroits avec Baring... Posso di Borgo, l'ambassadeur russe à Paris, est du côté de la France et agit sous l'influence de Baring... Le chancelier de l'Échiquier français est de mèche avec les intérêts de Baring, et le chancelier de l'Échiquier est tout simplement l'un des plus insatiables des ministres."*

Mais James a également dû admettre dans sa lettre à Solomon en mars 1817 : "Vous m'avez conseillé de ne pas trop m'inquiéter de Baring, car personne ne peut couvrir le ciel d'une seule main. Mais vous ne savez pas à quel point ils sont intelligents." Quelques jours plus tard, James rencontre le gendre de la famille Hope, Pierre Loebchel, alors que Loebchel est devenu le chef de facto de la famille Hope. James considérait Loebchel comme un "homme gentil et intelligent" et a déclaré :

> *"Je n'ai jamais vu un homme comme lui. Je vous assure qu'ils sont tous des experts en affaires, et tous des gars extrêmement intelligents. Malheureusement, ils se sont développés de manière si forte que les autres peuvent à peine survivre."*

Après des efforts répétés, la part de la famille Rothschild dans la dette publique française souscrite en 1817 n'était que de 50 000 £. C'est tout, dit Baring avec pudeur. À l'époque, le principal partenaire de Baring à Paris est la famille Lafayette (Jacques Laffitte).

Dans une lettre à Solomon, James rapporte qu'il a rendu visite à Lafayette :

> "Il m'a promis que nous ne serions jamais exclus de la prochaine souscription d'obligations d'État... Pourtant, je ne crois pas chaque mot qui glisse entre les dents de ce Français ". "Au cours des mois suivants, Alexandre Barin rend visite aux Rothschild et leur propose provisoirement de leur donner une part égale de la souscription de la dette nationale française au consortium Baring-Hope. Mais vers la fin de l'année, Baring a de nouveau rejeté par euphémisme celle de Law avec la phrase suivante, qui a été utilisée d'innombrables fois : "Nous pouvons diviser cette dette publique française en parts égales si mon partenaire, Rothschild, est d'accord, mais il se voit plus grand qu'un sauveur, et souhaite s'occuper seul de cette dette publique."

Rothschild était presque furieux, et chaque trahison du clan Baring rendait la famille Rothschild folle.

Baring a également accepté à un moment donné de travailler avec la famille Rothschild et son partenaire commercial, Lafayette, mais il a ensuite changé d'avis et a sacrifié à l'antisémitisme en disant à ses partenaires qu'ils n'étaient pas autorisés à faire des affaires avec des Juifs sans leur permission. En entendant cette nouvelle, Rothschild voulait mourir et était déterminé à former une alliance contre le consortium Baring-Hope pour tenter de contester l'hégémonie financière de Baring.

Les attitudes des familles Baring et Rothschild sont visibles dans plusieurs lettres extraites de leurs dossiers familiaux, Rothschild se plaignant de la "grossièreté" et de l'"arrogance" de Baring et Baring accusant Rothschild de "tricherie" et de "malveillance". Pour être juste, au moins certaines de ces accusations mutuelles sont des évaluations objectives pour eux.

Le 30 mai 1818, Baring et Hope obtiennent une souscription d'obligations de 265 millions de francs ; ils accordent à Lafayette une ligne de 20 millions de francs, mais seulement 10 millions de francs à Rothschild. La même année, le consortium Baring-Hope obtient un emprunt d'État autrichien de 3 millions de livres. Rothschild a été invité à fournir un soutien financier, mais n'avait pas le pouvoir de gérer le prêt lui-même. James s'est plaint : "Ces gens ont une arrogance incroyable. Hier, au ministère de l'Intérieur, je discutais avec Besman, et Ray Porcelle et moi nous sommes frôlés sans même dire bonsoir…" et l'image de Ray Porcelle comme "bon gars" a depuis été effacée de l'esprit de James.

L'aîné des Fourkar à Berlin a commenté avec plus de philosophie l'exaspération du frère :

> *"D'abord nous sommes juifs, ensuite nous ne sommes pas nés millionnaires, et enfin nous sommes en concurrence féroce avec la famille Baring. Dans ce cas, pourquoi leur demander d'être nos bons amis ?"*

Que l'on ait raison ou tort, en 1818, les Rothschild sont enragés et Baring s'est fait un ennemi puissant et terrible. Rothschild est sur le point de commencer à prendre sa revanche.

Rothschild est enfin le roi

Pour les Rothschild, la chose la plus importante en 1818 est de savoir comment "faire mal" à la famille Baring autant que possible. Bien sûr, les Rothschild ont leurs propres compétences en la matière.

Ce qu'ils ont fait, c'est qu'ils ont commencé par manger sur le marché de grandes quantités d'obligations publiques françaises que la famille Baring représentait, en les faisant spéculer à la hausse. Puis, à l'aube du sommet des Alliés à Aix-la-Chapelle, le marché a soudainement vendu en masse ces obligations françaises, et le prix de leur effondrement a immédiatement provoqué une panique sur le marché. À ce moment-là, sans préparation, la famille Baring a été contrainte de racheter ces obligations en grande quantité pour stabiliser leur prix, avec pour résultat que rien n'a pu être fait. La famille Baring a failli s'effondrer en raison de ses difficultés de trésorerie. Heureusement, les dirigeants politiques présents au sommet ne voulaient pas voir l'effet explosif que l'effondrement de la dette publique française pouvait avoir sur la situation en Europe, et Metternich ainsi que les princes et premiers ministres de Prusse et de Russie sont intervenus pour soutenir politiquement la famille Baring, car leur propre fortune était également investie dans ces dettes publiques françaises, que Baring représentait, et ils ne pouvaient soutenir Baring et les dettes publiques françaises qu'à titre personnel. La Banque de France a également pris des mesures décisives pour redresser le marché financier et freiner la spéculation sur le marché, ce qui a stabilisé la situation, et le prix de la dette publique française est remonté régulièrement. Je ne sais pas qui sont les Lehman Brothers qui sont tombés aujourd'hui.

Mais ce n'était qu'un petit test des efforts de la famille Rothschild contre la famille Baring. Leur véritable calcul stratégique était que, puisque le consortium Baring-Hope avait le monopole de la souscription d'obligations de réparations françaises, la famille Rothschild devait chercher à devenir les agents financiers de "l'alliance sacrée" de la Russie et de l'Autriche. Après avoir intégré ces trois grands empires européens dans leurs propres réseaux financiers, puis les avoir combinés organiquement avec la position dominante de la famille Rothschild sur le marché de la dette publique britannique, ils porteraient un coup dévastateur aux réseaux financiers de la famille Baring à partir des directions stratégiques Est et Ouest, excluant finalement le pouvoir de la famille Baring du milieu de la scène financière européenne.

Après 25 longues années de guerre contre la France, les pays européens ont tous été laissés démunis et en ruines, et ont un besoin urgent de fonds substantiels pour relancer leurs économies nationales. En tant que force principale et principal champ de bataille de la guerre de l'Europe contre la France, la Prusse, l'Autriche et la Russie, sans exception, avaient toutes un besoin urgent de financement substantiel sur les marchés financiers anglo-français développés.

Comme l'a dit le Premier ministre britannique Disraeli quelques années plus tard, " Après 25 longues années de guerre sanglante, l'Europe devait se procurer de l'argent pour maintenir la paix... La France avait besoin de beaucoup d'argent, l'Autriche davantage, la Prusse un peu moins, et la Russie plusieurs millions. "À cette époque, la famille Baring, la "sixième puissance" en Europe, consacre toute son énergie et ses ressources financières à l'opération des obligations de remboursement françaises et n'a pas de temps à perdre. La famille Rothschild saisit ce moment stratégique pour faire un geste décisif et passe des contrats avec la Prusse (1818), l'Autriche (1820) et la Russie (1822) pour émettre d'énormes dettes nationales en tant que mandataires, intégrant fermement cette " alliance sacrée ", au pouvoir en Europe depuis un moment, dans son propre réseau financier. Et les trois pays s'émerveillent du contrôle que Rothschild exerce sur les marchés financiers de Londres :

> *"Rothschild a une quantité incroyable d'influence sur toutes les affaires financières à Londres. Le consensus, et en fait la chose la plus proche de la vérité, est qu'ils ont un contrôle total sur les taux d'intérêt sur la bourse des finances de la ville de Londres. En tant que famille bancaire, le pouvoir qu'ils exercent est presque illimité. "*

En fait, l'influence de Rothschild sur les trois pays de la Sainte Ligue était si profonde et si étroite qu'on a prétendu que Nathan Rothschild était un "courtier d'assurance" pour la Sainte Ligue, l'aidant à éteindre le "feu politique" (c'est-à-dire la vague libérale) en Europe. En 1821, Nathan avait même reçu une lettre de menace de mort parce que "son association avec des puissances étrangères, et en particulier son fort soutien à l'Autriche (Metternich), a permis à ce gouvernement (Metternich) de comploter la suppression de la liberté dans toute l'Europe".

Le pouvoir de Rothschild a augmenté de façon spectaculaire et la position de la famille Baring en tant que "sixième pouvoir" est en jeu.

C'est à ce moment-là que la qualité commerciale et l'esprit d'entreprise de l'ensemble de la famille Baring décline, et que les intérêts des principaux membres de la famille se déplacent soit vers la politique, soit vers les arts littéraires et d'autres vies vociférantes. Le noyau de la famille, Alexander lui-même, s'est de moins en moins impliqué dans l'entreprise familiale et a préféré s'adonner au paysage, aux activités artistiques et aux luttes politiques de la Chambre basse. En raison de l'identité non-juive de la famille Baring, les opportunités sont plus nombreuses dans la politique européenne traditionnellement antisémite, ce qui attire une grande partie de l'attention de la famille sur la lutte politique, avec un engagement énergétique moindre dans les affaires financières. La chose la plus importante à faire pour un maître est d'être distrait.

Les investissements de la famille Baring ont également dérapé. Le premier était l'investissement massif dans l'immobilier, qui était si important que les fonds propres de la banque ont dû être pompés pour soutenir l'investissement dans l'immobilier, avec pour résultat que le capital propre de la banque d'investissement Baring a chuté de 622 000 £ en 1821 à environ un tiers de ce chiffre en deux ans. Rothschild, en revanche, dispose d'un capital plus important et d'un réseau de succursales plus largement réparti pour soutenir son activité de banque d'investissement. Et l'investissement de la famille Baring en

Amérique latine a subi des revers répétés et des pertes importantes, qui ont également affaibli la solidité financière de Baring.

Une autre tendance générale intéressante est qu'entre 1809 et 1939, il y avait 31 banquiers d'affaires dans le monde avec plus d'un million de livres de fonds propres, dont 24 étaient juifs, soit 77,4 % du total, et seulement quatre étaient anglicans, soit 12,9 %, dont Baring était l'un des quatre. Tout au long du 19ème siècle, les banquiers juifs sont partis d'Allemagne et se sont rapidement jetés sur le monde, formant le noyau de la famille Rothschild, le côté anglais de l'armée comprenant la famille Longhey, le côté allemand comprenant Oppenheimer, Mendelssohn, Bleichröder, Warburg, et la famille Erlanger, le côté français de l'armée comprenait les familles Fould, Heine, Beret, Walms, et Stern, et le côté américain de l'armée comprenait les familles Belmont, Seligman, Schiff, Warburg, Lehmann, Kuhn, Leibow, et Goldman. Ces familles ont adopté une posture de guerre de groupe, leurs cornes et leurs intérêts s'imbriquant les uns dans les autres, formant progressivement un réseau financier vaste et dense, dans lequel il est de plus en plus difficile pour les étrangers de s'introduire. En conséquence, la famille Baring a de moins en moins accès aux opportunités commerciales dans un océan de banques d'investissement dominé par les banquiers juifs.

Le déclin de la famille Baring a donné à la famille Rothschild, qui était en pleine ascension, une chance de rattraper son retard. Et les Rothschild ont saisi cette opportunité. Tout d'abord, la souscription des obligations russes de 1822, d'un montant de 6,5 millions de livres, qui était jusqu'alors le monopole du consortium Baring-Hope, est prise par la famille Rothschild. Pour cette raison, le consortium Baring-Hope a accusé les Rothschild d'avoir soudoyé l'ambassadeur russe à Londres, le prince Levin, pour obtenir le contrat de la dette publique.

En 1824, lorsque les obligations du gouvernement français étaient prêtes à être émises, les Rothschild avaient tourné le dos à leurs clients et la famille Baring était réduite à un participant plutôt qu'à un décideur. James Rothschild, assis à Paris, a convoqué une réunion de ses cousins londoniens, du premier ministre français, de la famille Baring et de Lafayette pour proposer un plan de restructuration de la dette française, et Rothschild et Lafayette étaient si méfiants à l'égard des intentions de Baring que les deux ont ajouté cette clause aux termes supplémentaires de l'accord : si Baring se retirait, les deux s'occuperaient eux-mêmes de cette dette française, excluant ainsi la famille Baring du cercle central de la gestion de la dette française. Dans sa lettre, l'associé Baring dit à Alexander Baring, qui se délectait du maelström politique :

> *"Dans l'ensemble, les Rothschild étaient bien planifiés, très intelligents et vieux jeu — mais, comme Napoléon en temps de guerre, au premier signe d'urgence, ils sont tombés dans la médiocrité comme tout le monde. J'aimerais vraiment que nous puissions nous libérer de leur emprise."*

En 1825, la situation se précise et les Rothschild sont incontestablement le nouvel hégémon de la finance internationale. En 1825, le capital de la succursale londonienne des Rothschild s'élève à 1,14 million de livres sterling, tandis que le capital correspondant de la famille Baring n'est que de 490 000 livres sterling, soit moins de la moitié de celui de la première. Et la banque de la famille Rothschild a un capital total de plus de 5 millions de livres sterling. Avec 120 000 livres sterling restant dans le dividende de la Banque de Baring en juillet 1825 et une perte de 56 000 livres sterling un an plus tard, la famille Baring a même vu sa deuxième place menacée — bien que Baring ait encore dépassé toutes les autres familles bancaires, à l'exception de Rothschild, en termes de capitalisation dans les livres, les frères Brown de Baltimore, New York et Boston aux États-Unis ont augmenté à un rythme alarmant, suivis de près par une capitalisation de 350 000 livres sterling, et ont progressé plus rapidement que Baring. La Baring a à peine conservé sa deuxième position et joue toujours un rôle central dans le domaine du financement des méga-crédits internationaux et des relations internationales, mais la scène a été tournée vers Rothschild.

Financiers et politiciens

> *Il ne fait aucun doute que la politique et la finance ont toujours fait bon ménage.*
>
> – Rothschild [32]

Après le milieu du XIXe siècle, alors que les Rothschild consolidaient leur position d'hégémonie financière mondiale et commençaient simultanément à se hisser au sommet du pouvoir, leur influence et leur rôle en politique sont devenus de plus en plus évidents.

---

[32] Niall Ferguson, *The House of Rothschild The World's Banker 1849-1999* : Volume 2, p. 369.

Ils ont noué des relations personnelles extraordinaires avec des chefs d'État et des dignitaires et ont participé largement et profondément à la prise de décision et à la mise en œuvre des affaires de l'État. Du "maître" dans les coulisses, qui n'apparaît pas sur la scène, ils se sont progressivement transformés en une nouvelle force que les différents partis et forces politiques n'osent pas sous-estimer, puis sont devenus un objet important à disputer avec acharnement.

Le comte de Glanville, chef du parti libéral anglais, s'adresse solennellement à la reine, en disant que les Rothschild représentent une classe spéciale, dont la grande richesse, l'esprit brillant, les relations omnipotentes et l'influence sur de nombreux sièges de la Chambre des communes ne peuvent être ignorés, et qu'il serait préférable de les inclure dans la noblesse dès que possible, de peur qu'ils ne tombent dans le camp des conservateurs.

Les Rothschild ont eu une relation personnelle inhabituelle avec le Premier ministre britannique Disraeli. L'élection de Disraeli dépendait fortement de l'appui de la famille Rothschild, un riche et robuste maître de l'or. Disraeli a loué à plusieurs reprises les Rothschild et d'autres magnats juifs pour leur loyauté envers le parti libéral. Et l'expansion outre-mer du gouvernement britannique et le soutien au mouvement sioniste ont atteint des sommets sans précédent sous son règne. Rothschild et le Premier ministre Disraeli s'appelaient mutuellement "mon ami le plus cher" et "le meilleur et le plus digne de confiance de notre famille".

Le Premier ministre britannique Disraeli était également juif et a fait une carrière politique au sein du gouvernement britannique pendant plus de trente ans. Il connaissait Rothschild depuis 1838 et avait été un ami proche de la famille Roth. Il a été élu premier ministre pour la première fois en 1848 et, dès 1846, Lionel Rothschild aidait Disraeli à exploiter l'entreprise spéculative du chemin de fer français. Le Premier ministre était un politicien chevronné et un écrivain prolifique, mais il était extrêmement malchanceux en matière de finances personnelles, faisant toujours face à un amas de dettes. Grâce à l'aide de Lionel, il a aidé Disraeli à rembourser plus de 5 000 £ d'arriérés rien qu'en 1846.

Des rumeurs ont circulé que les finances personnelles de Disraeli sont dans une situation désastreuse et des tas de dettes. Et les sacs d'argent de la famille Rothschild le suivaient toujours, prenant soin des dettes du Premier ministre. À cela, la famille Rothschild a opposé un démenti officiel et une liste des revenus propres du Premier ministre, notamment les droits de manuscrit qu'il percevait pour la publication de ses œuvres littéraires, étaient suffisants pour rembourser ses dettes. En effet, la famille Rothschild, en tant que créanciers, devrait connaître au mieux les finances du Premier ministre.

Au cours de l'été 1845, Marianne déclara qu'Evelina, la fille de six ans de la famille Disraeli, était la seule héritière de l'ensemble du domaine. Charlotte de Mrs. Rowe est flattée et s'excuse humblement. Mais l'épouse du Premier ministre avait déjà rédigé son testament : "Nous sommes une famille depuis longtemps. " Et désigner l'accessoire papillon le plus apprécié d'Evelina.

Ce n'est pas une amitié ordinaire.

Disraeli, un juif fervent, considérait Lionel comme un confident dans ses croyances religieuses, et les deux hommes ont partagé leurs opinions politiques et nationales communes dans d'innombrables discussions sincères.

Dans le roman le plus célèbre de Disraeli, Coningsby, le protagoniste masculin est reconnu comme une combinaison de Lionel et de Disraeli, et le héros est une copie conforme de Lionel en termes de milieu, de profession, de religion, de personnalité et même d'apparence. [33]

Outre le Premier ministre Disraeli, un autre Premier ministre britannique, le comte de Rosebery, est même devenu le gendre de la famille Rothschild lorsqu'il a épousé Hannah Rothschild, et en 1884, alors que Rosebery était le ministre britannique des Affaires étrangères, la banque londonienne de la famille Rothschild a alloué 50 000 £ de l'emprunt égyptien qu'elle venait d'émettre à Rosebery pour son usage, et cet argent est allé directement sur le compte de Hannah. La banque Rothschild est de plus en plus capable d'intégrer les affaires mondiales, les affaires nationales et les affaires familiales et de gagner d'un seul coup.

En raison des connexions politiques bien faites, entre 1865 et 1914, le Royaume-Uni a émis un total de 4 milliards de livres sterling en obligations nationales, dont la famille Rothschild a entrepris un énorme ¼. Avec la Banque de Baring avant eux, le Groupe JP Morgan après

---

[33] Benjamin Disraeli, *Coningsby, ou la nouvelle génération* (Coningsby chez Project Gutenberg, 1844).

eux, et l'Américain Seligman de la même période, la domination de la Banque Rothschild sur les marchés financiers mondiaux est inébranlable.

Il ne fait aucun doute que la guerre coûte cher à tous les hommes politiques. En 1899, l'écrivain et banquier polonais Ivan Blach a estimé que le coût d'une guerre entre les principaux pays européens était d'environ 4 millions de livres sterling par jour, et en 1902, le célèbre économiste britannique John Hobson a déclaré qu'aucun pays européen ne pouvait se permettre d'entrer en guerre tant que la banque Rothschild et ses affiliés s'y opposaient.[34]

Le Canal de Suez : Le blitzkrieg financier de Rothschild

Pour la Grande-Bretagne, la meilleure route de l'océan Atlantique vers sa plus grande colonie d'outre-mer, l'Inde, passe par le détroit de Gibraltar, par Malte jusqu'en Égypte, et de l'Égypte jusqu'en Inde, une "ligne de vie impériale" que la Grande-Bretagne considère comme incontestable. En tant qu'empire maritime, la Grande-Bretagne doit s'appuyer sur la marine, qui s'appuie à son tour sur des bases fortifiées outre-mer, déjà bien établies à l'apogée de la marine britannique au XIXe siècle. Dans l'Atlantique, il y a Felifax et les Bermudes au Canada ; dans l'océan Indien, Bombay et Trincomalee ; dans le Pacifique, Hong Kong et Esquimat sur la côte ouest du Canada ; et dans la mer Rouge, Port Aden. Ces bases navales sont situées aux portes des océans et contrôlent fermement d'importantes voies de navigation en mer autour du globe. Mais Suez, en Égypte, est une région clé menant à l'Inde, la plus grande colonie de l'empire à l'étranger, et c'est précisément cette région qui constitue le maillon faible de la ligne de vie de l'empire.

L'Égypte est devenue semi-coloniale depuis 1801, lorsqu'elle a chassé Napoléon, 1805, lorsque Muhammad Ali est arrivé au pouvoir et a établi un empire arabe, et 1840, lorsqu'elle a été contrainte d'accepter le traité de Londres. Pendant le règne d'Abbas Ier de la dynastie des Ali (1849-1854), la puissance coloniale occidentale a profité de la situation. En 1851, la Grande-Bretagne a obtenu le

---

[34] Lewis Samuel Feuer, *Imperialism and the Anti-imperialist Mind* (Transaction Publishers, 1989).

privilège de construire le chemin de fer Alexandrie-Suez, et en 1854, la France a obtenu une concession pour la construction et l'utilisation du canal de Suez, et en 1869, l'ingénieur français Ferdinand Le Cyprès, avec le soutien des capitaux français, a construit le célèbre canal de Suez, qui, depuis lors, relie la mer Méditerranée à la mer Rouge et raccourcit considérablement la distance de navigation de l'Atlantique à l'océan Indien, devenant ainsi une voie navigable de grande valeur stratégique pour la circulation de l'or. Comme 70 % de la flotte annuelle passant par le canal appartient à la Grande-Bretagne et que 50 % du commerce britannique avec l'Inde passe par le canal de Suez, il n'est pas étonnant que ce dernier ait été surnommé par Bismarck "la colonne vertébrale de l'Empire britannique".

Cependant, la possibilité que cette colonne vertébrale impériale soit coupée par le plus grand rival de la Grande-Bretagne, la France, est une raison importante pour laquelle les Britanniques sont agités.

Lorsque le Premier ministre britannique Disraeli est arrivé au pouvoir, il a chargé son vieil ami Lionel Rothschild de se rendre en France pour voir s'il pouvait payer le canal de Suez, mais le gouvernement français l'en a empêché.

Le 14 novembre 1875, qui se trouve être un dimanche, le Premier ministre Disraeli rend une nouvelle visite à la maison de Law. Alors que les invités se saluent, le courrier de la famille Rothschild envoie une lettre confidentielle de la branche parisienne de la famille. Lionel l'a regardée et a dit à Disraeli que le gouverneur égyptien, qui était endetté et cherchait désespérément à vendre 177 000 actions de la Compagnie du canal de Suez, avait d'abord fait une demande au gouvernement français, mais était si mécontent de l'offre française et de la rapidité de la réponse qu'il devait encaisser rapidement, le plus tôt étant le mieux.

Disraeli et Lionel ont réalisé au même moment qu'il s'agissait d'une opportunité majeure. Réfléchissant un instant, Disraeli a seulement demandé : "Combien ?". "Lionel a immédiatement téléphoné pour obtenir une offre de la partie parisienne. En attendant avec anxiété, Disraeli n'avait plus le cœur à goûter ce qu'il appelait " le meilleur dîner de Londres " chez Law. En attendant de passer au cognac, le Rothschild Express arrive à nouveau et l'autre partie propose : 4 millions de livres sterling.

Disraeli dit sans hésiter : "Nous devons prendre le canal". "Lionel n'a pas pris une position positive, ce dont il avait besoin était de vérifier à nouveau l'exactitude des renseignements. Le lundi matin, l'information a été confirmée comme étant correcte.

Leur première priorité est maintenant de conclure l'accord rapidement, sans réaction des autres pays, et de le faire rapidement et dans le plus grand secret. Cependant, le Parlement était en vacances à ce moment-là et il était trop tard pour se réunir à nouveau pour un long débat. Le Premier ministre ne pouvait pas non plus se rendre à la Banque d'Angleterre, la "vieille dame" (la Banque d'Angleterre) était peu réceptive et n'avait pas tant d'argent liquide, et la Banque d'Angleterre n'était pas habilitée par la loi à prêter au gouvernement pendant les vacances parlementaires. Trouver une banque par actions ne fonctionnerait pas non plus, il faudrait encore convoquer le conseil d'administration et ensuite avoir une discussion lente, digne d'un gentleman britannique. Si la collecte s'effectue sur le marché financier, l'une des raisons est qu'il est difficile de réunir une telle somme d'argent en peu de temps, et l'autre est que trop de bruit peut facilement échapper aux nouvelles. Seule la Banque Rothschild est apte à jouer ce rôle.

Le Premier ministre britannique Disraeli a immédiatement convoqué une réunion de ses ministres au cours de laquelle il a été question d'autoriser les emprunts auprès de la famille Rothschild. Disraeli a envoyé son secrétaire privé le plus intime pour monter la garde à l'extérieur de la salle du cabinet, et dès qu'une résolution a été prise, il est sorti et a dit "Oui", et le secrétaire privé a immédiatement sauté dans la voiture qui avait attendu à la porte et s'est élancé pour rencontrer Lionel Rothschild. Dès que le secrétaire haletant a vu Lionel, il a dit : "Le Premier ministre a désespérément besoin de 4 millions de livres sterling, demain". Lionel prit sans hâte un grain de raisin devant lui, le mange lentement, puis recrache la peau et demande : "Qu'est-ce que le premier ministre offre comme garantie ?". " La réponse est : "Le gouvernement britannique." Lionel a répondu fadement : "Eh bien, vous avez l'argent."

Disraeli a rendu compte à la Reine avec enthousiasme et excitation :

> *"Cette fois, la France est hors-jeu, ils sont hors-jeu. 4 millions de livres ! Retirez-les tout de suite ! Il n'y a qu'une seule banque qui peut le faire, Rothschild !"* [35]

La générosité de Rothschild qui a apporté une contribution aussi rapide et généreuse n'était certainement pas un acte héroïque, et si le retour sur investissement n'atteignait pas ses objectifs, sans parler d'une garantie du gouvernement britannique, ou d'un engagement de la Reine, la famille Rothschild ne serait peut-être pas disposée à le faire. Ce qui a fait plonger Lionel d'un seul coup, c'est l'intérêt de l'investissement : 150 000 livres sterling pour 3 mois, soit 15 % par an, ce qui est un gain rapide sans risque !

De plus, la signification profonde du geste des Rothschild va au-delà de l'argent. En finançant l'acquisition du canal de Suez, les Rothschild ont fait un pas rare vers le cœur de la politique intérieure et étrangère britannique, rendant ainsi la relation plus solide. Grâce à cet argent, la politique étrangère et les affaires de la famille Rothschild envers la Grande-Bretagne et l'Égypte étaient "en règle". Cela est devenu un point d'inflexion stratégique, car la famille Rothschild a commencé à avoir plus d'influence et d'implication dans la politique et les affaires publiques britanniques que la Banque de Baring, "politiquement dominante".

La Grande-Bretagne était si désireuse de réaliser le projet du canal de Suez, dans le but de prendre le contrôle total de l'économie politique de l'Égypte. Et alors que le pouvoir britannique pénétrait plus profondément en Égypte, la Rothschild Bank s'y est jointe et a étendu ses opérations de financement à l'ensemble du pays. Entre 1885 et 1893, la Rothschild Bank et Bleichröder ont uni leurs forces, sous la houlette des institutions Rothschild de Londres, Paris et Francfort, pour souscrire quatre des plus importantes émissions d'obligations nationales égyptiennes, pour un total de près de 50 millions de livres sterling.

Rothschild et d'autres banquiers juifs ont choisi le Parti libéral pour leur "position politique" et ont fortement soutenu sa politique "impérialiste" d'expansion à l'étranger. La Grande-Bretagne a étendu sa puissance à l'étranger à la fin du 19ème siècle, nourrie par l'argent lucratif des ploutocrates juifs. Les banquiers juifs, menés par Roche,

---

[35] Niall Ferguson, *The House of Rothschild The World's Banker 1849-1999* : Volume 2.

ont profité de l'expansion coloniale britannique non seulement pour récolter d'énormes bénéfices économiques, mais aussi pour mettre leurs "doigts d'or" dans le sang financier du monde.

Sauver la Banque de Baring

Dans les années 1880, l'Amérique du Sud a connu un développement économique rapide fondé sur et soutenu par ses riches ressources minérales et naturelles (café et caoutchouc au Brésil, phosphate et cuivre au Chili et minerai de fer en Argentine). L'Argentine est le pays le plus fort, et le seul d'Amérique du Sud à le faire. Tous les pays d'Amérique du Sud développent rapidement leurs industries, et les chiffres relatifs à la capacité et à l'économie continuent de battre des records. Les banques britanniques, avec en tête la Bank of Baring, détiennent de grandes quantités d'obligations de pays d'Amérique du Sud. La Banque de Baring détient le plus d'obligations en Argentine, tandis que Rothschild est optimiste quant au Brésil.

En 1888, Nathan Rothschild, qui dirige la banque Rothschild de Londres, commence à exprimer ses inquiétudes concernant l'Argentine les unes après les autres : "L'économie argentine est en surchauffe. " "La croissance économique réelle de l'Argentine ne peut plus soutenir ses niveaux d'endettement. "Il poursuit en prédisant que "le marché des capitaux argentin va s'effondrer et que la crise va rapidement s'étendre à d'autres pays".

Deux ans plus tard, en 1890, la bulle économique de l'Argentine éclate en crise économique et ses obligations se déprécient comme une avalanche. La première à en souffrir est la Banque de Baring. Suite à la dévaluation spectaculaire des obligations argentines et au retrait soudain et sévère des dépôts dans les banques Baring par le gouvernement russe, les banques Baring sont durement touchées, tarissent leurs liquidités et se retrouvent soudainement au bord de la faillite.

La Banque d'Angleterre a immédiatement lancé un plan de sauvetage des banques Baring, appelant les grandes banques à se rassembler pour sauver Baring. Nathan Rothschild a immédiatement donné une réponse verbale positive : "Si la banque Baring s'effondre, la grande majorité des institutions financières de Londres vont s'effondrer avec elle." "Nous ferons de notre mieux pour éviter un désastre." Alors que la crise de la Baring s'intensifie, Roche Londres retire l'équivalent de 2 millions de livres en capital et 1 million de livres en or de sa succursale parisienne, deux fois par mois, pour aider la Banque d'Angleterre à combler son déficit de financement.

Le temps étant compté pour renflouer les banques Baring, la Banque d'Angleterre a réuni les géants bancaires pour superviser le programme de sauvetage. Une fois de plus, le sort de Baring est tombé sur Rothschild. À plusieurs reprises, Nathan a hésité pendant la session d'urgence, invoquant la nécessité de "consulter d'autres frères". Après qu'un autre géant bancaire, Corey, ait décidé de se joindre au sauvetage, la Banque d'Angleterre est désespérée et continue de faire pression sur Nathan : "Nous devrons continuer (à sauver les banques Baring) sans toi". "Finalement, avec beaucoup de réticence, Nathan a donné son accord.

Avec Rothschild et Currie Bank en tête, les banques ont injecté de l'argent dans le sauvetage de Baring, qui a atteint 10 millions de livres sterling à l'échéance de 24 heures, puis 17 millions. [36]

La Banque de Baring a été sauvée à un moment où sa vie était en jeu.

En ce qui concerne le rôle joué par les Rothschild dans la crise bancaire de Baring en 1890, trois questions ont été soulevées par les historiens : premièrement, y a-t-il eu un "doigt juif" dans cette crise ? Il est bien connu que les Rothschild et la famille Baring sont les yogis du monde de la finance, et qu'ils sont des ennemis mortels et de grands rivaux les uns des autres. Nathan, qui avait prédit la crise de Baring il y a déjà deux ans, a-t-il appuyé sur la gâchette de l'arme pointée sur Baring ? Deuxièmement, qu'est-ce qui a finalement motivé Nathan à prendre l'initiative de sauver Baring ? Troisièmement, pourquoi la Banque Rothschild n'a-t-elle pas subi le sort de la Banque de Baring ?

Commentant les deux premiers, Alphonse Rothschild, qui dirige BNP Paribas, a déclaré que la Banque de Baring est essentiellement devenue la pierre angulaire du crédit pour les entreprises et l'économie dans son ensemble au Royaume-Uni. Une fois que Baring tombera, le crédit de la Grande-Bretagne dans le monde entier sera gravement endommagé. Du point de vue de la protection de ses propres intérêts, la

---

[36] Philip Ziegler, *The Sixth Great Power*, Alfred A. Knopf, 1988.

Banque Rothschild a finalement décidé de faire tout ce qui est en son pouvoir pour sauver Baring.

À la troisième question, Rothschild a répondu que ses avoirs en obligations se trouvaient davantage au Brésil qu'en Argentine, et que, bien que la crise argentine ait balayé l'Amérique du Sud, Rothschild avait changé de mains et vendu la plupart de ses obligations brésiliennes avant que la crise ne frappe. En 1886, les obligations brésiliennes ne représentaient que 2,4 % des actifs de la Banque de Londres à Roche. De plus, le bilan de Rothschild était bien meilleur que celui de la Bank of Baring, et même pendant la période la plus importante et la plus chaude de la bulle économique sud-américaine, les Rothschild sont restés sobres et calmes à tout moment, ne se laissant pas aller au surendettement, alors que la Bank of Baring, tête brûlée, était trop risquée.

Quoi qu'il en soit, la Banque de Baring a finalement été sauvée, mais elle est restée longtemps à bout de souffle et dans le désarroi. La rivalité séculaire des Rothschild s'est finalement tue.

La Banque de Baring a finalement été détruite par un jeune trader de 27 ans, Nick Leeson, en 1995. C'est une réflexion après coup.

Croix d'or

À la fin du XIXe siècle et au début du XXe siècle, les exportations massives de capitaux de la Grande-Bretagne ont été largement stimulées par le développement du système monétaire mondial, qui, dans les années 1870, est passé d'un double étalon or et argent à un étalon-or et a été rattaché à la livre sterling en tant que monnaie de réserve mondiale. Le rôle des Rothschild dans ce revirement majeur a toujours été sous-estimé.

Au cours des deux dernières décennies du 19e siècle, l'intérêt des Rothschild pour les mines d'or s'est rapidement accru, et la grande majorité des obligations étrangères qu'ils ont traitées au cours de ces deux décennies concernaient des pays à étalon-or.

Après la guerre civile américaine, les Rothschild et leurs agents américains, August Belmont et la famille Seligman, ont joué un rôle crucial dans le processus d'abolition du Lincoln Greenback et de réutilisation des paiements en or.

À l'automne 1874, la Banque Rothschild de Londres et le banquier juif new-yorkais Joseph Seligman s'associent pour souscrire 55 millions de dollars d'obligations américaines. Plus tard, JP Morgan et la First National Bank of New York se joignent à eux pour émettre 25 millions de dollars d'obligations américaines, dont 55 % pour la Rothschild Bank. Entre 1873 et 1877, la Rothschild Bank of London et les banquiers de Wall Street émettent 267 millions de dollars d'obligations américaines. Ces emprunts jouent un rôle important dans la stabilisation des finances américaines et jettent les bases de l'adoption future d'un étalon-or aux États-Unis. [37]

Cependant, en octobre 1877, les États-Unis ont adopté un projet de loi au 45e Congrès visant à réintroduire l'argent comme monnaie légale en circulation. Ce projet de loi a été qualifié avec colère par Belmont de "voleur ouvert" et d'"imbécile aveugle et fou". Sous la pression de la banque Rothschild, les États-Unis ont dû rétablir que les pièces d'argent ne pouvaient circuler que dans une mesure très limitée, et ne pouvaient pas être utilisées pour payer les intérêts des prêts Rothschild. Le secrétaire américain au Trésor, John Sherman, a re-signé un prêt de 50 millions de dollars avec la Rothschild Bank par l'intermédiaire de la Belmont Bank en 1899, réglé en pièces d'or. Cet accord est devenu un tournant important dans la tentative de la famille Rothschild d'introduire un étalon-or aux États-Unis à partir de 1879.

En mars 1893, afin de maintenir la convertibilité du dollar américain pendant une période de diminution rapide des réserves d'or, le président Cleveland a tenté d'émettre un emprunt d'or de 50 à 60 millions de dollars. Alors que le consortium JP Morgan a sauté sur l'occasion de participer, Rothschild a montré une grande hésitation. Même après que Cleveland ait promis d'abroger la loi Sherman sur l'achat d'argent, qui avait déjà considérablement restreint la circulation des pièces d'argent, Alfred Rothschild était toujours très mécontent. Les talents de négociateurs des frères Rothschild étaient vraiment remarquables, et ils ont finalement rendu cet accord possible dans des conditions qui ont assuré des bénéfices extraordinaires à la famille Rothschild. Elle a souscrit pour 62,3 millions de dollars de bons du Trésor américain à 104,5, qui ont changé de mains et ont été vendus à des investisseurs enthousiastes à 112,25 (puis à 119). Cette opération a

---

[37] Niall Ferguson, *The House of Rothschild The World's Banker 1849-1999* : Volume 2.

créé le mythe d'un profit de 6 millions de dollars en 22 minutes.[38] Cette opération a été fortement critiquée aux États-Unis et a finalement conduit à ce que le candidat démocrate à la présidence de 1896 soit William Jennings Bryan, qui était favorable à l'argent-monnaie, plutôt que Cleveland.

En 1868, seule la Grande-Bretagne et une poignée de dépendances économiques britanniques : le Portugal, l'Égypte, le Canada, le Chili et l'Australie sont sur l'étalon-or. La France, la Russie, la Perse et certains pays d'Amérique latine utilisent un système à double étalon. Le reste du monde, y compris la majeure partie de l'Europe centrale, est sur l'étalon-argent, et 40 ans plus tard, seuls la Chine, la Perse et quelques pays d'Amérique centrale sont encore sur l'étalon-argent. L'or est en fait devenu l'étalon du système monétaire mondial.

Dans le processus de transition du système monétaire des principaux pays européens, l'Allemagne en 1871-1873, la France en 1878, la Russie en 1897, l'Italie en 1881-1882 ont adopté le système de l'étalon-or, la Banque Rothschild a joué un rôle décisif dans ce processus. La Banque Rothschild de Londres et de Paris est devenue, dans les faits, la deuxième banque centrale de ces pays. Le réseau Rothschild de banques sur le marché financier international dans un grand nombre de crédit et de transmission de devises, les pays ne peuvent que sous leur système dominant d'étalon-or pour éviter le risque de changements rapides de taux de change, son activité principale — les transactions de la dette publique doivent maintenir le libre échange des monnaies nationales, de sorte que les pays unifiés sous le système d'étalon-or est propice à l'entreprise Rothschild. En raison du monopole de la famille Rothschild sur le marché de l'or, qui a indirectement formé le contrôle des banques centrales des pays, la Banque Rothschild à la fin du 19ème siècle n'a épargné aucun effort pour inciter les pays à réaliser le système d'étalon-or, ses intentions stratégiques sont ici.

Entrer en Chine

Les Rothschild sont uniques en ce qu'ils se querellent entre eux, mais s'unissent comme un seul homme contre le monde.

---

[38] Ibid.

Charles Dilke, célèbre homme d'État britannique, mars 1879. [39]

Depuis 1874, date à laquelle le premier contrat de prêt étranger a été signé par le gouvernement Qing, la Chine s'est appuyée sur deux institutions britanniques pour son financement à l'étranger : HSBC et Jardine, Matheson & Co. En mars 1885, Alphonse Rothschild à Paris a entendu dire que Bismarck était "intéressé à interférer dans la question chinoise". Le réseau de renseignements Rothschild a rapidement confirmé que le ministre allemand des Finances, David Hansemann, avait proposé que Rothschild et HSBC représentent respectivement l'Allemagne et le Royaume-Uni pour partager à parts égales le financement du gouvernement chinois et des projets ferroviaires. Alphonse a immédiatement accepté, arguant que "le passage de l'Allemagne en Extrême-Orient était attendu depuis longtemps et que c'était la bonne direction". Le seul problème est que Hansemann veut plus de la moitié des droits dans cette ligue. Alors qu'il accompagne l'ambassadeur de Chine à Londres en Allemagne, Nietzsche Rothschild exhorte le ministre britannique des affaires étrangères à "veiller à ce que les fabricants britanniques reçoivent une part équitable des futurs accords et contrats avec le gouvernement chinois".

Lorsque Hansemann lance Wilhelm Carl pour créer la Deutsch-Asiatische Bank en février 1889, 13 grandes banques allemandes, dont la Rothschild Frankfurt Bank, s'y associent. Oppenheimer est choisi comme délégué pour un voyage d'étude de la situation économique en Chine, qui est financé par l'agence Rothschild de Londres.

En termes d'intérêts en Extrême-Orient, la Grande-Bretagne est seule d'un côté, la France et la Russie lui faisant concurrence. Malgré la puissance et l'influence croissantes de la Russie en Extrême-Orient, le Japon finit par vaincre la Chine lors de la guerre sino-japonaise qui éclate en 1894, offrant à Berlin et à Londres une excellente occasion d'unir leurs forces. Rothschild et Hansemann en sont les maîtres d'œuvre. Leur dessein : amener la HSBC et la Waldorf Bank, soutenues respectivement par les gouvernements britannique et allemand, à coopérer pour freiner l'expansion russe en Chine. Pourtant, les banquiers pensent différemment des diplomates et des politiciens. Certains responsables politiques allemands veulent pousser

---

[39] Gwynn, Stephen Lucius, *The Life of the Rt. Hon. Sir Charles W. Dilke*, Volume 1 (Project Gutenberg, 2003).

l'Allemagne à se ranger du côté de la Russie et de la France plutôt que de la Grande-Bretagne, et s'opposent à l'annexion de la péninsule de Liaodong par le Japon en avril 1895. D'autres responsables soupçonnent Rothschild d'essayer d'exclure les banques allemandes du marché chinois. Et HSBC est certainement réticente à abandonner son monopole traditionnel sur le financement du gouvernement chinois. Le plan de Rothschild et Hansemann ne se concrétise pas, et en mai 1895, le gouvernement Qing annonce un prêt de 15 millions de livres sterling de la Russie pour payer les réparations de guerre au Japon, au lieu du prêt multinational que Rothschild et Hansemann avaient si fortement recommandé. Alphonse considère que c'est "une pilule amère" pour les gouvernements britannique et allemand.

En fait, la Russie n'a pas du tout d'argent à prêter, et elle est elle-même endettée. La Russie a pu construire le Transsibérien jusqu'en Mandchourie, et la France a obtenu le droit de construire le chemin de fer en Chine. Dans ce train, en 1896, le banquier russe Rothstein utilise des fonds français pour créer une nouvelle banque russo-chinoise et conclut également une alliance russo-chinoise.

Hansemann était anxieux et haineux, et Rothschild était encore plus désireux de prendre en main l'alléchant gâteau des prêts chinois. Les deux hommes se sont donc empressés d'intervenir, incitant la HSBC et la Bank of Wales à signer un accord de coopération officiel en juillet 1895. L'effort n'a pas été vain, et il est arrivé à temps pour que la Chine emprunte une deuxième fois en 1898, cette fois pour 16 millions de livres sterling. Le dilemme s'est à nouveau posé lorsque le gouvernement britannique s'est montré réticent à accorder ce prêt sous forme de garantie gouvernementale, ce qui a rendu difficile la définition de la part du Royaume-Uni dans le prêt. De leur côté, les gouvernements britannique et allemand sont mal à l'aise l'un envers l'autre et se soupçonnent mutuellement d'ambitions territoriales contre la Chine. C'est alors qu'un affrontement féroce éclate entre HSBC et Hansemann au sujet de l'accès au chemin de fer dans la province de Shandong. Les deux frères Rothschild, Alfred et Nathan, se sont séparés pour servir de médiateurs entre HSBC et Hansemann, et ont finalement calmé la colère des deux parties en août.

Alfred lui-même invita tous les dignitaires britanniques et allemands à un dîner à la maison Rothschild à Londres, permettant à la partie allemande de parler de ses griefs à l'égard de la Chine d'une manière " amicale, privée et non officielle ". La banque HSBC sur place était dans tous ses états, accusant la banque de trahison, et Nathan s'est empressé de servir de médiateur entre Hansemann et la banque HSBC. Après beaucoup de travail, au début de septembre 1898, banquiers et politiciens s'assirent finalement à la table de Londres et se mirent d'accord sur le partage des droits ferroviaires en Chine, les banquiers britanniques occupant la ligne le long du fleuve Yangtze, les banquiers allemands contrôlant le chemin de fer de la péninsule de Shandong, et le chemin de fer de Tianjin à Qinhuangdao étant divisé à parts égales entre les deux. Le Naïf réaffirmait "la volonté sincère du chancelier allemand d'unir ses forces à celles du Royaume-Uni ainsi que des États-Unis et du Japon dans l'intérêt commercial de la Chine". [40]

En 1900, l'Allemagne a envoyé des troupes en Chine après la rébellion des Boxers et la Russie s'est directement emparée de la Mandchourie. Les deux parties cherchent à se côtoyer à nouveau, et toutes deux se tournent vers Rothschild pour faire passer le message. La famille Rothschild, tout en envoyant un message au gouvernement britannique selon lequel "les Russes promettent de ne pas faire la guerre", négocie une nouvelle série d'accords entre la Grande-Bretagne et l'Allemagne sur la Chine, préservant l'intégrité de la dynastie Qing et l'incitant à "ouvrir ses portes" au commerce extérieur. En 1902, Nietzsche et Hansemann organisent une réunion de banquiers à Berlin pour former le Beijing Syndicate (l'une des formes d'organisation monopolistique), spécifiquement pour aborder la question de la coopération commerciale en Chine. Sur cet ensemble de questions, la Grande-Bretagne, l'Allemagne et la Russie considèrent Rothschild comme "le canal de communication diplomatique le plus sûr et le plus efficace".

La famille Rothschild est entrée en Chine à la fin du 19e siècle en tant qu'hégémon financier mondial et a exercé une profonde influence sur la politique, l'économie et le cours de la guerre du pays. En 1979, la famille Rothschild est à nouveau entrée en Chine. Seulement cette fois, ils sont venus "discrètement".

---

[40] Niall Ferguson, *The House of Rothschild The World's Banker 1849-1999* : Volume 2.

CHAPITRE III

La France : La cession de l'or

La révolution industrielle de la France a eu deux générations de retard sur celle de la Grande-Bretagne, et la Révolution française et les guerres napoléoniennes qui ont suivi à la fin du 18e siècle ont durement touché l'économie française. Néanmoins, la France est entrée dans la révolution industrielle bien avant l'Allemagne et les États-Unis, en plus de disposer de vastes ressources coloniales outre-mer en Amérique du Nord, en Indochine, en Afrique, etc. et de développer le commerce outre-mer. La forte épargne et les capitaux du pays sont devenus la principale source de financement en France pendant la révolution industrielle. Au XIXe siècle, la banque privée est restée la force dominante de la finance française. Les banques par actions ont commencé dans la seconde moitié du XIXe siècle à faire une concurrence sans précédent aux banques privées.

Tout au long de l'histoire française, les grandes familles bancaires se sont divisées en deux grands groupes de pouvoir. D'un côté, il y avait les banquiers dits puritains, principalement originaires de Suisse, des familles qui ont commencé à s'élever à la fin du 18e siècle et qui ont été actives derrière la Révolution française. Lorsque la révolution a échappé à leur contrôle, ils ont commencé à soutenir l'arrivée au pouvoir de Napoléon afin de "rétablir l'ordre social". En 1811, lorsque les politiques belliqueuses et le style de gouvernance dictatorial de Napoléon sont allés à l'encontre des intérêts des banquiers, ceux-ci ont commencé à contacter secrètement les descendants de la dynastie des Bourbons pour une restauration. Parmi ces familles figurent les Mirabaud, Mallet, Hottinguer et d'autres. Le pouvoir des banquiers en France et en Suisse se poursuit encore aujourd'hui, avec la question des comptes secrets, vivement contestée par le gouvernement américain avec la Suisse en 2009, qui vise des familles comme Mirabeau.

Une autre puissance financière était constituée par les familles bancaires juives qui ont pris de l'importance au début du 19ème siècle, notamment les Rothschild, Fould, Stern, Worms et autres. Parmi ces familles de banquiers juifs, il y en avait également très peu qui s'étaient converties au christianisme, notamment les familles Pereire et Heine. Il y avait également une concurrence féroce au sein des banquiers juifs, principalement entre le système bancaire privé centré sur les Rothschild et le modèle innovant du système d'actionnariat, le Crédit Mobilier français, représenté par Pereire et Fould.

La France du XIXe siècle était bien plus turbulente que l'Angleterre, bien plus pluraliste que l'Allemagne et bien plus raffinée que les États-Unis. Après toutes les gloires et les rêves, les échecs et les humiliations, Jin Kwon a brisé la résistance et est devenu progressivement le maître du destin de l'Empire français.

La famille de banquiers suisses derrière la Révolution française

> *"Bien que je sois sur le point de mourir, je n'ai jamais commis aucun des crimes qui me sont reprochés. Je pardonne à ceux qui ont causé ma mort, et je prie Dieu qu'après que mon sang soit versé, il n'y ait plus d'effusion de sang sur la terre de France."*[41]
> – Les derniers mots de Sa Sainteté Louis XVI avant la guillotine.

Les Bourbons français sont encore à la périphérie de l'Europe lorsque la Grande-Bretagne commence à établir des colonies sur le nouveau continent américain au début du 17e siècle. Lorsque la France se réveille et commence à se développer outre-mer, elle a des décennies de retard sur la Grande-Bretagne. Mais la France rattrape rapidement son retard et, pendant une grande partie du 18e siècle, le commerce atlantique français croît encore plus vite que celui de la Grande-Bretagne, accumulant ainsi un précieux capital brut issu de la dernière période de la révolution industrielle. Selon les statistiques, de 1716 à 1787, le commerce total des colonies françaises d'outre-mer a été multiplié par dix.

Lorsque les inventions britanniques de la machine à vapeur, des machines textiles, de l'exploitation minière, de la fusion de la fonte et d'autres technologies sont arrivées en France les unes après les autres,

---

[41] Alberge, Dalya, What the King said to the executioner ..., (*The Times*, 8 avril 2006).

la révolution industrielle française a lentement pris son essor. Bien que la Grande-Bretagne ait été le porte-drapeau de la révolution industrielle en Europe et un grand exportateur de technologies, la France a également contribué au processus, comme l'invention de la machine à papier de Robert, dont la contribution à la révolution industrielle ne peut être ignorée.

Le processus de réforme financière fondé sur le commerce et le développement industriel a été interrompu en France par l'escroquerie à l'innovation financière de John Law (1671-1729) de 1718 à 1720, et des termes tels que banques, billets de banque et actions ont continué à dégoûter les Français pendant un demi-siècle. Pendant longtemps, la finance est devenue synonyme de fraude en France et les Français de souche ont largement abandonné l'idée d'une carrière dans la finance. En l'absence d'instruments financiers et d'un marché financier solide pour les soutenir, le militarisme constant de Louis XIV devait s'appuyer sur des impôts sévères et une dette extérieure coûteuse, assortie de taux d'intérêt de 8,5 à 10 %, soit deux fois plus qu'en Grande-Bretagne.

Dans les années 1880, la dette du pays représentait déjà plus de la moitié de ses recettes fiscales, et lorsque le malheureux Louis XVI monta sur le trône en 1774, il dut faire face au désordre laissé par le "Roi Soleil". Louis XVI n'est pas un souverain insensé, c'est un homme doux et humble, et à la veille d'un bouleversement social qui va éclater, son caractère est faible, sa volonté n'est pas forte, sa générosité n'est pas suffisante pour que le peuple ait une bonne opinion de lui, et son incapacité à faire céder les riches et les puissants va se terminer en tragédie. En un sens, sa situation est assez similaire à celle de l'empereur Chongzhen de la fin de la dynastie Ming. Avec la dégradation des finances du pays, associée à un système fiscal déraisonnable, les griefs du peuple et le mécontentement des aristocrates se sont généralisés, tandis que la bourgeoisie naissante, outre sa richesse, a longtemps toléré le monopole du pouvoir par l'aristocratie féodale et les forces religieuses. Les trois grands blocs de pouvoir de la société française : l'aristocratie et les centres de pouvoir traditionnels de la religion, la bourgeoisie naissante et les gens du peuple, ont concentré leur colère sur le gouvernement français, et Louis XVI a été placé au sommet d'un volcan sur le point d'entrer en éruption.

Les Français ne valorisent pas la finance, et la dette extérieure croissante de Louis XVI laisse un vide de pouvoir financier aux familles bancaires étrangères en Suisse, en Italie, aux Pays-Bas et en Allemagne. Les familles bancaires puritaines de Genève, en Suisse, sont parmi les plus importantes. Elles sont venues à Paris pour offrir diverses "solutions" à la dette qui avait laissé la famille royale désespérée. Ces banquiers suisses, qui étaient si riches qu'ils ont aidé à plusieurs reprises la famille royale à résoudre des problèmes urgents, ont été mis à contribution par Louis XVI et ont progressivement pris le contrôle du discours financier et du pouvoir de décision en matière de réforme fiscale en France.

Louis XVI connaît des difficultés financières et doit nommer Jacques Necker, un "moine étranger", comme ministre des finances. Ce dernier, également banquier puritain suisse, a usé de son influence dans le cercle familial des banques suisses pour lever des fonds afin de résoudre un problème brûlant. La nature de cet emprunt est similaire à celle de certains hommes d'affaires d'aujourd'hui qui s'empruntent les uns aux autres. Comme il s'agissait d'un financement à court terme proche de l'usure, le cercle familial bancaire suisse s'attendait à un investissement rapide avec des retours lucratifs, alors que les dépenses de l'aristocratie de la cour française étaient trop importantes pour que les finances puissent combler le déficit à court terme. Cela peut être mauvais pour les banquiers, voir "l'argent rapide" deviendra "l'argent lent", peut-être "l'argent lent" deviendra "l'argent mort", ces gens dans le est leur propre vie, pas retardé. En désespoir de cause, Necker a décidé d'entreprendre une "réforme choc". Il a d'abord aboli certains des privilèges des nobles de la cour et réduit leurs salaires, puis a remanié le système fiscal de manière à ce que la charge fiscale passe d'un "impôt sur l'homme" à un "impôt sur la terre", et que les nobles qui possédaient de grandes quantités de terres soient soumis à de lourds impôts. Malheureusement, mais sans surprise, cela a apparemment déplacé le fromage des puissants. Les nobles affluent pour assiéger les réformes de Naik. En 1781, il publie une liste des dépenses des riches et des puissants, qui choque immédiatement la société française. Le public français, qui s'était nourri de l'idéologie libérale de longue date de Voltaire, Rousseau et autres, fait immédiatement sauter son nid, et sa colère contre les puissants se transforme en hostilité envers la famille royale. [42]

---

[42] George Taylor, critique de Jacques Necker : Reform Statesman of the Ancien Regime, par Robert D. Harris (*Journal of Economic History 40*, no. 4 (1980) : 877–878).

Necker s'est également retiré pour avoir été si empressé. Depuis lors, la France a eu quatre autres ministres des finances, et la détérioration budgétaire s'est aggravée. Louis XVI n'a eu d'autre choix que de réintégrer le banquier suisse Necker en 1788. La France était déjà à la veille d'un dangereux bouleversement social, avec les citoyens de Paris et la bourgeoisie émergente de plus en plus en désaccord avec l'élite traditionnelle, et une crise sur le point d'éclater. De l'autre côté, les banquiers prêteurs ont déplacé leur levier vers les "trois parlements", espérant prendre le contrôle des finances, des impôts et des budgets gouvernementaux afin de pouvoir récupérer les énormes prêts. La nouvelle bourgeoisie urbaine française, avec ses richesses croissantes aux mains de la bourgeoisie émergente et son désir de partage du pouvoir, est passée de l'impatience à l'impatience, tandis que l'aristocratie féodale et l'église sont au sommet, ignorant complètement ou même hostile à cette tendance inévitable.

En juin 1789, les "trois parlements", qui n'en avaient que le nom, sont transformés par les participants en "Assemblée nationale", dotée de pouvoirs fiscaux propres, et en juillet, l'Assemblée nationale change de nom pour devenir l'"Assemblée nationale constituante". Le 14 juillet, des civils en colère font une révolution et s'emparent de la Bastille. En août, l'Assemblée constituante publie la Déclaration des droits de l'homme et du citoyen, qui revêt une importance universelle, et en octobre, Louis XVI est capturé par des civils en émeute.

En octobre, à l'instigation des banquiers suisses, la loi du Saint-Siège contre l'usure est abrogée, et les prêts bancaires à des taux d'intérêt élevés sont officiellement légalisés ; en novembre, l'Assemblée constituante annonce la confiscation des terres ecclésiastiques dans tout le pays ; en décembre, l'émission de billets de banque (Assignats) contre les terres ecclésiastiques est annoncée, et les finances de la France s'améliorent nettement, et les prêts bancaires s'installent enfin.

Le 21 janvier 1793, Louis XVI meurt à l'âge de 39 ans. On dit qu'il a laissé un message poignant au seuil de la mort :

> *"Je suis sur le point de mourir, mais je n'ai jamais commis aucun crime contre moi. Je pardonne à l'homme qui a provoqué ma mort, et je prie aussi Dieu qu'après que mon sang aura coulé, il n'y ait plus d'effusion de sang sur la terre de France. "*

Depuis le déclenchement de la Révolution en 1789 jusqu'à la défaite de Napoléon en 1815, à l'exception d'une brève trêve au milieu, la France a enduré 25 ans de guerre continue. Avec de vastes ressources détruites par la guerre, plus de cinq millions de vies réduites en cendres, une industrie et un commerce flétris, et une inflation si grave que la révolution industrielle française a été retardée de près de 30 ans, la Grande-Bretagne avait développé un avantage stratégique absolu sur la France. Dès lors, la France n'a jamais dépassé la Grande-Bretagne en termes de puissance nationale. Les coûts politiques et économiques de la Révolution française ont sans aucun doute été lourds et élevés.

Banque de France : Le retour sur investissement du " Coup du 18 Brumaire ".

Malgré les bouleversements politiques et économiques provoqués par les guerres étrangères de la France et, plus tard, par la Révolution, Paris, le joyau du continent, est resté un pôle d'attraction pour les riches et ceux qui aspiraient à le devenir dans les pays environnants. La France était le berceau de l'émancipation européenne, la réduction progressive de la persécution catholique des autres religions et l'octroi de la pleine citoyenneté aux non-catholiques étaient irrésistibles pour les puritains et les banquiers juifs qui avaient souffert de l'oppression religieuse en Europe. La demande extrême d'argent de la part de la famille royale française et les guerres étrangères ont créé un refuge pour les financiers qui ont pu prendre des risques comme jamais auparavant. De la souscription d'obligations royales à l'approvisionnement de l'armée, de l'achat et de la vente de terres ecclésiastiques à la spéculation sur la monnaie française, de l'escompte de lettres de change nationales au revolving de lettres de change britanniques, les familles bancaires qui en profitent forment progressivement ce que l'on appelle la "Haute Banque" (cercle des banquiers). Les familles bancaires suisses qui ont secrètement financé le "coup d'État du 18 Brumaire" de Napoléon en 1799 en sont les principaux membres.

Les familles de la "Banque juive" ont été généreusement récompensées lorsque Napoléon est arrivé au pouvoir. Napoléon a donné le sang financier de la France à la famille bancaire suisse en autorisant la famille "juive" à établir la première banque centrale privée de France, la Banque de France, en échange de son accession au pouvoir. Pendant toute la première moitié du 19e siècle, les banquiers juifs ont eu un quasi-monopole des sièges au conseil d'administration de la Banque de France. La révolution industrielle a joué un rôle clé dans l'expansion de la France avec les banquiers juifs, qui ont financièrement monopolisé les mines, la métallurgie, les textiles, les transports et d'autres industries dans toute la France.

Dans les statuts de la Banque de France, seuls les 200 premiers actionnaires ont le droit de vote. L'ensemble de la Banque de France a émis 182 500 actions, d'une valeur nominale de 1 000 francs chacune. Sur ses plus de 30 000 actionnaires, les 200 actionnaires ayant le droit de vote peuvent élire 12 membres du conseil d'administration. Parmi les 200 premiers actionnaires, on compte 78 actionnaires institutionnels et 122 actionnaires individuels. Mais une analyse plus approfondie révèle que les 200 actionnaires, qui appartiennent essentiellement au même groupe de personnes, sont les 44 grandes familles qui contrôlent la Banque de France. Et les sièges détenus par ces familles sont héréditaires, et au milieu de cela trois familles sont restées inchangées depuis cent ans, à savoir Mallet, Mirabeau et Rothschild.

Parmi les familles de banquiers suisses, les plus importantes sont les familles Mallet, Hottinguer et Mirabeau.

En 1557, la famille Mallet a suivi le célèbre réformateur européen Jean Calvin à Genève, en Suisse, pour faire fortune dans le commerce et la banque. En 1709, Isaac Mallet, âgé de 25 ans, est arrivé à Paris depuis la Suisse pour représenter la famille bancaire genevoise en France, désireuse de trouver des opportunités financières. Après plus de 70 ans de dur labeur, la famille Mallet est devenue un géant de la banque en France. Même pendant la Révolution, la banque de la famille Mallet est restée ouverte, et en 1799, son fils Guillaume Mallet et d'autres familles bancaires suisses ont uni leurs forces pour soutenir Napoléon dans son "coup d'État". Après l'arrivée au pouvoir de Napoléon, Mallet est fait baronnet par ce dernier et occupe le troisième siège du conseil d'administration de la Banque de France jusqu'à sa mort en 1826. Ensuite, son fils, son petit-fils et son petit-fils lourd ont continué à siéger dans ce fauteuil croisé jusqu'à la nationalisation de la Banque de France en 1936. La famille Mallet est la seule famille à avoir occupé le poste de directeur de la Banque de France du début à la fin, soit pendant 136 ans ! [43]

La famille Mallet est suivie par la famille Hottinguer, une famille de banquiers puritains suisses. Jean-Conrad Hottinguer, arrivé à Paris

---

[43] Collectif, *Mallet Frères et Cie — 250 ans de banque, 1713-1963* (Presses de Jean Ruchert, Paris, 1963)

en 1784 en tant qu'apprenti dans une banque, ouvre plus tard sa propre banque et agit en tant qu'agent français pour les banquiers de Zurich, en Suisse, fournissant des services de résolution de dettes et de financement à la famille royale française. Hottinguer a travaillé en étroite collaboration avec les premiers dirigeants de la Révolution française, y compris avec le futur puissant député Talleyrand. Pendant le "Règne de la Terreur" sous la "Dictature jacobine", Hottinguer a suivi Talleyrand en exil en Amérique et est revenu à Paris en 1798 pour reprendre ses activités bancaires. Il est fait baronnet pour son travail de financement du coup d'État de Napoléon et est également nommé au conseil d'administration de la Banque de France. La grande influence de la famille Hottinguer dans les milieux financiers, commerciaux et pratiques français se poursuit encore aujourd'hui. [44]

Parmi les banquiers suisses qui rejoignent plus tard le cercle gothique, on trouve les familles Mirabeau, Andes, Odiers, Vénus et d'autres, dont la plupart font également partie du conseil d'administration de la Banque de France.

La Banque centrale française est parfaitement capable d'ouvrir une sororité de banquiers suisses. Le système politique français a traversé les changements de Napoléon, Louis XVIII, Charles X, Louis-Philippe et Napoléon III, y compris la restauration de la dynastie des Bourbons en 1815, la Révolution de juillet 1830, la Révolution de 1848, le coup d'État de Napoléon III en 1851, l'établissement de la Troisième République française en 1870 par Pierre Mirabeau (aujourd'hui président de l'Association suisse des banquiers). Au milieu de ces fréquents changements de régime, les banquiers suisses ont siégé au conseil d'administration de la Banque centrale française et sont devenus le monopole financier, ce qui est vraiment intéressant. En particulier, la famille Mirabeau, dont la branche suisse continue d'être influente jusqu'à ce jour, est devenue une figure représentative de la famille bancaire puritaine.

Au début du 19e siècle, ces familles bancaires puritaines suisses ont progressivement constitué un vaste réseau financier, et elles ont continué à faire des affaires étroites avec les familles bancaires suisses autochtones, monopolisant les fonds et le crédit du système bancaire français.

---

[44] http://en.wikipedia.org/wiki/Baron_Jean_Conrad_Hottinguer

Le détournement par l'Allemagne, pendant la "Seconde Guerre mondiale", des avoirs des banquiers juifs et la demande ferme du gouvernement américain, en 2009, aux banques suisses de divulguer les comptes secrets doivent être liés à la guerre civile centenaire de la famille bancaire internationale.

Le Monopole est brisé : L'ascension de la famille bancaire juive

Une autre branche importante du cercle des banquiers gothiques est la famille bancaire juive qui a immigré en France depuis 1780. Leurs débuts en France ont été tardifs par rapport à ceux des banquiers suisses, mais ils ont pris de l'ampleur. Après que les banquiers juifs se soient vu accorder l'égalité de citoyenneté lors de la Révolution française, l'augmentation de leur richesse et de leur statut social a été si rapide qu'elle a progressivement créé une rivalité avec la famille bancaire suisse.

Les familles Fould, Pereire et Rothschild formaient le noyau de la famille bancaire juive française.

Les Fould sont venus à Paris en 1784, et leur principale activité s'est développée, passant de la fonction d'agent pour les banques familiales juives à l'étranger à celle de collecteur d'intérêts sur les obligations d'État. Fould a commencé à faire fortune pendant la Révolution, d'abord en spéculant lourdement sur le nouveau papier-monnaie émis par le gouvernement de la Révolution française en 1790 et garanti par des terres, puis en achetant et en vendant activement des terres de l'église, faisant ainsi son premier seau d'or.

Fould était extrêmement doué pour tirer les ficelles, et il a noué de solides amitiés avec de nombreux marchands et banquiers juifs en Allemagne, et est devenu leur agent en France. Achille Fould, le fils de l'aîné Fould, s'est hissé au premier rang du monde politique et financier et a poursuivi l'influence de la famille.

Après avoir repris l'entreprise familiale, Asher se lance dans la politique et entre au conseil local en tant que représentant national en 1842. Lors de la révolution qui éclate en février 1848, il soutient prudemment les révolutionnaires et utilise son influence financière pour financer le gouvernement provisoire qui est ensuite formé. Peu après, il publie deux autres pamphlets contre le papier-monnaie. Pendant le règne de Napoléon III, Fould a été quatre fois ministre des Finances et a joué un rôle de premier plan dans les réformes économiques de la France. De fortes tendances conservatrices l'ont amené à s'opposer au dogme du libre-échange, embrassant le coup d'État de Louis Bonaparte et l'établissement ultérieur du Second Empire français de Napoléon III. Mais il s'oppose également aux attaques excessives de Napoléon III contre ses ennemis politiques, la famille d'Orléans, et démissionne de son poste de ministre des Finances le 25 janvier 1852 après que la Cour impériale a décidé que les biens de la famille d'Orléans devaient être confisqués, mais il est rapidement nommé sénateur et revient à la Cour impériale en tant que ministre d'État, président l'Exposition internationale de Paris de 1855. Il démissionna à nouveau en novembre 1860, puis fut réintégré en novembre de l'année suivante, et ne revint à ses vieux jours qu'en 1867, alors qu'il était mourant. Dans la dernière partie de son mandat, il négocie une réduction de 300 millions de francs de dettes de prêts à court terme découlant de l'invasion française de la guerre du Mexique, démontrant ainsi son remarquable talent de banquier et de politicien. [45]

Le Crédit Mobilier, que les Foulds ont créé en collaboration avec la famille Pereire, a exercé une forte pression concurrentielle sur les Rothschild et est devenu un exemple classique de la lutte interne des banquiers juifs.

La famille Pereire était l'une des plus célèbres familles de banquiers en France au XIXe siècle, aux côtés des Rothschild, et était associée à la banque des Rothschild. Bien que juifs, les Rothschild ont des origines juives germaniques différentes de celles des Pereire, qui étaient des juifs sépharades des régions portugaises et espagnoles, à l'origine d'un groupe migrant vers l'ouest depuis la Renaissance italienne. L'escompte des lettres de change était leur mot d'ordre, et ils se considéraient comme supérieurs parmi les Juifs, plus nobles que ceux qui avaient émigré en Europe de l'Est. [46]

Tout au long du XIXe siècle, le sommet de la famille Pereire est constitué de deux frères, Émile et Isaac, dont le père, Jacob Pereire, l'un des inventeurs de la langue des signes, était traducteur de Louis XV. Les frères Pereire ont créé un nouveau type de banque d'investissement par actions, avec pour noyau la Banque de Crédit et d'Immobilier, qui

---

[45] http : //en.wikipedia.org/wiki/Achille_Fould

[46] http : //en.wikipedia.org/wiki/P%C3%A9reire_brothers

contrôlait non seulement une partie importante du réseau ferroviaire national, mais aussi six compagnies de gaz et de tramways à Paris, deux compagnies d'assurance, la restructuration de l'industrie du sel, la création de la société immobilière pour le règlement des projets municipaux à Paris et la Compagnie Pan-Atlantique, spécialisée dans le commerce extérieur. En outre, la Banque a beaucoup investi dans des sociétés de chemin de fer en Autriche, en Russie, en Suisse, en Espagne et dans d'autres pays, et a créé des succursales en Espagne, aux Pays-Bas, en Italie et dans d'autres pays. Par le biais de fusions et d'acquisitions ou d'un contrôle financier, un consortium d'une ampleur sans précédent s'est formé avec, au centre, le Crédit Mobilier de la famille Pereire, ce qui en fait un solide rival de la famille Rothschild, sans équivalent sur le continent européen. À partir de 1852, les banques et entreprises contrôlées par ce consortium émettent des actions d'une valeur marchande de plus de 1,5 milliard de francs par an, [47] et sa forte influence sur les économies française et européenne n'est pas sans rappeler celle de l'Église catholique au Moyen Âge.

Bien entendu, la famille bancaire la plus puissante de France au XIXe siècle est sans conteste la famille Rothschild. En 1830, les Rothschild abandonnent les Bourbons au profit de Louis-Philippe, duc d'Orléans, qui monte sur le trône, inaugurant la "dynastie de Juillet", qui n'a jamais été aussi puissante qu'en France. Les avoirs de la famille Rothschild contrôlés par la Banque de France passent de 6 millions de livres sterling en 1815 à 14,9 millions de livres sterling en 1825, passant de 1/6 à 1/3 du total des avoirs de la famille. En 1836, après la mort de Nathan, le principal dirigeant de la famille Rothschild anglaise, Jacques de France devient en fait le nouveau chef de la famille, avec une fortune personnelle de 40 millions de francs, l'homme le plus riche de France, 10 fois plus que la famille Hottinguer et 20 fois plus que la famille Mallet. À cette époque, la famille bancaire juive avait largement dépassé le camp des banquiers puritains.

La révolution de l'innovation financière

Dans la première moitié du XIXe siècle, le rôle de la Banque de France en tant que banque centrale n'est pas central dans le secteur financier français, et l'influence des banques privées éclipse largement

---

[47] Ibid.

celle de la Banque de France, notamment des Rothschild. Cette situation ne change pas jusqu'à la révolution de 1848. Avec la révolution, le système traditionnel de pouvoir social a été détruit dans une plus large mesure, et un nouveau modèle de distribution du pouvoir a rapidement pris forme, également dans les sphères commerciales et financières.

Après la révolution de 1848, les droits d'émission de papier-monnaie de la Banque de France débordent de Paris et pénètrent dans les importants centres industriels et commerciaux de province. La crise a mis fin à la politique conservatrice de la Banque de France en matière d'escompte de billets en étendant les opérations d'escompte aux bons d'entrepôt, aux obligations d'État et aux billets de commerce à trois signatures, et en autorisant l'émission de billets de 100 francs, étendant ainsi l'influence de la Banque de France à l'ensemble du pays. Elle est suivie par la Banque Nationale d'Escompte de Paris, créée le 8 mars 1848, pour fournir des liquidités d'urgence aux commerçants parisiens afin d'endiguer la vague de faillites massives des organisations commerciales parisiennes. En 1854, la Banque Nationale d'Escompte de Paris, à la demande du gouvernement, a abandonné son statut paraétatique et s'est transformée en une société anonyme générale, et ses activités se sont déplacées des services financiers pour les organisations commerciales parisiennes aux services financiers pour le commerce extérieur. Outre la Caisse nationale d'escompte de Paris, 76 caisses d'escompte locales ont été créées dans toute la France, principalement au profit des commerçants de province, pour escompter divers effets de commerce.

Au début du XIXe siècle, les idées industrialistes du socialiste idéaliste français Saint-Simon se sont épanouies et de nombreux Français en ont été profondément influencés. La pensée de Saint-Simon est connue pour sa théorie industrielle, qui envisage le système idéal du futur comme un "système industriel". Dans le système industriel, les industriels et les savants exercent le pouvoir dans toutes les sphères de la société — politique, économique et culturelle. Le seul but de la société doit être d'utiliser au mieux les connaissances de la science, de l'art et de l'artisanat pour répondre aux besoins du peuple, en particulier à la vie matérielle et spirituelle de la classe la plus pauvre, c'est-à-dire le plus grand nombre de personnes. Chacun doit travailler, l'économie doit se développer selon le plan, et le revenu de l'individu doit être proportionnel à ses talents et à ses contributions, sans reconnaître les privilèges de quiconque. Dans une société idéale, la science politique deviendrait la science de la production, la politique serait englobée par l'économie, et le pouvoir sur les gens deviendrait la gestion des choses et la direction du processus de production. En raison des limites de l'histoire, Saint-Simon voyait la bourgeoisie engagée dans l'activité industrielle comme les mêmes travailleurs ou "industriels" que les ouvriers et les paysans et, espérant la rationalité et la bonne volonté de la classe dirigeante, imaginait que les rois et la bourgeoisie aideraient le prolétariat à établir un système industriel et le socialisme. Saint-Simon revendique également le développement d'un nouveau secteur financier français et l'amélioration des exploitations agricoles.

Pour les saint-simonistes et ceux qui s'intéressent au développement à long terme de l'économie française, la construction économique à grande échelle en France, notamment le développement des chemins de fer, de la navigation, des canaux et des grandes entreprises industrielles, nécessite la création à grande échelle de sociétés anonymes à responsabilité limitée, mobilisant et organisant efficacement la richesse de toute la classe moyenne française et, d'une part, finançant cette construction et, d'autre part, restituant au peuple un cercle vertueux de force et de richesse nationales sous forme de dividendes et de distributions résultant du développement économique.

Dans le cadre théorique de l'industrialisme de Saint-Simon, l'idée novatrice pour le secteur financier était la création de banques d'investissement par actions pour remplacer le modèle traditionnel de banque d'investissement privée. Lever d'énormes fonds auprès du public sous la forme d'émissions publiques d'actions et d'obligations que les banques privées ne pourraient concurrencer permettrait, d'une part, de libérer le gouvernement de sa dépendance financière vis-à-vis des banques privées et, d'autre part, de donner une impulsion plus forte au développement de l'industrie. Les idées industrielles et les affirmations de Saint-Simon sur l'industrialisation sont devenues les idées dominantes de l'industrialisation à l'époque du Second Empire et ont eu un impact important et de grande portée sur le développement économique récent de la France.[48]

L'expansion du pouvoir bancaire en France et l'émergence de banques d'investissement par actions ont constitué une menace sérieuse

---

[48] Rondo E. Cameron, Mark Casson, *France and the Economic Development of Europe, 1800-1914 : Evolution of International* (Routledge, 2000).

pour la structure traditionnelle du pouvoir bancaire privé, et ce à deux égards. L'attitude des Rothschild consiste à défendre instinctivement les intérêts particuliers, à s'opposer fermement à cette innovation financière et à utiliser tous les moyens pour étouffer l'émergence des banques par actions. Après avoir finalement vaincu les innovateurs, représentés par la famille Pereire, la famille Rothschild, en réponse aux tendances historiques, a également créé sa propre version d'une banque d'investissement par actions, la banque Paribas, qui a eu un impact majeur sur la vie économique française à la fin du XIXe siècle et au début du XXe siècle.

Le Crédit Mobilier : Le défi de Pereire

D'après l'expérience historique, beaucoup de théories semblent très plausibles, mais seulement plausibles. La pratique ne suit jamais la logique de la théorie, car la personne qui pratique la théorie, suit toujours les règles du jeu des intérêts. Par conséquent, le rôle de la théorie dans la pratique ne peut être véritablement réalisé qu'à travers les règles du jeu des intérêts auxquelles adhèrent tacitement ceux qui se conforment à la théorie de la pratique.

La superstition de Napoléon III dans la théorie du crédit bancaire mobilier ne fait pas exception. L'Empereur lui-même était un fervent adepte du saint-simonisme, préférant se faire un nom en tant que grand ingénieur social. Bien avant son arrivée au pouvoir dans les années 1830, il a consulté ses proches amis financiers, les familles Pereire et Fould, sur l'établissement d'un système d'institutions financières en quatre volets pour la mise en œuvre de l'industrialisme de Saint-Simon en France.

- ➢ Banque commerciale : Banque Nationale Française
- ➢ Banque de l'industrie : Crédit Mobilier
- ➢ Banque hypothécaire : Banque Foncière
- ➢ Les banques mutuelles : Le Crédit Mutuel pour le financement des petites entreprises

Au cœur de ce dispositif se trouve la banque d'investissement par actions, la Banque du Crédit Mobilier.[49]

En 1852, profitant du vain désir de gloire de Napoléon III, les frères Pereire plaident avec force auprès de ce dernier les avantages du modèle commercial du Crédit Mobilier sous le prétexte de l'idée saint-simoniste que "toutes les contradictions de classe doivent disparaître devant le bonheur universel que peut procurer un système de crédit social nouvellement inventé". Le modèle consiste à lever des capitaux bancaires en vendant des actions et des obligations au public, puis à utiliser ces fonds pour acheter des actions dans les startups industrielles qu'elle veut faire grandir. Les frères Pereire l'ont vanté de manière compulsive comme un moyen de réaliser le socialisme industriel de Saint-Simon.

Ce nouveau système de crédit inventé par les frères Pereire a été soutenu avec enthousiasme par Napoléon III, que Marx a appelé avec sarcasme le "socialisme napoléonien", "de James Rothschild à Isaac Pereire, avec un caractère si intéressant qu'il est à la fois menteur et prophète".[50] En effet, l'introduction de ce système de crédit a entraîné une spéculation, une corruption et une fraude effrénées à la bourse française. Mais aux yeux des gens de l'époque, il s'agissait d'une grande innovation stratégique du système financier qui était bien placée pour fournir des capitaux et des crédits à l'industrialisation en plein essor. La banque de crédit immobilier se compose de deux éléments principaux, le premier étant la banque traditionnelle, qui comprend la prise de dépôts, l'escompte de papier commercial, les prêts et l'assurance, et le second étant la banque d'investissement, comme la souscription d'obligations d'État et d'obligations d'entreprise.

Outre les compulsions des idées socialistes idylliques, les frères Pereire et les Foulds ont également eu recours à des tactiques de division pour amener Napoléon III à se décider au plus vite. La richesse et la puissance de la famille Rothschild suscitent non seulement l'hostilité des banquiers puritains, mais aussi la jalousie des autres familles bancaires juives, dont les Pereire et les Fould. Dans ses premières années, Pereire était associé à la banque de la famille Rothschild, dont la famille Rothschild était le mentor en matière de

---

[49] Ibid.

[50] Marx, *La théorie du capital* (vol. III), p. 499.

finance. Plus tard, Pereire s'est retiré pour faire cavalier seul et est devenu de plus en plus antipathique à la famille Rothschild. La méchanceté a toujours été le comportement le plus détestable de la famille Rothschild.

Fould, qui faisait partie de la même "force directe" qui a financé le coup d'État de Napoléon III, avait le même objectif que la famille Pereire de contester financièrement la position du patron de la famille Rothschild. Lorsqu'il était ministre français des finances, Asher Fould a solennellement conseillé Napoléon III :

> " Il est absolument nécessaire de libérer votre royaume de l'emprise de Rothschild, qui a pratiquement remplacé votre pouvoir. " [51]

Rothschild n'est pas non plus une lampe à économie d'énergie. James Rothschild a écrit spécifiquement à Napoléon III pour tenter d'ébranler la détermination du gouvernement français à soutenir la création d'une banque mobilière en affirmant que, une fois établie et fonctionnant avec succès, elle contrôlerait la majeure partie de la richesse publique et deviendrait finalement "plus puissante que le gouvernement".

Napoléon III a le soutien des familles Pereire et Fould, auxquelles il est bien sûr obéissant, et il croit au système théorique du Crédit Mobilier. Napoléon III ne s'entend pas bien avec les Rothschild, et James Rothschild n'aime pas Napoléon III et ne lui fait pas confiance. Dans cette affaire, le gouvernement se range clairement du côté des frères Pereire. Depuis la révolution de 1848, les familles Pereire et Fould sont les héros régnants de la dynastie, et la famille Rothschild a tendance à être marginalisée. Certes, les Rothschild ont contribué à l'accession au pouvoir de Napoléon III, mais ils n'ont pas l'air de la Restauration des Bourbons et de la Dynastie de Juillet. Si l'on ajoute à cela le vent constant de Pereire et de Fould dans les oreilles de l'Empereur, Jacques passe un mauvais quart d'heure.

Le soutien de Rothschild à la cour française était le général Changarnier, autrefois très favorisé. Mais le général Changarnier perd peu à peu du terrain auprès de Napoléon III, et tout au long de l'année 1850, James tente de réconcilier Napoléon III avec Changarnier tout en

---

[51] Niall Ferguson, *The House of Rothschild The World's Banker 1849-1999* Volume 2.

essayant de se donner des points supplémentaires auprès du Président (note : Napoléon III n'est pas encore empereur à cette époque) :

> " Le président semble penser que je l'ai mal compris, et il semble que je doive prendre un soin particulier à faire profil bas devant lui, et que Fould ne me donnera pas un bon mot. "

Napoléon III favorisait apparemment Fould, et était de plus en plus sourd aux conseils de Changarnier et de James en matière de politique étrangère. Napoléon III avait l'intention de se débarrasser de Changarnier. James a mal vu et s'est empressé de transférer l'or qu'il avait en main à Londres. Il dit sans inquiétude :

> "J'aime mieux mettre tout mon or à Londres et gagner 3 % dérisoires que de rester en France, et Napoléon pourrait confisquer mon argent juste parce que je suis ami avec Changarnier. Je n'ai pas peur de lui, mais méfiez-vous de lui. C'est un pays extrêmement sale politiquement. "

En décembre 1850, l'arrestation de Changarnier marque la perte totale du pouvoir républicain. Jacques était si intelligent qu'il ne confondit jamais ses penchants politiques avec ses intérêts commerciaux et vit immédiatement le vent tourner et abandonna les républicains au profit du système impérial. Mais après tout, la position n'était pas aussi ferme que celle de Pereire et de Fould, plus ou moins considérés par Napoléon III comme une faction hésitante.

En 1852, le Crédit Mobilier, que Pereire et Fould avaient uni leurs forces pour créer, a été formellement établi avec le fort soutien de Napoléon III, [52]et est devenu depuis un rival féroce des Rothschild.

"À la fois un menteur et un prophète"

> "La double nature inhérente au système de crédit est, d'une part, de développer le moteur de la production capitaliste — s'enrichir en exploitant le travail d'autrui — en un système de jeu frauduleux dans sa forme la plus pure et la plus grande, et de réduire le nombre de minorités qui exploitent la richesse de la société ; et, d'autre part, une forme transitoire de transfert vers un nouveau mode de production. C'est cette double nature qui donne aux grands propagandistes du crédit, de John

---

[52] Ibid.

> *Rothschild à Isaac Pereire, un caractère si intéressant : à la fois menteur et prophète. "* [53]
>
> Marx.

Cette évaluation de Marx est intéressante dans la mesure où il comprend le rôle du crédit en tant que moteur de la productivité et où il voit que ce groupe de personnes qui pratiquent la théorie du crédit sont, par intérêt personnel, une bande de menteurs invétérés. Ce passage de Marx est un commentaire classique sur la justesse de la nature de toute innovation financière. La théorie est toujours pratiquée par des gens, et ceux qui la pratiquent ont leurs propres intérêts ; la façon d'intégrer les objectifs de la théorie aux intérêts du praticien est la différence la plus importante entre un grand homme d'État et un grand penseur.

Les Rothschild et les Pereire sont décrits comme les représentants de "deux types de Juifs". Le premier est typique du "Juif du Nord", "toujours calme et rationnel", et l'acquisition de richesses et de profits est peu énergétique et efficace dans un état supraconducteur. Le second, en revanche, représente les "Juifs du centre", qui ont bénéficié de la politique libérale de la France à l'égard des Juifs et sont donc plus ouverts et plus soucieux de l'intérêt public dans leur conduite et leurs affaires, une "chaleur du cœur" qui entraînerait une perte d'énergie et une perturbation de l'efficacité. Dans la société française de l'époque, les Rothschild représentent la "finance féodale", tandis que la famille Pereire représente la "finance démocratique".

Les frères Pereire ont rapidement achevé l'organisation de la banque, Benoit Fould, de la famille Fould, étant le premier président de la banque jusqu'à sa retraite en 1854. Mais le travail quotidien de la banque a été effectué par Isaac Pereire, qui occupe le poste de vice-président. Parmi les autres membres du conseil d'administration figurent le puissant duc de Mouchy, Galliera, le comte André, le baron F. A. Seillière, Charles Mallet de la famille bancaire puritaine, et Auguste de Morny, qui a planifié le coup d'État de Napoléon III, le demi-frère de Napoléon III. [54]

---

[53] Karl Marx, *Bureau central de compilation, Les œuvres complètes de Marx Engels*, vol. 25, p. 499.

[54] Rondo E. Cameron, Mark Casson, *France and the Economic Development of Europe, 1800-1914 : Evolution of International* (Routledge, 2000).

Avec cette gamme luxueuse fonctionnant à plein régime, le Crédit Mobilier explose avec une étonnante énergie dès son lancement. Le prix de l'action est fixé à 500 francs, il passe à 1 100 francs à l'ouverture, à 1 600 francs le quatrième jour, pour atteindre 1982 francs en mars 1856. Et les dividendes passent de 13 % en 1853 à 40 % en 1855. Les investisseurs des banques de crédit mobilier sont tout étourdis, et la prédiction de James Rothschild selon laquelle les banques de crédit mobilier sont des désastres financiers ressemble plutôt à une blague.

Bien qu'il s'agisse d'une banque par actions, le capital de départ du Crédit Agricole est loin de celui de la Banque Rothschild. Alors que le Crédit Mobilier démarre avec 20 millions de francs (dont Pereire détient 29 %), les actifs de la Banque Rothschild de France dépassent en 1852 les 88 millions de francs et les actifs combinés des succursales les 230 millions de francs. Cependant, dès sa création, le Crédit Agricole s'est montré dynamique, élégant, flamboyant et ambitieux, contrastant avec la rigueur, la tradition, la sobriété et les stéréotypes de la Banque Rothschild.

Dans un Crédit Mobilier, les banquiers sont toujours entourés d'un groupe d'amis, chacun ayant l'oreille tendue pour s'enquérir des mouvements de l'affaire, si le vieux maître va acheter ou vendre. Et les employés se tiennent dans les escaliers pour accueillir les clients, s'enquérant avec empressement des opportunités d'affaires. Tout le monde est impatient de s'enrichir et fait tout ce qu'il faut pour qu'il n'y ait pas de dissimulation.

Cette période correspond à l'apogée de la construction de chemins de fer en France. Entre 1851 et 1856, les investissements dans les chemins de fer ont été multipliés par cinq, avec plus de deux fois plus de nouveaux chemins de fer construits dans les années 50 que dans les années 40. Avec l'expansion rapide du Crédit Mobilier, sa concurrence avec Rothschild sur le chemin de fer était devenue brûlante. Le Crédit Agricole prend bientôt le contrôle des trois principales lignes françaises, tandis que Rothschild s'accroche à ses deux lignes d'origine. Le Crédit Agricole détient huit mandats d'administrateur dans les différentes compagnies ferroviaires françaises, tandis que Rothschild en détient 14.

Les banquiers juifs des deux camps sont engagés dans une lutte acharnée pour le financement des chemins de fer français. Napoléon III favorise le Crédit Mobilier, attribuant à Pereire les projets de financement de lignes ferroviaires les uns après les autres. À cette époque, son frère Mani, demi-frère de l'Empereur, voyant l'opportunité du chemin de fer et désireux de s'enrichir grâce à lui, propose de fusionner la petite compagnie ferroviaire en plusieurs lignes principales. James a immédiatement sauté sur l'occasion. La banque française Rothschild détient des actions de la compagnie de chemin de fer d'une valeur de plus de 20 millions de francs, soit 15 % des actifs de la banque. Ces actions se sont rapidement appréciées, encouragées par la politique du gouvernement. En avril 1852, James a gagné 1,5 million de francs en une semaine "sans payer un penny".

La Banque Rothschild de France était à ce moment-là en tête dans la course au financement des chemins de fer. La Banque populaire de crédit immobilier, quant à elle, n'a pas montré de faiblesse, créant un "paquet" standardisé d'actions et d'obligations de diverses compagnies de chemin de fer avec des échéances et des conditions variées, que l'on peut qualifier d'initiateur des produits financiers structurés d'aujourd'hui. Grâce à l'"innovation financière", le Crédit Mobilier a créé un grand nombre de nouveaux produits financiers d'investissement, comblant ainsi le vide entre les marchés obligataires et boursiers, ce qui a immédiatement attiré d'innombrables petits investisseurs. Les actifs de Crédit Mobilier se sont rapidement développés pour atteindre 60 millions de francs, remettant directement en cause la position de patron de Rothschild dans le financement des chemins de fer.

Le 2 avril 1853, le banquier de Cologne Oppenheimer reçoit une licence pour ouvrir une nouvelle banque à Darmstadt, à moins de 30 km au sud de Francfort. Il s'agit clairement d'un détournement allemand du Kreditanstalt für Movimobil, qui vise directement la banque de Francfort de la famille Rothschild. La nouvelle banque est contrôlée par Pereire, Fould, Oppenheimer et le Crédit Agricole.[55]

En 1853, Pereire crée le Crédit Mobilier espagnol, le Crédit Mobilier belge et, en 1854, le Crédit Mobilier autrichien. En outre, Pereire a jeté son dévolu sur la Russie.

La Russie, déplorant la valeur stratégique de son réseau ferroviaire depuis la défaite de la guerre de Crimée, est déterminée à construire un réseau ferroviaire national, avec Moscou-Saint-Pétersbourg comme

---

[55] W. O. Henderson, *The Industrial Revolution on the Continent : Germany, France, Russia 1800-1914* (Taylor & Francis, 2006).

plaque tournante, reliant la partie européenne de la Russie, à l'ouest à la frontière polonaise, au sud à la péninsule de Crimée, avec un kilométrage total de plus de 4 000 miles et un investissement estimé à 1 milliard de francs. La Great Russian Railway Company a été créée avec un capital initial de 300 millions de francs pour mener à bien ce plan d'infrastructure stratégique. Parmi les actionnaires figurent le banquier privé tsariste Stieglitz à Saint-Pétersbourg, Fraenkel à Varsovie, les frères Baring à Londres, Hope à Amsterdam, Mendelssohn à Berlin, et des rivaux des Rothschild français, comme les familles Pereire, Mallet, Fould et Hottinguer. Son conseil d'administration comprend dix Russes (dont le président du conseil, nommé par le tsar), quatre administrateurs du groupe Baring-Hope et cinq administrateurs de la Banque de France, parmi lesquels figurent Pereire et Fould. En conséquence, les forces financières françaises, représentées par la Banque de crédit mobilier, infiltrent à grande échelle toutes les sphères de la vie politique, économique et sociale russe et deviennent la base principale de la future alliance russo-française.[56]

En 1856, le magazine français *Industrie* commente :

> *"Le Crédit Mobilier est destiné à étendre son influence au monde entier. Sa maison mère à Paris, après quatre ans de développement, est devenue un modèle d'apprentissage dans les milieux français, avec des semis ouverts hors de France en Autriche, en Espagne, au Piémont (Italie du Nord), et, une fois les traités de paix conclus (allusion au traité de paix anglo-franco-russe après la guerre de Crimée), elle ne manquera pas d'ouvrir des semis à Constantinople et à Saint-Pétersbourg... (car) tous les pays européens reconnaissent que le développement de la production, le progrès matériel, est le plus grand intérêt politique du monde actuel... Pour cela, le crédit est indispensable."*[57]

Et le magazine pro-Rothschild *Chemins de fer* a mis en cause l'extension estimée à l'échelle européenne du Crédit Mobilier, qui devrait coûter 1 milliard de francs et qui siphonnera vers l'étranger les capitaux nécessaires au développement industriel national en France.

---

[56] Rondo E. Cameron, Mark Casson, *France and the Economic Development of Europe, 1800-1914 : Evolution of International* (Routledge, 2000).

[57] Ibid.

Malgré les critiques des médias pro-Rothschild, le Crédit Agricole n'en démord pas et développe sa présence dans les pays européens de manière importante. Prise ferme d'obligations d'État autrichiennes, russes, turques et américaines ; investissement dans les chemins de fer belges, autrichiens, italiens et roumains, ainsi que dans des obligations hypothécaires des Pays-Bas, d'Autriche et de Belgique ; ouverture d'une raffinerie de sucre aux Pays-Bas, d'une usine sidérurgique à Prague et même d'une plantation de café à Ceylan (Sri Lanka). Cependant, la plus grande réussite de la Banque a été la création de la Dutch-Indian Commercial Bank, de la National Railway Operating Company et de la Dutch-Indian Railway Company. La plus importante d'entre elles, la Nederlandsch-Indische Handelsbank, a des succursales à Singapour et à Hong Kong et fonctionne comme une entreprise mixte de banque d'investissement, de banque hypothécaire, de commerce, etc. et est considérée comme une sous-banque de la Banque de crédit mobilier.

Banque de France : un atout stratégique pour vaincre Pereire

Celui qui peut contrôler la banque centrale aura un avantage stratégique sur la concurrence. Il en a été ainsi dans le passé, et il en est de même aujourd'hui. La chute de Lehman Brothers est le résultat de l'incapacité à tirer les leçons de l'histoire.

La Banque de France, qui prétendait être une place financière représentant l'intérêt public, contestait en fait les opérations de la Banque de France. Avant 1852, la Banque de France n'accordait pas de prêts garantis par des actions de chemins de fer, et prêtait à des taux pouvant atteindre 6 pour cent. En novembre 1852, sous la pression du Crédit Mobilier, le taux d'intérêt n'était plus que de 3,6 %. Les actions de la Banque de France détenues par Rothschild pendant la même période se sont également considérablement dépréciées. Rothschild déteste naturellement encore plus le Crédit Mobilier. Cette situation a également commencé à conduire à une alliance entre Rothschild et la Banque Française.

Alors que Rothschild avait acheté 5 000 actions du Crédit Agricole au début de sa création pour observer le marché, Pereire vendait tranquillement. En fait, comme tous les paresseux, Pereire savait très bien que nombre de ses innovations financières allaient mal tourner tôt ou tard, et Rothschild le voyait d'un œil attentif.

Le 15 novembre 1852, James Rothschild, dans une lettre privée adressée à Napoléon III, critique sévèrement les banques par actions telles que le Crédit Mobilier, qu'il considère comme "un désastre pour l'économie nationale", soulignant que les actionnaires des banques par actions ne divulguent pas leur nom et peuvent donc être irresponsables et avoir la possibilité d'abuser de leur pouvoir pour disposer des biens du peuple. James mettait en garde contre le nouveau type de banques qui "dominerait le commerce et l'industrie avec leurs énormes investissements, établissant des règles et des lois pour le marché, et que ces lois ne seraient pas contrôlées et dépasseraient la concurrence... concentrant dans leurs mains la majeure partie de la richesse de la nation... et que finalement le pouvoir de ces banques dépasserait celui du gouvernement". Dans le même temps, [58]James a déclaré à Napoléon que la Caisse des Crédit Agricoles mobiles était instable et "construite sur la plage" parce que les obligations qu'elle émettait payaient un intérêt fixe aux investisseurs et que l'apport de la banque dans l'investissement était "une variable incertaine et peu fiable". En cas de crise, les banques entraîneraient l'ensemble de l'économie "dans l'abîme". James prévoyait que le nouveau type de banque devait être sous-réservé et qu'en cas de crise, le gouvernement devrait choisir entre "la faillite totale" ou "la cessation des échanges d'or, d'argent et de papier-monnaie". Ces mots n'étaient pas vraiment faits pour effrayer Napoléon III, et il s'est avéré par la suite que ce n'étaient pas des paroles en l'air. L'évaluation du Crédit Mobilier par Rothschild aurait pu être publiée directement à la une du *Financial Times* au lendemain du tsunami financier sous le titre "Sur les risques des produits financiers dérivés", avec un changement de nom et d'année. Aujourd'hui, la famille Rothschild n'a pas pu survivre sans combattre au tsunami financier mondial.

En août 1855, la Banque de France doit acheter 30 millions de francs d'or et 25 millions de francs d'argent à la Banque de France Rothschild afin d'alléger ses réserves déjà vides. Un an plus tard, la situation s'aggrave et la Banque de France perd sa tentative de mettre fin à l'échange de billets, d'or et d'argent. L'écrasante majorité des administrateurs de la banque est d'accord avec la proposition, seul Alphonse Rothschild s'y oppose. Entre 1855 et 1857, Rothschild fournit à BNP Paribas de l'or pour une valeur de 751 millions de francs,

---

[58] Niall Ferguson, *The House of Rothschild The World's Banker 1849-1999* Volume 2.

pour un bénéfice total de 11 %. La relation symbiotique et coprospère entre la Banque Rothschild et la Banque de France s'est approfondie comme jamais auparavant.

En France aussi, le soutien à Belleroy était loin d'être uniforme, et sous la famille Rothschild, les hauts fonctionnaires pro-Belleroy de la Banque de France étaient transférés hors de Paris pour servir comme ambassadeurs à l'étranger ; en 1855, Alphonse Rothschild fut élu président de la Banque de France, et les Rothschild devinrent son principal actionnaire. L'influence de la famille Rothschild sur la politique fiscale et monétaire française déterminera en fin de compte qui est le vainqueur final dans le bras de fer entre les Rothschild et Pereire.

L'expansion de la famille Pereire s'est poursuivie avec l'établissement du Crédit Mobilier autrichien comme principal centre d'intérêt.

Isaac Pereire se rendit personnellement à Vienne pour présenter un ensemble de propositions pour le développement de la finance et de l'industrie autrichiennes, faisant pression sur la Diète et la Cour pour qu'elles suivent le précédent français, qui avait été couronné de succès, en créant le Crédit Mobilier autrichien et en construisant la ligne de chemin de fer de Vienne à Trieste, tandis qu'un groupe de nobles et de banquiers viennois plaidait également en faveur de cette proposition et demandait à la Cour une charte pour créer le Crédit Mobilier autrichien. Alexander Bach, ancien chancelier autrichien, et le baron von Bruck, chancelier de l'Échiquier, estiment que la proposition de la famille Pereire serait très bénéfique pour le développement économique de l'Empire.

C'est à cette époque que Solomon, le patriarche de la famille Rothschild à Vienne, meurt, et la famille Rothschild se retrouve seule à la cour des Habsbourg. Jacques ne pouvait tolérer l'absence de membres de la famille Rothschild dans la nouvelle institution financière autrichienne, et a choisi Anselm Rothschild, fils de Salomon, pour présider l'entreprise familiale autrichienne. Dès l'arrivée d'Anselm au pouvoir, la cour d'Autriche est contrainte de reconnaître la force du consortium financier, qui est hostile à la Banque, et les ministres impériaux les persuadent de former une nouvelle banque pour servir ensemble la dynastie des Habsbourg.

En réponse à cette proposition, Anselme conseille astucieusement à la cour impériale de limiter le champ d'action de cette nouvelle institution au strict territoire de la dynastie des Habsbourg, afin d'éviter la fuite des capitaux et de favoriser le développement de l'industrie autrichienne dans le pays. Pour les Rothschild, qui ont des points-virgules et des partenaires dans toute l'Europe, de telles restrictions peuvent être facilement évitées, mais elles constituent un carcan pour une banque de biens meubles qui cherche à s'imposer sur la scène internationale et qui cherche désespérément à mobiliser des ressources pour soutenir son expansion dans le vaste monde.

Isaac a dû accepter de rejoindre la nouvelle institution financière à condition de réduire considérablement son capital initial de 230 millions de francs. Or, à ce stade, la famille Pereire est au bout de son offensive, faute de fonds suffisants.

Ayant pris le contrôle de la banque centrale, Rothschild décide alors de lancer une contre-attaque stratégique contre la famille Pereire, bien établie, sur la question de la Banque autrichienne de crédit mobilier.

En septembre 1855, lorsque les Pereire annoncent leur intention d'émettre des obligations à long terme, Rothschild use de son influence au sein de la Banque centrale française pour retarder et geler l'émission de 120 millions de francs d'obligations de sociétés du CMA au motif de " relâcher la pression sur les marchés de capitaux ", ce qui réduit encore la trésorerie du CMA. Après avoir perdu l'opportunité d'émettre des obligations à long terme, il est difficile pour le Crédit Mobiliers de continuer à investir dans d'énormes projets d'aménagement du territoire. L'offensive de Pereire a finalement été contenue. [59]

Dans le même temps, Rothschild a encouragé le scepticisme du gouvernement français à l'égard de la grande quantité de capitaux que la Kreditanstalt mettait sur les marchés étrangers, obligeant finalement Isaac à informer le gouvernement autrichien que la Kreditanstalt ne pouvait pas participer à l'Union Credit Bank of Austria nouvellement créée, qui est rapidement devenue la principale banque d'investissement de l'Empire autrichien et l'une des plus grandes institutions financières d'Europe continentale. Dans le cas de l'UniCredit Bank autrichienne, la famille Pereire a complètement échoué.

---

[59] Ibid.

En 1857, alors que la crise économique en Europe s'aggrave, le travail des chemins de fer souffre beaucoup, et plusieurs des grandes lignes entre les mains de Pereire tombent dans le rouge, tandis que les lignes entre les mains de Rothschild survivent à la crise. La Banque de France a tiré de cette leçon que c'est la "nouvelle" banque, dirigée par Pereire, et non la "vieille" banque, nommée Rothschild, qui a le défaut fatal.

Alors que la construction ferroviaire en Europe dépasse de plus en plus les frontières nationales, elle évolue vers la traversée de territoires multinationaux. C'est à cette époque que les atouts " internationaux " de la Banque Rothschild sont mis en avant, tandis que la Caisse de Crédit Agricole cède le pas aux succursales européennes de la Banque Rothschild, qui sont en phase les unes avec les autres, et après 1857, la Caisse de Crédit Agricole cède le pas au financement des chemins de fer.

Après l'éclatement de la crise financière de 1857, les banques mobilières sont de plus en plus sous-financées et les sources de dividendes en espèces provenant du grand nombre de sociétés cotées en bourse qu'elles détenaient auparavant se tarissent, ce qui les oblige à se financer massivement auprès des banques mobilières. Au milieu de la chute des prix des actifs, Pereire n'a pas été en mesure d'absorber les pertes sévères causées par la vente de ces actions, et les fonds de la banque de crédit mobilier ont été rapidement épuisés.

Les aventures des Pereire en matière d'investissement ont également contribué à son échec final. En 1854, la France obtient une concession pour la construction et l'utilisation du canal de Suez. Pensant que l'ouverture du canal ferait de Marseille le premier port français à l'Est, les frères Pereire investissent massivement dans des propriétés près de Marseille, représentant 52 millions de francs sur les 55 millions de francs investis à la même période. Le canal de Suez étant enfin achevé en 1869, les sommes colossales sont fermement investies dans des projets immobiliers dans la région marseillaise, et le Crédit Mobilier devient, de façon amusante, une banque de crédit "immobilier".

En 1863, les frères Pereire ont proposé de doubler le capital du Crédit Mobilier, mais le gouvernement l'a rejeté. Lorsque Pereire obtient enfin l'autorisation d'augmenter son capital, il est trop tard, et les actions du Crédit Agricole plongent au bord de la faillite. Les autres institutions financières rechignent à l'aider et, en 1868, le Pereire n'a d'autre choix que de demander l'aide de la Banque de France, le "prêteur en dernier ressort".

Cette fois, c'est la famille Rothschild qui est touchée. Comme condition, la Banque Centrale a demandé aux frères Pereire de démissionner et a fait en sorte qu'un ancien président de la Banque Française devienne le président du Crédit Agricole et préside à la reconstruction de la banque. Depuis, le Crédit Mobilier n'a cessé de décliner. Il a terminé sa vie dans la Grande Dépression des années 1930. L'élan du Crédit Mobilier n'a en fait duré que cinq ans environ, de 1852 à 1857, date à laquelle la crise a éclaté.

Eugène Pereire, fils d'Isaac, est devenu une figure centrale de la génération suivante de la famille Pereire. Il a fondé la Banque transatlantique en 1881, qui est aujourd'hui l'une des plus anciennes banques privées de France, et en 1909, la petite-fille d'Eugène a épousé les Rothschild, qui sont finalement devenus ses beaux-parents. [60]

Guerre de Crimée

Pendant plus de deux cents ans, les Rothschild ont pensé que deux choses allaient affecter leur empire financier : la guerre et la révolution. Qu'il s'agisse d'une révolution ou d'une guerre, les parties belligérantes sont tenues d'effectuer des financements importants afin de mener à bien la violence organisée. Les guerres et les révolutions elles-mêmes peuvent choquer l'aristocratie féodale d'origine et l'ordre dominant de l'église, permettant ainsi à la famille financière d'étendre son influence sur la politique. La période de reconstruction après une guerre ou une révolution nécessite également un financement substantiel, de sorte que l'on peut faire d'une pierre trois coups.

En mars 1854, une guerre éclate qui balaie les principaux pays européens.

Dans un premier temps, les signes d'une guerre imminente en Crimée n'ont pas attiré l'attention des Rothschild, et la bataille pour la "Terre sainte" a été le détonateur de la guerre. La "question de la Terre sainte" est le différend entre l'Église catholique soutenue par la France et l'Église orthodoxe dominée par la Russie concernant la juridiction

---

[60] http ://en.wikipedia.org/wiki/P%C3%A9reire_brothers

des églises de Jérusalem et de Bethléem. Cette situation est due au développement rapide de la puissance russe au Proche-Orient à partir de la seconde moitié du 18e siècle, dans le but de s'emparer de l'Empire ottoman en déclin ou de le diviser avec les grandes puissances, de prendre le contrôle des détroits de la mer Noire et de satisfaire l'aspiration de longue date de la Russie à sortir de la Méditerranée vers le sud. Cela crée un conflit aigu avec la Grande-Bretagne et la France, qui ont des intérêts politiques et économiques importants au Proche-Orient.

Toute guerre est un tremblement de terre sur les marchés financiers internationaux qui va modifier de façon spectaculaire la situation financière de chaque pays et redessiner le schéma des intérêts sur les marchés financiers internationaux. Les catholiques et les orthodoxes se sont donc battus, et les premiers à se mettre en colère ont été les banquiers internationaux.

Les Rothschild sont tombés dans la passivité au début de la guerre en raison de leur confiance excessive dans les informations reçues de sources diplomatiques. Mais Saint-Pétersbourg n'est pas honnête et, jusqu'en juin 1853, il ne cesse de promettre aux Rothschild qu'il n'y aura pas de guerre ; en janvier 1854, les alliés occidentaux entrent dans la mer Noire, et Jacques ne s'inquiète toujours pas. En février, lorsque Bismarck apprend que l'ambassadeur russe a été rappelé d'urgence de Paris, il le sait immédiatement :

> *Je me suis dit : "Qui peut être le plus alarmé par cette nouvelle ? Mes yeux sont tombés sur Rothschild. Bien sûr, je lui ai tendu le message à lire, et son visage est devenu instantanément aussi blanc qu'une craie. Sa première réaction fut : 'Si seulement j'avais su la nouvelle ce matin' ; sa seconde fut : 'Pouvez-vous parler affaires avec moi demain'. "*

Lionel, le chef des Rothschild à Londres, est également très surpris par la décision de la Russie de déclencher une guerre, lui qui, en mars 1854, avait déjà une opinion négative de la Russie :

> *" Un pays qui est déjà endetté de 800 millions de livres devrait en effet bien réfléchir avant de s'engager dans une autre guerre."*

La guerre de Crimée, qui a duré trois ans, a remis au goût du jour l'activité de financement de la dette publique de la banque Rothschild. En raison de la guerre, les dépenses militaires de chacun des pays impliqués dans la guerre ont largement dépassé les recettes fiscales, et tous les pays ont été contraints d'émettre des dettes à grande échelle et d'affluer sur le marché de la dette publique.

La situation de la Banque Rothschild, qui avait été ébranlée par la famille Pereire, a changé immédiatement. Personne ne peut ébranler la domination de la Banque Rothschild sur le marché international des obligations, qu'elle détient depuis des siècles grâce à ses opérations délibérées. Un certain nombre de rivaux, y compris le Crédit Mobilier, ont échoué dans la compétition pour l'émission des obligations de la guerre de Crimée, tandis que le vieil ennemi de Rothschild, la Banque de Baring, a pris une perte muette en pariant sur la Russie, qui a finalement été défaite dans le vote. Cette guerre a été menée et la banque Rothschild avait pratiquement tout le gâteau pour elle.

Du côté britannique, le gouvernement avait initialement prévu d'emprunter de l'argent à la Banque de Baring. Avec l'argent de Baring pressé contre la Russie, il a été forcé de regarder la banque Rothschild mâcher le prêt de guerre de 16 millions de livres.

La France de la guerre est si durement touchée par l'économie que Napoléon III s'empresse de la stimuler par une série d'ajustements des taux d'intérêt. La banque française Rothschild et la famille Hottinguer ont uni leurs forces pour soutenir fermement la relance budgétaire dans le cadre des mesures prises par le gouvernement pour sauver la crise économique, laissant les Pereire à l'écart. Ainsi, lorsque le Trésor français se voit confier une succession d'obligations de guerre en 1854 et 1855, la Banque Rothschild est naturellement le premier choix. Ce n'est qu'à ce moment que Pereire a réagi et s'est battu comme elle le pouvait pour obtenir Napoléon III. Et le ministre français des Finances a dit à Napoléon III que le marché intérieur français était proche de sa capacité pour les obligations de guerre, de sorte que la France a transféré la plupart de ses obligations de guerre à Londres. La banque Rothschild de Londres a déballé tôt et l'affaire des obligations françaises s'est mise en place. Après tout, Pereire ne pouvait pas battre Rothschild, qui l'avait déjà planifié, et a regardé la banque française et la banque de Londres manger le festin des obligations de guerre françaises.

Pereire ne pouvait pas battre Rothschild en France et s'est empressé de mettre la main sur la Turquie pour la dépouiller de ses obligations de guerre. Mais la famille Rothschild avait repris l'initiative et avait déjà envoyé ses agents à Constantinople. Les obligations de guerre de la Turquie sont également allées à la Banque Rothschild de Londres, et en 1857, le *Times* a déclaré :

> *"La Banque nationale de Turquie est sur le point de devenir une autre branche de la Banque Rothschild."*

L'Autriche n'est pas directement impliquée dans la guerre de Crimée, mais elle n'est pas restée inactive non plus, augmentant ses forces et forçant finalement la Russie à se retirer du Danube. L'Autriche n'a pas le temps de se réjouir du fait que ses finances sont en grave crise et que sa monnaie chute à vue d'œil. Le ministre autrichien des finances envoie un appel à l'aide urgent à Jacques : "Vous êtes le seul à pouvoir nous sauver avant que notre monnaie ne devienne complètement du papier brouillon".[61] James a promis d'unir ses forces à celles d'autres branches de Rothschild pour sauver l'Autriche à condition que le prêt initialement accordé à Fould par le gouvernement autrichien aille désormais à la banque Rothschild, ainsi le canard que Fould avait cru arrivé s'envolait à nouveau.

Les dépenses du gouvernement prussien, qui avaient augmenté de 45 % pendant la guerre, étaient depuis longtemps surchargées. Avec Bismarck à la barre, les obligations de guerre prussiennes sont toutes allées à la banque Rothschild de Francfort. Meyer Karl Rothschild a également reçu la médaille de l'aigle rouge prussienne pour des contributions exceptionnelles à son pays.

Entre 1852 et 1855, les dépenses publiques ont augmenté de 42 % en Autriche, 68 % en Angleterre, 53 % en France et 88 % en Russie. La dette publique s'est dépréciée de 15 % au Royaume-Uni, 15 % en France, 24 % en Autriche et 11 % en Prusse. Les fonds destinés à la guerre devenant progressivement " anémiques ", puis " coupés ", la guerre ne peut naturellement plus être menée. La guerre de Crimée est enfin terminée.

La banque Rothschild ne se soucie pas vraiment de gagner ou de perdre des batailles. À la fin des années 1850, les gouvernements britannique, français, turc, autrichien et prussien étaient tous financés par une ou plusieurs banques Rothschild. La banque Rothschild avait une fois de plus fait disparaître d'anciens rivaux et de nouveaux rivaux

---

[61] Niall Ferguson, *The House of Rothschild The World's Banker 1849-1999* Volume 2.

pendant la guerre, et sa position de seigneur de la jungle sur les obligations d'État ne pouvait plus être ébranlée.

Même en 1857, une année où toutes les banques avaient peu de chances d'échapper à la faillite, aucune banque Rothschild n'a perdu de l'argent, et la plus grosse perte n'était rien d'autre qu'une réduction des bénéfices.

Banquiers catholiques : La troisième force

Le pouvoir des familles bancaires en France avant 1870 se résume grossièrement à deux camps de banquiers juifs et puritains qui s'affrontent. Parmi les familles bancaires juives, la famille Rothschild est le leader évident. Au milieu du système des familles bancaires puritaines, le chef était la famille Mirabeau. La famille bancaire catholique n'a pas souffert de persécutions religieuses comme les puritains et les banquiers juifs, ce qui a contribué à leur manque de cohésion.

Après la guerre franco-prussienne de 1870, une troisième famille bancaire, la famille bancaire catholique, se forme progressivement en France. Ce groupe comprend des familles bancaires telles que Davillier, Lubersac, Demachy, Goudchaux et Lehideux. Cependant, la troisième force est en fait une force moins stable, et elle se divise bientôt à nouveau en deux factions. L'une des factions, composée de banquiers catholiques, s'allie progressivement au camp Rothschild et soutient l'instauration de la Troisième République ; l'autre est largement alliée au complexe industriel lourd en pleine ascension, dont les familles dirigeantes sont catholiques, et dont Schneider, le magnat de l'acier français, est le chef de file. De ces trois forces, les Rothschild sont dans une position nettement supérieure.

L'évolution du pouvoir de l'or : de la propriété au contrôle

Tant les Rothschild que les Pereire ont eu des liens étroits avec le gouvernement tout au long de l'histoire de la France, mais leurs liens avec l'économie réelle française ont été relativement faibles, avec peu d'intérêt pour l'investissement dans l'économie réelle, à l'exception des chemins de fer, qui ont investi un peu plus. Il y a deux raisons principales à cela : premièrement, parce que la demande de capital au début de la révolution industrielle était suffisante pour la France, qui disposait d'une épargne relativement suffisante, et que l'offre abondante de capital rendait les banquiers internationaux moins rentables et donc moins motivés pour rivaliser ; et deuxièmement, parce que la demande de dette publique pour le gouvernement et les guerres étrangères était si importante que les profits étaient à la fois élevés et garantis, un investissement dans lequel les profits étaient à la fois élevés et réguliers. En outre, les projets dans les pays à faible capital avec des taux de rendement importants et des garanties des gouvernements locaux sont également des investissements très rentables et fiables. Dans de tels cas, les fonds des banquiers internationaux ne vont en fait pas directement dans le cycle économique réel national, mais courent après des profits élevés au niveau international.

En ce qui concerne le modèle opérationnel des banques, le modèle bancaire privé français était adapté aux besoins de financement limités des industries du textile, de la métallurgie, des transports et des machines dans les premières années de l'essor du capitalisme industriel en France. Dans le même temps, les Français qui aiment épargner sont plus conservateurs dans leur orientation d'investissement, préférant acheter et vendre des obligations d'État et d'entreprise stables et fiables, et ne sont pas particulièrement friands d'investissements risqués comme les actions. S'ils investissent dans l'industrie, ils ont tendance à investir dans des entreprises privées et familiales et sont moins enclins à investir dans le type de grandes institutions ou sociétés commerciales, de sorte que les grandes banques par actions ont été lentes à se développer en France, comme au Royaume-Uni.

Toutefois, cette situation a profondément changé avec la construction de projets ferroviaires à grande échelle.

La période de pointe de la construction de chemins de fer en France s'est déroulée de 1830 à 1870. La construction de projets ferroviaires nécessitait souvent des opérations capitalistiques de grande envergure, et une telle ampleur des besoins en capitaux dépassait largement les capacités du système bancaire privé traditionnel. L'investissement de la banque privée dépend largement de l'épargne d'une seule banque, un modèle bancaire qui a rencontré de grandes difficultés à l'ère de la grande industrie, notamment lors de l'essor de la construction de chemins de fer dans le système industriel moderne. Afin d'adapter le système financier aux besoins de financement à grande échelle de la révolution industrielle tardive, il a fallu créer de nouveaux types de banques d'investissement par actions, de banques de dépôt, de caisses d'épargne, ainsi que de nouveaux types d'institutions financières, comme une série de compagnies d'assurance, qui, en regroupant l'épargne d'un grand nombre d'investisseurs particuliers et en opérant ensuite par le biais de la banque d'investissement, ont canalisé ces grandes quantités de capitaux vers les secteurs industriels de l'économie réelle, où la demande de capitaux est particulièrement élevée, générant ainsi des rendements considérables.

Dans le cadre du nouveau modèle de banque d'investissement par actions, le rôle du banquier privé est passé de celui d'un prêteur utilisant ses propres fonds à celui d'un gestionnaire mobilisant des fonds publics, un processus qui est en fait très bénéfique pour le banquier privé. Autrefois, comme les banquiers privés utilisaient leurs propres fonds pour prêter de l'argent, le contrôle financier des banques privées sur l'industrie était flagrant et n'avait pas le secret que l'on connaît. Le nouveau rôle du gestionnaire d'actifs, puisqu'il opère sur des fonds publics, amplifie le contrôle de la richesse sociale tout en augmentant le secret. Dans ce modèle de gestion d'actifs, où ils ne divulguent pas leur identité et opèrent principalement dans les coulisses, cet arrangement magistral du système capitaliste financier isole efficacement l'œil du public.

Derrière cette nouvelle gamme d'institutions financières, le conseil d'administration est essentiellement composé de la même famille de banques. BNP Paribas en est un parfait exemple.

De 1870 jusqu'au début de la Seconde Guerre mondiale, la France a connu la Troisième République. La famille bancaire juive, dirigée par les Rothschild, était la principale puissance financière en faveur de la Troisième République, mais les familles bancaires puritaines et catholiques avaient tendance à s'y opposer. La famille bancaire juive, dirigée par Rothschild, s'est enrichie en contrôlant BNP Paribas, la plus grande et la plus importante institution bancaire d'investissement par actions de France, qui, au début du XXe siècle, avait une influence décisive sur la vie économique et politique de la France.

En 1931, BNP Paribas, contrôlée par la famille Rothschild, détenait des actions dans 357 sociétés cotées en France, et les membres de la famille et les cadres supérieurs de la banque familiale contrôlaient 180 postes d'administrateurs dans 120 sociétés. Ce contrôle est conçu par le biais de techniques financières capitalistes très subtiles, telles que la conception élaborée de droits de vote multiples et sans droit de vote dans les actions, et la façon dont les administrateurs d'origine votent pour coopter de nouveaux administrateurs, qui sont tous des moyens efficaces de parvenir au contrôle de la richesse de la majorité des actionnaires par un très petit nombre d'actionnaires spéciaux. Encore une fois, par exemple, un actionnaire privilégié dispose d'une voix par action, mais seulement d'un dixième des voix par action émise au public, de sorte que le fonctionnement garantit que l'actionnaire privilégié a un contrôle réel sur la nomination du conseil d'administration de la société et sur le fonctionnement de la société.

Pour contrer l'influence de Paribas, les banquiers puritains créent en 1904 leur propre banque d'affaires par actions, l'Union Parisienne. De 1904 à 1919, les banquiers puritains ont combiné diverses forces financières pour lutter contre la puissance bancaire juive, avec Paribas au centre. En effet, la lutte entre le système bancaire puritain et le système bancaire juif pour le pouvoir politique et économique en France a contribué en grande partie à la paralysie du système politique et économique français. En particulier, de 1934 à 1938, la rivalité entre ces deux blocs de pouvoir a atteint des proportions brûlantes, entraînant une lente reprise après la Grande Dépression, avec pour conséquence plus grave la défaite rapide de la France dans la Seconde Guerre mondiale en 1940.

Si l'on considère les sociétés françaises cotées, le nombre total de sociétés inscrites à la Bourse de Paris en 1936 était de 1506. Environ 600 d'entre elles sont des sociétés super-importantes qui ont un intérêt dans la vie du pays, et il y a aussi environ 200 sociétés importantes non cotées, avec environ 800 poids lourds de l'économie française. Parmi ceux-ci, le groupe familial bancaire juif en contrôle plus de 400, leurs concurrents en contrôlent plus de 300, et seulement une centaine sont des entreprises non contrôlées ou sous le contrôle d'autres forces. Pendant la Seconde Guerre mondiale, durant les quatre années d'occupation de la France par l'Allemagne, la famille bancaire juive a été dépouillée de ses actifs, qui comprenaient également le contrôle de sociétés cotées en bourse. Après la guerre, bien sûr, tous ces pouvoirs ont été récupérés par le camp victorieux, et l'Allemagne vaincue a dû payer des réparations avec intérêts.

En incluant les deux grandes familles bancaires, 183 ploutocrates contrôlaient ce qui était alors la France, l'ancêtre des célèbres "200 familles". En outre, la famille financière a accru sa pénétration dans la politique et la presse, et les banquiers qui investissent dans la presse ou dirigent leurs propres journaux abondent. Tout cela a eu un impact profond sur tous les domaines de la vie politique, économique et sociale française. En plus d'attirer les riches et les puissants, les géants de la finance sont personnellement montés sur la scène politique, comme Achille Fould, qui fut ministre des Finances de Napoléon III. Les agents des familles de banquiers qui sont entrés en politique ne sont pas rares, comme Pompidou, le Premier ministre français nommé par le président de Gaulle en 1962, qui était le directeur général de la banque française de la famille Rothschild. Pompidou a été Premier ministre français de 1962 à 1968 et président de 1969 à 1974.

Après plus de 200 ans d'évolution, la puissance du Pouvoir d'Or s'est enracinée en France et est trop profonde pour être ébranlée.

CHAPITRE IV

Les Etats-Unis : Le "Cercle de la puissance de l'or"

La chose la plus unique de l'histoire américaine est que tout a commencé presque à partir d'une feuille blanche. Des personnes qui avaient été profondément persécutées par la religion ont afflué d'Europe et d'ailleurs vers cette nouvelle terre vaste et peu peuplée, riche en ressources, pour créer leurs propres entreprises à partir de rien. Les États-Unis n'ont pas l'accumulation primitive de capital qui a été accomplie à l'époque du capitalisme commercial en Angleterre, en France, aux Pays-Bas, etc., et ils n'ont pas non plus la base d'origine des projets d'infrastructure de villes, de villages, de ports, de ponts, d'autoroutes, etc. qui ont été créés en Europe continentale depuis des milliers d'années, un marché qui n'est presque jamais en mesure de satisfaire son appétit pour le capital et la main-d'œuvre en demande extrêmement élevée.

Trois facteurs, l'extrême abondance des ressources naturelles, la grave pénurie de main-d'œuvre et la grande rareté des capitaux, se sont conjugués pour créer une écologie financière très différente de celle de l'Europe. Il n'y a pas de hiérarchie féodale étouffante, pas de folie bigote d'oppression religieuse, c'est un paradis pour les banquiers internationaux. Ici, le Pouvoir d'Or se développe sauvagement, s'étend de manière incontrôlable, s'épaissit de jour en jour, et ombrage le ciel. De la suppression au contrôle, de la résistance à l'acquiescement, du rejet à l'alliance, de la coopération à l'obéissance, le régime a évolué de l'anarchie sous la royauté à l'anarchie sous la dictature de l'or.

Le pouvoir d'or est une bonne chose, il utilise davantage la tentation que la coercition pour parvenir à ses fins, il se préoccupe davantage de stimuler les désirs intérieurs de chacun que d'exercer une simple pression de l'extérieur, et il met l'accent sur l'impartialité des intérêts sans faire délibérément la distinction entre ennemi et ennemi.

Tout au long du XIXe siècle, un grand nombre de familles bancaires internationales se sont développées aux États-Unis, dont les plus éblouissantes sont les familles bancaires internationales juives : les Seligman, Belmont, Schiff, Kuhn, Loeb, Warburg, Speyer, Lehman, Goldman, Sachs. Une caractéristique notable que ces familles ont en commun est qu'elles sont toutes originaires d'Allemagne. Si l'on dit que 90 % du pouvoir financier de Wall Street est aujourd'hui entre les mains de banquiers juifs, alors ces familles sont la source de leur pouvoir. Comprendre leurs tenants et aboutissants et leurs relations interpersonnelles nous permettra de porter un jugement de base sur le tsunami financier et les autres développements financiers internationaux qui ont lieu aujourd'hui.

La société est, après tout, composée de nombreux cercles de personnes différents ; après tout, chaque cercle est relié par des connexions omniprésentes de personnes ; après tout, c'est un cercle de personnes d'une énergie extraordinaire.

Seligman : Du petit homme d'affaires au banquier international

Dans les années 1820, la famille Seligman, toujours active dans la région bavaroise de l'Allemagne, était l'entreprise de surveillance de la famille bancaire juive du change de devises. À cette époque, l'Allemagne n'était pas un pays unifié, elle était composée de plus de 30 petits États confédérés, qui avaient leur propre système monétaire, et il était très gênant d'utiliser les différentes monnaies transportées par les marchands du sud au nord.

À l'âge de huit ans, Joseph Seligman, le jeune prodige de la famille Seligman, aidait les adultes à jouer en sous-main à la banque. En collectant l'argent, il découvrit rapidement que le prix des pièces variait d'une région à l'autre. Le jeune Joseph a grandi, commençant à marcher dans les rues à l'âge de douze ans et devenant progressivement un changeur de monnaie avisé. Son activité principale consistait à aider les marchands de l'extérieur de la ville à échanger les pièces d'or et d'argent qu'ils apportaient d'autres régions contre de la monnaie locale, puis à vendre la monnaie étrangère achetée aux habitants de la région qui allaient voyager ou faire des affaires ailleurs, en faisant une petite différence de prix. Grâce à cette activité de change, Joseph Jr. a commencé à se familiariser avec les informations économiques et la géographie du monde extérieur, y compris la relation d'échange entre les devises, et a progressivement développé un sens aigu des affaires.

Dans les années 1830, l'Allemagne entame le processus de la révolution industrielle, les artisans traditionnels de Bavière perdent peu à peu leur emploi sous l'impact de la grande vague industrielle, et le développement de l'artisanat local est de plus en plus déprimé. De plus en plus de Juifs locaux s'embarquent pour le nouveau continent américain afin de gagner leur vie.

En juillet 1837, à l'âge de 17 ans, Joseph arrive à New York avec 100 dollars cousus dans ses sous-vêtements par sa mère. Cela coïncide avec la Grande Dépression de 1837, et le jeune Joseph entame son difficile voyage pour devenir américain. Le krach boursier et la récession à New York font qu'il est difficile pour Joseph de s'y implanter, et il doit marcher jusqu'en Pennsylvanie, à l'ouest, avant d'atterrir enfin. Il commence comme caissier et ne gagne pas plus de 400 dollars par an.

Joseph était un homme qui accordait une attention extrême à l'observation des détails de la vie. Alors qu'il travaillait comme caissier, la ruée occasionnelle de nombreux fermiers vers le bazar de la ville dans leurs chariots pour acheter des choses attirait son attention. Il tenait un registre détaillé de tous les articles que ces fermiers achetaient et de leurs prix, tout en gardant un œil attentif, et rentrait chez lui le soir pour les analyser soigneusement. Au cours d'une année, il a imaginé son propre modèle commercial dans lequel les clients seraient prêts à payer davantage pour le "service à valeur ajoutée" consistant à apporter à l'agriculteur les marchandises dont il avait besoin pour les commercialiser, lui évitant ainsi d'avoir à parcourir de longues distances. L'idée est lancée, et Joseph achète immédiatement des miroirs, des bagues, des couteaux, des petits bijoux, des montres et d'autres petits objets de grande valeur et de faible poids, les charge dans son sac à dos et commence à se déplacer à pied entre les villages et les villes sauvages de Pennsylvanie, de porte à porte, pour vendre les marchandises. Son modèle commercial s'est avéré être un énorme succès, gagnant son premier seau de 500 $ en moins de six mois. Il s'est empressé de rassembler ses proches de sa vieille maison allemande, et plusieurs frères ont commencé une carrière commerciale ensemble. Bientôt, les frères Seligman s'associent à nouveau pour ouvrir leur propre épicerie et lancent une entreprise de baby-sitting. La longue expérience de la vente a aiguisé la langue de roseau des frères Seligman, et leur célèbre dicton sur les affaires est le suivant : "Ce n'est pas une affaire de vendre ce dont le client a besoin, c'est une affaire de vendre ce dont le client n'a pas besoin."

Par hasard, Joseph a rencontré très tôt Simmons Grant, qui servait alors dans la 4e division d'infanterie. La garnison de Grant se trouvait à l'époque près de l'épicerie de Seligman, et Grant se faufilait souvent jusqu'au magasin de Seligman pour acheter quelques beaux bijoux pour sa fiancée. Bientôt, Joseph et Grant sont devenus des amis rapides et sans paroles. Qui aurait cru que ce Grant serait le général Grant, qui deviendra plus tard le célèbre général de la guerre civile américaine, puis le 18e président des États-Unis.[62]

L'épicerie Joseph's Grocery est en activité depuis plusieurs années et a commencé à s'occuper de simples opérations bancaires de base, comme prendre un crédit contre le crédit d'un client, acheter et vendre quelques billets en circulation, et même prendre quelques dépôts de clients et ouvrir un compte pour qu'ils puissent payer les marchandises.

Joseph était un homme qui aimait réfléchir, et au cours de la gestion d'une épicerie, il a soudainement réalisé qu'il y avait une énorme différence entre l'achat et la vente de marchandises et l'achat et la vente d'argent. Dans l'acte d'acheter et de vendre des marchandises, un bénéfice n'est réalisé que lorsque l'épicerie est ouverte et que les marchandises peuvent être vendues ; à l'inverse, si les marchandises ne sont pas vendues, elles sont dans un état d'oisiveté qui absorbe du capital, voire dans un état de dette. Mais l'argent est différent, l'argent est toujours actif 24 heures sur 24, et ses opérations d'achat et de vente n'ont rien à voir avec les heures d'ouverture des magasins. En raison des intérêts générés, une fois que l'argent commence à travailler, il est actif 24 heures sur 24, 7 jours sur 7, 365 jours par an, sans vacances, sans repos et sans interruption, infatigable et sans fin "mouvement perpétuel autonome". Joseph a fini par se rendre compte que l'argent est le bien le plus merveilleux qui puisse créer plus de richesse plus rapidement.

Après 15 ans d'accumulation, les frères Seligman ont quelques économies, et l'orientation future fait l'objet de débats. Après avoir compris la "théorie de l'argent", Joseph plaide avec force pour une orientation vers la banque. Les frères font donc leurs valises et partent pour New York afin de rejoindre une profession à laquelle tous les Juifs

---

[62] Stephen Birmingham, *"Our Crowd" – The Great Jewish Families of New York*, p. 58.

aspirent : l'industrie financière. À ce stade, les propriétaires de l'épicerie eux-mêmes n'auraient pas pu prédire qu'en un peu plus d'une décennie, ils seraient des banquiers internationaux de classe mondiale, influençant profondément la politique fiscale et étrangère des États-Unis d'Amérique.

August Belmont's "Federal Reserve"

Arrivé à New York en même temps que Seligman, un autre personnage s'est fait un nom dans les livres d'histoire, August Belmont. Belmont était également juif, de trois ans plus âgé que Joseph Seligman, et sa vie était pleine de légendes.

À l'âge de 13 ans, Belmont se rend à Francfort comme apprenti libre pour la banque Rothschild. Il est de mauvaise humeur, grossier et débauché, mais il est doué pour la finance. Belmont, qui a d'abord rejoint la Banque Rothschild en tant que balayeur, s'est rapidement employé à proposer divers emplois, faisant preuve d'un talent remarquable, et a rapidement été affrété pour assister à des réunions importantes auxquelles seuls les associés pouvaient assister. Malheureusement, Belmont, avec son comportement sauvage et totalement aristocratique, rendait souvent le visage des Rothschild immanquable en public. La famille Rothschild, à l'affût des talents, transfère le jeune Belmont à Naples, en Italie, pour le diriger. Belmont est affecté à La Havane, à Cuba, à l'âge de 21 ans, et vient bientôt à New York pour se développer en tant qu'agent américain pour la famille Rothschild. [63]

Avec le développement économique rapide et la croissance spectaculaire du commerce transatlantique, New York est rapidement devenue le plus grand centre commercial des États-Unis. Le blé, la farine et le coton de l'Ouest affluaient à New York pour être exportés vers l'Europe, et les produits industriels européens entraient en grand nombre sur le marché américain par ce biais. L'essor sans précédent des affaires et du commerce a créé une énorme demande de services financiers en matière de crédit, de financement, d'escompte, de compensation, d'assurance, de change, etc. À New York, les lettres de

---

[63] Katz, Irving, *August Belmont ; une biographie politique*. New York et Londres : Columbia University Press (1968).

change des deux côtés de l'Atlantique sont escomptées de manière centralisée, les lignes de crédit font l'objet d'échanges intensifs et de grandes quantités de capitaux circulent fréquemment. La Bourse de New York, créée en 1792, est encore plus ancienne que la Bourse de Londres, où sont cotées les grandes entreprises américaines et où des centaines de millions de dollars d'actions changent de mains chaque année. Tout cela a fait exploser l'industrie financière et New York est rapidement devenue la troisième ville centrale après Boston et Philadelphie.

Contrairement au reste de la Nouvelle-Angleterre, en tant que ville émergente, New York n'a pas la rigidité et l'immobilisme des grandes villes traditionnelles de la Nouvelle-Angleterre comme Boston, Philadelphie et Charleston. Les familles traditionnelles n'ont pas un net avantage dans cette ville jeune. Les économies traditionnelles de Boston et de Philadelphie sont essentiellement monopolisées par les grandes familles plus âgées, au style étriqué et passéiste. Deux axes, comme le groupe familial Capote Lowell Lawrence à Boston, qui contrôlait l'industrie textile principalement par la finance, et la famille Lee Higginson Jackson, qui contrôlait le marché monétaire, contrôlaient essentiellement l'économie de la région de Boston. Philadelphie, en revanche, comptait plusieurs grandes banques commerciales nationales, monopolisées par les familles Hamilton, Morris et Welling. Le contrôle de ce trio sur le système bancaire commercial américain se poursuit encore aujourd'hui.

Et dans le jeune et dynamique New York, la famille traditionnelle n'a pas un avantage évident. Une opportunité sans précédent pour la finance a émergé à New York, la source historique des nombreux banquiers juifs qui ont débarqué et jeté les bases à partir desquelles ils sont devenus une force financière décisive aux États-Unis.

L'arrivée de Belmont à New York coïncide également avec le début de la Grande Dépression aux États-Unis, en 1837. Mais Belmont n'est pas sur la même ligne de départ que Seligman, qui est soutenu par les vastes ressources financières de la famille européenne Rothschild. Belmont arrive à New York et choque le monde financier d'un seul coup. À l'âge de 24 ans, Belmont balaie la bourse de New York dans une frénésie d'obligations et d'actions vendues à découvert. Et alors qu'un grand nombre de banques locales de New York étaient au bord de l'insolvabilité, Belmont les a ramenées d'entre les morts avec une injection massive d'argent. [64]Après la fermeture de la deuxième banque des États-Unis par le président Jackson en 1836, la banque centrale privée des États-Unis, sous le contrôle de la famille Rothschild, est à nouveau supprimée. À cette époque de la crise financière, les États-Unis n'ont plus de "prêteur en dernier ressort" pour sauver le système bancaire au bord de la faillite, et l'émergence de Belmont, en fait, a joué le rôle de la banque centrale pour sauver le système financier, 24 ans Belmont joue en fait une fonction similaire à la Réserve fédérale aujourd'hui. En fait, le puissant empire financier Rothschild derrière lui est la "Réserve fédérale à distance" qui contrôle réellement le crédit et le flux monétaire aux États-Unis.

La haute société new-yorkaise

Presque du jour au lendemain, Belmont est devenu une figure majeure à New York. L'ampleur des fonds qu'il a pu mobiliser a choqué non seulement la communauté financière de New York, mais aussi le gouvernement américain. Belmont est immédiatement devenu une étoile montante à New York, apparaissant dans divers événements sociaux. Il parle couramment l'espagnol et l'italien standard, ainsi que le français avec un drôle d'accent. New York, alors considérée par les Européens comme grossière et vulgaire, n'a pas encore développé un goût noble pour la vie ou un style aristocratique, et ne sait pas vraiment faire la différence entre les différents accents, ce qui surprend immédiatement Belmont.

Le New York de son époque est à un stade où les riches cherchent désespérément à se faire une place et où les divisions de classe se forment dans les différentes couches de la société. Les New-Yorkais commencent à s'intéresser à leurs manières, à leur tenue vestimentaire, à leurs cercles sociaux et à leurs têtes de pioche de la classe supérieure. Il existe divers cours d'étiquette, qui enseignent par exemple à ne pas faire de bruit en buvant une soupe, à ne pas se curer le nez en public, à ne pas dévisager les inconnus, à ne pas cracher à découvert, etc.

Il est important de lutter contre les crachats. Après avoir vu une pièce dans un théâtre new-yorkais, la femme assise au premier rang trouve souvent l'arrière de sa jupe maculé de crachats provenant du

---

[64] Stephen Birmingham, *"Our Crowd" - The Great Jewish Families of New York*, P37.

siège arrière. Les voyageurs européens qui se rendaient à New York étaient tout simplement horrifiés par cette expérience, ne réalisant pas que New York était une terre complètement aride et un désert culturel avec un ordre social aussi chaotique et de mauvaises manières. La haute société new-yorkaise s'en désole également.

C'est alors que Belmont, une famille européenne fortement influencée par les Rothschild, fait une apparition splendide. Il fut immédiatement considéré comme un modèle par la haute société, et sa façon de parler, sa conduite, et même son accent devinrent l'objet d'une course à l'émulation par les hommes de la haute société.

Belmont a également ouvert la voie à l'éthique sociale de New York, comme l'attitude sociale "radoteuse et indifférente" qu'il a inventée et qui a été largement imitée dans la classe supérieure de New York. Si l'invitation à dîner est à 19 heures, Belmont se présente rarement avant 21 heures. Selon l'attitude aristocratique de Belmont, se présenter à l'heure à un rendez-vous n'est rien d'autre qu'une courtoisie envers le grossier personnage.

Belmont a souvent un effet sensationnel en introduisant les coutumes aristocratiques européennes, et les duels sont son point fort, augmentant la popularité et la hiérarchie sociale à une vitesse vertigineuse. Belmont accorde une attention particulière à la sélection des adversaires pour le duel, qui doivent être issus de familles nobles. Un jour, Belmont a choisi le fils de la famille Hayward de Charleston pour le défier, car Hayward avait fait des commérages sur les origines de Belmont alors qu'il parlait à sa petite amie dans un restaurant, et il avait laissé entendre que Belmont était juif, ce qui avait mis Belmont en colère. Le duel n'a fait aucun mort — Belmont a pris une balle dans la cuisse, mais comme les adversaires du duel étaient des descendants de la famille Hayward, la balle valait le coup. Son image rayonnante dans la haute société américaine est instantanément établie, et avec la clameur médiatique et la curiosité de l'opinion publique, Belmont ne tarde pas à se faire passer pour un parfait aristocrate.

Belmont fait de grosses et chaudes affaires à New York. En 1844, sept ans seulement après son arrivée aux États-Unis, Belmont est nommé par le gouvernement américain comme ministre en Autriche. Le gouvernement américain considère les origines de Belmont avec la banque Rothschild et veut également se rapprocher de la source de capitaux.

Le fait que Belmont soit si influent à un si jeune âge a certainement suscité une grande curiosité parmi toutes les classes de New Yorkais, en particulier la classe supérieure. Belmont lui-même était extrêmement réticent à parler de ses origines et de ses expériences passées, de sorte que des rumeurs circulaient dans les cercles sociaux supérieurs selon lesquelles il était tellement favorisé par les Rothschild qu'il pourrait être un fils bâtard de la famille Rothschild.

Belmont, cependant, aux yeux de la véritable aristocratie, n'était rien d'autre qu'un voyou nouveau riche qui brûlait de l'argent. Les cercles sociaux à la mode ne faisaient pas partie de la classe supérieure, et la véritable aristocratie de haut niveau en Amérique était celle des seigneurs des grands domaines de l'époque coloniale, à qui la Compagnie hollandaise des Indes occidentales, la première institution coloniale des États-Unis, avait directement subdivisé les terres des deux côtés du fleuve Hudson, près de New York, entre 1629 et 1640. Ce système de féodalité était en quelque sorte similaire au système de seigneurie féodale en Europe, où la famille du seigneur d'un grand domaine possédait un titre de propriété permanent sur la terre et pouvait créer ses propres tribunaux et organes administratifs pour remplir certaines fonctions gouvernementales. La personne qui loue la terre doit fournir une servitude et payer des impôts au seigneur. L'époque coloniale américaine n'avait pas de système de royaume, ni d'empereur ou de roi. Ce système de seigneurie de grands manoirs a produit certains des premiers aristocrates des États-Unis, qui restent à ce jour la plus ancienne grande famille du pays. Les célèbres grands seigneurs de New York de l'époque, dont les premiers Vane, Rossrell, Astor et plus tard Kirst et Morris, faisaient partie des familles les plus lourdes d'Amérique. [65]

Bien que derrière Belmont se tenait Rothschild, un homme riche, le petit Bey, qui était un nouveau noble, avait toujours l'air d'avoir le cœur court et d'avoir honte de lui-même lorsqu'il se tenait devant ces nobles qui étaient les seigneurs du grand manoir. Ces grandes familles organisent chaque année des rassemblements de plusieurs centaines de personnes dans les grands hôtels, et une invitation est la carte d'identité des vrais " hauts personnages ". Belmont n'avait jamais été invité, et il en était furieux. À un moment donné, il a fait irruption dans le comité

---

[65] Ibid, p. 74.

d'invitation et l'a menacé : " J'ai enquêté sur les comptes de tous vos collaborateurs et je peux vous dire avec certitude que soit j'obtiens une invitation à votre fête cette année, soit je vous mettrai tous en disgrâce une fois la fête terminée ". "Belmont a utilisé une tactique presque menaçante pour se frayer un chemin dans la grande réunion familiale. Il finit par recevoir l'invitation comme il le souhaitait. Mais lorsqu'il se rendit en grande pompe au lieu-dit de rassemblement, il ne trouva étonnamment personne — il devint le seul invité.

Malgré l'influence considérable des banquiers de Wall Street, cela ne fonctionne toujours pas lorsqu'il s'agit de s'intégrer dans les cercles sociaux les plus élevés d'Amérique. L'affaire passionne tellement Belmont qu'il réfléchit à gauche et à droite et décide d'entrer dans le cercle familial de base par le biais d'un mariage mixte. Belmont choisit soigneusement sa fiancée, comme on choisit des actions, du vin ou des adversaires en duel, après une réflexion rigoureuse et un examen minutieux du pouvoir familial et des antécédents religieux, et choisit finalement Caroline Perry comme fiancée.

La famille Perry elle-même n'est pas particulièrement riche, mais elle compte sans aucun doute parmi les mondains. Ce que la famille Perry a pu lui apporter, c'est un statut social que l'argent ne peut acheter. Le père de Caroline était un héros de la guerre du Mexique et le célèbre général Perry qui, plus tard, a ouvert les portes du Japon et l'a forcé à signer un traité inégal. Son oncle était un célèbre général de la guerre américano-britannique de 1812. Ces mariages mixtes ont considérablement augmenté le statut social de Belmont, qui a été définitivement confirmé lorsque le noyau familial de New York n'a plus pu rire du fait qu'il n'était qu'un riche salopard.

Le roi de la dette nationale, Seligman

> *"Le rôle de Seligman dans la vente de la dette nationale était même équivalent à celui de l'armée américaine du Nord bloquant l'attaque du général sudiste Lee à Gettysburg."* [66]
> W.E. Dudd, historien et ambassadeur
> des États-Unis en Allemagne nazie

---

[66] Bertram Korn, *American Jewry and the Civil War*, p. 161.

En tant que chef de la famille Seligman, Joseph est un perfectionniste, ses moindres gestes, ses moindres mots, sont précisément à leur place. Il n'a aucune patience pour les pertes de temps, et est plein d'idées dans les détails du travail et de la vie. Avant de faire quoi que ce soit, il réfléchit soigneusement à l'ordre du travail, en fonction du degré de difficulté, du temps et de l'intersection, et l'organise avec précision. Il est capable de traiter simultanément de nombreuses informations et idées différentes et construit dans son cerveau des plans et des concepts complexes sous forme de passerelles. Tout en assurant un haut degré d'efficacité et de planification dans le traitement diversifié d'événements complexes, il est également capable de rendre les événements dans leur ensemble ininterrompus et indépendants les uns des autres. Cette capacité de traitement de l'information sous forme de passerelle est commune à de nombreuses personnes qui ont réussi.

Joseph était de nature impétueuse, plein d'énergie, physiquement fort comme un taureau, et ne connaissait jamais la lassitude. Son comportement est si intimidant, si autoritaire et contrôlant.

Alors que les frères Seligman se préparent à entrer dans le secteur bancaire américain, les États-Unis sont dans "l'âge de la liberté bancaire". De 1837 à 1862, avec l'abolition de la banque centrale privée, la Second Bank of the United States, une ère bancaire libre et chaotique a commencé aux États-Unis où le public était libre de demander l'ouverture d'une banque. Il semblait que tout le monde à New York à l'époque pouvait s'appeler banquier et la seule exigence était de s'habiller comme tel.

Présente dans le secteur bancaire depuis 1852, Seligman est une entreprise traditionnellement conservatrice. À cette époque, l'industrie ferroviaire américaine était plus florissante que jamais, l'Ouest était en plein essor et le prix des actions des chemins de fer et des concepts de l'Ouest s'envolait. Les spéculateurs mettaient ces actions en gage pour demander de nouveaux prêts, qui étaient à leur tour utilisés pour acheter des actions, un processus qui allait et venait, entraînant l'ensemble du marché boursier de New York dans une hausse vertigineuse. Dans le même temps, la partie britannique a assoupli ses règles sur l'argent, les banques commerciales de New York ont suivi le mouvement, et dans un environnement de taux d'intérêt souples, l'argent était à portée de main, les consommateurs le gaspillaient, les marchés étaient en plein essor, et l'enthousiasme des investisseurs pour la prise de risque était complètement éveillé.

À cette époque, New York est imprégné de l'atmosphère des familles riches, les femmes grimpent dans le luxe vestimentaire, les fêtes privées rivalisent avec la classe, les manoirs et les hôtels particuliers, toute la vie sociale est pleine d'extravagance, d'escalade et d'exhibition. L'illusion de la bulle de richesse générée par le marché boursier a fait oublier aux New-Yorkais le mot risque depuis longtemps. Les actions des chemins de fer en bourse ont connu des hausses successives, et même ceux qui sont encore bloqués sur la planche à dessin ont vu leurs actions grimper en flèche, passant de 25 cents le lundi à 4 000 dollars l'action pendant le week-end. Bien sûr, comme dans toute situation folle où le boom des bulles est insoutenable, toutes les bulles doivent finir par éclater. Avec un sens aigu du marché avant l'éclatement de la bulle, Seligman a vendu toutes ses actions à temps, ne laissant qu'une poignée d'obligations. Lorsque le krach boursier soudain de 1857 s'est abattu, un grand nombre de banques commerciales new-yorkaises se sont effondrées en un instant, la seule qui n'a pas subi de gros dégâts étant la banque de Seligman.

Cependant, la récession de 1857 est arrivée et repartie rapidement. Suite à la découverte d'une grande mine d'or en Californie en 1858, 8 millions de dollars d'or sont arrivés à New York, ce qui correspond à la quantité totale d'or détenue avant la crise bancaire de New York. Deux mois plus tard, la possession d'or à New York est passée à 28 millions de dollars. Avant la crise, Rothschild a prêté un total de 10 millions de dollars au marché américain par l'intermédiaire de Belmont, et quand il a resserré les prêts, cela a provoqué le crash des marchés financiers. Et juste un an plus tard, grâce à l'afflux d'or, le prêt de 10 millions de dollars de la famille Rothschild a été facilement remboursé en un jour. [67]

Après le déclenchement de la guerre civile entre le Nord et le Sud, la famille Seligman a commencé à traiter avec le gouvernement fédéral, en prenant principalement des contrats pour les uniformes du gouvernement. À l'époque, le gouvernement américain payait le Lincoln Greenback, une monnaie obligatoire émise par le gouvernement américain lui-même avec un taux d'intérêt de 5 % et pouvant être utilisée directement pour la circulation. Comme le Lincoln Greenback n'était pas soutenu par de l'or et que le Nord avait subi des

---

[67] Niall Ferguson, *The House of Rothschild*.

défaites successives dans les premiers jours de la guerre, beaucoup étaient réticents à l'accepter. Au fur et à mesure que l'ampleur de la guerre augmentait et que la circulation des Lincoln Greenbacks du gouvernement américain augmentait, Seligman recevait de plus en plus de Lincoln Greenbacks. Mais il a souvent eu des problèmes lorsqu'il a payé diverses dépenses en Lincoln Greenbacks pendant la production. Seligman a commencé à se faire à l'idée qu'il prévoyait de vendre des Lincoln Greenbacks comme obligations sur le marché européen pour couvrir son or.

À l'époque, les rendements sur le marché européen des Lincoln Greenbacks atteignaient 7,3 %, et ces rendements élevés ont donné lieu à une perception généralisée d'une situation gouvernementale très instable dans le Nord, avec un champ de bataille incertain. Seligman a mobilisé tous les contacts qu'il pouvait rassembler sur le marché européen pour l'aider à vendre des Lincoln Greenbacks. Les ventes n'étaient pas très importantes au début, puis comme la situation militaire dans le Nord s'est progressivement stabilisée, les ventes de greenbacks ont augmenté. Seligman a continué à promouvoir les greenbacks à Francfort, Munich, Berlin, Amsterdam, Paris, Londres, et d'autres marchés européens importants, et plus les greenbacks se vendaient, plus ils devenaient étonnants plus tard dans la guerre. Comme les avoirs en obligations du Nord augmentent et que le champ de bataille devient de plus en plus favorable au Nord, les marchés européens sont de plus en plus sympathiques et soutiennent le Nord. Après tout, personne ne veut que les obligations du Nord deviennent du papier brouillon. Seligman devient par inadvertance l'activiste diplomatique le plus puissant du gouvernement américain en Europe.

Entre février 1862 et juin 1864, les États-Unis ont émis 510 millions de dollars en Lincoln Greenbacks et une partie de leur dette nationale, dont 25 millions de dollars ont été vendus à l'étranger, la plupart étant souscrits par Seligman seul et contribuant au reste des ventes. Des historiens américains ont affirmé que Seligman a joué un rôle déterminant dans la vente de la dette nationale américaine et des Lincoln Greenbacks à l'étranger, même dans la mesure où l'armée du Nord a repoussé l'attaque du général sudiste Lee à Gettysburg. En fait, indépendamment de l'Europe et des États-Unis, la capacité de mobilisation financière dans toutes les guerres est équivalente à l'approvisionnement en nourriture et en herbe dans les guerres anciennes, qui détermine dans une large mesure la capacité de guerre des belligérants. C'est un truisme de dire que la guerre se fait toujours avec de l'argent et de la nourriture.

Jusqu'à présent, Seligman n'est dans le secteur bancaire que depuis 12 ans, après avoir été propriétaire d'une épicerie ! On dit qu'il a créé un miracle dans l'histoire de la finance internationale. Cependant, Seligman a été grandement stimulé pendant cette période, et il a été témoin de l'énergie des Rothschild et d'autres familles bancaires juives européennes de poids qui menaient la barque sur les marchés financiers et dans l'arène politique, ce qui a créé une forte envie de devenir un banquier international. Il rêve de construire un empire financier aussi grand que celui des Rothschild.

En 1865, le gouvernement américain était prêt à émettre 400 millions de dollars supplémentaires de bons du Trésor, et Seligman était devenu l'un des principaux banquiers juifs de Wall Street, formant un groupe de souscription de la nouvelle famille bancaire juive qui avait immigré d'Allemagne à New York, prêt à en garantir 50 millions de dollars, un chiffre astronomique pour Wall Street à l'époque. Pour une raison ou une autre, en l'absence d'un accord avec le gouvernement américain sur la mission de souscription, Seligman s'est lancé seul dans la souscription de la dette nationale, et ils ont fini par vendre un montant record de 60 millions de dollars !

Seligman devient alors une légende à Wall Street, et sa réputation à Washington monte en flèche. Si cette guerre a fait le bonheur de Seligman, elle a aussi grandement affaibli la position de Belmont. Le président Lincoln avait placé tous ses espoirs de vente d'obligations dans Belmont, mais les Rothschild étaient plus qu'heureux de voir les États-Unis divisés pour faire du profit, et ils ont donc exercé une telle pression sur les réductions de souscription d'obligations nationales que Lincoln s'est tourné vers l'inconnu Seligman sur les marchés financiers internationaux. En conséquence, l'influence de Belmont à Washington en prend un coup.

Un Joseph souriant était prêt à commencer à mettre en œuvre sa grande stratégie. Tout comme le général Lee du Sud s'est rendu, Joseph a rassemblé ses frères et a commencé à former le réseau bancaire international Seligman. Son plan est essentiellement une reprise de ce que la famille Rothschild a fait il y a plus de 60 ans. Seligman est prêt à construire un réseau de banques centré sur le continent américain, rayonnant à travers l'Europe. Chaque frère est envoyé dans une ville européenne ; William Seligman, qui aime le bon vin et la bonne chère, est envoyé à Paris ; Henry Seligman, qui a séjourné le plus longtemps en Allemagne, est envoyé à Francfort ; et Ithaca Seligman, le premier des frères Seligman à rencontrer le président Lincoln, est envoyé à Londres. Avant son départ, Joseph Mille l'exhorte à tout mettre en œuvre pour rencontrer le baron Rothschild afin d'établir des relations commerciales directes. Le Joseph de cette époque, bien qu'ambitieux et aguerri, plane encore en dehors du cercle des banquiers internationaux européens.

Seligman serre la main du ministre des finances

Malgré la croissance économique rapide et l'essor des familles riches après la guerre, la situation financière du gouvernement américain n'est pas bonne ; en 1866, il ne reste qu'environ 100 millions de dollars dans le Trésor américain, et la dette publique a rapidement grimpé à 3 milliards de dollars pendant la guerre. Le Trésor américain est prêt à émettre des titres de créance à long terme sur 10 à 40 ans pour rembourser la dette à court terme à mesure que l'économie se reconstruit. Seligman, vedette des ventes d'obligations nationales pendant la guerre, s'occupe également d'un gros volume d'affaires dans l'émission d'obligations à long terme.

Seligman a entretenu de bonnes relations avec les trois secrétaires au Trésor pendant la présidence de Lincoln, et le président Grant, qui a pris ses fonctions en 1869, était un ami proche de Joseph Seligman lorsqu'il ouvrait une épicerie en Pennsylvanie. Le président Grant a même parlé en privé à Seligman et lui a demandé s'il était prêt à accepter le poste de secrétaire au Trésor américain. Joseph, bien qu'il ne soit pas en mesure de mettre en doute ses capacités, est réticent à se présenter et décline poliment l'invitation du président Grant. De façon inattendue, George Boutwell, le nouveau trésorier nommé par le président Grant, devint plus tard l'homologue de Joseph. Leur relation a bien commencé, avec un plan commun et un consensus sur le département du Trésor, en particulier sur le refinancement de la dette nationale, la stabilité de la monnaie et le renforcement du crédit du gouvernement américain à l'étranger. Deux des domaines où le consensus est crucial sont, le premier étant la reprise du système de monnaie métallique aux États-Unis et la fin du Lincoln Greenback, et le second étant que la guerre est terminée, la situation politique est stable, et le taux d'intérêt sur les obligations du gouvernement américain est trop élevé à 6 pour cent.

Notez que Joseph, à cette époque, n'était pas en mesure de discuter de la politique monétaire et fiscale avec le secrétaire au Trésor, ce qui montre la profondeur de l'influence de Joseph sur le gouvernement américain. Par exemple, le prix de l'intérêt de 6 % sur la dette nationale, impliquant plus de 3 milliards de dollars dans le prix de l'énorme marché obligataire, la famille Seligman en tant que les décideurs du jeu, mais aussi un grand acteur sur le marché obligataire, dans lequel le conflit d'intérêts est évident, mais sans entrave, une telle situation a effectivement continué à ce jour.

L'ensemble du marché obligataire américain doit écouter attentivement chaque jugement et chaque clarification de la famille Seligman, car chaque changement de points de base sur le marché obligataire massif signifie le succès ou l'échec de l'entreprise. La famille Seligman et le trésorier parviennent à un consensus sur le fait que l'intérêt sur le Trésor américain doit être fixé à 5 pour cent. [68]

Mais lorsque Boutwell a présenté le plan d'émission d'obligations au Congrès, l'intérêt n'était plus de 5 pour cent comme les deux hommes l'avaient convenu, mais était ajusté à 4,5 pour cent. Joseph était tellement outré que Boutwell, sans l'en informer au préalable, a abaissé le taux d'intérêt à 4,5 pour cent, soit une différence de 50 points de base. Un Joseph furieux se rendit directement au bureau de Boutwell pour protester bruyamment, arguant que le taux d'intérêt était trop bas et avait baissé trop rapidement, soulignant qu'un taux aussi bas ne se vendrait pas sur le marché européen. En tant que souscripteur, plus le taux d'intérêt sur les bons du Trésor est élevé, plus il est facile de vendre, et plus la commission de souscription est élevée, le taux d'intérêt de 4,5 % sur les bons du Trésor augmente considérablement la difficulté de vendre et réduit la marge bénéficiaire de la famille Seligman, pas étonnant qu'il soit si en colère. Cependant, M. Boutwell envisage la question du point de vue du gouvernement américain, et une baisse de 50 points de base réduirait considérablement les dépenses publiques, ce qui réduirait indirectement la charge fiscale de l'ensemble de la population et profiterait à la nation. En tant que secrétaire au Trésor, il n'avait en outre absolument aucune obligation de consulter au

---

[68] Stephen Birmingham, *"Our Crowd"* – *The Great Jewish Families of New York*, p. 119.

préalable les banquiers de Wall Street. De théorie à théorie, Boutwell a violé les "règles cachées" établies par les banquiers internationaux.

N'oubliez pas que celui qui détient le canal du crédit et des flux de capitaux sur les marchés financiers mondiaux est le vrai changeur de jeu ! Le canal est roi sur le marché financier est une vérité encore plus sanglante. Joseph, en tant que courtier, a osé prendre d'assaut le bureau du secrétaire au Trésor américain pour faire du grabuge, ce qui est tout simplement incroyable pour les Chinois, mais en Occident, où le pouvoir doré règne en maître, c'est en fait normal. Wall Street fixe le cap, Washington met en œuvre la politique, c'était le cas dans le passé et c'est toujours le cas.

Joseph a insisté sur le fait qu'un taux d'intérêt aussi bas sur les bons du Trésor non seulement ne se vendrait pas sur le marché européen, mais ne se vendrait nulle part dans le monde. Mais l'attitude de Boutwell était inébranlable, et chaque 50 points de base économisés sur la dette nationale de 3 milliards de dollars représentait 15 millions de dollars de dépenses publiques, sachant qu'à l'époque, l'ensemble du Trésor américain ne représentait que 100 millions de dollars ! Boutwell dit froidement : "J'ai décidé que 4,5 % d'intérêt est très approprié". "Joseph était furieux au-delà de toute mesure et a dit à Boutwell sans ménagement : "Vous êtes un imbécile, très imbécile !"

Pour appuyer son argumentation, Joseph écrivit immédiatement à son frère Henry à Francfort, lui demandant de se renseigner pour savoir si les banquiers allemands étaient prêts à accepter l'offre de Boutwell, tandis que dans le même temps il ordonnait à un autre frère, William, à Paris, de connaître la réaction des marchés financiers parisiens. Il s'est avéré que la réaction des familles Mallet, Mirabeau et Hottinguer à Paris était exactement la même que celle de Joseph, et que la vente des bons du Trésor à faible rendement de Boutwell avait peu de chances d'être un succès dans les émissions européennes, avec 5 % comme limite inférieure.

Mais Boutwell reste sur ses positions et refuse de céder aux banquiers internationaux. Joseph, qui est parvenu à un consensus avec les banquiers internationaux européens, est également inflexible et commence à faire pression sur les députés pour qu'ils se manifestent afin de persuader Boutwell de mettre fin à ses pratiques "absurdes". Le résultat est que Boutwell est furieux. Il protesta que Joseph n'avait aucun mandat pour s'immiscer dans les affaires gouvernementales, et encore moins pour interférer directement dans les décisions du Congrès, et bientôt l'animosité entre les deux hommes devint publique. Il est clair que celui qui contrôle l'accès aux marchés financiers internationaux peut rançonner les gouvernements et même les affronter directement.

Au moment de l'impasse entre les deux parties, c'est le Congrès américain qui fait un compromis, et le 14 juillet 1870 et le 12 janvier 1871, le Congrès autorise deux émissions de la dette nationale pour un total de 1,5 milliard de dollars. Le taux d'intérêt sur cette émission est quelque peu biaisé en faveur du schéma de Boutwell, avec seulement 200 millions des 1,5 milliards étant émis à un taux de 5 pour cent, ce qui est une grâce salvatrice pour la famille Seligman, et le reste du taux d'intérêt encore plus bas que les 4,5 pour cent offerts par Boutwell, qui n'est que de 3,5 pour cent. Cela a laissé Joseph traumatisé et très déprimé, et il s'est senti abusé. En fait, l'objectif principal de Boutwell en cherchant à obtenir la coopération de Joseph était d'utiliser l'expertise financière de ce dernier pour l'aider à concevoir un plan, et il a fini par n'apporter des ajustements qu'au taux d'intérêt auquel les obligations seraient émises, tout en prolongeant le plan de Joseph pour le reste. En guise de compensation, la famille Seligman devrait obtenir l'activité de souscription d'obligations d'une valeur de 200 millions de dollars à un taux d'intérêt de 5 %, et les acteurs du marché le pensèrent, puisque les nombreux souscripteurs d'obligations de Wall Street affluèrent pour trouver Joseph demandant à être distributeur.

Personne ne s'est rendu compte que le département du Trésor américain avait accordé à la famille Seligman un crédit de souscription de seulement 100 millions pour 5 % de ses bons du Trésor, soit moins de la moitié des 200 millions qu'elle avait espérés, et en mars 1871, William Seligman de Paris, dans une lettre à un ami, déclarait avec exaspération :

> *"J'ai été complètement choqué hier soir par le contenu du télégramme selon lequel Boutwell avait nommé des agents en Europe pour souscrire des obligations américaines, et dans la liste de ces sociétés, Seligman ne figurait même pas parmi les souscripteurs. C'est tout le contraire de ce que nous croyons, à savoir que dans le cas présent, nous sommes complètement joués par le gouvernement, et nous ne savons pas ce qui a provoqué une telle négligence du fait de notre existence, et une telle injustice dans ce traitement, si c'est parce que Boutwell a une rancune personnelle contre nous, ou un manque de confiance en*

nous, ou quelque ruse conspiratrice de la part des concurrents ?"[69]

Le trésorier Boutwell pesait également le pour et le contre, et après réflexion, il a décidé d'admettre la famille Seligman dans le groupe de souscription, mais seulement en tant que membres ordinaires, sans aucun traitement spécial. Avec cette "humiliation", la famille Seligman a conclu que la vente de la dette nationale allait sûrement échouer. Grâce à ses profondes connexions dans le cercle des banquiers internationaux, son "affirmation" s'est réalisée et la vente globale des obligations a été extrêmement mauvaise. Au final, Boutwell a même dû vendre des obligations qui n'avaient pas été vendues. Cette tentative de contourner les canaux financiers que les banquiers internationaux exploitent si minutieusement s'est heurtée à un boycott collectif des banquiers internationaux sur les marchés, et la plupart des obligations ne peuvent tout simplement pas être vendues. En désespoir de cause, Boutwell a dû inviter la famille Seligman à se joindre à deux syndicats de souscription à Londres et à New York. Les obligations se vendent bien. Enfin, le président Grant est heureux d'annoncer que cette émission d'obligations a permis d'établir le crédit américain à l'étranger.

Seligman : Le Rothschild de l'Amérique

Pendant la guerre du Nord et du Sud, William Seligman, qui était en poste à Paris, avait essayé d'établir un contact avec la banque Rothschild de Paris, et Joseph lui-même s'était rendu à Londres pour essayer d'atteindre la famille Rothschild, mais celle-ci était restée à l'écart, et en 1874 Joseph a demandé au nouveau secrétaire au Trésor du président Grant, Benjamin Brestow, de souscrire une nouvelle tranche d'émissions de dette nationale d'une valeur de 25 millions de dollars. Depuis l'émission malheureuse de bons du Trésor par son prédécesseur Boutwell, Brestow voulait un groupe de souscripteurs fort pour entreprendre l'émission, et il a fortement laissé entendre à Joseph qu'il voulait que les Rothschild fassent partie du groupe de souscripteurs.

---

[69] Ibid, p. 120.

Cependant, Joseph avait ses propres considérations et il voulait lui-même être un autre Rothschild. Il réprima son humeur et demanda poliment en retour, quel était l'intérêt pour les Rothschild d'entrer dans le corps des souscripteurs ? Il était en train de provoquer la guerre civile lorsque la famille Rothschild a refusé d'aider à la vente d'obligations du Nord. Cependant, 10 ans après la fin de la guerre, la "malchance" de la famille Rothschild en temps de guerre s'estompait dans les esprits, et Brestow faisait toujours pression pour que Rothschild entre dans le corps des souscripteurs.

En désespoir de cause, Joseph a dû écrire à son frère : "Maintenant, le président et M. Brestow sont très anxieux et très désireux que nous fassions cette souscription (de la dette nationale) avec la famille Rothschild. Comme on dit, si elle est unie, personne ne peut rivaliser avec une combinaison (puissante) comme la nôtre. Mais je crains que la famille Rothschild, arrogante, ne nous considère pas comme des partenaires égaux. "Les préoccupations de Joseph étaient également vraies à l'époque. Bien que les États-Unis soient en pleine croissance et qu'il soit devenu le meilleur banquier d'affaires de Wall Street, Joseph se sentait à bout de souffle face à Rothschild, le patron de la finance internationale.

Rothschild, l'hégémon de l'industrie financière internationale, a pour pratique non écrite d'exclure les institutions Roche de toute entreprise qui ne peut être dominée par elles. Le secrétaire au Trésor Brestow a pris contact directement avec la famille Rothschild, et la réponse de cette dernière a été aussi simple que de lui demander de faire la souscription principale, de sorte qu'elle obtiendrait 5/8 de la part, et qu'ensuite Seligman et une autre banque supposée fiable, pourraient prendre les 3/8 restants.

Lorsque Joseph a entendu les nouvelles, il était un peu en colère, évidemment sa propre main dans l'entreprise, la famille Rothschild n'a pas encore établi un pouce de succès, venir prendre la tête, comment le monde peut avoir une telle raison ! Il est immédiatement allé négocier avec la famille Rothschild. Joseph a proposé de considérer l'offre des Rothschild s'il pouvait ajouter le nom de Seligman à toutes les publicités souscrites, avec le nom des Rothschild. Après tout, apparaître avec le nom de Rothschild sur les annonces du groupe de souscription marquait l'entrée officielle de la famille Seligman dans le cercle restreint des banquiers internationaux, avec une grande importance stratégique, l'argent venant en second.

La réponse de Rothschild a été simple : non. La famille Rothschild ne pensait même pas à la publicité, mais maintenant que Seligman en a parlé, il faut que la question soit claire. Il n'y a aucune marge de manœuvre dans l'attitude de la famille Rothschild, le nom de la famille Seligman ne peut pas apparaître dans la publicité, pas du tout. À ce stade, Joseph est à la fois exaspéré et nerveux, et sa lettre à son frère Ithaca à Londres dit :

> "Si, d'ici la semaine prochaine, les Rothschild n'acceptent pas que notre nom soit mentionné à côté du leur, nous allons intensifier le problème et faire pression sur les Rothschild. Car je ne crois pas que Brestow puisse nous ignorer et accorder un prêt aussi important uniquement aux Rothschild. Si les Rothschild ont pu nous dépasser dans l'offre, nous pouvions être utilisés par le gouvernement américain, et les Rothschild ne le pouvaient pas."

Pesant le pour et le contre, Joseph y réfléchit à deux fois et se dit que l'effet de marque et la valeur commerciale potentielle qui seraient générés si le nom de Seligman pouvait être juxtaposé à celui des Rothschild du point de vue de la réputation seraient si importants que cela semblait valoir la peine de se battre. Mais malgré tout, il avait le cœur brisé et espérait obtenir un peu plus de parts. Il a donc fait une nouvelle offre, suppliant la famille Rothschild de lui donner un peu plus que 2/8, disons dans une fourchette de 2/8 à 3/8, soit 31,25 % pour être précis. Un tel harcèlement maternel a rendu les Rothschild très impatients, et ils ont répondu que Joseph pouvait, s'il le souhaitait, prendre une part de 28 % de l'émission et mettre leur nom sur l'annonce, qui bien sûr était après les Rothschild.

Après de longues délibérations, Joseph a finalement fait un compromis. Dans sa lettre à Ithaca, il a dit,

> "Jusqu'à présent, nous avons pu au moins faire une offre aux Rothschild, et même si notre part de 28 % est un peu faible, j'ai décidé d'accepter."

C'est dans ces conditions qu'Ithaca Seligman de Londres, en tant que représentant de la famille Seligman, est allé rendre visite à Rothschild avec crainte et nervosité. Ithaca a vu le grand monde, il y a 10 ans déjà, en 1864, alors qu'il était l'invité du Président Abraham Lincoln des Etats-Unis. Mais son humeur à cette époque était plus tendue et complexe lorsqu'il a vu Rothschild que lorsqu'il a vu le Président Lincoln. Le Baron Rothschild qu'Ithaca devait voir était Lionel Rothschild. C'est aussi un homme têtu qui siège au Parlement britannique depuis huit ans mais qui a refusé de prêter serment. Parce que pour prêter serment, il a insisté pour utiliser l'Ancien Testament et jamais la Bible du Nouveau Testament, une pratique qui allait à l'encontre de la tradition du Parlement britannique et qui a créé une grande controverse au sein du Parlement britannique. Le résultat de cette impasse entre les deux camps est que Lionel a été membre de la Chambre d'assemblée britannique pendant 15 ans sans dire un mot. La force de caractère de Lionel est évidente.

Ithaca a rendu visite à Lionel un samedi. Selon les règles kasher, aucun travail n'est autorisé le samedi. Lionel a dit à Ithaca en visite : "Je suis un meilleur juif que toi. Parce que vous travaillez le samedi, je ne travaille pas le samedi". "C'était la façon de Lionel d'exprimer sa légèreté. Ithaque regarde la pièce, et quand il voit la pile de papiers sur le bureau de Lionel, il répond : " Votre Altesse le baron, je crois que vous faites plus d'affaires en ce jour de samedi que moi en une semaine. " Le maître se déplace, jusqu'au point.

Dans une lettre adressée à Joseph le soir même, Ithaca a déclaré que le vieux Rothschild avait été relativement amical et que les relations auraient pu se resserrer s'il avait été disposé à le faire. Maintenant, Ithaca a finalement brisé la glace des Rothschild et est entré dans le cercle restreint des banquiers internationaux. Lorsque Joseph a reçu cette nouvelle, il a écrit une lettre de trois pages en réponse, faisant l'éloge de la famille Rothschild dans toute sa gloire. Il a dit à Ithaca de s'assurer que Lionel lise la lettre. Dans la lettre, Joseph lance une balle brodée à moitié couverte à la famille Rothschild, sondant que la famille Rothschild serait plus forte si elle travaillait avec elle-même à New York plutôt qu'avec quelqu'un comme Belmont. Il se recommande fortement comme étant de loin supérieur à Belmont dans tous les domaines de la capacité et du talent.

En s'associant aux Rothschild, la famille Seligman a également obtenu un effet inattendu, qui a été accueilli avec une grande satisfaction spirituelle. Dans sa lettre à Ithaca, il écrit,

> "Cette fois, les familles Morgan et Zogsol ont fait preuve d'une grande jalousie, d'une part parce que nous avons obtenu le marché, d'autre part parce que notre association avec les Rothschild les rendait visiblement jaloux."

À l'automne 1874, Lionel invite Ithaca Seligman dans son bureau pour lui annoncer que 55 millions de dollars de bons du Trésor américain sont sur le point d'être mis en vente, et la famille Rothschild suggère que le groupe de souscription soit formé par les trois familles bancaires Rothschild, Morgan et Seligman. C'est aussi la première fois que Belmont entre en scène en tant que Rothschild et agent conjoint des deux banques Seligman. Ithaque accepte sans hésiter, ce qui signifie que Seligman fait désormais officiellement partie des milieux financiers les plus puissants du monde.

À cette époque, une grande alliance de quatre familles bancaires internationales — Rothschild, Seligman, Belmont et Morgan — s'est formée à New York et en Europe. Cette alliance a connu un tel succès et a été si forte que, vers 1880, tout Wall Street se plaignait que ces banquiers de Londres, en Allemagne, avaient pratiquement le monopole de la vente des obligations américaines en Europe. Bien sûr, ils ont un monopole presque total sur les ventes d'obligations américaines en Europe. C'est alors que Seligman a commencé à être connu comme le "Rothschild d'Amérique".

En 1877, les banquiers de Wall Street se rendent à Washington pour discuter de l'abolition du Lincoln Greenback avec le secrétaire au Trésor Sherman, avec Joseph et Belmont comme principaux acteurs. Sherman leur demande de proposer chacun un plan pour aider le gouvernement à équilibrer son budget et à rembourser la dette publique. Les deux hommes de haut rang font alors leurs recommandations respectives, préconisant à l'unanimité l'abolition éventuelle du Lincoln Greenback.

Une semaine plus tard, Sherman a envoyé un message à Joseph, louant son plan comme excellent et le plus sophistiqué et pratique, à être adopté par le gouvernement. Le cœur de ce plan est de construire une réserve d'or de 40 % pour les Lincoln Greenbacks et d'utiliser les pièces d'or pour payer les intérêts sur les Lincoln Greenbacks. Ce plan a effectivement verrouillé l'émission de Lincoln Greenbacks avec de l'or, limitant essentiellement le pouvoir du gouvernement d'émettre de la monnaie sans en faire tout un plat, une conception intelligente. La monnaie était liée à l'or, qui était fermement détenu par les Rothschilds. Les banques centrales des pays du monde qui ont mis en œuvre l'étalon-or ne sont pas l'autorité monétaire finale, mais la famille Rothschild, qui détient les minerais, les transactions et les flux d'or du monde, est leur véritable bailleur de fonds. L'or en tant que monnaie a un avantage naturel, comment briser le monopole de l'or est le nœud du problème.

Le 2 juillet 1881, le vingtième président des États-Unis, Garfield, qui venait de prendre ses fonctions, a été assassiné à Washington, D.C.

Il a été emmené à la Maison Blanche pour y être soigné, où son état s'est stabilisé pendant un certain temps ; le 6 septembre, il a été emmené à la villa de Seligman dans le New Jersey pour "prendre l'air" afin "d'échapper à la chaleur", et son état s'est détérioré ; le 19 septembre, à 10 h 35, le président Garfield est mort à la villa de Seligman, où il est resté environ 13 jours. [70]

C'est un fait historique extrêmement rare et douteux que le président américain assassiné Garfield ne soit pas mort dans un hôpital, ni à la Maison Blanche, mais finalement dans la maison de Seligman. En règle générale, le président des États-Unis ne devrait pas et ne veut pas se rendre dans une maison privée pour y recevoir un traitement médical ; il reste soit dans un hôpital, soit à la Maison Blanche, surtout en cas d'assassinat du président, où la sécurité est la première priorité. Il devrait s'agir d'un arrangement "non conventionnel". Le président Garfield, comme le président Jackson, est un farouche opposant au système bancaire central privé aux États-Unis, tandis que Seligman et d'autres familles bancaires internationales sont clairement les plus puissants défenseurs du système bancaire central privé.

Seligman : le véritable "père du Panama"

Après la mort de Joseph Seligman, son frère Jesse Seligman devient le nouveau directeur de la banque familiale. Avec l'ouverture du canal de Suez en 1869, l'idée de relier les deux continents par un canal devient une réalité. Un concept d'une grande valeur stratégique s'ensuivit : la création d'un canal à Panama, dans les Caraïbes, reliant les océans Atlantique et Pacifique, qui réduirait considérablement la distance et le temps de transport du Pacifique à la côte Est des États-Unis. Il ne fait aucun doute que cette vision a une grande valeur stratégique.

Jesse Seligman a été la principale force derrière le projet, en aidant à mettre en place la Compagnie française du canal de Panama pour diriger le projet, et la Seligman Bank a été responsable de l'émission d'actions de la société. La société française de l'époque était si désireuse de financer avec la marque de la famille Seligman qu'elle a

---

[70] Ackerman, Kenneth D. *Dark Horse : The Surprise Election and Political Murder of James A. Garfield*, Avalon Publishing, 2004.

épargné un paiement unique de 300 000 dollars à titre de redevance spéciale sur la marque. Le groupe de souscription du Panama s'est rapidement établi aux États-Unis, Seligman, Zogerso et JP Morgan s'associant comme souscripteurs pour l'émission d'actions américaines. Les responsables des ventes en France sont la succursale française de Seligman et BNP Paribas.

Avec une estimation initiale de 114 millions de dollars pour la construction du canal et une offre totale d'actions de 600 millions de dollars, l'argent semble plus que suffisant. Une fois le canal terminé, il est placé sous la gestion du gouvernement français. Bien sûr, l'affaire a provoqué des remous aux États-Unis, beaucoup critiquant le projet pour avoir introduit le pouvoir et le contrôle européens sur des voies navigables vitales et critiquant Seligman pour avoir vendu les intérêts américains. D'autre part, les États-Unis voulaient construire un canal reliant les deux océans en Amérique centrale, au Nicaragua, il y a des années. Géographiquement, le Nicaragua est plus proche des États-Unis et serait plus conforme aux considérations pratiques de construction technique si une voie navigable de liaison était établie à travers le lac Nicaragua. Avant la crise économique de 1873, des travaux préliminaires d'exploration avaient été effectués par des sociétés américaines, mais la crise a mis un terme à tout le projet. À ce moment-là, les deux programmes du projet sont incompatibles et deviennent un enjeu politique majeur.

Les familles Seligman et Morgan ont fortement soutenu le projet du canal de Panama, et certains médias américains ont commencé à les critiquer pour avoir vendu les intérêts américains à la France, tandis que d'autres affirmaient qu'il s'agissait d'une conspiration juive. Seligman a affirmé dans les journaux new-yorkais qu'il s'agissait d'un projet privé, qu'il n'avait rien à voir avec l'État, et que l'exploitation de la société serait bien rémunérée, et que les machines et équipements du projet seraient achetés aux États-Unis et garantiraient les meilleurs intérêts des États-Unis. Par la suite, le célèbre héros français de Lesseps a été lancé en grande pompe à la tête de la construction du canal de Suez. Comme de Lesseps était responsable de la construction, les actions de la Compagnie du canal de Panama ont été vendues sans aucun problème en France et sans aucun problème aux États-Unis. L'offre initiale d'actions a également été sursouscrite.

Les travaux d'excavation sont sur le point de commencer, et de Lesseps décide d'abord de construire un canal de la même hauteur que le niveau de la mer afin de ne pas avoir à utiliser les écluses, ce qui prendra environ sept ans. En 1884, le gouvernement nicaraguayen a signé un traité sur les canaux avec les États-Unis, qui, s'il était mené à bien, donnerait lieu à deux canaux parallèles en Amérique centrale. Une fois le canal creusé, de Lesseps rencontre rapidement de nombreuses difficultés inattendues et se sent obligé de construire de nouvelles écluses, avec une baisse possible du niveau d'eau entre les deux côtés. Il s'est battu avec les écluses pendant encore deux ans et plus, et finalement, après neuf ans de construction, il a dépensé 400 millions de dollars, soit quatre fois le budget initial. Mais le projet de canal n'est même pas terminé au tiers et l'ensemble du projet est en grave difficulté. Le héros français est renvoyé chez lui, et le Congrès américain commence à organiser des commissions pour enquêter sur les raisons pour lesquelles les investisseurs américains ont dépensé tant d'argent et subi tant de pertes sur les canaux, alors que des banquiers comme Seligman et Morgan ont gagné tant d'argent grâce à la souscription d'actions. La commission a enquêté et a découvert que Jesse Seligman avait l'intention de placer son vieil ami, l'ancien président américain Grant, comme président de la Commission des canaux avec un salaire de 24 000 dollars par an, mais Grant a refusé le poste, alors Jesse a trouvé le secrétaire de la Marine du président Hayes, Thompson. Thompson démissionne de son poste de secrétaire à la Marine et accepte le poste.

L'enquête a également révélé que Seligman a également conclu divers accords et contrats avec de nombreux constructeurs de machines, ce qui constitue un problème de conflit d'intérêts dans une enquête du Congrès. Au cours de l'enquête, le sénateur a demandé à Jesse Seligman pourquoi quelqu'un comme Thompson serait choisi pour présider la Commission du canal : "Ce n'est pas un grand financier, n'est-ce pas ? Jesse répondit : "Non, mais c'est un grand politicien et un grand avocat". "Le sénateur demande alors : "Vous avez déjà offert ce poste au général Grant, qui était un grand guerrier et une idole populaire, mais il n'était pas un grand avocat ou financier, ni un grand politicien, n'est-ce pas ? "Seligman a répondu calmement : "Le général Grant est un ami très proche et je prendrai toujours soin de mon ami. "

Thompson, en tant que secrétaire de la marine, a écrit une lettre à Jesse quelques jours après la mort de Joseph, que Seligman a voulu ajouter aux matériaux de l'enquête. La lettre mentionne : "Au cours de mon mandat officiel, j'ai eu le privilège de mieux connaître la personnalité de Joseph, et mon premier contact avec votre banque familiale s'est fait par son intermédiaire au cours de l'été 1877, alors que le département de la Marine se trouvait être sous mon administration. Les finances du département de la marine à cette époque étaient embarrassantes, principalement en raison des centaines de milliers de dollars dus à votre banque familiale, et le nombre de dettes augmentait. À cette époque, le département de la Marine était incapable de payer la totalité de sa dette, et même en rembourser la majeure partie était impossible, et l'affaire avait causé une grande détresse et un grand embarras au gouvernement et avait eu un effet assez sérieux sur les services du département. Lorsque Joseph Seligman a appris la situation, il a immédiatement recommandé que la totalité de la dette soit reportée sur l'année fiscale suivante et que le (ministère de la Marine) soit autorisé à continuer à emprunter. Sa proposition était très patriotique. J'étais rempli de gratitude et j'ai accepté son offre afin que notre département de la Marine puisse traverser les moments les plus difficiles. "

Cette bande dessinée arrive à point nommé pour venir au secours de Seligman, en proie aux affres de l'opinion publique. Finalement, une enquête du Congrès ne trouve aucune faute de la part de Seligman et consorts, mais l'affaire a eu un impact négatif important sur la réputation de la famille Seligman et l'image de Wall Street. Le Congrès décide donc de commencer immédiatement la construction du canal du Nicaragua. [71]

Alors que les deux parties étaient engagées dans une discussion animée sur le tracé du canal, Seligman a trouvé des amis au Congrès, notamment le sénateur Mark Hanna — le chef de la commission chargée d'étudier la détermination du tracé du canal. Seligman a demandé au sénateur Mark Hanna de proposer au Congrès de ne pas prendre de décision pour le moment, jusqu'à ce que le rapport de sa commission d'enquête soit présenté. Le sénateur a accepté, et le Congrès a accepté d'attendre un peu plus longtemps. Mais les résultats étaient si décevants pour Seligman que l'enquête de la commission a conclu que la route du Nicaragua était entièrement préférable. En désespoir de cause, la famille Seligman trouve un homme du nom de Philippe Bunau-Varilla à Paris pour faire pression. [72]

---

[71] Mellander, Gustavo A., *Les États-Unis dans la politique panaméenne : Les intriguantes années de formation.*

[72] Ibid.

Philippe rêvait de creuser un canal à Panama depuis l'âge de 10 ans, et lorsqu'il entendit que de Lesseps avait réussi à le faire à Suez, l'idée se renforça. Lorsque Seligman l'a approché, Philippe a accepté le poste sans hésiter. Cette personne est ensuite venue aux Etats-Unis et a commencé à donner des conférences intensives partout. Malheureusement, les mois de lobbying de Philip aux États-Unis n'ont toujours pas fonctionné et le Congrès a finalement voté à l'unanimité en faveur de la route du Nicaragua. Avec le fort soutien de Seligman, Philip s'est lancé dans un dernier effort de lobbying critique pour essayer d'inverser la décision du Sénat. Philip fit un lobbying presque frénétique pour l'avantage de la ligne de Panama, tenant de multiples discours passionnés. Cette passion était si exagérée que l'ambassade de France aux États-Unis, pensant que Philippe était devenu fou, informa d'urgence le frère de Philippe à Paris. Son frère se précipite de Paris en Amérique et trouve Philippe tout à fait incapable de se calmer et, stimulé par l'énorme somme d'argent, Philippe est entré dans un état de paranoïa.

C'est à ce moment urgent et délicat qu'un changement dramatique s'est produit, lorsque le Mont St. Vincent est entré en éruption. Le volcan St. Vincent se trouve dans les Antilles et son éruption a tué des milliers de personnes. Deux jours auparavant, un volcan supposé mort, le Mont Pili, était également entré en éruption, tuant plus de 3 000 personnes. Le Nicaragua a des volcans, le Panama n'en a pas. Philip a eu un flash soudain, comme si on lui avait injecté une forte dose de stimulants, et s'est immédiatement précipité à la poste, où il a trouvé dans une boutique de timbres un timbre-poste nicaraguayen de 5 pesos, qui montrait la scène d'une éruption volcanique dans un épais nuage de fumée. Dès qu'il a eu l'idée, Philip a acheté 90 timbres de l'éruption volcanique, les a apposés sur le papier à en-tête, et a envoyé les 90 timbres à chaque sénateur. Il a précisé dans la lettre d'accompagnement que l'image du timbre était une preuve historique d'une éruption volcanique dans la région du Nicaragua. Et ce, trois jours seulement avant le vote final du Sénat. Seligman et Phillip passent leurs journées dans une attente anxieuse. Le Sénat finit par voter en faveur de la ligne de Panama par une marge de huit voix, ce dont Seligman se réjouit. Philip achète immédiatement d'autres timbres de volcans, les envoie à tous les membres de la Chambre, et bientôt la Chambre commence à ajuster sa position initiale.

Avant que Seligman et Phillip ne puissent célébrer, ils sont confrontés à un nouveau problème, plus grave. Panama était alors une province colombienne, et le gouvernement colombien avait changé d'avis quant à l'accès au canal. Philippe fait immédiatement pression sur la Colombie et utilise beaucoup d'argent pour faire pression sur les représentants du gouvernement colombien, mais le Congrès colombien rejette néanmoins le traité du canal. Si la Colombie n'approuve pas le canal de Panama, Seligman aura travaillé pour rien et tous les efforts auront été gaspillés, y compris le timbre volcanique salvateur.

Presque désespéré, Philip trouve Seligman en train de se lamenter : " Nous avons tout perdu et il ne nous reste plus rien, à moins que nous laissions Panama s'échapper de Colombie, mais cela signifierait une révolution ". "Jesse Seligman a demandé à Philip de façon rhétorique, combien il faudrait pour créer une révolution ? Comprenant les intentions de Seligman, Philip a immédiatement réuni un groupe de séparatistes panaméens pour discuter des plans de la révolution et a commencé à comptabiliser ses coûts. Les séparatistes panaméens insistent sur le fait qu'ils ont besoin d'au moins 6 millions de dollars pour payer les guérilleros locaux. Philip s'empresse de rapporter à Seligman que 6 millions de dollars constituent le coût minimum pour déclencher la révolution. Seligman estime que l'offre est outrageusement élevée et donne un prix plancher, 100 000 dollars, et il doit s'agir d'une révolution complète. Les séparatistes panaméens ont accepté cette clause avec enthousiasme.

Après avoir obtenu une promesse des séparatistes panaméens, Philip s'est précipité dans le bureau de Seligman et, sur le bureau de son associé bancaire, a rédigé la Déclaration d'indépendance panaméenne et la Constitution panaméenne. Il prend ensuite un train à Washington pour aller voir le président Roosevelt, père. Comme il le dit dans ses mémoires,

> *"J'ai parlé au président Roosevelt et lui ai demandé de me promettre une condition selon laquelle, lorsque la révolution éclaterait, des navires de guerre américains apparaîtraient près de Panama pour protéger les vies et les intérêts américains. Cet intérêt américain comprend également les intérêts de Seligman. Le président m'a simplement regardé et n'a rien dit. Bien sûr, il était hors de question que le président des États-Unis me fasse une telle promesse, surtout à un étranger comme moi. Mais il m'a regardé et cela m'a suffi."*

En d'autres termes, le président Roosevelt père avait acquiescé à l'affaire.

Lorsque la révolution éclate en 1903, le cuirassé Nashville de l'U.S.S. arrive effectivement au Panama pour surveiller les progrès de la révolution. L'apparition du cuirassé Nasivel peut être considérée comme un soutien moral des États-Unis aux séparatistes panaméens, et a servi, dans une certaine mesure, à menacer le gouvernement colombien de déposer les armes et de rendre le Panama indépendant. Ce moment marque une grande victoire pour Seligman. Les Seligman, en remerciement de leur serviteur et ami méritant, ont confié à Philippe un travail très intéressant. En tant que citoyen français, Philippe Bonnefrilla a été nommé premier ambassadeur de la République de Panama aux États-Unis. [73]

Les banquiers internationaux, à l'heure actuelle, ont le pouvoir de créer une révolution majeure, une division nationale ou une guerre pour leur propre bénéfice. C'est ainsi que le Panama est devenu si merveilleusement indépendant que, en fait, la famille Seligman est le véritable "Père du Panama".

L'ère de Schiff

La famille de Jacob Schiff était également une famille juive originaire de Francfort, en Allemagne, mais ses origines étaient très différentes de celles de Seligman. La famille Schiff peut être décrite comme une famille prestigieuse parmi les Juifs. Selon l'encyclopédie juive, la famille Schiff remonte aux premières origines du peuple juif. La branche de la famille Schiff de ce côté-ci de Francfort remonte au 14ème siècle. En fait, Jacob Schiff fait même remonter ses ancêtres jusqu'au 10e siècle avant J.-C., jusqu'à la généalogie du roi Salomon. Schiff et les Rothschild sont très proches l'un de l'autre, et les deux familles sont amies depuis des centaines d'années ; à la fin du 18e siècle, Schiff et les Rothschild ont été voisins pendant un certain temps et possédaient ensemble une maison à plusieurs étages. Jacob Schiff a souvent dit : "J'admets que, même si notre famille n'est pas aussi riche que les Rothschild, nous sommes une famille plus orthodoxe et plus noble". "Les Rothschild sont reconnus comme une famille extrêmement lucrative, mais la famille Schiff a produit non seulement un certain nombre de banquiers prospères, mais aussi un certain nombre d'érudits

---

[73] Stephen Kinzer, *Overthrow – America's Century of Regime Change from Hawaii to Iraq*, 2006.

et de chefs religieux exceptionnels. La famille Schiff a une histoire beaucoup plus longue que celle des Rothschild. [74]

Jacob Schiff n'était en aucun cas un simple mortel, mais plutôt une nouvelle génération de banquiers juifs dotés d'une grande ambition, de talent, d'ingéniosité et de débrouillardise. Il était exceptionnellement clair et persistant quant à ses objectifs dès son plus jeune âge, cachant l'excuse d'un voyage à Londres à ses parents à l'âge de 18 ans, alors qu'en fait il était prêt à faire une tournée en solo à New York lorsqu'il quitta Francfort. Lorsque sa mère continue à recevoir ses lettres de Londres, Schiff lui-même est arrivé depuis longtemps à New York. Avec 500 dollars en poche, Schiff trouve rapidement quelques partenaires partageant les mêmes idées et le groupe décide de créer une société de courtage en actions. Au moment de signer officiellement l'accord, il s'avère que Schiff n'a pas encore atteint l'âge légal. Plus tard, la personnalité dominatrice de Schiff l'empêche de travailler avec d'autres personnes, et il choisit de retourner en Allemagne à la recherche de nouvelles opportunités.

À son retour en Allemagne, il rencontre les deux frères, Paul et Felix, de la famille Warburg, qui ont fait une grande impression sur Schiff.[75] Cette rencontre est lourde de conséquences pour l'avenir de Wall Street dans son ensemble, voire de l'industrie financière mondiale. En Allemagne, Schiff se lie d'amitié avec Abraham Kuhn. Après avoir fondé Kuhn, Loeb & Co. à Wall Street, Kuhn est retourné à Francfort par mal du pays. Dès que Kuhn rencontre Schiff, il sent que le jeune homme est différent et suggère à Schiff de venir à New York pour rejoindre Kuhn, Loeb & Co. Schiff retourne donc rapidement à New York et rejoint officiellement la société Kuhn, Loeb & Co. Company. Nous sommes en 1873 et Schiff a exactement 26 ans.

Dès son arrivée à New York, Schiff est attiré par la situation florissante des États-Unis et la situation prospère du pays dans son ensemble. Après la guerre civile américaine, avec le grand développement de l'industrie ferroviaire, les fusions, les faillites et les réorganisations de chemins de fer ont créé de grandes opportunités commerciales pour Wall Street, et vers 1870, les actions et obligations

---

[74] Cyrus Adler, *Jacob Henry Schiff : A Biographical Sketch*, New York : The American Jewish Committee, 1921.

[75] Ron Chernow, *The Warburgs*, Random House, 1993.

de chemins de fer constituaient le plus grand marché en dehors des bons du Trésor, devenant le pilier des profits de Wall Street, constituant 85 % du chiffre d'affaires de l'ensemble du marché boursier américain, et en même temps, il y avait un grand intérêt et un grand enthousiasme pour les actions et obligations de chemins de fer en Europe. La vente d'obligations et d'actions de chemins de fer américains à Francfort, Londres, Paris et Amsterdam a été un énorme succès, créant un grand groupe de magnats de la banque. L'homme le plus important de Wall Street à l'époque est, bien entendu, Joseph Seligman, mais ses investissements dans les chemins de fer n'ont pas été sans heurts.

Schiff a examiné minutieusement chaque étape franchie par Seligman dans ses investissements ferroviaires et a rapidement découvert où Seligman s'était fourvoyé. En fait, Seligman se désintéressait totalement de la façon dont les chemins de fer étaient produits, de leur raison d'être, de leur fonctionnement et des questions opérationnelles spécifiques ; il ne voyait en eux qu'un moyen et une fin pour réaliser des profits. Mais Schiff était différent, Schiff devait d'abord se faire un expert des chemins de fer avant d'investir dans ceux-ci.

M. Schiff se prépare à entrer dans l'industrie ferroviaire. Il a d'abord été directeur d'un certain nombre de sociétés de chemin de fer et a été profondément impliqué dans chaque détail des opérations du chemin de fer, comme tous les processus liés à la pose des voies, l'entreposage des rails, les processus de production des voies, les conditions de transport, etc. Il aimait également demander conseil au personnel lorsqu'il était en expédition, des mécaniciens aux ingénieurs, des ajouts généraux de charbon à vapeur aux cadres supérieurs, et même aux freineurs de tuyaux, tous entrant dans son radar. Schiff posait diverses questions et prenait des notes minutieuses, essayant de comprendre tous les détails de l'ensemble du transport ferroviaire. Bientôt, Schiff est devenu un expert en chemins de fer qui fait autorité.

C'est l'approche rigoureuse et pragmatique de Schiff et sa profonde compréhension des détails des opérations ferroviaires qui lui ont permis d'avoir un jugement professionnel sur le type d'instruments financiers et le type de services financiers dont le chemin de fer avait besoin dans quelles circonstances. La connaissance de Schiff des rouages internes des chemins de fer lui permet de traduire avec précision et efficacité les besoins financiers des opérations de gestion des chemins de fer en produits d'investissement pour Wall Street, tout en combinant une maîtrise des canaux, du rythme, du timing et du feu des divers instruments de financement, ce qui confère à Schiff une force inégalée en matière de financement des chemins de fer.

Pendant près de 30 ans, de 1873 à 1900, les chemins de fer ont complètement dominé l'industrie financière aux États-Unis. Schiff a suivi ce bond en avant de l'industrie, transformant progressivement Kuhn Loeb and Co d'une petite banque d'investissement au géant qui domine la finance ferroviaire américaine. Même un banquier de poids comme Morgan a dû s'émerveiller des capacités de Schiff, en particulier de sa compréhension détaillée de la combinaison de l'expertise financière et ferroviaire.

Une autre raison du succès de Schiff est qu'il a pu communiquer directement et efficacement avec les banquiers internationaux en Europe. C'est à partir de l'énorme capital européen et du fort soutien des banquiers internationaux européens que le travail de Schiff a pu se dérouler sans entrave.

En termes d'influence financière, Schiff avait alors largement dépassé son prédécesseur, Seligman. Bien que Seligman ait également investi dans les chemins de fer, il n'a jamais compris le modèle économique. Les financiers de Wall Street pensent que derrière le modèle économique du chemin de fer se cache en réalité une opportunité commerciale immobilière, et les gens sont plus préoccupés par la spéculation foncière derrière le chemin de fer que par le chemin de fer. En vertu de la loi correspondante des États-Unis, les terrains situés le long d'un certain périmètre de la ligne de chemin de fer appartiennent à la compagnie ferroviaire, les terrains sont utilisés pour le financement, et le financement est complété pour la construction du chemin de fer. Ainsi, une grande partie de la spéculation de Wall Street sur les actions et les obligations ferroviaires porte sur le développement et l'investissement foncier le long du périmètre des lignes ferroviaires. En un sens, derrière la fièvre du chemin de fer se cache la fièvre du développement foncier. Les financiers, y compris Seligman, ne s'intéressent pas vraiment aux chemins de fer en tant que tels, ils les utilisent simplement comme un sujet d'actualité.

Et le point de vue de Schiff va encore plus loin, arguant que la ligne ferroviaire ouvre en fait un corridor de terrains qui sont vendus à des promoteurs de tous horizons, concentrant ainsi toutes sortes d'activités de production, de transformation et de commerce le long de la ligne ferroviaire. C'est cette activité commerciale qui crée la demande de transport ferroviaire, qui paie les coûts de construction et d'exploitation du chemin de fer et qui crée des bénéfices pour le chemin de fer. C'est l'essence même du financement ferroviaire.

Schiff a effectué quatre années de recherches avant, pendant et après son implication dans le projet du Pacific Union Railroad. Au moment où Schiff s'est intéressé à la ligne et a commencé à y réfléchir sérieusement, le Pacific Union Railroad était en proie à une énorme crise d'endettement, avec une dette de 45 millions de dollars envers le seul gouvernement américain, plus un taux d'intérêt de 6 %. Ces intérêts impayés se sont accumulés pendant près de 30 ans, la longueur totale de la ligne a été réduite de plus de 8 000 miles à 4 400 miles, et diverses pressions, y compris sa situation d'endettement, ont fait que le chemin de fer semble sans vie et complètement non viable. Tout le monde à Wall Street surveille ce projet à mort. Schiff a trouvé Morgan, qui était alors devenu un mastodonte de Wall Street post-Seligman. Morgan a clairement fait savoir qu'il n'avait aucun espoir pour le chemin de fer et qu'il pouvait laisser Schiff s'en tirer à bon compte.

Comme il s'est avéré plus tard, Morgan a fait une erreur stratégique majeure. Avec l'assentiment de Morgan, Schiff entreprend un énorme effort de mobilisation et achète discrètement des actions et des obligations de la Pacific Union Railway. Très vite, il s'aperçoit qu'une main invisible semble toujours bloquer ses plans. Il y a toujours des événements inexplicables au Congrès qui retardent le projet, les médias deviennent soudainement hostiles au projet, et les détenteurs d'obligations en Europe tardent à donner le feu vert au projet. Schiff n'a cessé de penser qu'il n'y avait qu'une seule personne assez forte pour mettre un frein à l'affaire. Il a d'abord soupçonné que c'était Morgan qui tirait les ficelles, et l'a contacté pour lui demander s'il avait changé d'avis. Morgan lui a répondu : "Maintenant que j'ai accepté, laisse tomber et laisse-toi faire, et je peux t'aider à trouver ce qui bloque tout ça." Quelques jours plus tard, Morgan a déterré l'homme derrière le rideau : Harriman. Harriman était un génie de l'exploitation ferroviaire, et Schiff accepta de travailler avec Harriman après une petite séance de sparring.[76] Mais le projet de chemin de fer du Pacifique était si vaste que Schiff s'est vite rendu compte qu'il devrait faire appel à des capitaux européens pour faire renaître le projet.

---

[76] Stephen Birmingham, *"Our Crowd" – The Great Jewish Families of New York*, p. 222.

Schiff retrouve un ami d'enfance, un poids lourd proche des Rothschild à Londres à l'époque, Sir Ernest Cassel, lui-même un poids lourd financier légendaire. Sir Ernest était principalement responsable de la liaison et de l'envoi de fonds avec les Rothschild à Londres et d'autres banquiers internationaux.

Joseph Seligman a construit sa carrière en Amérique à partir de rien, en jetant les bases des banquiers juifs de Wall Street, tandis que Schiff a ensuite mis sur pied un vaste conglomérat de forces qui a dominé le monde financier américain. En s'associant à Sir Ernest, Schiff a pu obtenir des informations précises et opportunes sur les mouvements des marchés financiers à Londres et en Europe, et en particulier sur les mouvements de fonds en provenance et à destination des différentes grandes familles. C'est avec l'aide de Sir Ernest de Londres qu'en trois jours, Schiff et Harriman avaient reçu 40 millions de dollars de garanties et de souscriptions en provenance d'Europe. Le projet de la Pacific Union Railroad, qui était en sommeil depuis des années et semblait enfin destiné à la faillite, est revenu d'entre les morts.

Le 2 novembre 1897, le groupe Schiff et Harriman a officiellement acquis des actions de Pacific Union. Le chemin de fer Pacific Union, exploité par Schiff et Harriman, a connu le grand succès du plus grand projet industriel de l'histoire jusqu'alors. Non seulement il a remboursé toutes ses dettes et ses intérêts, mais il a également réalisé un bénéfice sans précédent de 210 millions de dollars. En plus de cela, elle crée des actifs d'au moins pas moins de 2 milliards de dollars. Ce n'est qu'à ce moment-là que Morgan le regrette, pensant qu'abandonner le projet, c'est passer à côté d'une poule qui a pondu un œuf d'or, une erreur stratégique en effet.

En 1895, à l'invitation de Schiff, Paul et Felix, deux des Warburgs, viennent également à New York pour rejoindre la société Kuhn, Loeb & Co. Les Warburgs d'Allemagne et la famille Schiff des États-Unis forment ainsi une union étroite et puissante. La fille de Schiff était mariée à Felix, et la fille de Loeb était mariée à Paul. La fille de Wolfe, un autre associé de Kuhn, Loeb & Co. a épousé Otto Kahn, le Kahn qui était l'épine dorsale de la famille Speer et qui a ensuite rejoint Kuhn, Loeb & Co. en tant que successeur de Schiff. Le fils de la famille Kuhn a épousé une autre fille de la famille Loeb. Après ce quadruple mariage, la société Kuhn, Loeb & Co. Company a étroitement lié les familles Warburg, Schiff, Loeb, Kuhn, Kahn et Wolfe, devenant ainsi la famille bancaire juive d'Europe et des États-Unis, le réseau de personnes le plus dense, l'armée de groupes de familles bancaires juives la plus talentueuse et la plus puissante.

Les chiffres qui sortent de ce groupe sont extraordinaires, presque tous des superpuissances qui peuvent influencer les marchés financiers internationaux. Max, le patron de la famille Warburg, est le conseiller financier de Guillaume II d'Allemagne, représentant l'Allemagne dans les pourparlers de paix de Versailles, la "Première Guerre mondiale" après la domination de la finance allemande et de la puissance financière, est un directeur de la Reichsbank, le "tsar des finances" d'Hitler, le grand frère de Schacht dans les coulisses, de la fin du 19e siècle à la fin des années 1930, près de 40 ans, sur la politique, l'économie, la finance de l'Allemagne ont joué une influence énorme. Paul II, l'architecte en chef de la Réserve fédérale, l'un des décideurs de la finance américaine, compte parmi les banquiers les plus lourds des États-Unis. L'aîné Felix III, associé principal de la plus influente firme Kuhn, Loeb & Co. du début du 20e siècle, l'un des gros bonnets de Wall Street. L'aîné Fritz, président de la bourse allemande des métaux de Hambourg, a fait une paix secrète avec la Russie tsariste au nom de l'Allemagne à la fin de la Première Guerre mondiale.[77] Otto Kahn, l'un des principaux banquiers juifs de Wall Street après Schiff, a construit son manoir à Long Island en 1919 sur un site de 1,8 km² avec plus de 10 000 mètres carrés d'espace habitable et 127 pièces, le deuxième plus grand manoir des États-Unis à l'époque. La société Kuhn, Loeb & Co. Company sous la direction de Jakob Schiff entre dans sa période de gloire.

Schiff et la guerre russo-japonaise

Lorsque la guerre russo-japonaise a éclaté en 1904, le Japon se préparait avec ambition à vaincre la Russie, mais il s'est vite rendu compte que l'armée russe était si forte que le Japon a progressivement atteint la limite de son budget de guerre. Afin de lever des fonds pour la guerre, le vice-président de la Banque Shogun du Japon, Sir Kiyoshi, se rend à Londres pour rencontrer les banquiers internationaux.

Venu à Londres, Gao Qiao est l'intention initiale de Qing de demander aux Rothschild de l'aider à souscrire des obligations de

---

[77] Ron Chernow, *The Warburgs*, Random House, 1993.

guerre japonaises. Les Japonais lui ouvrent la porte pour lui proposer un financement à hauteur de 5 millions de livres, la famille Rothschild ne prend même pas la peine de rouler des yeux. Il est important de savoir que lors de la souscription des obligations de réparation de la guerre franco-prussienne, il y a 30 ans, la famille Rothschild a réuni la somme énorme de 5 milliards de francs (environ 200 millions de livres) en deux ans seulement. Bien que la Grande-Bretagne soit le principal partenaire politique et commercial du Japon à l'époque, les banquiers londoniens ne voient aucune possibilité de victoire japonaise dans la guerre, de sorte que les plans de financement du Japon ont reçu un accueil froid à Londres.

En pleine dépression, Gao Qiao Yes Ching rencontre Schiff, qui travaille à Londres, lors d'un banquet. Gao Qiao Yes Ching vide son sac à Schiff, qui l'écoute tout en jouant son propre jeu. Avec le renforcement de l'économie américaine, la puissance financière des États-Unis est en hausse, bien que Schiff soit également la figure numéro un de Wall Street, mais à Londres, même le rôle de JP Morgan et d'autres personnages doivent être prudents, en observant le visage des patrons de la City financière de Londres pour parler, Schiff comprend que son propre poids est encore loin des patrons banquiers internationaux de la City de Londres. Mais le Japon est vraiment un nouveau marché, et puisque les grands ne le voient pas, les nouveaux riches de Wall Street pourraient quand même être intéressés. Et contrairement aux financiers londoniens qui pensaient que le Japon était voué à la défaite, Schiff pensait que le champ de bataille de la guerre russo-japonaise était loin du centre de gravité économique de la Russie, mais sous le nez du Japon, et qu'associé à la corruption de la cour tsariste et à la déliquescence du système tsariste, le Japon, qui était en pleine ascension, avait de grandes chances de vaincre la Russie. Schiff a donc promis à Kojo Isao d'aider le Japon à lever des fonds pour la guerre russo-japonaise à Wall Street. Il y avait une autre raison à la volonté de Schiff d'aider le Japon : la persécution des Juifs par la Russie tsariste a amené Schiff à considérer la Russie tsariste comme un ennemi public de l'humanité, et il a même préconisé et prôné le renversement du tsar par une révolution armée. Tout ce qui pouvait frapper la Russie, il était prêt à l'aider.

À ce stade, Schiff finançait essentiellement à lui seul la guerre pour le Japon, et dans ces circonstances, Schiff a dû rallier ses anciens rivaux, la famille Morgan et George Baker, à un syndicat. Après discussion, le consortium Rockefeller a été mis à contribution et, pour la première fois dans l'histoire du Japon, celui-ci a pu obtenir des financements sur des marchés financiers autres que celui de Londres.

Le Japon a reçu au total trois prêts massifs pendant la guerre russo-japonaise, qui étaient tous l'œuvre de Schiff. [78]injection de fonds provenant de ces trois prêts qui a considérablement amélioré les capacités de guerre du Japon et qui est devenue l'un des facteurs clés de la victoire finale du Japon dans la guerre russo-japonaise.

Avant la guerre russo-japonaise, les puissances européennes et américaines pensaient généralement que le Japon était encore un petit hégémon en Asie, mais qu'il ne pouvait tout simplement pas être comparé aux puissances mondiales britannique, américaine, allemande, française, russe et autres. La victoire du Japon a ébranlé les puissances européennes et américaines et a donné à Schiff une réputation sur les marchés financiers internationaux, et sa vision stratégique a impressionné la communauté internationale des banquiers. Le roi Édouard VII d'Angleterre invite Schiff à déjeuner au palais de Buckingham, et l'empereur du Japon invite Schiff à déjeuner au palais impérial du Japon, la plus haute courtoisie de l'empereur du Japon, et aucun étranger n'avait jamais reçu un tel honneur avant Schiff. Schiff était un homme de nouvelles modes, et alors qu'il déjeunait avec l'Empereur au Palais Impérial du Japon, il proposa soudainement à l'officier japonais chargé de l'étiquette de porter un toast à l'Empereur. L'officier de cérémonie japonais, pâle de frayeur, s'empresse de dissuader Schiff de le faire en tremblant, car un étranger portant un toast à l'empereur n'était jamais arrivé auparavant à la cour japonaise, et l'officiel japonais, craignant un malentendu de l'empereur, est choqué. Le fonctionnaire japonais, craignant un malentendu de la part de l'empereur, était choqué. Schiff, cependant, était têtu, s'est levé, a levé son verre de vin et s'est adressé au public : "D'abord, un toast à l'Empereur, pour qu'il soit toujours le chef du Japon dans le cœur de ses sujets, dans la fumée de la guerre, dans les années de paix." Après que Schiff eut terminé ce paragraphe, l'Empereur semblait de bonne humeur, et le cœur de tous les gens était soulagé.

Schiff est invité en tant qu'invité d'honneur dans la maison du baron Gao Qiao is Qing, et il se trouve que Schiff est assis à côté de la fille de 15 ans de Gao Qiao is Qing. "Tu devrais venir en Amérique

---

[78] Dictionary of American Biography, vol. XVI, p. 431-432.

pour visiter et étudier pendant un certain temps", lui dit-il avec désinvolture. Schiff, qui est habituellement sérieux et a un comportement décontracté comme s'il était le patron de Wall Street, ne le prend pas personnellement. Mais le lendemain matin, Kojo Kiyoshi en personne était à la porte de l'appartement de Schiff, et après une profonde révérence à Schiff a dit,

> "Bien que ce soit une chose extraordinaire au Japon pour une jeune fille japonaise de quitter son pays natal et de faire un voyage à l'étranger aussi long et difficile à un si jeune âge. Mais parce que vous avez prouvé que vous êtes un ami des Japonais, j'ai accepté que ma propre fille vous accompagne à New York."

Mais il voulait que Schiff comprenne qu'il ne voulait pas que sa fille passe plus de trois ans en Amérique. La remarque de politesse de Schiff a en fait été prise comme un ordre de Wall Street par le banquier le plus lourd du Japon. Schiff était un homme de parole, et il a eu l'audace de retourner à New York avec la fille du Gaucho, et de renvoyer la fille du Gaucho à la fin du mandat de trois ans comme promis. Dès lors, le Japon est tombé amoureux des grosses fortunes de Wall Street.

Nouveau cercle et ancien cercle

Avant 1840, il n'y avait aux États-Unis que deux douzaines de familles riches disposant d'un patrimoine supérieur à 1 million de dollars, et pas plus de cinq familles super-riches dépassant les 5 millions de dollars, et ces familles descendaient presque exclusivement de seigneurs de grands domaines de l'époque coloniale. À l'époque, New York n'était pas une ville très riche, et toutes les autres familles émergentes, à l'exception de la famille Morris, devaient probablement faire du commerce pour joindre les deux bouts. Après la guerre de Sécession, l'économie américaine est passée à la vitesse supérieure, et les riches sont apparus en grand nombre, avec des centaines de familles dans la seule ville de New York possédant des biens de plus d'un million de dollars. L'explosion de nouvelles industries telles que les moteurs à vapeur, les chemins de fer, les textiles, les machines, l'acier, l'industrie militaire, le pétrole, le télégraphe, le téléphone et d'autres industries naissantes, provoquée par la révolution industrielle, a porté la création de la richesse américaine à un rythme et à une échelle sans précédent dans l'histoire de l'humanité.

À New York, les familles d'un grand nombre de seigneurs traditionnels de grands domaines sont confrontées à de grands défis face à la montée en flèche de la richesse des familles émergentes. Alors que ces familles plus anciennes jouissent d'un statut et d'une influence élevés dans la société et sont relativement stables dans leur identité de valeur les unes par rapport aux autres, la croissance de leur richesse a largement suivi le rythme de l'expansion des familles émergentes. Il existe un consensus croissant entre la nouvelle aristocratie et les anciens sur le fait que la classe supérieure doit être redéfinie. La famille McAllister de New York a lancé l'idée que l'aristocratie traditionnelle de New York et l'aristocratie émergente doivent réaliser une grande union. Si l'ancienne noblesse était représentée par la famille Morris, le noyau de la nouvelle noblesse était la famille Vanderbilt. Selon McAllister, ces aristocrates anciens et nouveaux devaient parvenir à un consensus qui formerait un cercle fixe de la haute société, un cercle de richesse, de pouvoir et de nobles traditions qui maintiendrait les différents soi-disant spéculateurs, les riches et les follement riches et le vulgaire hors de la haute société noble et élégante, afin de ne pas polluer et violer la "meilleure partie" de la société.

L'omission des Juifs du soi-disant "cercle des 400" que McAllister et plus tard Mme Astor avaient créé a déclenché une réaction de la part des banquiers juifs de Wall Street. La position des banquiers juifs dans la finance américaine, en termes de richesse, est incontestable, comme l'admettent les nouveaux et anciens aristocrates de la société américaine. Mais dans les cercles sociaux et parmi les classes supérieures, il n'y a toujours pas de consensus sur les attitudes tolérantes à l'égard des Juifs en raison des préjugés religieux et traditionnels. Aujourd'hui encore, on trouve des traces de discrimination à l'égard des Juifs dans la société américaine.

Il existe en fait différentes classes sociales parmi les Juifs des États-Unis. Parmi les Juifs les plus élevés se trouvent les "Juifs sépharades", une branche originaire d'Espagne et du Portugal et arrivée en Amérique vers 1654. Les Juifs sépharades sont arrivés aux États-Unis avant même les familles des grands seigneurs du Manoir. Les traditions culturelles de ces juifs ne sont pas sans rappeler celles des juifs allemands qui sont arrivés aux États-Unis au XIXe siècle, et nombre de leurs traditions religieuses et coutumes de vie perpétuent le style unique préservé au Moyen Âge.⁷⁹ Les Juifs sépharades ont tendance à se considérer comme l'une des classes les plus nobles parmi les Juifs américains. Ils sont essentiellement capables de s'identifier au cercle américain des familles des grands seigneurs des domaines.

La deuxième classe juive est celle des nouveaux riches germano-juifs représentés par Seligman, Belmont, Schiff, Warburg, Speer, Lehman, Goldman, Sykes, Guggenheim, Kuhn, Loeb, etc. Ils ont tous immigré aux États-Unis depuis l'Allemagne dans les années 1830, et la plupart d'entre eux, à l'exception de Schiff et Warburg, n'avaient pas de grandes familles en Allemagne, ils ont souvent commencé par être de petits marchands, puis ont successivement commencé à entrer dans le secteur bancaire dans les années 1950, avec l'essor de l'économie américaine et ont rapidement accumulé une richesse étonnante, essentiellement dans la période de vingt à trente ans avant et après la guerre civile, sont rapidement devenus riches dans le domaine financier, ce qui a largement dépassé les familles bancaires juives en Europe.

Le système bancaire américain est divisé en deux écoles de pensée, dont l'une est le système bancaire commercial, suivant le système de pensée financière de Hamilton, principalement basé sur les grandes familles traditionnelles de la Nouvelle-Angleterre comme noyau, monopolisant le grand système bancaire commercial des États-Unis jusqu'à ce jour. L'autre école de pensée est le système bancaire d'investissement dominé par les banquiers juifs, en particulier les banquiers juifs allemands qui forment l'épine dorsale de Wall Street.⁸⁰ Ils sont centrés sur les opérations de négoce de billets, de cotation en bourse et de souscription d'obligations. Si les banques commerciales sont la source de la création de crédit, équivalent à la moelle et au cœur du corps humain, qui produisent et fournissent le sang, alors les banques d'investissement sont les canaux qui canalisent le capital et le crédit, comme l'aorte et les veines du corps humain, et les capillaires dans tout le corps. Lorsqu'une banque centrale privée a été créée, la fonction d'approvisionnement en sang cardiaque de la banque commerciale a été transférée à la banque centrale, qui était contrôlée conjointement par les grandes familles bancaires traditionnelles et les familles bancaires

---

[79] Kaplan, Yosef, *An Alternative Path to Modernity : The Sephardi Diaspora in Western Europe* : Brill Publishers (2000).

[80] Walter Lord, *The Good Years, From 1900 to the First World War*, New York : Harper & Brothers, 1960.

juives, créant ainsi une situation de contrôles mutuels. En période de prospérité, les deux factions ont vaqué à leurs occupations, et l'eau du puits n'a pas violé l'eau du fleuve. En temps de crise, elles se sont poussées l'une contre l'autre afin de se protéger, unissant parfois leurs forces pour contraindre les gouvernements à les renflouer. La banque centrale est l'organe de coordination des deux factions, tandis que le gouvernement agit en tant qu'acheteur de dernier recours.

La troisième catégorie de Juifs était constituée des Juifs d'Europe de l'Est qui ont immigré aux Etats-Unis depuis l'Europe de l'Est et la Russie à la fin du 19ème siècle et au début du 20ème siècle. À New York, par exemple, la population juive en 1870 était d'environ 80 000 personnes, soit 9 % de la population de la ville. En 1907, une moyenne de 90 000 Juifs arrivaient à New York chaque année, et la plupart des Juifs de cette période étaient des immigrants russes et polonais. La population juive de New York était autrefois proche d'un million de personnes, soit 25 % de l'ensemble de la population new-yorkaise.[81] Avec l'arrivée d'un grand nombre de Juifs d'Europe de l'Est, la communauté juive de New York a subi une scission importante.

Les Juifs allemands, qui avaient été méprisés par les "Juifs sépharades" précédents lorsqu'ils sont arrivés aux États-Unis au milieu ou à la fin du 19e siècle, sont entrés dans l'industrie financière américaine et ont acquis une grande richesse, formant progressivement leur propre cercle de classe supérieure. Lorsqu'un grand nombre de Juifs d'Europe de l'Est sont arrivés, les Juifs allemands avaient également de forts préjugés à l'encontre des primo-arrivants. Les Juifs allemands vivaient dans les quartiers aristocratiques de New York, étaient bien éduqués, bien habillés, avaient des familles riches et étaient déjà aristocratiques dans leurs manières et leur langage. Les Juifs d'Europe de l'Est, en revanche, étaient plus concentrés dans les ghettos, avaient des manières grossières, étaient en haillons et débraillés, portaient des cultures différentes, avec des accents étranges, et discutaient de diverses idées. Ces personnes, avec des idées, des origines et des expériences différentes, ont afflué à New York, provoquant un grand choc et une grande perturbation dans la communauté juive allemande traditionnelle.

---

[81] Diner, Hasia, *The Jews of the United States*, 1654 to 2000.

Il y a une différence importante entre les Juifs allemands et les Juifs d'Europe de l'Est, et les Juifs allemands sont extrêmement différents des nouveaux Juifs d'Europe de l'Est : ces gens jettent des détritus, crachent partout, vivent dans la promiscuité, parlent fort en public, poussent et bousculent partout, se comportent grossièrement, et même la violence, la faim, le crime et d'autres problèmes sociaux sont fréquents dans les communautés des Juifs d'Europe de l'Est. En fait, ces Juifs allemands "supérieurs" ont les mêmes problèmes que ceux qu'ils avaient lorsqu'ils sont arrivés aux États-Unis il y a plusieurs décennies. Il y avait même des "tendances antisémites" parmi les Juifs allemands, qui se sentaient de culture allemande, pleins des gènes de la paix, de la liberté, du progrès et de la civilisation, et se considéraient comme supérieurs aux Juifs. Lorsqu'ils parlaient des nouveaux immigrants juifs d'Europe de l'Est et de Russie, le mépris, le dégoût et le dédain débordaient, comme s'ils parlaient d'une autre race.

D'autre part, les Juifs russes et d'Europe de l'Est ont rapidement découvert que ces millionnaires juifs allemands avaient également été des colporteurs de petites entreprises, et que ce que les milliardaires juifs allemands pouvaient faire, ils pouvaient le faire aussi. C'est ainsi qu'un grand nombre de Juifs russes et d'Europe de l'Est ont tenté d'imiter l'expérience de richesse des Juifs allemands de l'époque et ont commencé à vendre toute une série de petites marchandises dans les rues de New York, ce qui a embarrassé et ennuyé les Juifs allemands. De nombreux Juifs d'Europe de l'Est ont essayé d'"américaniser" l'orthographe de leur nom afin de s'américaniser davantage, en apprenant des Juifs allemands et en essayant de s'intégrer dans le cercle des Juifs allemands, mais ils n'ont jamais réussi.

Étonnamment, les Juifs de Russie et d'Europe de l'Est, forts de leurs expériences tragiques sur le vieux continent européen et de leurs visions brillantes pour le nouveau continent américain, ont créé l'industrie cinématographique américaine — Hollywood — à partir de rien et ont porté leur "rêve américain" à sa pleine expression au cinéma et dans le monde réel. Les fondateurs des six sociétés de production fondatrices d'Hollywood, Universal, Paramount, Fox, MGM, Warner Bros. et Columbia, étaient presque tous des immigrants juifs originaires de Russie et d'Europe de l'Est.

Au début du XXe siècle, la technologie cinématographique fait son apparition et les immigrants juifs de New York commencent à gérer des cinémas et, à leur tour, à investir dans la production de films. Ostracisés par le trust cinématographique de l'Est, dirigé par Thomas Edison, les producteurs juifs ont commencé à émigrer en Californie, et en 1915, l'immigrant juif Carl Laemmle a commencé sa carrière à Hollywood en créant les Studios Universal, la première ville cinématographique massive du monde. En 1920, cinq autres studios juifs avaient été créés. Dans les années 1920 et 1930, le cinéma hollywoodien est devenu une Mecque du divertissement culturel, les trois quarts des Américains allant au cinéma une fois par semaine.

Le "rêve américain" de liberté, de démocratie et de lutte personnelle créé par les immigrants juifs, les symboles culturels propagés par les canaux de communication de masse — les films — ont à leur tour obtenu l'approbation de la classe moyenne blanche américaine et sont devenus la conscience culturelle dominante de la société américaine, et Hollywood a diffusé le "rêve américain" dans le monde entier.

CHAPITRE V

Une Europe turbulente

Un profond sentiment de fierté et de frustration est tissé dans les os du peuple allemand. La tradition germanique du travail, de la rigueur, de la loyauté et de la discipline a toujours placé l'Allemagne dans une position d'excellence dans l'histoire du monde moderne, avec un certain nombre d'étoiles dans les domaines de la science, de la technologie, de la littérature, de la musique, de la poésie, de l'armée, de la politique et de la finance. Mais en même temps, l'Allemagne est un pays rare dans l'histoire de l'humanité qui est pleine de tragédie, et aucun pays n'a jamais apporté autant de contributions remarquables à la civilisation humaine tout en causant autant de souffrance à l'humanité.

Le plus grand malheur de l'Allemagne est d'être géographiquement coincée par deux puissances européennes, la Russie et la France, et de voir son accès à la mer fermement étouffé par la Grande-Bretagne. Plus elle résiste et plus elle se bat, plus le filet se resserre. Depuis la guerre sanglante de 30 ans entre les peuples germaniques (1618-1648), délibérément provoquée par Richelieu en France au 17e siècle, dans le but d'atteindre l'objectif stratégique selon lequel l'Allemagne ne pourrait pas se relever en 200 ans, jusqu'à la Première Guerre mondiale, lorsque la Grande-Bretagne, la France, la Première Guerre mondiale, au cours de laquelle la Grande-Bretagne, la France, les États-Unis et la Russie ont uni leurs forces pour détruire l'ambition de l'Allemagne de s'élever au niveau mondial, et la Seconde Guerre mondiale, au cours de laquelle les quatre pays ont à nouveau coopéré pour écraser complètement les tentatives de l'Allemagne de dominer le monde.

Les sociétés qui partent d'un état économique arriéré et accélèrent leur rattrapage des pays avancés ont une mentalité commune. Dans la seconde moitié du XIXe siècle, l'industrialisation de l'Allemagne et la colonisation des territoires d'outre-mer accusaient un retard considérable par rapport à celles de l'Angleterre et de la France. Les entreprises industrielles et commerciales allemandes, en concurrence avec leurs puissants rivaux britanniques, souhaitaient surtout que le gouvernement mette en œuvre des politiques de protection assorties de taux d'imposition élevés et de faibles coûts de crédit. En 1871, le chancelier Bismarck a finalement achevé l'unification de l'Allemagne. Il s'agit d'un événement historique qui signifie que l'équilibre des pouvoirs qui avait maintenu l'unité du continent pendant plus de 200 ans est brisé, que l'Europe centrale, laxiste et faible, est soudainement consolidée par une Allemagne unie et résistante, et que les intérêts stratégiques britanniques sont fortement remis en question. La Grande-Bretagne commence à coordonner la montée en puissance de la France, de la Russie et d'autres pays pour assiéger totalement l'Allemagne sur le continent européen.

Les banquiers internationaux ont pleinement profité de l'antagonisme et de l'hostilité entre les pays, allant parfois jusqu'à fomenter cet antagonisme, d'une part en en tirant d'énormes bénéfices économiques et d'autre part en ayant leurs propres agendas stratégiques plus larges.

Un désir inassouvi : retourner, retourner à Sion.

Dans l'Ancien Testament, Sion est le nom donné par le Seigneur à ceux qui sont d'accord, qui vivent dans la justice et qui jouissent de la justice et de la paix. Sion est aussi le nom du lieu où se réunissaient les justes de l'Antiquité, et où les élus de Dieu seront un jour à nouveau réunis.

Le mont Sion, situé à Jérusalem, en Palestine, est également utilisé pour désigner Israël et l'ancienne région de Canaan, que la nation juive considère comme sa patrie ultime. Dans l'hymne national israélien, Hatikvah, on trouve les mots "regardant les yeux de l'Orient, regardant la Grange de Sion" et "étant un peuple libre, se tenant sur le Mont Sion et Jérusalem". Lorsque le temple juif de Yahvé a été construit, le bois a été prélevé sur le mont Sion, et les prisonniers de guerre capturés par les Juifs dans les temps anciens étaient contraints de travailler sur le mont Sion. Le mont Sion est considéré comme un symbole du sionisme.

La doctrine juive acceptée par des générations de Juifs depuis leur naissance leur dit que Canaan est "un beau pays de lait et de miel", que l'Éternel leur a donné pour y vivre, et que partout où le peuple juif est dispersé, Dieu a ordonné qu'il revienne et qu'aucune puissance ne l'arrêtera.

C'est sur la base de cette conviction inébranlable et de cet élan spirituel que le peuple juif, à travers des milliers d'années de bouleversements et de souffrances, n'a jamais changé d'avis. Il n'y a aucune ambiguïté dans leurs croyances, il n'y a aucune place pour l'ambiguïté dans leur connaissance du monde, pour eux ils sont "choisis par Dieu" pour exercer l'autorité divine au nom de Dieu, et leur accumulation de richesse et d'autorité n'est pas pour la dilapidation et la débauche, mais tout ce qu'ils font est pour la gloire de Dieu. Pendant des milliers d'années, ils ont cru en cela, sans hypocrisie ni exagération. Tout ébranlement de la foi conduit inévitablement à l'effondrement de l'ensemble du monde spirituel, et finalement la nation entière s'évanouira inévitablement dans la mer des hommes. Et aujourd'hui, non seulement nous ne voyons pas l'affaiblissement du peuple juif, mais nous voyons un groupe de forces puissantes rarement vu dans l'histoire. S'il existe un génie chez les Juifs, il est inextricablement lié à leur énergie psychologique hautement concentrée et à leur conviction indiscutable. Pour les sionistes, qui ont consacré le Mont Sion comme la Terre Sainte, la volonté de Dieu, la Palestine doit aussi être la destination finale de l'immigration juive.

La doctrine juive dit aussi aux gens que la route du retour est pleine d'épreuves, de rebondissements et même de désespoir, mais que Dieu leur donnera le pouvoir de les sauver et de les diriger pour finalement les ramener sur la terre de Sion.

La famille bancaire allemande : le feu de l'espoir d'un retour

La restauration de l'État d'Israël est une entreprise très vaste, extrêmement complexe et presque impossible. Après 2 000 ans de déplacement, il n'est pas facile pour les Juifs de retourner en Terre sainte, à Jérusalem, pour reconstruire Israël, qui, avant le XIXe siècle, se trouvait dans une phase extrêmement difficile de survie, sans parler de reconstruction, sous la double oppression des forces religieuses européennes médiévales et des préjugés séculaires féodaux. À ce stade de l'histoire, la restauration du pays n'était qu'un rêve ; après le XVIe siècle, le mouvement de la Réforme et des Lumières, qui prenait de l'ampleur en Europe, a finalement déchiré une fissure entre le lourd catholicisme et la stricte autocratie féodale, et le rêve de la restauration est apparu comme une lueur d'espoir ; à la fin du 18e siècle, la révolution bourgeoise française est rapidement devenue un feu ardent balayant tout le continent, et le système de pouvoir social traditionnel religieux et féodal s'est effondré, accompagné par la montée du capitalisme et l'expansion sans précédent du pouvoir de l'or. Au milieu du 19e siècle, le rêve de la restauration se traduit progressivement par des actions concrètes, et les sionistes commencent à converger vers l'Allemagne, où l'environnement religieux et social est relativement libéral.

Tout au long de l'histoire de l'Europe, l'existence sociale et le statut du peuple juif ont été divisés en trois classes sociales environ. La première classe appartient aux masses juives les plus générales, qui vivent dans des ghettos ou dans leurs propres communautés uniques et sont opprimées par une variété de pouvoir politique, d'exclusion religieuse et de traditions sociales. Le deuxième niveau est celui des Juifs protégés. Ces Juifs appartiennent à un groupe de personnes qui ont plus de valeur pour le gouvernement local, ils sont donc appelés Juifs protégés, principalement parce que l'industrie particulière dans laquelle ils travaillent contribue davantage à la région locale. La troisième classe est constituée des Juifs plus minoritaires, qui ont un statut social relativement plus élevé, principalement en raison du fait qu'ils sont engagés dans certains services uniques, comme les banquiers, qui prêtent au gouvernement du pays dans lequel ils se trouvent, et ont donc un statut social plus élevé. Ces personnes étaient appelées les Juifs de cour (Court Jews). Les riches familles de banquiers juifs, comme les Rothschild, étaient des Juifs de cour de par leur origine.

Tout au long de l'histoire, le peuple juif a été soumis à un état d'exclusion et d'oppression. Un grand nombre de Juifs ont été marginalisés, confinés dans leurs propres communautés, parlant leurs propres dialectes, s'habillant dans leur tenue nationale distinctive et obéissant aux règlements religieux pour maintenir des pratiques alimentaires spéciales. En raison de l'exclusion des Juifs par les forces religieuses dominantes en Europe et de la discrimination dont ils sont victimes de la part de la société laïque locale, les Juifs sont soumis à de sévères restrictions dans tous les aspects de l'emploi, de la migration et de la vie, comme l'impossibilité de posséder des biens, de posséder des fermes et de s'adonner à l'artisanat. Les Juifs ont donc été contraints d'exercer des activités sociales de bas étage, comme le change. Les clients des services de change sont des personnes qui voyagent et font des affaires dans diverses régions du pays et ont besoin de changer de l'argent étranger en monnaies locales qui circulent et sont acceptées dans différentes régions. Les courtiers juifs numismatiques avec son fonctionnement souple, l'information, le flux rapide de rapide, les caractéristiques délicates, dans une variété de marchés numismatiques entre la propagation, mis les aisselles des fourrures, des contacts étendus, le travail acharné des ressources des clients, après des milliers d'années d'accumulation, de sorte que cette profession est devenue une tradition juive emblématique de l'industrie, pour atteindre les étrangers ne sont pas autorisés à entrer dans le domaine de la porte.

En ce qui concerne le cours du développement capitaliste, le développement du marché financier correspond grosso modo aux quatre étapes du développement capitaliste, à savoir le capitalisme commercial, le capitalisme industriel, le capitalisme financier et le capitalisme monopolistique. Depuis l'essor du commerce méditerranéen déclenché par les croisades au 13e siècle et le mouvement de la Renaissance qui a suivi, déclenché par la redécouverte des textes canoniques de l'époque grecque et romaine dans le monde arabe, jusqu'à la découverte du Nouveau Monde et la révolution industrielle du 18e siècle, le commerce maritime massif a conduit à un haut degré de développement commercial. Le but du commerce est de jeter un pont entre les producteurs et les consommateurs, et le marchand est le bâtisseur de ce pont. L'augmentation du volume des échanges a également entraîné une tendance à la division du travail au sein de la communauté des marchands, certains d'entre eux délaissant le processus d'achat, de transport, d'entreposage et de vente des marchandises pour fournir des services financiers pour divers aspects du processus, tels que l'octroi de crédits d'achat, l'assurance transport, l'acceptation de factures, l'escompte de factures et les transactions financières. Cette division spécialisée du travail a considérablement augmenté l'échelle et l'efficacité du commerce, et un grand groupe de "banquiers marchands", les ancêtres des futurs banquiers d'affaires, est apparu. L'arrivée massive de Juifs dans ce qui était alors l'Italie constituait une part importante de ces "banquiers d'affaires".

Vers le 13e siècle après J.-C., avec les croisades et le développement du commerce maritime, la demande de commerce et d'expédition de marchandises dans la région méditerranéenne s'est accrue, et l'Italie est progressivement devenue un point de distribution central pour les flux de personnes, de logistique et d'informations, et la richesse a afflué. Le crédit commercial, basé sur la demande commerciale, ainsi que le commerce d'instruments, sont également apparus, faisant de l'Italie la première région à disposer de marchés financiers et de services bancaires.

Par exemple, lorsqu'un exportateur égyptien conclut un accord avec un importateur français pour une affaire de fourrure, l'Égyptien doit obtenir un financement avant que les marchandises puissent être préparées, ou l'acheteur français a un manque de fonds et doit emprunter pour financer le montant total. C'est à ce moment-là qu'un banquier d'affaires italien est apparu comme intermédiaire pour fournir des prêts, en facturant des intérêts pour ses prêts, et le crédit commercial était né. Lorsque les Égyptiens expédient les cuirs et les peaux, s'attendant à être payés immédiatement, et que l'acheteur français attend de l'autre côté de la mer l'arrivée du navire, n'osant pas payer à partir de rien, les deux parties sont déprimées. À ce moment-là, les Italiens réapparurent et mirent au point un nouvel instrument financier, la "lettre de change", qui indiquait le moment et la monnaie dans laquelle les Français paieraient l'agent italien désigné par les Égyptiens, et ces derniers étaient très heureux d'accepter un tel moyen de paiement. L'Égyptien s'est réveillé et a soudain voulu mettre son argent dans sa poche et ne pas attendre le moment convenu pour retirer de l'argent liquide. Il a donc demandé à son agent italien de vendre la lettre de change à un prix réduit à un investisseur prêt à attendre qu'elle arrive à échéance avant de la retirer. Qui veut accepter ces mandats ? Principalement des juifs intelligents. Les juifs se procurent des mandats dans deux buts : premièrement, pour bénéficier d'un investissement, et deuxièmement, pour contourner les restrictions des strictes lois anti-suspension du Saint-Siège, puisque des prêts à intérêt élevé pouvaient être dissimulés dans l'escompte des mandats.

La Renaissance a favorisé l'essor du commerce et de l'industrie dans les villes, et les Juifs se sont fait connaître dans le commerce pour leurs prouesses financières. À partir de la Révolution française, à la fin du 18e siècle, la fermeture du ghetto (getto) est progressivement levée. Vingt-cinq ans de guerre dans toute l'Europe et la révolution industrielle qui commence à prendre forme en Grande-Bretagne engendrent une demande de financement sans précédent. Les financiers juifs saisissent cette opportunité stratégique pour passer rapidement du commerce et de l'échange de pièces numismatiques au financement de la royauté et des guerres, amassant ainsi une grande richesse et un statut social important et devenant l'épine dorsale du mouvement sioniste, dont les plus célèbres sont les familles Rothschild et Warburg.

Le millénaire d'exclusion et d'oppression qu'a connu l'Europe a produit un sens unique et sensible de la finance chez les Juifs. La dureté de l'environnement extérieur a obligé les Juifs à trouver leur propre mode de vie, qui consistait à s'engager constamment dans toutes sortes d'opérations d'achat, de vente et de commerce, des devises aux matières premières, et dans le processus d'acheter à bas prix et de vendre à prix élevé pour gagner les marges correspondantes, ce que nous appelons aujourd'hui l'arbitrage.

Celui qui occupe le canal a un avantage énorme. Après des siècles de travail acharné, les Juifs ont finalement pris le contrôle ferme des canaux mondiaux des flux de capitaux et de crédit. Leur grande sensibilité à l'intelligence économique, leurs vastes contacts avec les clients, leur sens méticuleux des affaires et la forte cohésion religieuse du peuple juif ont fait d'eux les seuls à occuper le secteur, établissant une position solide et inébranlable, et perpétuant cet avantage et ce monopole pour les générations à venir. Au cours des derniers siècles, les marchés financiers ont connu une expansion rapide, leur profondeur et leur complexité ne sont pas comparables à celles du passé, et le capital, le crédit et les billets ont évolué vers une variété de titres, jusqu'au sens moderne d'actions, d'obligations, de produits financiers dérivés, tous englobants et changeant chaque jour. La seule chose qui n'a pas changé est la domination et le pouvoir de décision de la famille financière juive sur les canaux mondiaux des flux de capitaux et de crédit. La famille financière juive constitue les veines du système financier mondial actuel, un réseau complet, solide, efficace, dense et précis de capillaires financiers répartis dans le tissu économique mondial et profondément ancrés dans tous les niveaux sociaux, du haut vers le bas. C'est dans ce vaste système vasculaire que coule le sang riche du monde, et tout l'argent qui circule par ce canal doit être soumis à divers frais.

Si le canal des matières premières est roi, alors le canal financier est l'empereur !

C'est en jetant les bases des circuits financiers que la famille financière juive, dont l'Allemagne est le premier berceau, a progressivement accumulé des richesses et fermement établi son pouvoir, ce qui a finalement allumé le feu de l'espoir pour le Grand Reich.

Le dilemme palestinien

La Palestine a été sous domination ottomane depuis son incorporation à l'Empire ottoman en 1518 jusqu'à la fin de la Première Guerre mondiale. Pour les sionistes, pour que l'État juif soit rétabli en Palestine, l'Empire ottoman doit être d'accord, et pour que l'Empire ottoman cède la Palestine, il n'y a que deux options, l'appât du gain et la coercition de la guerre.

En Allemagne, où les financiers juifs gagnent en influence et où les sionistes se creusent les méninges autour de la Palestine, un tournant important se produit à l'époque bismarckienne. Avant et après la réunification allemande, le sionisme a progressivement développé un climat en Allemagne et est devenu une zone centrale du mouvement sioniste international. L'Allemagne était un paradis pour les Juifs du XIXe siècle, et son ouverture et sa tolérance sont devenues le jardin d'Eden pour les Juifs vivant dans des ghettos et souffrant de la double oppression de la religion et du féodalisme dans toute l'Europe, en particulier en Europe de l'Est. Historiquement, le sentiment de résistance juive a été le plus fort dans la région d'Europe centrale et orientale vivant sous l'oppression, qui est le lieu de naissance du sionisme. Relativement parlant, les Juifs allemands, riches et laxistes, étaient plus libéraux et gardaient une certaine distance avec le courant sioniste. Cependant, il n'y a pas de différence essentielle entre les deux camps en termes de philosophie spirituelle.

Dans la seconde moitié du XIXe siècle, avec la réunification de l'Allemagne, les objectifs stratégiques de Bismarck et de Guillaume II à l'est étaient si clairs que l'Empire ottoman au Moyen-Orient est devenu un objet sur lequel l'Allemagne devait se concentrer. C'est à ce moment-là que les sionistes ont trouvé des alliés stratégiques. L'idée de base du sionisme était d'obtenir, avec le soutien de l'Allemagne, un laissez-passer de l'Empire ottoman, avec lequel l'Allemagne entretenait de bonnes relations, pour l'émigration massive des Juifs vers la Palestine et l'établissement éventuel d'un État. Et pour convaincre le gouvernement allemand, leur rhétorique de lobbying consistait à établir une base juive palestinienne pro-allemande au Moyen-Orient, un atout précieux et un tremplin fiable pour la stratégie allemande de déplacement vers l'Est. La tentation pour l'Empire ottoman était que l'entrée d'importants capitaux juifs en Palestine améliorerait considérablement le développement économique local et apporterait des avantages économiques considérables à l'Empire ottoman, et que la puissance internationale des capitaux juifs serait le plus fort acheteur de la dette nationale ottomane. Cela était naturellement très tentant pour l'Empire ottoman, qui était déjà au bord de la ruine financière. L'Empire ottoman, considérablement renforcé, tant sur le plan financier, devenait à son tour un puissant allié stratégique à l'est de l'Allemagne, ajoutant ainsi un poids significatif à l'équilibre des forces de l'Allemagne sur le continent européen. Au milieu de tout ce lobbying, la stratégie juive consistait à voter pour l'autre, et tant l'Allemagne que l'Empire ottoman étaient chatouillés au point qu'il était impossible de ne pas flotter. En termes de talent de lobbying, j'ai bien peur que les Su Qin et Zhang Yi de la période des États en guerre n'aient eux aussi à soupirer.

L'élite allemande avait ses propres considérations, et le nombre croissant d'immigrants juifs d'Europe de l'Est se déplaçant en grand nombre vers l'ouest suscitait le ressentiment et le rejet de tous les segments de la patrie allemande. Le Kaiser Wilhelm II subit une pression politique croissante. Le problème des Juifs en Allemagne exige une solution fondamentale. Si les Juifs devaient être déplacés pour s'installer dans les zones palestiniennes, cela permettrait à la fois de satisfaire les demandes sionistes et d'alléger la pression politique sur les antisémites dans le pays. C'est ainsi qu'un consensus global est atteint entre la classe dirigeante allemande, les sionistes et les forces antisémites en Allemagne concernant l'intention de Bartholomé II de faire de la Palestine un lieu d'installation des Juifs.

En 1893, l'Allemagne, seule grande puissance parmi les puissances européennes à briser les tabous, a commencé à proposer l'abolition des lois ottomanes interdisant de nouveaux achats de terres par les Juifs dans la région palestinienne. Le soutien au sionisme s'est encore accentué lorsque l'empereur Guillaume II s'est rendu dans l'Empire ottoman à l'automne 1898 ; sa visite officielle comprenait une visite en Palestine et des entretiens avec des sionistes locaux. Lors de ses entretiens avec le sultan ottoman, le soutien de Guillaume II au sionisme était tout à fait évident, avec des gestes d'optimisme quant au fait que l'établissement d'une colonie juive en Palestine stimulerait la prospérité économique de l'Empire ottoman. Le sultan, cependant, s'est opposé à l'option juive d'un statut d'État sur place. On peut également comprendre que l'Empire ottoman était un vaste empire multiethnique en déclin, et qu'une fois que les Juifs auraient réussi à établir un État, et que d'autres zones ethniques auraient suivi, ne serait-il pas difficile d'assainir la situation ? Après cette négociation, l'esprit de Guillaume

Il s'est beaucoup éclairci et il a eu le sentiment d'avoir été grandement négligé. Afin de ne pas se brouiller avec l'Empire ottoman, le gouvernement allemand renonce à soutenir le sionisme dans la diplomatie.

Le lobbying auprès de l'Allemagne et de l'Empire ottoman n'ayant pas abouti, les sionistes se sont tournés vers le rival de l'Allemagne, la Grande-Bretagne, dans l'espoir de provoquer une guerre entre la Grande-Bretagne et l'Allemagne, de démembrer l'Empire ottoman et d'obtenir ainsi la Palestine. Dans le même temps, les banquiers ont pu récolter des bénéfices exceptionnels grâce au financement de la guerre, aux réparations d'après-guerre et au financement de la reconstruction, faisant ainsi d'une pierre deux coups. Lors de la Première Guerre mondiale, les sionistes ont réussi à faire pression sur la Grande-Bretagne et les États-Unis pour qu'ils soutiennent l'immigration juive en Palestine, abandonnant ainsi l'Allemagne et encourageant les États-Unis à déclarer la guerre à l'Allemagne.

Siège et essor : la concurrence stratégique de Yingde

Le fondement de l'État britannique est le libre-échange, une idée proposée pour la première fois par l'économiste écossais Adam Smith.[82] Selon la théorie commerciale des économistes classiques tels que Smith, le commerce international est bénéfique pour les deux parties concernées. Si une marchandise est moins chère à produire dans un autre pays, il n'est pas nécessaire de la produire dans ce pays, car il est plus rentable et plus avantageux de dépenser l'argent pour l'acheter dans un autre pays. Sur la base de ses vastes colonies d'outre-mer, qui occupent 1/6des terres du monde, la Grande-Bretagne, avec son contrôle sur la mer, la technologie industrielle, les finances et les matières premières, sous le slogan du libre-échange, force les pays non industrialisés à ouvrir les portes du commerce et à s'emparer des ressources et des marchés, récoltant ainsi d'énormes profits. La guerre de l'opium est un exemple de l'hégémonie britannique sur la dynastie Qing, et dans la première moitié du 19e siècle, l'industrialisation et la colonisation des pays d'outre-mer par l'Allemagne sont loin derrière la Grande-Bretagne et la France. Le "modèle de réussite" consistant à imiter les Britanniques était le modèle dominant de l'économie

---

[82] Adam Smith, *La richesse des nations*.

allemande à l'époque, mais la récession de l'économie britannique dans les années 1870 a fait prendre conscience aux Allemands des graves inconvénients du modèle britannique de libre-échange et les a amenés à se tourner vers la théorie infantile de la protection industrielle préconisée par l'économiste allemand Friedrich List.

Lister était un critique d'Adam Smith, qui notait dans *The National System of Political Economy* que

> *"l'économie politique cosmopolite établie par Adam Smith, qui traite le libre-échange comme un idéal, sert en fait les intérêts britanniques. L'Allemagne veut construire une économie politique nationale qui servira ses intérêts en mettant en place une protection commerciale."*[83]

Liszt soutient qu'il n'est plus possible pour un pays arriéré non protégé de devenir un pays industriel émergent en libre concurrence avec les puissants pays industrialisés, les pays les plus arriérés succombant alors généralement à la domination des puissances hégémoniques industrielles, commerciales et maritimes. Demander à une Allemagne relativement arriérée de concurrencer la Grande-Bretagne développée par le biais du libre-échange équivaut à mettre un enfant dans une lutte à la corde avec un adulte. Face à cette réalité, si les pays émergents veulent être forts, ils doivent protéger leurs "industries enfantines". La théorie de la protection des industries enfantines repose sur le système tarifaire, l'augmentation des droits de douane étant un moyen d'obtenir un développement important de la productivité nationale, notamment industrielle.

L'Allemagne est déterminée à développer la navigation et les chemins de fer, à mettre en œuvre des politiques de protection tarifaire pour les industries nationales et à former des talents scientifiques et techniques. En 1871, le chancelier Bismarck achève enfin l'unification de l'Allemagne. Il s'agit d'un événement historique, qui signifie que l'équilibre des forces maintenu sur le continent depuis plus de 200 ans est rompu et que la région laxiste et faible d'Europe centrale est soudainement intégrée dans une Allemagne unifiée, résistante et explosive. Le développement économique de l'Allemagne et

---

[83] Friedrich List, *Le système national d'économie politique*.

l'établissement d'un nouveau modèle économique remettent fortement en question l'approche britannique de l'État et des intérêts stratégiques.

Ligne Hambourg-Amérique : La bataille pour l'hégémonie maritime

Le Kaiser allemand Wilhelm II s'est rendu compte que sans une forte flotte commerciale et une escorte navale, les intérêts économiques de l'Allemagne étaient à jamais à la merci de l'hégémon maritime qu'était la Grande-Bretagne. Albert Ballin, le roi juif allemand du transport maritime, et sa Hamburg America Line (HAPAG) ont joué un rôle crucial dans l'histoire du développement maritime allemand. En 1899, Ballin est devenu président de la Hamburg America Line. Sous sa direction, la Hamburg American Lines comptait 175 méga-paquebots, un nombre qui dépassait celui de tous ses concurrents d'Europe continentale.[84] Plus tard, même le Kaiser allemand Wilhelm II était tellement submergé par cette énorme flotte qu'il venait souvent à la flottille de Bowling pour divers événements. En 1910, la flotte de Bowling employait plus de 20 000 personnes et Hambourg devint le deuxième port le plus actif du monde après New York.

En fait, géographiquement, la décision de l'Allemagne de développer la puissance maritime de cette manière est problématique. Car le littoral allemand est dans une position très défavorable. Au nord-ouest, il y a la mer du Nord de l'océan Atlantique, directement face à Hambourg, qui est bloquée par la Grande-Bretagne, et au nord, la mer Baltique, qui n'a qu'un accès très étroit à la mer, et après être sortie dans la mer du Nord, toujours bloquée par la Grande-Bretagne. Avec le creusement du canal de Kiel, la mer du Nord et la mer Baltique sont reliées, mais cela ne résout toujours pas le problème de l'accès naval allemand à la mer.

Contrairement à l'Allemagne qui, d'une part, bloque les exportations de l'Allemagne en mer du Nord et, d'autre part, dispose d'un accès libre à l'océan Atlantique depuis sa côte ouest, la Grande-Bretagne dispose naturellement d'une supériorité maritime, tandis que l'Allemagne est enfermée dans le débouché de l'océan Atlantique.

---

[84] Ron Chernow, *The Warburgs The 20 Century Odyssey of a Rememberable Jewish Family*.

La stratégie allemande consistant à développer des navires géants et des flottes océaniques à cette époque s'est avérée être un grand échec stratégique lors des deux dernières guerres mondiales. L'énorme marine de l'Allemagne, qui avait été construite à grands frais pendant 20 ans, a été largement détruite lors de la Première Guerre mondiale. Lors de la Seconde Guerre mondiale, les puissantes forces navales d'Hitler, à l'exception des sous-marins, ont joué un certain rôle, et tous les navires de guerre lourds, y compris les deux porte-avions allemands inachevés, n'ont joué aucun rôle substantiel, la raison fondamentale étant la difficulté d'entrer et de sortir de la mer du Nord.

La géographie maritime à laquelle l'Allemagne est confrontée est très similaire à la situation maritime à laquelle la Chine est confrontée aujourd'hui. Bien que le littoral chinois s'étende sur 18 000 kilomètres, il apparaît sur la carte que les océans du pays sont fermement bloqués par la première chaîne d'îles, avec la Corée du Sud au nord, l'archipel japonais, Okinawa, l'île de Taïwan, qui borde la Chine au milieu, et les îles Philippines au sud, jusqu'à la Malaisie et l'Indonésie, et le détroit de Malacca. Cette première chaîne d'îles enferme le long littoral chinois dans une impasse dans la mer intérieure de la Chine, avec une deuxième chaîne d'îles non loin de là.

Revenons à l'Allemagne du 19ème siècle. Pauline est devenue une bonne amie de Guillaume II, qui a déclaré qu'il n'avait "jamais considéré Pauline comme une juive de cour", et en 1891, à l'instigation de Pauline, Guillaume II a prononcé un discours dans lequel il a dit :

> " Il faut que nous, Prussiens, soyons portés sur la mer, qu'ils en explorent les frontières et qu'ils soient féconds, pour le bien de l'Allemagne, et pour votre compagnie ; c'est une question d'avantage mutuel, et du meilleur des deux mondes. " [85]

Outre la construction de navires de guerre, en juin 1895, Guillaume II fait creuser le canal de Kiel, qui relie toute la mer Baltique à la mer du Nord. Ces progrès renforcent la désillusion de Guillaume II à l'égard de la mer. Dans l'esprit de Guillaume II, une grande flotte marchande et une marine puissante sont inséparables. Les grands navires HAPAG de Pauling pourraient rapidement être transformés en flotte de la marine allemande lorsque la guerre éclaterait.

---

[85] Ibid.

En 1898, Bowling a publiquement soutenu le programme de construction navale allemand, alors que le plus puissant promoteur du programme de construction de la flotte navale était l'amiral allemand Tepitz, et en 1900, le Reichstag a approuvé par voie législative la construction de deux grands navires de guerre.[86] C'est une énorme opportunité commerciale pour Bowling. Et bien sûr, il n'a pas oublié de mentionner son ami oublié, le banquier juif Max Warburg.

Max Warburg : Le tsar économique du futur

Le développement de la vaste flotte maritime de l'Allemagne ne manquera pas d'entraîner des dépenses financières considérables, et les banquiers internationaux allemands en tireront de grands bénéfices. Dans le même temps, la grande stratégie navale de l'Allemagne ne peut qu'agiter les nerfs de la Grande-Bretagne, et les banquiers internationaux britanniques multiplient encore la menace maritime de l'Allemagne à des hauteurs stratégiques pour la survie de l'Empire. La réponse instinctive du gouvernement britannique a été de construire une flotte navale à plus grande échelle, et la course aux armements a ainsi donné le coup d'envoi d'un festin financier aux délices somptueux. La course aux armements, en revanche, est une "violence organisée et invisible" et doit s'appuyer sur un financement à grande échelle. De cette façon, les Anglo-Allemands et leurs alliés en Europe, ainsi que la puissance de cheval pour étendre les préparatifs militaires, les banquiers internationaux de toute l'Europe étaient "pleins d'extase de la dette publique" !

Max Warburg et Alpert Bowling sont amis depuis plus de deux décennies. Avec le fort soutien de Bowling, Max a été placé au conseil d'administration de Bowling. Au cours de la même période, Max a rejoint les conseils d'administration de plusieurs autres entreprises fournisseurs de Bowling sur recommandation de Bowling, y compris un groupe des plus grandes entreprises de construction navale d'Allemagne, comme Bromworth. Pour Bromworth, Bowling était leur plus gros client, donc quand Bowling a demandé de mettre Max dans le conseil d'administration de la société, la société ne pouvait pas refuser.

---

[86] Lawrence Sondhaus, Naval warfare, 1815-1914 (Routledge, 2001).

Grâce à cet arrangement, Max devient rapidement une figure centrale de la construction navale et du commerce allemands. En 1920, Max et les autres partenaires de la banque familiale occupent des postes au conseil d'administration de 80 à 90 grandes entreprises et sont les principaux acteurs industriels, commerciaux et financiers d'Allemagne. Grâce aux pressions exercées par Max et Bowling, Guillaume II d'Allemagne est impressionné par la perspective de la mer et prêt à faire le grand saut.

En 1893, Max prend la tête de la banque familiale Warburg. En l'espace de dix ans, le jeune homme qui est alors à la tête de l'industrie financière allemande est devenu un géant.

En 1903, à l'âge de 36 ans, Max est présenté pour la première fois au Kaiser Wilhelm II par Pauline. Le chancelier allemand de l'époque, nommé Blow, pensait que l'empereur Guillaume II avait besoin de connaissances en finance pour mener à bien la réforme financière, et a suggéré que Bowling présente Max à Guillaume II pour un dîner ensemble.

Bowling a fait savoir à Max que Wilhelm II d'Allemagne souhaitait le convoquer, mais ne lui a donné que dix minutes pour exposer les problèmes financiers. Max refuse dès qu'il l'entend, s'entêtant à dire que dix minutes ne suffisent pas. Sa persistance permet à Guillaume II d'étendre la réception à 32 minutes. Après des répétitions répétées pour sa comparution devant le Kaiser, Max prépare finalement un discours de 25 minutes, avec 7 minutes supplémentaires réservées à la discussion avec Guillaume II.

La répétition fut un succès, mais la représentation publique en pâtit. Guillaume II cet homme était grognon et extrêmement capricieux. Max vient de commencer son discours lorsque Guillaume II l'interrompt : "La Russie tsariste sera bientôt terminée". Max répond : "Votre Majesté, non, la Russie tsariste ne sera pas finie". "

Max commença alors à expliquer que c'était parce que la Russie venait d'émettre un nouvel emprunt, remboursant l'ancien, et n'augmentant pas la dette nationale totale. En entendant que Max le contredisait directement, le Kaiser est entré dans une colère noire et a rugi : "La Russie tsariste doit être achevée, jusqu'au bout". "Après ce rugissement, il a agité sa manche et est parti pour aérer Max, impuissant. Plus tard, Max en a parlé et a plaisanté : "Mes auditeurs étaient censés me donner 32 minutes, mais finalement, je n'ai eu que 3 minutes". "

Malgré "l'échec de la prestation publique", Guillaume II favorise Max en raison de son importance. L'année suivante, Guillaume II convoque à nouveau Max, lui lève son verre et se dit prêt à entendre les conférences sur la réforme financière qui ont été longtemps retardées.

Le Kaiser Guillaume II est un homme fier et vaniteux, et l'amener à accepter un compromis n'est pas une tâche facile, comme en témoigne la position de Max dans son cœur. Au cours de la conversation, Guillaume II admet à contrecœur qu'il est vrai que la Russie tsariste ne fera pas faillite de sitôt. Mais Max, ingrat, s'interpose : " Je l'ai déjà dit à Sa Majesté ". "Guillaume II tape sur la table en signe d'exaspération : "Vous avez toujours raison ? "Voyant que Guillaume II est sur le point de partir à nouveau, Max s'excuse immédiatement, pour pouvoir donner à Guillaume II une conférence bien préparée sur la réforme financière.[87]

Par la suite, Max et Guillaume II se rencontrent fréquemment. La relation de Max avec Guillaume II est différente de la relation de Bleichröder avec Bismarck. Bismarck était souvent dictatorial envers Bleichröder, mais très subjectif. Guillaume II, d'une part, était têtu dans ses opinions et d'autre part, "doux" et facilement ému par les autres. Chaque fois que Max pensait avoir réussi à convaincre l'empereur, Guillaume II changeait soudainement d'avis en entendant la version des faits de quelqu'un d'autre.

En Allemagne, à l'époque, la noblesse Junker et le corps des officiers prussiens étaient hostiles et résistants aux Juifs, principalement pour des raisons d'intérêt. L'aristocratie foncière Junker est relativement conservatrice dans son idéologie, et son intérêt de groupe est de protéger le prix des produits agricoles en exigeant des droits de douane plus élevés et en écartant les concurrents étrangers. Les compagnies maritimes et les banquiers juifs, qui prônent le commerce maritime, sont fortement opposés au protectionnisme commercial. La raison en est simple : une fois que le protectionnisme commercial prévaudra, le commerce international ne pourra pas se faire, et ils n'ont pas de marché pour le grand nombre de services financiers liés au commerce international. Par conséquent, les propriétaires fonciers Junker et les banquiers juifs ont formé un conflit aigu et conflictuel. On peut également établir des parallèles avec les conflits actuels dans le

---

[87] Ron Chernow, *The Warburgs The 20 Century Odyssey of a Rememberable Jewish Family*.

domaine du commerce international. Les principaux acteurs de la lutte pour le libre-échange, la baisse des droits de douane et la mondialisation sont essentiellement des sociétés supranationales et des consortiums internationaux ; au contraire, la plupart de ceux qui s'opposent au libre-échange et prônent la protection commerciale sont des forces nationales et locales qui seraient lésées par le libre-échange. La mondialisation et le libre-échange ne sont pas des slogans de théorie et de principe, ils sont une question d'intérêt pur et simple.

Influencé par le fort plaidoyer de Max et Bowling, Guillaume II hésite sur la mer et est prêt à faire les choses en grand. Au début du 20e siècle, les deux grands groupes de pouvoir avec la Grande-Bretagne et l'Allemagne au cœur du continent européen ont commencé une lutte à la vie et à la mort de siège et de contre-siège, d'endiguement et de montée de la scène la plus intense et sanglante de l'histoire du monde moderne.

Le chemin de fer Berlin-Bagdad : Le corridor stratégique de l'Allemagne en état de siège

En 1885, l'ingénieur allemand Gottlieb Daimler a inventé le moteur automobile utilisant le pétrole, qui était beaucoup plus compact et efficace que le système de moteur à vapeur volumineux et massif alimenté par le charbon utilisé à l'époque. Cette technologie avancée de moteur pouvait également être utilisée sur des navires, des cuirassés et, plus tard, des avions, et les ressources pétrolières sont naturellement devenues le centre de l'attention. À l'époque, le pétrole n'avait pas été découvert par la Grande-Bretagne et les colonies qu'elle contrôlait, et les yeux du monde étaient fixés sur les ressources pétrolières de la région arabe.

Face à la pression exercée par la mer, l'Allemagne a dû essayer de trouver des opportunités de développement stratégique par la voie terrestre, étant donné la difficulté momentanée de dépasser la puissante puissance maritime de la Grande-Bretagne. Depuis la fin du 19e siècle, l'Allemagne fait des affaires, investit et ouvre des institutions bancaires dans la péninsule anatolienne. La péninsule anatolienne, bordée par la mer Noire au nord, la mer Égée à l'ouest et la mer Méditerranée au sud, est la porte stratégique de l'Europe vers le Moyen-Orient. L'objectif stratégique de l'Allemagne était clair : construire une artère ferroviaire de Berlin à Bagdad (la ligne de l'"Orient Express" avait auparavant atteint Istanbul) qui relierait la forte capacité de production industrielle de l'Allemagne aux richesses en matières premières, en pétrole, en nourriture et aux vastes marchés potentiels du Moyen-Orient, intégrerait économiquement et stratégiquement la production industrielle et les ressources en matières premières de l'Europe centrale, des Balkans et de l'ensemble du Moyen-Orient, et étendrait son influence politique dans toute l'Asie occidentale et méridionale, ouvrant ainsi la route maritime du golfe Persique à l'océan Indien. Plus important encore, ce corridor contournerait le puissant contrôle naval britannique, contournerait le canal de Suez sous contrôle britannique et français, et servirait d'artère stratégique pour la sécurité allemande sous la protection des forces terrestres allemandes dominantes. Dans ce contexte, en 1900, la banque familiale Warburg de Hambourg, en Allemagne, s'est associée à la Deutsche Bank pour commencer à fournir un financement à grande échelle pour le projet ferroviaire.

Il est clair que cette tentative stratégique a rendu la Grande-Bretagne très nerveuse. Les tensions anglo-allemandes s'intensifient progressivement.

En 1907, l'ancien Premier ministre britannique Arthur Balfour s'inquiète auprès du diplomate américain Henry White : "La Grande-Bretagne commettra une erreur stupide si nous ne nous empressons pas de déclarer la guerre à l'Allemagne avant que les Allemands ne construisent d'autres systèmes de transport et ne nous privent de notre commerce. [88]White n'est pas impressionné et déclare : "Si vous voulez rivaliser avec les Allemands dans le domaine du commerce, vous devriez travailler plus dur". "Balfour répond : " Cela abaisserait notre niveau de vie et rendrait la guerre relativement plus facile ". S'agit-il simplement d'une question de bien et de mal ? C'est une question d'hégémonie britannique qui est en jeu. "

Tout comme la Grande-Bretagne, la France et la Russie s'opposent farouchement au projet de chemin de fer de Bagdad et font tout ce qu'elles peuvent pour empêcher sa construction. La Grande-Bretagne a cherché à persuader l'Empire ottoman, suggérant qu'il s'agissait d'un complot allemand visant à contrôler et à détruire la Turquie. Et la France, bien qu'ayant une participation locale de 2,5 milliards de francs, a reçu une directive du gouvernement lui interdisant de permettre aux

---

[88] John V. Denson, *Reassessing the presidency : the rise of the executive state and the decline of freedom* (Ludwig von Mises Institute, 2001).

obligations du chemin de fer de Bagdad de se négocier à la bourse de Paris.

Il faut dire que le projet de chemin de fer de Bagdad a constitué un maillon irréconciliable dans la lutte de siège et de contre-siège entre la Grande-Bretagne, la France, la Russie et l'Allemagne, et a été l'une des causes majeures de la Première Guerre mondiale.

Incident d'Agadir

Après les guerres napoléoniennes de 1815, la Grande-Bretagne a occupé une position incontestée d'hégémonie maritime mondiale, contrôlant fermement les principales voies navigables des océans du monde.

Le père de Churchill, Randolph, était un ami proche des Rothschild, et la politique étrangère britannique était essentiellement celle des Rothschild. Rothschild était l'un des principaux défenseurs et promoteurs actifs de la Royal Navy.

Avec l'avènement du moteur à essence, la demande de pétrole dans la marine et dans toutes les industries ne pouvait qu'exploser, et la branche française des Rothschild s'est rapidement associée aux Rockefeller aux États-Unis pour se partager les ressources pétrolières mondiales. L'idée que la Grande Marine ne pourrait pas être développée sans les ressources pétrolières a été présentée à Churchill par Rothschild. Churchill devint convaincu que la future guerre navale devait être fortement alimentée par le pétrole, que la construction navale devait être intensifiée et que le rythme de renouvellement devait être accéléré.

En 1888, la banque Rothschild d'Angleterre a offert 225 000 £ en actions pour la "Naval Construction and Armaments Company"[89]. Après avoir fait fortune, elle n'a pas été satisfaite et a ensuite préconisé l'expansion du projet de méga-navire de la Royal Navy, avec une allocation massive de fonds pour accélérer la construction navale afin de répondre à la soi-disant menace que représentait le rattrapage rapide de la marine allemande.

---

[89] Jules Ayer, *Un siècle de finance, 1804 à 1904 : La maison Rothschild à Londres* (W. Neely, 1905).

L'"incident de la canonnière marocaine", ou "incident d'Agadir", a frappé en plein dans le mille et a rendu compte directement de la menace sérieuse que représentait la marine allemande.

Le 1er juillet 1911, le Kaiser Wilhelm II envoie un cuirassé, la Panthère, sur la côte marocaine contrôlée par les Britanniques pour secourir des citoyens allemands menacés, ce qui devient l'incident le plus grave du défi ouvert de l'Allemagne à l'hégémonie maritime britannique, choquant les Britanniques et les nuages de la guerre commencent à s'amonceler sur l'Europe.

En fait, toute la soi-disant "affaire d'Agadir" est un véritable naufrage. L'histoire est la suivante : en 1909, Max Warburg rencontre un mystérieux jeune homme nommé Dr Wilhelm Charles Regendanz. Cet homme est un grand fan de Cecil Rhodes, et Rhodes n'est pas un homme simple, comme nous le verrons plus tard. Regendance prétend avoir préparé un plan complet pour la colonisation de l'Afrique par l'Allemagne, arguant que l'Allemagne doit agir de manière décisive. L'Allemagne, un pays nouvellement impérialiste à l'époque, n'a pas rattrapé le festin du Portugal, de l'Espagne, de la Grande-Bretagne, de la France et d'autres puissances européennes au cours des quatre cents premières années de la division mondiale des colonies, très déprimée, le pays fort et industriellement développé, mais pratiquement aucune sphère d'influence à l'étranger a toujours été une maladie du Kaiser et de Bismarck, de sorte que tout plan de colonisation outre-mer peut facilement susciter la frénésie du Kaiser. Regendance est apparemment un jeune homme avec de "grands idéaux" et écrit dans son journal en 1909 : "Je dois me mettre devant la carte pour voir où me procurer une colonie."

Le 16 juin 1911, Max Warburg fait rapidement la connaissance de Regentes et l'invite à agir en tant que "conseiller juridique" auprès de la banque de la famille Warburg, qui se concentre en fait sur la planification des colonies africaines. Regendance dépeint le sud du Maroc comme une "terre fertile, riche en minéraux" et prouve qu'il s'agit d'un lieu au cœur des intérêts allemands. Et en fait, l'endroit est un désert de Gobi. La première réaction du Kaiser est une opposition farouche, craignant de déclencher un conflit diplomatique entre l'Allemagne et la Grande-Bretagne et la France. À cette époque, Max Warburg n'était pas avec le Kaiser, il a persuadé le Kaiser qu'il allait être jaune, et dans la précipitation, Pauline, qui était favorisée par le Kaiser, a immédiatement rejoint, secouant ses lèvres et finalement persuadé le Kaiser. Finalement, Guillaume II accepta à contrecœur d'envoyer un navire de guerre pour jeter un coup d'œil. Regendance et les autres étaient aux anges.

Mais le problème est qu'il n'y avait pas un seul Allemand dans le sud du Maroc à l'époque. Sans les Allemands, il n'y a aucun moyen de montrer que la vie des Allemands est menacée par les indigènes locaux, et il n'y a aucun moyen d'apprendre d'eux. Par conséquent, un ingénieur des mines a été envoyé comme Allemand "menacé dans sa vie". L'homme était censé atteindre l'endroit désigné le 1er juillet 1911, mais le vieil homme s'est perdu et a erré dans les montagnes accidentées. Cela n'a pas empêché l'Allemagne de lancer une alerte marocaine indiquant que les Allemands subissaient des tirs nourris au sol, et Berlin a prévenu les autorités anglo-françaises que l'Allemagne enverrait des navires de guerre dans la région pour effectuer des opérations de sauvetage. Lorsque le navire de guerre allemand arrive, l'ingénieur est introuvable. Lorsque l'ingénieur épuisé arrive enfin sur le rivage quelques jours plus tard, les hommes du navire de guerre l'ont manqué par hasard. L'ingénieur a sauté de haut en bas et a crié et hurlé comme un fou pressé. Le navire de guerre allemand l'a finalement vu, mais l'a vraiment ignoré comme un fou. En conséquence, ce n'est que dans la nuit du 5 juillet que le "précieux Allemand dont la vie était en danger" a été ramené à bord. [90]

"Immédiatement après l'affaire d'Agadir, Churchill est nommé ministre britannique de la Marine et promet de renforcer la marine et de protéger l'hégémonie du "Reich du rayon de soleil" contre les défis allemands. La Grande-Bretagne et la France considèrent cette "affaire d'Agadir" comme une provocation délibérée et malveillante du Kaiser allemand, et la guerre des mots entre les deux parties s'intensifie rapidement. La Grande-Bretagne menace de déclarer la guerre à l'Allemagne, la France commence à se désinvestir de l'Allemagne, et la menace de guerre touche toute l'Europe.

Le jeune homme d'origine inconnue, Reagan Danes, s'est allié à la famille Warburg d'Allemagne, à la famille Rothschild d'Angleterre et de France, au seigneur allemand de la marine marchande, Pauline, et à d'autres pour inciter le Kaiser à tomber dans le panneau, intensifiant ainsi l'antagonisme entre l'Angleterre et la France, amenant les deux

---

[90] Ron Chernow, *The Warburgs The 20th Century Odyssey of a Rememberable Jewish Family*.

parties à investir massivement dans la construction navale, augmentant la demande de pétrole et la finançant par des émissions d'actions et d'obligations sur les marchés financiers, enrichissant ainsi les banquiers internationaux. Au-delà de cela, bien sûr, ils ont des plans stratégiques plus importants.

Le 17 juin 1914, Churchill a suggéré que le gouvernement britannique investisse dans la compagnie pétrolière iranienne Anglo-Persian, un pion que Rothschild avait posé à l'avance, n'attendant que la surenchère du gouvernement britannique. Avec un tel va-et-vient, la famille Rothschild faisait à nouveau fortune. La société est devenue plus tard connue sous le nom de British Petroleum (BP).

La déclaration Balfour et le rêve des banquiers

Au début du XXe siècle, le gouvernement britannique, par l'intermédiaire de l'Anglo-Persian Company, obtient le privilège d'extraire du pétrole dans le nouvel État perse (c'est-à-dire l'Iran), seule source de pétrole pour la marine britannique à l'époque. Par conséquent, la Grande-Bretagne doit avoir une emprise ferme sur le Moyen-Orient. Rothschild utilise son influence en Grande-Bretagne pour convaincre le gouvernement britannique que le futur État juif sera un allié fidèle de la Grande-Bretagne au Moyen-Orient. Dans le même temps, les Britanniques pourraient avoir une emprise ferme sur le Moyen-Orient grâce à l'État juif, reliant ainsi les colonies britanniques d'Afrique riches en ressources minérales au Moyen-Orient. C'est l'empire du Commonwealth dont rêvait l'élite dirigeante britannique, notamment les premiers ministres Lloyd George et Arthur Balfour.

En 1914, la première guerre mondiale éclate. La Grande-Bretagne obtient le soutien des Arabes pour la défaite de l'Allemagne, le démembrement de l'Empire ottoman et, plus tard, l'hégémonie sur le Moyen-Orient, à condition que les Arabes de l'Empire ottoman reconnaissent et soutiennent la création d'un État indépendant, y compris la Palestine, après la guerre. Mais les Britanniques astucieux ont ensuite signé l'accord Sykes-Picot avec la France, qui portait sur le territoire ottoman d'après-guerre, dans le dos des Arabes. En plus de délimiter les sphères d'influence des deux États, l'accord prévoit une "co-administration internationale" de la Palestine. Plus tard, en novembre 1917, la Grande-Bretagne publie la déclaration pro-sioniste de Balfour, qui soutient la création d'un État juif en Palestine.

La Déclaration Balfour est très intéressante dans la mesure où il s'agit d'une lettre privée de Balfour, le ministre britannique des Affaires étrangères, à Sir Walter Rothschild (note : Baron Rothschild, deuxième génération, et oncle de Victor Rothschild, troisième génération ; le chapitre 7 se concentrera sur l'expérience de Victor), qui a chargé Sir Walter Rothschild de la transmettre à l'Organisation sioniste. La lettre se lit comme suit :

> *Ministère britannique des Affaires étrangères*
> *2 novembre 1917*
>
> *Cher Lord Rothschild.*
>
> *Au nom du Gouvernement de Sa Majesté, j'ai l'honneur de vous communiquer que la déclaration suivante concernant la sympathie avec les sionistes a été soumise au Cabinet et a reçu l'appui de celui-ci.*
>
> *Le gouvernement de Sa Majesté est favorable à l'établissement d'un foyer national pour les Juifs en Palestine, et fera tout son possible pour que cet objectif soit atteint. Mais qu'il soit clair que les droits civils et religieux des non-Juifs déjà présents en Palestine, ainsi que les droits et le statut politique dont jouissent les Juifs dans d'autres pays, ne doivent pas être lésés.*
>
> *Je serais ravi si vous pouviez transmettre le contenu du manifeste à l'Union sioniste.*
>
> Arthur James Balfour [91]

La déclaration Balfour de l'élite dirigeante britannique était un brillant stratagème à un coup. Premièrement, le champ de bataille européen était au point mort et, en fin de compte, ce n'est qu'en entraînant les États-Unis dans la guerre qu'une victoire finale pourrait être obtenue, et l'influence des banquiers juifs aux États-Unis serait un levier vital ; deuxièmement, les Juifs du monde entier se rangeraient du côté financier en faveur de la Grande-Bretagne, ce qui serait essentiel pour une guerre massive et soutenue qui brûle de l'argent ; troisièmement, pour empêcher les banquiers juifs germano-américains de favoriser la position allemande, en particulier la famille bancaire juive de Wall Street représentée par le sentimental allemand Schiff ; et quatrièmement, pour freiner l'attitude de la haute direction bolchevique

---

[91] Ronald Sanders, *The High Walls of Jerusalem : A History of the Balfour Declaration and the Birth of the British Mandate for Palestine* (Holt, Rinehart and Winston, 1983).

juive de Russie, qui était aux trois quarts favorable à la paix avec l'Allemagne.

Celui qui pourra gagner le soutien des banquiers juifs au moment de l'impasse de la Première Guerre mondiale sera le vainqueur final ; et celui qui soutiendra la restauration d'Israël sera soutenu par les banquiers juifs !

Bien que les États-Unis aient déclaré la guerre à l'Allemagne en avril 1917, l'armée américaine s'est "réchauffée" chez elle pendant environ un an, mais elle a tardé à se rendre en Europe pour participer à la guerre. Ce n'est qu'après la déclaration Balfour, en novembre 1917, que les troupes américaines se sont rendues sur le front européen au début de l'année 1918, qui s'appelle No More Rabbits No More Hawks.

Le 6 novembre 1917, avec le fort soutien du soulèvement arabe, les troupes britanniques envahissent la Palestine et occupent tout le territoire en septembre 1918. En 1920, la Société des Nations confie à la Grande-Bretagne le "mandat" sur la Palestine et, en 1921, le gouvernement britannique, en application de la déclaration Balfour, adopte une politique de division et de domination, divisant la Palestine en deux parties : l'est, appelé Jordanie, et l'ouest, qui reste la Palestine, sous la domination directe du gouverneur nommé par les Britanniques.

Après la déclaration Balfour et le mandat britannique, l'immigration juive palestinienne a connu une croissance exponentielle. Selon les statistiques, en avril 1917, la population juive de Palestine ne dépassait pas 50 000 personnes ; en 1939, elle avait grimpé à plus de 445 000 personnes, représentant un tiers de la population palestinienne totale. Les immigrants juifs, grâce à leurs vastes capitaux et compétences, et à l'abri des autorités du mandat britannique, avaient établi de nombreuses villes et industries en Palestine, ce qui avait porté un coup dur à l'industrie et au commerce arabes. Les Juifs avaient également créé des organisations armées secrètes telles que la "Hagana", l'"Irgoun" et le "Groupe Stern", augmentant ainsi les conflits et les dissensions entre Arabes et Juifs.

Les banquiers juifs de Wall Street aux États-Unis ont soutenu le sionisme depuis le début et font constamment pression sur le gouvernement américain. Dès octobre 1917, le président Wilson exprime son soutien au projet de déclaration Balfour au gouvernement britannique, et le 21 janvier 1919, à la Conférence de paix de Paris, les États-Unis présentent des "propositions pour l'établissement d'un État palestinien indépendant" et "la reconnaissance de la Palestine comme

État juif par la Société des Nations dès que l'État juif deviendra une réalité", et le 30 juin 1922, le Congrès des États-Unis adopte officiellement une résolution soutenant la déclaration Balfour. Au même moment, la pénétration économique totale en Palestine commence.

Avec le fort soutien des banquiers juifs, le mouvement sioniste a finalement fait un grand pas en avant.

Trahison : La contradiction de l'élite dirigeante britannique et du sionisme

Après la déclaration de Balfour de 1917, l'organisation sioniste, dirigée par Sir Rothschild, espérait que la victoire des puissances alliées dans la "Première Guerre mondiale" ouvrirait la porte à la résurrection du peuple juif sur la terre promise par Dieu en Palestine, mais la réalité s'est déroulée bien au-delà de leurs attentes.

Du point de vue de la vision du monde de l'élite dirigeante britannique, les intérêts stratégiques de l'Empire britannique au Moyen-Orient reposent sur trois piliers : premièrement, contrôler les riches ressources pétrolières de la région du Moyen-Orient ; deuxièmement, contrôler la région du Moyen-Orient en tant que plaque tournante stratégique reliant les trois continents de l'Eurasie et de l'Afrique afin de s'assurer que la sphère d'influence britannique est à la gorge de l'Inde et des autres colonies d'Extrême-Orient ; et troisièmement, empêcher toute autre puissance de contrôler la région et de menacer ainsi les intérêts stratégiques fondamentaux susmentionnés de l'Empire britannique. Par conséquent, la stratégie inévitable de la Grande-Bretagne au Moyen-Orient consiste à garder la région fermement entre ses mains, en monopolisant tout le pouvoir politique, économique et militaire, et à ne jamais permettre l'émergence d'États souverains indépendants dans la région, difficiles à contrôler, qu'il s'agisse d'États juifs ou arabes.

Ainsi, après la victoire dans la guerre, les Britanniques ont renié la promesse qu'ils avaient faite aux Arabes pendant la guerre d'établir un État arabe indépendant et ont, à eux seuls, fait entrer la région dans l'orbite coloniale sous la tutelle impériale britannique, par besoin de trouver des alliés pour vaincre l'Empire ottoman. Toute nouvelle adhésion aux principes de la déclaration Balfour dans de telles circonstances provoquerait inévitablement une grande réaction arabe et ne serait pas nécessairement dans l'intérêt stratégique de l'Empire britannique au Moyen-Orient. Le Foreign Office britannique, le Colonial Office et l'Autorité de tutelle britannique en Palestine ont alors mis en œuvre une approche de compromis qui encourageait l'émigration juive en Palestine tout en résistant à la création d'un État juif. Cette approche suscite la colère des Arabes : pourquoi le lieu où nous vivons depuis des générations devrait-il être cédé aux Juifs, alors qu'il est probable que ce groupe établira un État sur notre sol ? — Les Juifs sont de nouveau enragés : les espoirs d'un État sont anéantis, et les Britanniques perfides sont clairement en train de traverser la rivière.

Le gouvernement britannique a dû envisager de nouveaux ajustements de sa politique à l'égard de la Palestine dans le contexte de l'escalade et du conflit arabo-juif, de la population palestinienne locale et de l'Autorité de tutelle britannique.

En juillet 1922, le secrétaire britannique aux Colonies Churchill, au nom du gouvernement britannique, publia une déclaration, historiquement connue sous le nom de Livre blanc de Churchill, dont l'esprit principal était le suivant : (1) il n'y avait aucune intention de faire de l'ensemble de la Palestine un foyer national juif ; et (2) il était nécessaire pour la communauté juive d'augmenter le nombre d'immigrants, mais pas plus que ce que l'économie locale pouvait absorber.[92]

En octobre 1930, le secrétaire britannique aux Colonies, Parsfield, fit une autre déclaration de politique générale au nom du gouvernement britannique, connue historiquement sous le nom de Livre blanc de Parsfield. Son idée maîtresse, fondée sur la réaffirmation des principes énoncés dans le Livre blanc de Churchill, place la défense des intérêts arabes au-dessus des efforts visant à aider à établir une patrie juive, déclarant que l'immigration juive doit être réduite ou arrêtée si elle affecte l'emploi arabe.

En mai 1939, le gouvernement britannique a de nouveau publié unilatéralement le Livre blanc sur les affaires palestiniennes, connu sous le nom de Livre blanc de Macdonald, car le ministre britannique des colonies de l'époque était Macdonald. Ses principaux éléments étaient les suivants : (1) le gouvernement britannique déclarait

---

[92] Martin Gilbert, *Churchill et les Juifs : A Lifelong Friendship* (Henry Holt and Co., 2008).

explicitement que la conversion de la Palestine en un État juif ne faisait pas partie de sa politique et que (l'établissement d'un État juif) était une violation de ses obligations envers les Arabes dans le cadre du Mandat et de ses assurances antérieures envers les Arabes ; (2) la politique du gouvernement britannique était d'établir dans les 10 ans un État palestinien indépendant lié à la Grande-Bretagne, les Arabes et les Juifs rejoignant le nouveau gouvernement en proportion de sa population ; (3) 75 000 Juifs étaient autorisés à s'installer en Palestine pendant cinq ans, après quoi ils ne pouvaient plus se déplacer sans la permission des Arabes ; (4) l'autorité de tutelle britannique avait tous les pouvoirs pour restreindre et interdire les transferts de terres pendant la période de transition.[93] Le Livre blanc de Macdonald constitue une révision de la Déclaration Balfour et un changement majeur dans la politique palestinienne britannique, abandonnant de fait le soutien au mouvement sioniste.

Il est clair que le changement de la politique britannique au Moyen-Orient 20 ans après la Première Guerre mondiale a été un abandon progressif du soutien au sionisme, comme les dirigeants du mouvement sioniste l'ont vu clairement lors de la publication du Livre blanc de Churchill en 1922. L'Empire britannique après la Première Guerre mondiale, avec le pouvoir de vaincre l'Allemagne, est le coucher de soleil avant que le soleil ne se couche sur l'Empire.

Ainsi, le choix stratégique qui s'offrait aux sionistes était clair : afin de reconstruire Israël et d'accomplir les promesses de Dieu dans l'Ancien Testament, ils ont utilisé des forces extérieures pour vaincre la plaque géopolitique complète de l'Empire ottoman au Moyen-Orient pendant la Première Guerre mondiale. C'est alors qu'ils ont décidé de refaire la même chose, d'utiliser des forces extérieures pour vaincre l'intransigeance de l'Empire britannique au Moyen-Orient et de reconstruire Israël et le "troisième temple" sur les ruines de la domination impériale au Moyen-Orient.

Alors, qui cette force extérieure choisit-elle ? Les seuls pays capables de détruire l'Empire britannique sont les États-Unis, l'Allemagne et l'Union soviétique, parmi lesquels il est inconcevable de provoquer une guerre mondiale entre les États-Unis et le Royaume-

---

[93] Paul R. Mendes-Flohr, Jehuda Reinharz, *The Jew in the modern world : a documentary history* (Oxford University Press US, 1995).

Uni suffisante pour détruire l'Empire britannique, que Staline, en Union soviétique, peut seulement utiliser mais ne peut pas contrôler. Le pays le plus susceptible de sauter et de frapper l'Empire britannique par la force, le plus proche géopolitiquement de l'Empire britannique lui-même et le plus commode pour le contrôle du capital juif, est l'Allemagne, le pays vaincu de la Première Guerre mondiale, humilié par le traité de paix de Versailles, la vengeance s'emparant du pays et ayant désespérément besoin de capitaux étrangers pour restaurer son économie nationale. C'est la République de Weimar, organisée selon la logique politique libérale anglo-américaine, qui dirigeait l'Allemagne à l'époque, une République de Weimar faible qui s'inscrivait parfaitement dans la stratégie de l'Empire britannique consistant à stabiliser l'Allemagne sans lui permettre de se développer, une Allemagne qui n'était pas assez forte pour supporter le fardeau de forcer l'Empire britannique à faire des concessions sur le Moyen-Orient.

Subvertir la faible République de Weimar, reconstruire une Allemagne forte et créer un ennemi dangereux pour l'Empire britannique afin de forcer la Grande-Bretagne à redevenir dépendante des sacs d'argent des banquiers juifs était une stratégie qui permettrait à la fois d'atteindre l'objectif stratégique de la Restauration et d'en récolter les bénéfices. Cependant, ils ne s'attendaient pas à trouver et à élever une figure aussi peu fiable que Staline, et à ce que l'Allemagne devienne forte, mais complètement hors de contrôle. Bien sûr, il s'agit d'une réflexion après coup.

L'impératif est de savoir comment subvertir la République de Weimar. Les banquiers sont désarmés et les conditions sont loin d'être réunies pour mener immédiatement une nouvelle guerre en Europe, où la guerre vient de se terminer. En 1922, la seule option des banquiers est de lancer une "guerre monétaire" pour détruire les fondements de la République de Weimar.

Lorsque les banquiers internationaux se sont mis au travail, il est vite apparu qu'une autre force poussait dans la même direction : la puissance financière émergente des États-Unis — les groupes JP Morgan et Rockefeller. Lorsque la capacité de production industrielle des États-Unis à la fin du 19ème siècle et au début du 20ème siècle après avoir dépassé l'ancien Empire britannique, la puissance financière des États-Unis a également synchronisé une expansion rapide, suivant à l'origine les patrons banquiers européens faisant les courses du petit frère, ont progressivement développé leur propre ambition. "L'empereur se relaie pour faire, aujourd'hui à ma maison" idée est de plus en plus jour après jour, dès la "Première Guerre mondiale" avant le déclenchement, les États-Unis groupe d'élite émergente a commencé à envisager de remplacer la réalisation britannique de l'hégémonie mondiale de la grande entreprise.

À ce stade, les deux forces se sont rencontrées et ont finalement trouvé l'âme sœur. Les objectifs stratégiques des deux parties sont presque identiques, et les mesures tactiques mises en œuvre peuvent être bien coordonnées. L'objectif stratégique le plus élevé des deux parties est de vaincre l'hégémonie mondiale de l'Empire britannique, les banquiers juifs veulent réaliser le rêve de la restauration d'Israël, et les élites américaines veulent l'hégémonie mondiale. Le "combattant idéal" pour y parvenir est l'Allemagne, et une Allemagne forte et agressive est dans l'intérêt mutuel des deux parties. Bien sûr, une corde raide doit être mise au-dessus de la tête de la puissante Allemagne au cas où elle riposterait. Ainsi, de la banque centrale au système financier, des conglomérats industriels à la base de matières premières, doivent être complètement contrôlés, et ensuite la faible République de Weimar doit être remplacée par une nouvelle Allemagne forte afin de pouvoir mettre en œuvre cette "grande" stratégie.

Comment peut-on contrôler complètement le moteur économique de l'Allemagne ? Une "guerre monétaire" a fait surface. La destruction complète du système monétaire allemand rendrait tous les actifs de l'Allemagne si bon marché qu'il serait facile de les contrôler à nouveau.

Selon le jargon de la manipulation d'actions, il faut d'abord vendre à découvert, prendre au plus bas ; puis acheter à découvert, gagner de gros profits !

Les armes économiques et la convention de Versailles

L'Anglais Sir Alfred Zimmern a écrit un pamphlet de 13 pages intitulé *The Economic Weapon Against Germany* (Londres : Allen & Unwin, 1918) pendant la Première Guerre mondiale. Dans cet ouvrage, il mentionne pour la première fois l'idée de "guerre économique".[94]

---

[94] Alfred Zimmern, *The Economic Weapon Against Germany*, Londres : Allen & Unwin, 1918.

Zeman est cité comme un membre clé de l'organisation de l'élite anglo-américaine par le célèbre historien américain, le professeur Quigley.

Le livre met le doigt sur le fait que les puissances d'Europe centrale en guerre (Allemagne, Autriche-Hongrie, Turquie, etc.) sont au milieu d'un siège mondial qu'elles ne peuvent pas briser par leur propre force. Pour la première fois dans l'histoire, le livre fait référence à l'idée d'une "guerre économique" résultant d'un blocus économique massif, une possibilité que les Allemands croyaient inexistante à l'époque.

En décembre 1915, le Premier ministre britannique a déclaré : "Quelqu'un va-t-il sérieusement penser que nous allons perdre cette guerre à cause de la pénurie de caoutchouc ?" Parce que la Grande-Bretagne et les États-Unis étaient en mesure de bloquer l'Allemagne sur le continent européen et de contrôler les sources de matières premières du reste du monde, dont l'Allemagne ne pouvait pas être approvisionnée pendant la guerre. La préparation de l'Allemagne à la guerre était basée sur l'hypothèse que la guerre ne durerait qu'un an tout au plus. Apparemment, la Première Guerre mondiale a duré quatre ans, et l'Allemagne était très mal préparée avant la guerre. Elle ne s'attendait pas à ce que la perte du contrôle maritime et le siège massif de l'Allemagne par la stratégie économique britannique rendent difficile la reconstitution de l'énorme épuisement des matières premières pendant la guerre, et donc à ce qu'elle perde progressivement sa capacité de combat jusqu'à la défaite finale. Il s'agit là d'un nouvel enjeu stratégique majeur pour l'Allemagne lorsqu'elle affronte pour la première fois les puissances maritimes en tant que puissance continentale.

Dans son livre, Zeman mentionne en outre des plans et des prédictions concernant les suites de la défaite contre l'Allemagne, notant que ce qui se passerait après la signature d'un accord de paix normal ? La levée du blocus des ports allemands n'était pas réellement ce que les Anglo-Américains voulaient faire, mais sans matières premières, il n'y aurait pas d'emploi dans l'industrie allemande ; sans emploi, le grand nombre de soldats démobilisés rentrant de la guerre créerait une grande population de chômeurs qui menacerait l'ordre social. En revanche, la Grande-Bretagne et les États-Unis, parce qu'ils contrôlent l'approvisionnement en matières premières, contrôlent le processus de reconstruction de l'économie allemande. L'Allemagne sera confrontée à une pénurie générale de marchandises, et le chaos économique durera au moins trois ans si l'on considère l'apparition de la famine.

Comme le blocus économique anglo-américain de l'Allemagne se poursuivait après la guerre, l'Allemagne devait inévitablement connaître une pénurie de marchandises, qui n'était pas le boycott commercial habituel, mais un acte d'État organisé et systématique. En fait, la pénurie de fournitures en Allemagne a été intentionnellement provoquée par la Grande-Bretagne et l'Amérique dès le début. Guidés par les idées stratégiques économiques avancées par Zeman, les accords de Versailles de 1919 étaient en fait une continuation de la guerre. Comme l'ont noté plus tard les rédacteurs de l'accord de Versailles, le secrétaire d'État américain Robert Lansing, l'accord de Versailles n'offrirait pas une paix équitable et deviendrait finalement un outil et un instrument de poursuite de la guerre. Il avait déjà prévu "une déception, un regret et une nouvelle dépression résultant de l'accord de Versailles, dont les termes étaient manifestement exceptionnellement durs et insultants". Et la toute jeune Ligue nationale dirigée par les Anglo-Américains "sera un prédateur au milieu d'une cupidité complexe".

Le rôle de Lansing en tant que principal négociateur pour les États-Unis était en fait très limité tout au long des pourparlers de paix, car les banquiers de divers pays, en tant que "conseillers" des négociateurs, dominaient en fait les négociations. "Le 15 mai, j'ai reçu une lettre de démission de M. Bully, ainsi que des lettres de démission de cinq autres de nos principaux experts qui s'étaient réunis pour protester contre la dureté et l'injustice des conditions de paix. La lettre de démission indique qu'ils sont unanimes pour dire qu'une telle disposition viole les principes fondamentaux que les États-Unis ont défendus en entrant en guerre. " Le chancelier italien Francisco a également déclaré un jour : " Dans l'histoire contemporaine, l'accord de Versailles créera un très mauvais précédent, il viole tous les précédents, toutes les traditions, et le représentant allemand n'a jamais entendu parler de conditions aussi injustes ". Face à la famine, aux pénuries matérielles et à la menace d'une révolution, ils n'avaient d'autre choix que de signer. Dans l'ancien système de droit religieux, tout le monde doit avoir le droit de se plaindre, même le diable, et les méchants devraient avoir ce droit. Mais la nouvelle société nationale d'aujourd'hui ne suit même pas les principes sacrés forgés par le sombre Moyen Âge."

Les biens consommés par les pays de la Première Guerre mondiale, qui représentaient ensemble trois fois le total des actifs de l'Allemagne, obligeront finalement l'Allemagne à payer d'énormes réparations de guerre, jusqu'à 1,7 milliard de DM par an, et ce jusqu'en 1988. Schacht a également fait ce commentaire lorsqu'il a dit que l'accord de Versailles était un dessein intentionnel, un dessein qui détruirait l'Allemagne économiquement. Cela correspond clairement aux idéaux de l'élite dirigeante de l'Empire britannique.

Sous l'influence de l'accord de Versailles, le progrès naturel de chaque économie, l'action de redressement et la restauration de la confiance dans chaque économie, sont devenus impossibles en raison du contrôle de forces politiques étrangères. Le financement de la guerre par les Britanniques s'est fait principalement par les impôts, qui représentaient 20 % du financement de la guerre, et 6 % pour l'Allemagne. La masse monétaire de l'Allemagne est passée de 7,2 milliards de DM à 28,4 milliards de DM entre 1914 et 1918, soit l'équivalent d'une augmentation de 110 à 430 DM pour chaque Allemand. À cette époque, le niveau général des prix en Allemagne, qui est passé à 234 après la défaite allemande de 1918, était à peu près similaire à celui du Royaume-Uni, si l'on prend la valeur de référence de 100 comme année 1913. L'impact de ce degré d'augmentation des prix sur la vie des Allemands ordinaires a été efficacement couvert par le gouvernement allemand, et les salaires en Allemagne à l'époque sont passés d'une valeur de référence de 100 en 1913 à 248, les salaires des Allemands augmentant même légèrement au-dessus de l'inflation. Ainsi, la Première Guerre mondiale, bien qu'elle ait durement touché l'économie allemande, n'a pas détruit le système monétaire allemand.

Il est clair que pour l'élite dirigeante britannique, il s'agissait de freiner radicalement la résurgence de l'Allemagne. Une Allemagne dotée d'un système de soi-disant "économie libre" ne peut pas vraiment se développer et être forte sous la stratégie de siège économique des puissances maritimes. Une Allemagne "relativement stable", avec une économie faible, une politique laxiste et pas d'armes du tout, était dans l'intérêt fondamental de l'Empire britannique. Par conséquent, le système monétaire allemand a connu un état de calme relatif de la fin de la guerre en 1918 jusqu'en 1922.

Cependant, en juillet 1922, lorsque l'élite dirigeante britannique a publié le livre blanc de Churchill, déclarant "ne pas avoir l'intention de transformer l'ensemble de la Palestine en un paradis national juif" et concoctant ainsi perfidement un revirement de l'engagement majeur de la déclaration Balfour en faveur de l'État sioniste, le système monétaire allemand a soudainement changé et l'ouragan de l'hyperinflation a touché terre sans aucun avertissement.

L'"indépendance" de la Banque centrale allemande en 1922 : l'"œil du vent" de l'ouragan super-inflationniste

L'hyperinflation allemande de 1922 à 1923 est couramment citée dans les manuels scolaires occidentaux comme un cas classique de désastre monétaire provoqué par le contrôle gouvernemental du système monétaire, concluant que seuls les banquiers contrôlant le droit d'émettre de la monnaie sont "responsables" et "sûrs". En fait, ce sont les banquiers et leurs banques centrales manipulées qui sont réellement à l'origine de l'hyperinflation allemande.

Fondée en 1876 en tant que banque centrale de l'Allemagne, la Reichsbank était essentiellement privée mais largement contrôlée par le Kaiser et le gouvernement allemand. Le président et tous les directeurs de la Reichsbank sont des officiers du gouvernement allemand, nommés directement par le Kaiser, et sont nommés à vie. Tous les revenus générés par la banque centrale allemande sont répartis entre des actionnaires privés et le gouvernement, mais dans un sens, ces actionnaires n'ont pas le pouvoir de déterminer la politique de la banque centrale. Il s'agissait d'un système bancaire central unique à l'Allemagne, distinct de la Banque d'Angleterre, de la Banque de France et de la Réserve fédérale, et sa caractéristique la plus marquante était que le Kaiser allemand, en tant que dirigeant suprême du pays, avait toujours un contrôle ferme sur l'émission de la monnaie. Depuis la création de la Reichsbank, le mark-or allemand a une valeur monétaire très stable, ce qui a joué un rôle majeur dans l'essor de l'économie allemande et constitue un exemple réussi de rattrapage d'un pays financièrement arriéré par rapport au monde développé. Même après la défaite de l'Allemagne en 1918, le pouvoir d'achat du mark allemand est resté relativement ferme jusqu'en 1922, et l'inflation allemande n'a pas été très différente de celle des nations victorieuses que sont la Grande-Bretagne, l'Amérique et la France. Il aurait dû être assez rare pour un pays vaincu par la guerre, et qui plus est dans une situation extrêmement misérable, que la politique monétaire du Reichstag atteigne ce niveau et cet effet.

Après la défaite de l'Allemagne, cependant, la puissance victorieuse a adopté une série de lois qui ont complètement dépouillé le gouvernement allemand de son contrôle sur la Banque centrale. Le 26 mai 1922, une loi a été adoptée qui a établi l'"indépendance" du Reichstag, libéré la Banque centrale du contrôle du gouvernement allemand et complètement aboli le contrôle du gouvernement allemand sur la politique monétaire. Le droit d'émettre de la monnaie en Allemagne reposait entièrement entre les mains de banquiers privés, y compris de grands banquiers internationaux tels que Warburg.

C'est le facteur clé dans l'apparition de la pire hyperinflation de l'histoire moderne en Allemagne !

Quant à la cause de cette inflation, l'opinion dominante en Occident est que le gouvernement allemand a dû imprimer beaucoup de monnaie en réponse à la résistance passive du chancelier allemand de l'époque, Wilhelm Cuno, à l'occupation française et belge de la Ruhr allemande. C'est une explication qui ne tient pas debout sous tous les angles. Tout d'abord, le gouvernement surimprime-t-il de l'argent ? Il ne le fait pas. La banque centrale allemande a été privatisée en mai 1922, alors que le problème de la Ruhr est apparu en janvier 1923, et l'impression excessive de billets de banque était l'œuvre d'une banque centrale sous le contrôle de banquiers internationaux.

Deuxièmement, la surimpression des billets de banque par la banque centrale allemande était-elle une tentative de sauvetage de la crise budgétaire ? Ce n'est pas le cas. Il est vrai que l'occupation de la Ruhr a causé de graves difficultés financières à l'Allemagne, mais pas au point que la Banque centrale allemande ait eu recours au "suicide monétaire" pour y faire face, ni qu'elle ait résolu aucun des problèmes. Il y a en fait beaucoup d'options pour le chancelier du gouvernement allemand, M. Cuno, qui était autrefois le directeur général de Pauling à la Hamburg American Lines (HAPAG). Max Warburg est à la fois directeur de HAPAG et directeur de la Deutsche Reichsbank, qui entretient en ce moment une relation inhabituelle avec la plus puissante firme de Wall Street aux États-Unis, Kuhn Loeb and Co. dont les deux frères Warburg sont des associés principaux, Paul étant l'opérateur actuel de la Réserve fédérale. Dans ces circonstances, que le gouvernement allemand émette des obligations spéciales du Trésor à haut rendement à l'intention des banquiers internationaux ou que la Reichsbank, représentée par Max, négocie un "renflouement international" auprès de la Réserve fédérale, représentée par son frère Paul, il n'y a eu aucun problème pour faire face aux difficultés financières à court terme causées par le problème de la Ruhr pendant plus d'un an.

Troisièmement, le Reichstag a surimposé de la monnaie pour payer les réparations de guerre ; la surimpression délibérée de la monnaie locale peut-elle réduire la dette extérieure ? Pas du tout. En fait, l'accord de Versailles avait explicitement exigé que l'Allemagne utilise de l'or, des livres et des dollars pour payer les réparations de guerre. Dans ce cas, l'émission excessive de monnaies nationales ne sert à rien, et plus les monnaies indiennes chutent, plus il sera difficile de les échanger contre des devises étrangères pour rembourser la dette extérieure. Cela correspond au fait que, pendant la crise financière asiatique, la Thaïlande n'a pas pu rembourser sa dette extérieure en dollars américains en imprimant la monnaie locale, le baht.

C'est cette explication contradictoire qui est ensuite proposée par le président de la Reichsbank, Schacht, dans son livre La stabilité du mark allemand, publié en 1927. En tant qu'économiste libéral traditionnel, il estime que la crise de l'hyperinflation a été provoquée par le gouvernement allemand. Selon lui, la Reichsbank était dans son rôle, principalement pour contrôler l'inflation, mais la Reichsbank s'est trouvée incapable de prendre des décisions. L'opinion de la Reichsbank à l'époque était que toute mesure et tentative de stabilisation de la monnaie serait inutile tant que la zone industrielle de la Ruhr resterait sous occupation française, que la dette extérieure totale de la guerre ne serait pas fixée et que le gouvernement allemand ne disposerait pas de ressources financières suffisantes. Pour sauver le gouvernement allemand, la Reichsbank se lance dans une course à l'argent et crée un nouveau Reichstag qui peut être fourni au gouvernement pour être utilisé. Schacht a fait valoir que l'Allemagne, alors vaincue dans la guerre, devait recourir au pouvoir de la Reichsbank d'émettre de l'argent afin de se maintenir. L'Allemagne étant confrontée à un problème existentiel, la banque centrale n'avait aucun moyen de maintenir une politique monétaire indépendante.

L'argument de Schacht est en fait difficile à faire valoir pour lui-même. [95]

La "guerre monétaire" qui a renversé la République de Weimar

Comment exactement le mark allemand a-t-il été détruit ? En un mot, le moyen le plus simple de détruire une monnaie est d'en émettre trop. Cette émission excessive de monnaie peut se faire de plusieurs

---

[95] Hjalmar Schacht, *La magie de l'argent* (Oldbourne, 1967).

manières : premièrement, par les banques centrales elles-mêmes qui émettent une quantité excessive de monnaie ; deuxièmement, par les banques privées qui créent un crédit et une monnaie excessifs ; et troisièmement, par les spéculateurs de monnaie sur le marché par le biais de "ventes à découvert à nu" massives, qui détruisent la valeur de la monnaie d'un pays tout en ayant le même effet que les spéculateurs de monnaie qui émettent de grandes quantités de monnaie. En effet, en mai 1922, lorsque le Reichstag tombe aux mains des banquiers internationaux, trois formes de surémission monétaire apparaissent simultanément.

Dans le premier cas, l'impression massive de monnaie par la Reichsbank est un fait, mais pas pour permettre au gouvernement d'effacer la dette extérieure et de résoudre les difficultés financières.

Regardez à nouveau le deuxième scénario, l'effet de la masse monétaire des banques privées sur l'hyperinflation. En termes de temps.

En novembre 1921, le taux de change du mark par rapport au dollar était de 330:1.

De janvier à mai 1922, le mark est stable à 320:1 par rapport au dollar.

Le 26 mai 1922, la Reichsbank est privatisée.

En décembre 1922, le mark était de 9 000 pour un dollar.

En janvier 1923, la crise de la Ruhr éclate et la valeur du mark s'effondre, atteignant 49 000 contre 1 par rapport au dollar.

En juillet 1923, le mark atteint 1 100 000 pour un dollar.

En novembre 1923, le taux de change du mark par rapport au dollar était de 2 500 000 000 000:1.

En décembre 1923, le taux de change du mark par rapport au dollar était de 4 200 000 000 000:1.

En 1923, les prix en Allemagne ont doublé en moyenne tous les deux jours.

À cette époque, le mark allemand avait été complètement détruit. Au milieu de la vente folle du mark, l'Allemagne connaît une hyperinflation. De nombreux banquiers privés ont commencé à émettre leurs propres monnaies, qui peuvent être garanties par de l'or ou des devises étrangères. La Deutsche Reichsbank privatisée, qui imprimait de la monnaie à pleine capacité, ne pouvait pas suivre la quantité totale de monnaie émise par les banques privées. Schacht a estimé qu'environ la moitié de la quantité totale d'argent allemand en circulation à cette époque était émise par des banquiers privés et non par l'argent officiel du Reichstag. Ainsi, l'excès d'impression monétaire des banques privées représente près de la moitié de la source de l'hyperinflation.

La troisième, la moins évidente mais la plus meurtrière, a été la vente à découvert systématique et massive du mark allemand, qui a conduit à une dévaluation spectaculaire du mark, dont l'effet a été équivalent à l'impression massive de monnaie.

Le mécanisme de fonctionnement de base de la vente à découvert de la monnaie d'un pays peut probablement être divisé en plusieurs étapes, en commençant par les problèmes endogènes évidents de la monnaie. La situation de l'Allemagne à l'époque s'inscrit parfaitement dans ce cadre. Après la Première Guerre mondiale, l'Allemagne devait utiliser des devises étrangères pour les réparations et était clairement soumise à une énorme pression de la dette extérieure, et le mark allemand lui-même avait un défaut très évident. Cette situation est similaire à celle des quatre petits dragons asiatiques pendant la crise financière asiatique, qui étaient surchargés de dettes extérieures et qui ont dû se procurer des dollars pour les rembourser. Dans des circonstances normales, ce problème peut être résolu progressivement par l'ajustement lent et automatique de l'économie. Ces dettes extérieures pourraient être progressivement remboursées, par exemple en augmentant les impôts ou en diminuant temporairement le niveau de vie. Mais lorsque la spéculation sur les devises se produit à grande échelle, de manière concentrée et soudaine, elle affecte la valeur de la monnaie, et cette spéculation sur les devises à grande échelle, est toujours considérée comme un acte légal. Dans le processus de spéculation, les spéculateurs ont tendance à finir par être très rentables, à condition de vendre au préalable la monnaie d'un pays à grande échelle, et cette monnaie présente des difficultés et des problèmes endogènes.

Qu'est-ce qu'un mécanisme de vente à découvert ? Lorsque les spéculateurs sur les devises s'engagent dans la vente à découvert de devises, ils ne possèdent pas réellement la devise, mais ils prétendent le faire. Tant qu'il y a une dévaluation significative de la monnaie dans une certaine période de temps, ils peuvent faire d'énormes profits en rachetant la monnaie sur le marché à un prix bas après la dévaluation, et en lissant les "mensonges" qu'ils "prétendaient" avoir en premier lieu. En ce sens, lorsqu'un spéculateur sur les devises vend à découvert une devise qui n'existe pas et "prétend la posséder", il acquiert essentiellement le pouvoir de la créer pendant un certain temps. Ces spéculateurs sur les devises sont tous dehors en même temps, ils vendent ensemble à découvert à une échelle et dans des quantités suffisantes et à un moment où la devise du pays est suffisamment faible pour que cette vente à découvert ait un fort effet d'autoréalisation, le résultat final étant dévaluation en chute libre de la devise vendue à découvert et, dans les cas graves, une panique monétaire. Et une panique monétaire entraînerait une réaction en chaîne, déclenchant une panique instinctive parmi les autres classes sociales pour vendre de la monnaie locale contre des devises étrangères en grandes quantités, conduisant à un exercice de court-circuitage du marché plus important.

Dans un tel krach monétaire, les énormes profits réalisés par les spéculateurs sont la richesse accumulée au fil des ans par les producteurs et les épargnants de ce pays, et la production sociale et l'activité économique seront dévastées. Les soi-disant économistes libéraux, à ce stade, imputeront toutes les erreurs à la politique monétaire défectueuse du gouvernement et ignoreront l'énorme désastre créé par les spéculateurs.

En fait, les problèmes de l'Allemagne de 1923 sont très semblables à ceux qui ont émergé de la tourmente financière asiatique de 1997 : graves défauts inhérents au système monétaire local et à l'économie nationale, dette extérieure élevée, afflux de spéculateurs en devises étrangères, méga-courtage de la monnaie locale, système monétaire au bord de l'effondrement, forte dévaluation de la monnaie locale, inflation qui balaie la richesse sociale et détruit la base économique du pays. La différence est qu'au lieu de freiner la spéculation sur les devises, le Reichstag se déguise en donnant aux spéculateurs de nombreuses munitions ; les banques privées des banquiers internationaux ajoutent également de l'huile sur le feu en émettant la moitié de la quantité totale d'argent en circulation en pleine hyperinflation.

La raison pour laquelle l'histoire est étonnamment similaire est que les personnes qui la répètent sont les mêmes. Le Soros d'aujourd'hui et les banquiers internationaux derrière lui sont dans la même ligue que les spéculateurs monétaires qui ont détruit le mark allemand en 1923.

La richesse sociale de la République de Weimar a été pillée en l'espace d'un an. La colère de la classe moyenne allemande réduite à une pauvreté abjecte, la perte de tout et l'humiliation subie après la guerre ont fait monter la colère dans le cœur des Allemands en une mentalité vengeresse sans pareille. À cette époque, la société allemande était déjà à sec, n'attendant qu'une étincelle pour exploser.

La bataille de Schacht pour la "marque du loyer foncier".

La crédibilité du mark allemand avait disparu après 18 mois d'effusion de sang, alors que la plupart des gens estimaient qu'une monnaie complètement différente était nécessaire d'un point de vue psychologique. Ce nouveau mark, connu historiquement sous le nom de Rentenmark, était une nouvelle monnaie émise avec toutes les terres et les produits industriels de l'Allemagne comme garantie, avec une valeur totale équivalente à 3,2 milliards de marks. Le mark de rente foncière est rattaché au dollar américain avec un rapport de change de 4,2:1 et le mark de rente foncière à l'ancien mark avec un rapport de change de 1:1 trillion. Afin d'isoler psychologiquement le ground rent mark de l'ancien mark, une nouvelle "Rentenbank" a été créée. Les banques de loyer foncier ont fourni à la Deutsche Reichsbank des prêts en nouveaux marks, et la Reichsbank a, à son tour, fourni à la société des crédits pour le mark de loyer foncier. Mais la banque de rente foncière n'a jamais fonctionné indépendamment de la Banque impériale, se contentant de fonctionner psychologiquement comme un pare-feu entre les anciens et les nouveaux marks. Le mark de rente foncière est mis en circulation le 15 novembre 1923. Le nouveau mark n'est pas une monnaie française et n'a pas la capacité de payer la dette publique et la dette extérieure.[96]

Schacht avait déjà 23 ans d'expérience bancaire lorsqu'on lui confia la lourde responsabilité de stabiliser le Deutsche Mark. Lorsque Schacht a inventé le nouveau mark de base, il n'a pas immédiatement stabilisé la valeur du mark ; vaincre la frénésie de spéculation monétaire a été le tournant décisif dans la stabilisation de la valeur du mark, une lutte qui a duré un an. Il a fallu une série de crises du crédit pour que l'objectif de stabilisation du mark soit enfin atteint.

---

[96] Ron Chernow, *The Warburgs The 20 Century Odyssey of a Rememberable Jewish Family*.

Le premier "New Deal" du Schacht a été d'arrêter immédiatement toutes les autres banques privées d'émettre des marks et de payer immédiatement tous les anciens marks détenus.

La deuxième mesure est l'interdiction expresse de prêter le nouveau mark à des étrangers. Schacht comprend que les spéculateurs de devises étrangères sont une force spéculative majeure dans la vente à découvert du Deutsche Mark. Sa pratique signifie que les spéculateurs étrangers, après avoir vendu à découvert le ground rent mark, auront du mal à obtenir le ground rent mark pour clôturer leurs positions sur le marché des changes, de sorte que la volonté de spéculer sera fortement entravée. Grâce à cette seule mesure, la défaite initiale des spéculateurs sur les devises étrangères a été réalisée, et l'arrêt de la spéculation sur les devises a constitué une première étape importante de la réforme monétaire allemande.

Ces spéculateurs de devises commencent maintenant à réaliser qu'ils peuvent mettre fin à toute spéculation sur le mark sur le marché des changes si la banque centrale se décide à le faire. Schacht a en fait compris dès le début comment traiter la spéculation sur les devises, mais quelques mois plus tôt, lorsque l'inflation la plus grave se produisait, le Reichstag est resté les bras croisés et a laissé les spéculateurs étrangers détruire le mark.

Les spéculateurs en devises ne cessent de s'en prendre à la nouvelle marque de loyer foncier, et les Schacht finissent par s'énerver. À la fin du mois de novembre 1923, Schacht fait remarquer que

> *"La spéculation sur le mark de la rente foncière est non seulement très malveillante pour les intérêts économiques du pays, mais aussi extrêmement stupide en soi. Au cours des derniers mois, une telle spéculation (le mark requis) a été obtenue soit par un prêt très généreux de la Deutsche Reichsbank, soit par l'impression urgente de monnaie par les banques privées en échange du mark de la Reichsbank."*
>
> *"Mais maintenant, trois choses se sont produites : la monnaie d'urgence (les billets de banque imprimés par les banques privées elles-mêmes) a perdu sa valeur ; il (les billets de banque imprimés par les banques privées) a été interdit d'échanger avec le Reichstag ; les prêts autrefois généreux du Reichstag ne sont plus émis ; et le mark de rente foncière n'est plus disponible à l'étranger. Pour ces raisons, les spéculateurs n'ont pas pu obtenir suffisamment de marks sur le marché des changes pour*

payer ce qu'ils devaient, et ils ont subi des pertes importantes."[97]

Le message clé de l'effondrement du mark allemand a été divulgué dans ce passage de Schacht. Premièrement, la vente à découvert massive du mark a été "généreusement" financée par la Deutsche Reichsbank, car à l'époque, ces spéculateurs pouvaient facilement obtenir de la banque centrale allemande des prêts importants et à faible coût, qui ont été utilisés pour vendre à découvert le mark comme mesure clé pour le battre. En d'autres termes, les banques centrales, contrôlées par les banquiers internationaux, fournissent aux spéculateurs de devises une mer de munitions pour court-circuiter le mark. Deuxièmement, les spéculateurs de devises étrangères ont emprunté de grandes quantités de marks à des banques privées sur le sol allemand, qui ont à leur tour "approvisionné" les spéculateurs de devises étrangères en imprimant leurs propres billets de banque, qui étaient ensuite convertis en marks par la banque centrale, et les banquiers privés allemands étaient clairement complices des spéculateurs étrangers. Schacht ne nomme pas certaines des grandes familles bancaires allemandes qui opèrent toujours au sommet, même après la stabilité de son maître Marc. Schacht a clairement indiqué que "certaines institutions bancaires de premier plan sont également impliquées dans des combines de spéculation sur les devises, et le pays est toujours rempli de spéculateurs sur les devises qui peuvent même prendre le bon nom et la réputation de la banque familiale pour acquis s'ils peuvent gagner de l'argent". Sa sanction est que la banque centrale a suspendu le réescompte des billets à ces banques. Troisièmement, les banques nationales sont également pénalisées pour avoir violé l'interdiction d'emprunter des marks de rente foncière à des spéculateurs étrangers.

À partir du 7 avril 1924, Schacht ordonne à la Banque centrale allemande de refuser d'émettre de nouveaux crédits pendant une période de deux mois. Cette mesure de la banque centrale était destinée à rétablir la stabilité du mark allemand. Dans le même temps, le Shah a adopté un sévère resserrement du crédit. Il a augmenté le taux d'intérêt sur le prêt à un mois de l'époque de 30 à 45 % et les frais d'intérêt sur les découverts de 40 à 80 %. Cette mesure a mis dans l'embarras tous les spéculateurs étrangers en marks, les obligeant à remettre leurs

---

[97] Hjalmar Schacht, *La magie de l'argent* (Oldbourne, 1967).

devises étrangères en échange de marks allemands pour rembourser l'argent qu'ils avaient perdu en vendant le mark à découvert. De cette façon, la Banque centrale allemande a considérablement augmenté ses réserves de devises étrangères, qui s'élevaient à environ 600 millions de DM en avril 1924 et qui, en août, après seulement quatre mois de cette politique, avaient plus que doublé. [98]

Après l'application stricte des mesures ci-dessus par Schacht, l'étranglement massif du mark a finalement été coupé de l'approvisionnement en capitaux, mettant ainsi fin d'un seul coup à l'attaque frénétique des spéculateurs contre le mark allemand, après quoi le mark allemand a retrouvé son calme sur le marché des changes.

En juillet 1924, lorsque le mark allemand a retrouvé sa stabilité, les intérêts sur les emprunts ont commencé à baisser. À la suite du grave resserrement du crédit imposé par Schacht, de nombreux bureaux de poste et chemins de fer appartenant à l'État allemand créent leurs propres banques. Ces institutions sont grandes et puissantes, et elles accumulent rapidement d'énormes sommes d'argent, et cette accumulation est bien plus rapide que le système bancaire privé. À la fin de l'année 1924, les hommes d'affaires et les autres membres de la société allemande, traitent le mark de rente foncière et l'équivalent du Reichsmark. À cette époque, Schacht convertit à nouveau le mark de rente foncière en un mark émis par la Banque centrale allemande.

L'initiative de Schacht est similaire à la mesure du "poney à un tour" de la HKMA lors de la crise financière asiatique de 1997, à savoir augmenter le coût des prêts monétaires aux spéculateurs de devises au-delà de leurs moyens, une mesure qui réduira la frénésie de spéculation monétaire en un rien de temps !

Il n'était pas obligé de révéler tout cela, mais il ne voulait pas que l'on dise que la Reichsbank était impuissante lors de l'hyperinflation de 1923. En outre, Schacht était un nationaliste convaincu et prônait la stabilité du mark allemand, qu'il considérait également comme son devoir sacré. Alors qu'il voyait dans son esprit le puissant mark se faire détruire par l'hyperinflation, il y avait dans son cœur une rage sans nom. Dans La stabilité du mark allemand, publié en 1927, Schacht défendait encore l'inaction de la Reichsbank et, au moment de la publication de

---

[98] Ron Chernow, *The Warburgs The 20 Century Odyssey of a Rememberable Jewish Family.*

son livre *La magie de la finance en* 1967, il voulait enfin avoir son mot à dire dans l'histoire. De 1923 à 1967, après 44 ans de silence et de secret sur les causes réelles de l'hyperinflation, il rompt enfin un certain subterfuge dans les milieux financiers anglo-saxons et rend compte de lui-même et de l'histoire de manière extrêmement obscure, dans un livre froid sur une histoire vieille de 44 ans et longtemps oubliée.

Le plan Dawes : Soutenir les débuts de l'Allemagne

Grâce à l'hyperinflation, les banquiers internationaux ont pu récolter les fruits de la "tonte des moutons", qui a non seulement fait passer l'Allemagne par des décennies de richesse industrielle, mais a également pris le contrôle massif du système financier et industriel allemand. Dans le même temps, elle a provoqué une forte colère du peuple allemand contre la République de Weimar, désintégrant ainsi la base populaire de cette dernière. Ensuite, il était temps de renforcer la capacité industrielle de l'Allemagne et d'accumuler des forces pour défier l'hégémonie de l'Empire britannique.

En fait, les banquiers internationaux ont planté le décor à la Conférence de paix de Paris : John Foster Dulles, un avocat de Wall Street qui fut une figure clé des pourparlers de paix de Versailles et l'un des rédacteurs du traité de paix, fut chargé de rédiger l'article 231 du traité de paix, la clause allemande sur les "crimes de guerre" qui fit le lit de la vindicte allemande. Le secrétaire d'État américain Charles Evans Hughes, qui avait été le principal conseiller juridique de la Standard Oil de Rockefeller, persuada le président Coolidge de nommer Charles Dawes, un banquier proche du consortium JP Morgan, à la présidence de la Commission des compensations. De 1924, date de la mise en œuvre du plan Dawes, à 1931, l'Allemagne a payé un total de 10,5 milliards de DM en réparations de guerre, mais a emprunté 18,6 milliards de DM à l'étranger ; après 1923, l'ombre des banquiers juifs, des Rockefeller et de JP Morgan était partout derrière, qu'il s'agisse de la société allemande IG Farben, de United Steel ou de la Société allemande d'électricité, et le redressement de l'Allemagne après la guerre était entièrement contrôlé par le capital de Wall Street, qui a levé des fonds publics par la vente d'obligations allemandes, dont les

familles JP Morgan et Warburg ont tiré de gros profits supplémentaires.
⁹⁹

En 1924, le plan Dawes est lancé du côté américain. Le but du plan Dawes était de réduire les réparations de guerre de l'Allemagne, de 132 milliards de DEM à 37 milliards de DEM. Les États-Unis utilisent cet argent pour émettre des prêts à l'Allemagne, principalement pour rembourser la dette de l'Allemagne envers la France et la Grande-Bretagne. La Grande-Bretagne et la France obtiennent l'argent remboursé par l'Allemagne et le redonnent ensuite aux États-Unis parce que la Grande-Bretagne et la France leur doivent de l'argent. Le résultat est que les Américains eux-mêmes prêtent de l'argent aux Allemands pour rembourser les Anglo-Français, et les Anglo-Français à leur tour retournent une partie du remboursement allemand aux États-Unis, de sorte que l'argent tourne encore et encore vers les États-Unis. Dans ce cycle, c'est le contribuable américain qui est perdant. Dans le processus, l'industrie allemande, contrôlée par le capital de Wall Street, qui avait déjà fait le "bottoming out", a réduit le poids de sa dette et augmenté sa rentabilité, tandis que dans le même temps, tous les banquiers impliqués dans les transactions de capitaux ont gagné beaucoup. Le plan Dawes a été immédiatement salué par les banquiers internationaux lorsqu'il a été proposé, car tout le monde avait un intérêt égal dans ce jeu de remboursement circulaire. Dawes a remporté le prix Nobel de la paix avec Chamberlain en 1925 et est devenu par la suite vice-président des États-Unis.

Schacht et les banquiers internationaux ont également proposé une nouvelle clause de compensation en vertu de laquelle tous les profits générés par la banque centrale allemande seraient divisés, 45 pour cent des profits allant aux actionnaires privés de la banque centrale allemande et 55 pour cent au gouvernement. Finalement, tous les actionnaires de la banque centrale se sont mis d'accord pour que la moitié des 50 premiers millions de marks de bénéfices soit prise par les actionnaires privés de la banque centrale, et que 25 pour cent de la deuxième tranche de 50 millions de bénéfices soit prise par les actionnaires privés, puis que 10 pour cent des bénéfices annuels aillent aux actionnaires privés. ¹⁰⁰

---

⁹⁹ Carroll Quigley, *Tragedy and Hope* (MacMillian Company, 1966).

¹⁰⁰ Stephen Zarlenga, *L'hyperinflation allemande de 1923 : A "Private" Affair*.

Après l'entrée en vigueur du plan de Dawes, d'énormes prêts américains ont inondé l'Allemagne, une grande quantité de crédit étranger a suivi, et les banquiers internationaux avaient généralement une grande confiance en Schacht. Mais les Schacht ont adopté des restrictions inhabituellement strictes sur l'utilisation des fonds étrangers, stipulant que l'argent ne peut être utilisé que dans le domaine de la production et non pour des crédits destinés aux produits de luxe et à la consommation. Dans le cadre d'une telle politique, de 1924 à 1929, le système de production industrielle allemand, sous le contrôle du capital de Wall Street, s'est rapidement construit pour devenir le système industriel le plus avancé de toute l'Europe. Le soutien de la production par le crédit "Schacht" et l'orientation de la politique visant à restreindre sévèrement l'accès à d'autres marchés boursiers, immobiliers et de consommation de luxe similaires ont été particulièrement efficaces. La force industrielle de l'Allemagne a été rapidement restaurée et elle s'est progressivement équipée pour défier la Grande-Bretagne.

Après avoir pris le contrôle de l'industrie allemande sur le plan économique et financier, l'étape suivante consistait à favoriser l'émergence d'un leadership politique et d'une organisation politique capables de mener une guerre mondiale contre l'Empire britannique. C'est à ce moment-là qu'Hitler et son parti nazi sont entrés dans le collimateur des banquiers internationaux. Aux premiers stades du mouvement nazi, les gens de Wall Street et des cercles du département d'État américain obtenaient leurs renseignements de sources multiples. Bien avant les émeutes de la brasserie de 1923, Robert Murphy, un fonctionnaire du département d'État américain à Munich, a rencontré Hitler personnellement par l'intermédiaire du général Ludendorff, un Murphy qui deviendra plus tard une figure centrale du club Bilderberg. C'est par le biais de ces contacts secrets qu'un flux constant d'idées et de renseignements organisationnels nazis a été acheminé dans les cercles décisionnels secrets de Wall Street et de Washington, à l'attention du cercle restreint des banquiers internationaux. Dès 1926, le président de la Reichsbank, Schacht, commence à financer secrètement les nazis. En juin 1929, les banquiers qui contrôlaient la Réserve fédérale se sont réunis et ont choisi Sidney Warburg pour "interviewer" Hitler en Allemagne en leur nom et pour mener des négociations de coopération. Les banquiers de Wall Street posent comme condition "de prôner une politique étrangère offensive et de fomenter une vengeance contre la France". Hitler n'a pas demandé grand-chose, donnant 100 millions de marks (24 millions de dollars) pour tout. Au final, les parties se sont entendues pour 10 millions de dollars. Les revendications nazies d'Hitler, dont Sidney a rendu compte à son retour, ont profondément impressionné Rockefeller. Immédiatement après que le New York Times a commencé à couvrir régulièrement Hitler, des instituts spéciaux de recherche sur le nazisme ont été ouverts dans les universités. [101]

Ce à quoi les banquiers internationaux ne s'attendaient pas, c'est que le gangster de rue Hitler avait son propre "grand plan" et prenait l'argent des banquiers internationaux pour son propre "travail privé".

---

[101] Antony C. Sutton, *Wall Street & the Rise of Hitler* (GSG & Associates, 1976).

CHAPITRE VI

Le "New Deal" d'Hitler

Au cours de la Seconde Guerre mondiale, la puissance de la machine militaire de l'Allemagne nazie était depuis longtemps connue du monde entier, et Hitler était encore plus un démon que tout le monde appelait de ses vœux. Cependant, en dehors des cercles universitaires, peu de gens comprennent les rouages du système monétaire et du système économique de l'Allemagne nazie. Dans la crise économique qui a balayé le monde dans les années 1930, l'Allemagne a été la plus durement touchée, avec une économie déprimée et un chômage sans précédent. Le fait que les nazis aient pu accéder au pouvoir de manière légitime grâce à des élections démocratiques est étroitement lié à la crise économique en Allemagne. À une époque d'agitation sociale et de changement dans l'esprit des gens en Allemagne, les nazis ont pris le pouls de la société et ont remporté les élections en jouant la carte du New Deal pour sauver la crise économique. Si les nazis avaient compté sur de simples slogans et de la propagande, sans réel talent pour gouverner la crise économique, ils auraient rapidement perdu le cœur et l'esprit du peuple et se seraient finalement effondrés comme la République de Weimar.

Hitler, qui vient d'arriver au pouvoir en 1933, est confronté à un désordre économique. De 1929 à 1932, le taux d'utilisation de l'équipement industriel allemand est tombé à 36 %, la production industrielle totale a chuté de 40 %, la valeur du commerce extérieur a diminué de 60 %, les prix ont baissé de 30 %, la production de fer a chuté de 70 %, la production de la construction navale de 80 %, le chômage a atteint 30 %, la crise économique a exacerbé les conflits entre les classes sociales et plus de 1 000 grèves ont éclaté en trois ans.

Il faut dire que l'Allemagne a été frappée par une crise économique bien plus sévère que les autres pays capitalistes d'Europe et d'Amérique. Dès que les nazis sont arrivés au pouvoir, ils se sont immédiatement consacrés à sauver l'économie, en commençant ce qui a été connu sous le nom de "New Deal" d'Hitler. Grâce à une série de mesures économiques énergiques, l'économie allemande s'est rapidement redressée et a commencé à connaître une forte croissance, le chômage chutant à 1,3 % en 1938. De 1933 à 1938, la production allemande de fonte brute passe de 3,9 millions de tonnes à 18,6 millions de tonnes, la production d'acier de 5,6 millions de tonnes à 23,2 millions de tonnes, et la production d'aluminium, de magnésium et de tours est encore plus élevée qu'aux États-Unis. De 1933 à 1939, l'industrie lourde et l'industrie de l'armement de l'Allemagne ont été multipliées par 2,1, la production de biens de consommation a augmenté de 43 % et l'économie nationale brute a augmenté de plus de 100 %, tandis que la construction du réseau routier national était achevée, que le système de base de l'industrie lourde était réorganisé et qu'une armée moderne était équipée.

Le New Deal de Roosevelt, qui a commencé en 1933, n'a que temporairement atténué la crise, et l'économie américaine est entrée dans une longue période de ce qu'on appelle la "dépression spéciale", sous la forte stimulation du soi-disant "New Deal", l'économie américaine est encore faible reprise, 1937-1938, les États-Unis sont retombés dans une grave crise économique, et ce n'est qu'en 1941, après la participation des États-Unis à la Seconde Guerre mondiale, que la Grande Dépression a complètement émergé. Tout au long du New Deal de Roosevelt, le taux de chômage moyen aux États-Unis a atteint 18 % et le produit national brut n'a pas retrouvé les niveaux d'avant la crise de 1929 avant 1941. Si la guerre n'avait pas éclaté et si plus de 10 millions de jeunes Américains n'avaient pas été enrôlés dans l'armée, le problème du chômage aurait probablement perduré pendant un certain temps.

L'Allemagne a été le pays le plus durement touché par la crise économique des années 30, mais elle a été le premier pays à sortir de la Grande Dépression.

L'histoire des crimes de guerre commis par les nazis est déjà établie et dépasse donc le cadre de ce chapitre. Cependant, la politique monétaire et économique dans l'Allemagne nazie est un domaine peu connu, et c'est sous cet angle que nous allons examiner l'interaction entre la politique et la monnaie dans l'Allemagne de l'époque.

"Hitler cynique"

Un jour de novembre 1918, le caporal Adolf Hitler, du régiment Liszt de la Wehrmacht, était tranquillement allongé sur son lit d'hôpital à l'hôpital des armées, comme le reste des blessés, savourant la douleur de la cécité temporaire due aux gaz toxiques administrés par les puissances alliées et le bonheur d'avoir été décoré de la Croix de fer du Reich. Juste à ce moment-là, une nouvelle soudaine qui frappe le caporal Hitler sur son lit d'hôpital comme un éclair du ciel, l'Allemagne annonce sa reddition aux puissances alliées ! La colère et la déception rongent le jeune Hitler comme une vipère, et de quoi s'agit-il ? Est-ce le résultat amer de quatre années de combat avec d'innombrables camarades de guerre ?

Peu après, on apprend que le gouvernement de la République de Weimar a reconnu la paix de Versailles : L'Allemagne avait perdu environ 1/10 de son territoire et 1/8 de sa population, perdu toutes ses colonies, démilitarisé la Rhénanie, obligé la France à occuper la Sarre et à payer d'énormes réparations (70 ans pour payer ses dettes jusqu'en 1988), et surtout le traité sur les crimes de guerre : L'Allemagne devait reconnaître son entière responsabilité dans le déclenchement de la guerre.[102] Comme la plupart des vieux Allemands, Hitler est profondément enragé.

Avant la révolution de novembre 1918, la situation en Allemagne, bien qu'elle ne soit pas bonne, n'avait pas encore atteint le point de la défaite complète. Sur le champ de bataille du front occidental, les Alliés n'ont jamais occupé le territoire allemand, tandis que les forces allemandes ont pénétré profondément dans le nord de la France. De mars à juillet 1918, les forces allemandes ont lancé successivement cinq grandes offensives sur le front occidental. À la fin du mois de mai de cette année-là, les Allemands lancent leur troisième offensive, qui réussit à percer la ligne française et à pousser jusqu'à un endroit situé à seulement 37 kilomètres de Paris. Le 15 juillet, ils lancent leur cinquième offensive, qui ne parvient pas à atteindre ses objectifs stratégiques, avec l'arrivée des troupes américaines en Europe et une augmentation significative de la force des puissances alliées. Les

---

[102] *The Making of the West : Peoples and Cultures*, 3 ed. Vol. C. Boston : Bedford/St. Martins, 2009, p. 817.

Allemands adoptent alors une position stratégique défensive en France. Sur le front oriental, après la révolution russe d'octobre 1917, le régime soviétique a d'abord décidé que la situation intérieure était si grave que l'armée russe était tellement malade de la guerre qu'il était impossible de la poursuivre. Lénine était déterminé à faire la paix avec l'Allemagne et, en mars 1918, la Russie a été contrainte de signer le très dur traité de paix de Brest-Litovsk avec l'Allemagne, en vertu duquel l'Allemagne acquerrait près d'un million de kilomètres carrés de terres russes et près de 50 millions d'habitants. Et les zones cédées à l'Allemagne possédaient 90 % des mines de charbon de la Russie, 73 % de son minerai de fer, 54 % de son industrie et 33 % de ses chemins de fer. En outre, le traité stipule que le gouvernement soviétique doit démobiliser l'armée, y compris l'unité de l'Armée rouge récemment formée. [103]Le 27 mars de la même année, trois autres traités germano-soviétiques sont signés à Berlin, prévoyant le versement de 6 milliards de DM à l'Allemagne sous diverses formes.

Si l'Allemagne parvenait à retarder et à consumer l'offensive alliée sur le front français à l'ouest, et si la guerre à l'est était terminée, l'armée allemande serait bientôt en mesure de concentrer toute sa force à l'ouest, et avec les grandes étendues de terre et les ressources abondantes cédées par la Russie, et les énormes réparations de 6 milliards de marks, il y aurait une augmentation fondamentale de la puissance de guerre allemande. Même si, en fin de compte, l'Allemagne a du mal à gagner, les puissances alliées pourraient ne pas être disposées à s'affronter pendant longtemps en raison de l'épuisement massif des ressources humaines et matérielles et des conflits internes, et il est effectivement possible de terminer la guerre dignement si l'Allemagne décroche.

De nombreux Allemands étaient convaincus que l'armée allemande était invincible et ne serait jamais vaincue. En d'autres termes, tant que les représentants du gouvernement ne "vendent pas le pays pour la gloire" et que le pays ne s'effondre pas à la suite de la révolution, les Allemands gagneront sûrement. Pour certains Allemands, même s'il fallait rechercher la paix, ils croyaient que les Alliés seraient indulgents avec l'Allemagne, conformément aux quatorze points de paix américains, que l'Allemagne pourrait peut-être

---

[103] Liu Debin, ed., *History of International Relations*, Beijing : Higher Education Press, 2003, pp. 203-204.

annexer les zones germanophones de l'ancien empire austro-hongrois, réaliser une fusion germano-autrichienne et créer une Grande Allemagne conformément au principe d'"autodétermination nationale[104]" promis par Wilson — mais la dure réalité a donné à la population allemande le goût piquant d'être trompée et trahie. Outre les puissances alliées, y avait-il des traîtres en Allemagne qui ont trahi l'Allemagne ? Le peuple est uni et trouve presque immédiatement des boucs émissaires pour la défaite : les faibles sociaux-démocrates qui ont reconnu le traité de paix de Versailles et les "Juifs internationaux", qui sont appelés les "pécheurs de novembre" et sont considérés comme coupables d'avoir vendu les intérêts allemands.

Animé d'une haine amère à l'égard des "pécheurs de novembre", le cynique Hitler se retire de l'armée avec un vieil uniforme et une croix de fer. Au chômage, Hitler trouve rapidement un nouvel emploi en tant qu'espion pour les services de renseignements de l'armée allemande afin de découvrir le "Parti ouvrier allemand", un petit parti de seulement 55 personnes à l'époque. Hitler n'avait aucune base théorique, mais c'était un homme d'une grande perception qui, dans son travail d'"espionnage", puisait dans les meilleurs éléments des orateurs passionnés des différentes écoles de pensée et était capable de saisir rapidement les failles fatales de leurs points de vue tout en enrichissant son "système théorique".

Un jour de septembre 1919, Hitler se rend à nouveau à l'endroit où le Parti ouvrier allemand se réunit pour découvrir ce qui s'y passe. Le contenu d'un orateur a rapidement capté l'intérêt d'Hitler, et l'homme dont les vues l'ont impressionné était Gottfried Feder. Dans son livre Mein Kampf, publié en 1924, Hitler dit précisément :

> *"Après avoir entendu Feder parler pour la première fois, l'idée m'est immédiatement venue que j'avais découvert un principe important de notre parti (nazi)."*

C'est sur l'ordre de Feder qu'Hitler a rejoint le Parti ouvrier allemand. [105]

---

[104] Ibid, pp. 206-207.

[105] *Munich 1923*, John Dornberg, Harper & Row, NY, 1982. P. 344.

Qui était ce Feder, et de quelle hauteur d'esprit parlait-il, pour qu'il soit capable de faire passer Hitler à la trappe, et trouver ainsi les principes sur lesquels le parti nazi a été fondé ?

Feder : le mentor financier d'Hitler

Après l'adhésion d'Hitler au Parti ouvrier allemand, Feder devient le mentor d'Hitler en matière d'économie et de finances. Inspiré par Feder, Hitler s'intéresse de près à la monnaie, aux finances, à l'emploi, au commerce, aux crises économiques et à d'autres questions.

Feder, qui n'était pas un étudiant en économie et en finance, a commencé à "comprendre par lui-même" le lien entre la monnaie, l'économie, la dépression, l'emploi, la guerre et l'État en 1917, rompant complètement avec l'esprit académique traditionnel et aboutissant à une série de conclusions surprenantes. Il a affirmé que l'État devait avoir le pouvoir de contrôler la masse monétaire, que la banque centrale devait être nationalisée et que le contrôle privé de la banque centrale ne devait pas être autorisé. En effet, le plus gros problème du contrôle privé de la banque centrale est que les intérêts et autres bénéfices qu'elle génère seront détenus par des particuliers, au lieu de profiter à l'État et au public. [106]

À l'origine, Hitler, qui n'avait aucune connaissance de l'économie et de la finance, avait toujours pensé que la défaite de la "Première Guerre mondiale" allemande et l'hyperinflation qui s'en est suivie étaient une question purement politique. Après les conseils de Feder, Hitler a immédiatement et vivement compris que la finance était au cœur de tout cela, et a été impressionné par la différence essentielle entre le "capital industriel créatif" et le "capital financier avide et prédateur". Lorsque Hitler a réalisé que la finance et les groupes de pouvoir qui la contrôlaient étaient les véritables maîtres du destin de l'Allemagne, son réalisme a immédiatement fait un bond en avant et il s'est penché sur de nombreuses questions qui l'avaient déconcerté auparavant, et a immédiatement acquis une compréhension sans précédent et une nouvelle perspective. Il a progressivement élaboré un cadre logique clair pour le fonctionnement futur de l'Allemagne et les "principes importants" du parti nazi.

---

[106] *Hitler : A Profile in Power*, Ian Kershaw, chapitre I (Londres, 1991, rév. 2001).

En 1920, Hitler a proposé un système de principes philosophiques pour le mouvement nazi après des débats et des réflexions répétés et passionnés avec Feder et d'autres. En raison du niveau philosophique de la plate-forme, Hitler pensait qu'elle ne changerait "jamais". Ce système de pensée a été résumé dans la plate-forme en 25 points, dont le statut a été réaffirmé lors du congrès du parti nazi à Nuremberg en 1932. [107]

La plate-forme en 25 points contient toutes les idées et politiques de base des nazis. Les demandes et revendications relatives à l'économie reflètent les principales idées économiques de Feder, les points clés étant.

Point 11 : "Proscrire les revenus non gagnés et briser l'esclavage des intérêts". "Ce point est conforme au plaidoyer constant de Feder en faveur de l'abolition de l'"esclavage des intérêts" et de la distinction entre le "capital industriel créatif" et le "capital financier mangeur de profits". Selon lui, le capital ne peut créer de la valeur que s'il entre effectivement dans le cycle de l'économie réelle, et le capital financier "prédateur" qui "roule sur les bénéfices" uniquement dans le système financier est en fait le résultat de l'exploitation d'autres travailleurs.

Point 12 : " Suppression et confiscation de tous les gains illégaux rendus possibles par la guerre ". "Hitler affirme que l'armée allemande n'a pas perdu militairement pendant la Première Guerre mondiale, mais que les soldats au front ont été "poignardés dans le dos" par la grande bourgeoisie et les financiers juifs qui ont "vendu l'intérêt national".

Point 13 : " Nous demandons la nationalisation de toutes les entreprises (trusts) qui ont été (jusqu'à présent) réunies. "Feder propose la création d'un "porte-avions" d'entreprises d'État afin de réaliser le monopole de l'État sur les principales ressources de la société, évitant ainsi la concurrence vicieuse et la division des riches et des pauvres causées par la recherche excessive de profits par le capital. Il considère le tore nationalisé comme une sorte d'équilibre entre des profits raisonnables pour les capitalistes et un emploi stable pour les travailleurs.

Point 14 : "Nous demandons à participer au dividende des grandes entreprises". "Feder insiste sur le fait que les grandes entreprises

---

[107] *Adolf Hitler, John Toland*, New York : Doubleday & Company, 1976. p. 94-98.

doivent contribuer à la société et partager la prospérité économique avec tous les segments de la société.

Point 16 : " Nous exigeons l'établissement et le maintien d'une classe moyenne saine, nous exigeons la confiscation immédiate des grands magasins et la location à bon marché aux petits entrepreneurs, nous exigeons un soin particulier pour tous les petits entrepreneurs dans l'acquisition des biens par l'État et les États. "Ce point de vue de Feder reflète les intérêts économiques de la petite bourgeoisie et des gens du peuple de la société, bien qu'il ne s'agisse plus du tout d'un principe dit philosophique, mais qu'il appartienne à un niveau politique spécifique.

Point 17 : " Nous demandons une réforme foncière adaptée aux besoins de la nation. Appelons à un décret de confiscation sans frais des terres pour le bien commun, à l'abolition de la rente foncière et à la fin de toute spéculation foncière ". "Les aspects les plus intolérables de la philosophie de Feder sont le "gain en ne faisant rien" et la "spéculation", et son désir de dépenser toutes les ressources sociales dans des activités productives tangibles. En fait, il vit entièrement dans un monde abstrait et idéalisé, ignorant la nature humaine. Il y a un vieux dicton chinois qui dit : "Un gentleman est comme l'eau, un méchant est comme l'huile. "Le gentilhomme est bien sûr très bon, mais vivre longtemps avec lui ne peut que faire craindre que personne ne puisse supporter ce genre d'ennui et de fadeur éternels ; les petites gens ont certes des problèmes, mais les petites gens creusent dans leur cœur pour créer toutes sortes d'ennuis, mais aussi apporter les hauts et les bas et les changements de la vie. La création et la spéculation sont également la même chose, sans création, tout le monde n'a pas de nourriture, mais sans spéculation, la vie est inévitablement trop terne. Le problème avec Feder, c'est qu'il essaie de séparer la lance du bouclier, en ne prenant que le côté qui lui convient.

Point 18 : " Peine de mort pour les traîtres, les usuriers et les spéculateurs. "

En outre, Feder préconisait de s'appuyer sur "l'autorité de l'État", de créer une banque de construction économique, d'émettre des titres d'État et de financer des investissements dans des projets publics sociaux. Compte tenu du fait que les banquiers internationaux ont depuis longtemps formé un monopole sur l'or, il propose de se débarrasser de l'étalon-or, de laisser l'État déterminer la quantité de monnaie en circulation, d'utiliser la capacité de production de l'économie réelle de l'État comme garantie de la monnaie, et d'échanger des marchandises avec d'autres pays, échappant ainsi au contrôle du capital étranger sur la monnaie allemande et les devises étrangères. [108]

Hitler a soutenu de nombreuses idées de Feder sur le plan conceptuel, mais c'était un politicien qui ne pouvait pas parler d'un quelconque intérêt pour la théorie elle-même, et la théorie était toujours pour lui un outil, utilisé quand il convenait, jeté quand il ne convenait pas. La loi éternelle des hommes d'État est que le pouvoir change, par la poursuite du pouvoir, et par le changement, plus de pouvoir.

Afin d'obtenir plus de pouvoir, Hitler a dû travailler avec des personnes qui détenaient le "vrai pouvoir". Aux yeux d'Hitler, qui était un soldat, le soi-disant pouvoir réel est en fait très simple, "violence + pouvoir financier", les deux se complètent et sont inséparables. Il était peu probable que le pauvre Hitler claudiquant soit financé par de grosses sommes d'argent, mais le soutien "violent" était déjà assez fiable.

Putsch de la Brasserie : la gloire d'Hitler

Si Feder a fourni à Hitler l'arme théorique de la finance économique, la contribution d'Ernst Röhm consiste à fournir l'arme pratique de la violence.

Röhm s'est engagé dans l'armée impériale à l'âge de 19 ans et a été blessé trois fois pendant la Première Guerre mondiale, devenant finalement un officier subalterne. Après la capitulation allemande, Röhm a rejoint l'organisation paramilitaire "Freiheit" en tant qu'adjoint d'Epp, commandant de la Freiheit bavaroise, et est devenu l'un des soldats les plus puissants de Munich. "Après la fin de la Première Guerre mondiale, un grand nombre d'officiers et de soldats allemands sont retournés dans leur ville natale et, sous le coup des "armes économiques" britanniques, de la pénurie de fournitures et du désespoir de l'emploi, ces vétérans énergiques se sont spontanément rassemblés et ont formé les Corps Libres sous la direction de quelques officiers. Secrètement financée et équipée par l'armée allemande, la Légion libre est initialement chargée de surveiller la longue frontière orientale afin de remédier à la pénurie immédiate de main-d'œuvre de la Wehrmacht.

---

[108] Ibid.

Dans le système de la République de Weimar, l'armée appartient à l'État et n'est pas autorisée à participer à la politique partisane nationale. Après les troubles politiques qui secouent l'Allemagne au lendemain de la Première Guerre mondiale, le parti communiste mène une révolution ouvrière. L'Armée libre, sur laquelle s'appuient les forces conservatrices représentées par le gouvernement et l'armée, combat et réprime les mouvements révolutionnaires partout dans le sang.

En octobre 1919, Hitler prononce son premier discours lors d'un rassemblement du Parti ouvrier allemand. Hitler fait la démonstration de son véritable don — une éloquence extrêmement incendiaire, quelle que soit l'absurdité et l'indignité d'un point, qui, après avoir été traité par son cerveau paranoïaque, jaillit à nouveau de sa langue désinvolte avec un effet de tonnerre. Il ne s'agit plus d'un argument, mais d'une force écrasante, d'une catharsis émotionnelle intense et brûlante et d'une analyse rationnelle froide et tranchante. Peut-être les Allemands ont-ils été trop profondément privés, trop impitoyablement humiliés, trop ouvertement trahis, et l'infériorité et l'arrogance sauvages et extrêmes, subconscientes, dans les os de la nation germanique ont été soudainement déclenchées par le "lance-flammes de la vérité" d'Hitler, et la couche restante de protection rationnelle a complètement fondu, ne laissant que la croyance fanatique et l'impulsion de la vengeance.

Parmi le public, qui en a été bouleversé, se trouvait Röhm. L'admiration de Röhm pour Hitler était si grande qu'il pensait qu'il avait un grand avenir et le potentiel pour diriger un mouvement ultra-nationaliste. Au printemps 1920, il introduit officiellement Hitler dans son propre cercle militaire. Avec le soutien des groupes violents, Hitler est devenu ambitieux et a commencé à planifier comment atteindre l'idéal d'un pays riche avec une armée forte.

En 1920, Hitler, avec l'aide de Feder, développe idéologiquement le système théorique de la plate-forme en 25 points et, avec l'aide de Rom, maîtrise les moyens de la violence. C'est à cette époque qu'il change le nom du Parti ouvrier allemand en National Socialist Deutsche Arbeiterpartei (Parti ouvrier allemand national-socialiste), ou Parti nazi. À l'instigation de Röhm, le chef militaire bavarois Epp s'est fortement impliqué dans la promotion du faible parti nazi, non seulement en lui fournissant une aide financière, mais aussi en invitant Hitler à la caserne pour recruter pour les nazis. Hitler était ravi que, selon ses propres termes, le Corps franc soit rempli de "jeunes hommes énergiques, organisés, disciplinés et imprégnés dans l'armée d'un esprit d'entreprise du monde sans difficulté". Sous l'organisation de Röhm, les nazis ont établi leur propre force armée, la Charge.

En 1921, Hitler est devenu le Führer du parti nazi, comme on l'attendait. À cette époque, le parti nazi dispose à la fois d'armes idéologiques et d'un soutien militaire. Grâce aux incitations sans précédent d'Hitler, d'autres organisations d'extrême droite de la République de Weimar viennent s'y joindre, et le prestige du parti nazi est tel qu'en 1923, le nombre de ses membres atteint 55 000.

En 1923, l'hyperinflation allemande orchestrée explose, le mark s'effondre, le monde financier est dans le chaos, la richesse de la classe moyenne allemande est exsangue, et la France et la Belgique marchent à nouveau pour prendre la Ruhr. Tout cela attise la colère de la population allemande contre le gouvernement de Weimar et l'enthousiasme patriotique monte. Le 8 novembre 1923, Hitler et Ludendorff mènent la charge et utilisent les chefs militaires et politiques bavarois pour organiser un coup d'État à l'occasion d'une fête dans une brasserie de Munich. Il s'agit de la célèbre émeute de la halle aux bières de l'histoire. [109]

Bien que les émeutes aient finalement échoué, elles ont choqué le monde entier et ont donné aux nazis une rare occasion d'exposition de propagande internationale. L'étonnante éloquence d'Hitler au tribunal et ses incessants accès de colère ont excité le public allemand. Un grand nombre de personnes sont spontanément sorties du tribunal par solidarité avec les nazis, et tous les grands journaux du monde ont publié la photo d'Hitler en première page.

Hitler tente de transformer le débat en discours politique lors de son procès, mais il est tout de même condamné à cinq ans de prison. Il passe neuf mois en prison et dicte le livre *Mein Kampf*, qui dresse un plan choquant de l'Allemagne future sous le régime nazi. Pendant son séjour en prison, Hitler réalise que la République de Weimar est pleine d'ailes, que la révolution violente n'a aucune chance de réussir et que la seule option est de "prendre légalement le pouvoir". Immédiatement après sa sortie de prison, il a ajusté la pensée du parti nazi et s'est

---

[109] *The Rise and Fall of the Third Reich : A History of Nazi Germany*, William L. Shirer, (Touchstone Edition) (New York : Simon & Schuster, 1981), P312.

préparé à utiliser la démocratie parlementaire pour prendre légalement le pouvoir.

Les émeutes de la brasserie ont eu pour effet involontaire de faire d'Hitler, à l'origine un voyou des rues, une "célébrité internationale" du jour au lendemain. Ainsi, des forces de tous bords sont venues voir Hitler à toutes fins utiles pour parler de coopération. Hitler était occupé par la réception et la négociation, un certain nombre de rounds en moins, estimait qu'il y avait trop de gens avec qui flirter, les grands acteurs vraiment puissants n'apparaissaient pas.

En fait, il ne vient pas à l'esprit d'Hitler que ses moindres gestes attirent la haute attention de certains cercles de grande énergie.

Hitler a été adoubé par le dieu de la richesse

Les banquiers internationaux ont commencé à chercher des agents politiques en Allemagne dès 1920 environ, qui pourraient porter le poids de l'histoire dans le futur. Ils ont suivi les différents partis politiques qui ont vu le jour en Allemagne après la guerre, en essayant de trouver des "actions super-primitives" qui apporteraient des rendements étonnants, et le petit parti d'Hitler, composé de quelques dizaines de personnes, est entré dans leur radar.

Les systèmes de renseignement des banquiers internationaux sont incroyablement efficaces. Dès février 1920, Morgan a organisé une visite secrète de Donovan en Europe, lui versant 200 000 dollars pour qu'il examine systématiquement tous les aspects de la situation d'après-guerre en Europe. C'est au cours de ce voyage en Europe que Donovan rencontre Hitler à Berchtesgaden, en Bavière, en Allemagne, et passe une longue nuit à discuter avec lui, qu'il considère comme un "parleur intéressant". Ce Donovan est le fondateur du service de renseignement stratégique des États-Unis (OSS), à l'origine de la Central Intelligence Agency (CIA).

Bien entendu, ce contact n'était qu'un exercice de cartographie très préliminaire, car les partis politiques en Allemagne à l'époque étaient nombreux et le "capital-risque" de Wall Street avait besoin de découvrir davantage le potentiel réel des actions originales parmi le grand nombre de candidats.

L'ouragan super-inflationniste est finalement passé après la fin de la vague spéculative du mark allemand en 1924. Après que Wall Street a copié le fond de l'économie allemande, le plan Dow Jones américain a été officiellement mis en œuvre, et l'économie allemande a rapidement connu une forte reprise grâce à l'afflux de capitaux étrangers. À mesure que l'économie se redresse, l'influence des nazis diminue rapidement. En fait, le peuple allemand et le grand public sont les mêmes, vivre dans la paix et le bonheur, une nourriture riche et des vêtements est la quête la plus importante du peuple, les combats et les tueries dans un monde chaotique et les hauts et les bas de l'agitation économique ne sont pas ce que le peuple désire. Une fois le monde en paix, le vieux peuple allemand a rapidement laissé derrière lui la douleur et le désastre du passé. De 1924 à 1929, l'activité nazie en Allemagne est en plein marasme, et Hitler doit jouer selon les règles de la politique parlementaire qu'il ne maîtrise pas très bien.

Alors que les organisations nazies de base se développaient dans toute l'Allemagne, le soutien des électeurs au parti nazi était plutôt pathétique. Lors des élections allemandes de mai 1928, les nazis ont remporté 12 sièges parlementaires avec un maigre 2,6 % des voix. Lors des élections allemandes de cette année-là, la coalition de gauche, représentée par le parti social-démocrate et le parti communiste d'Allemagne, a remporté 40,4 % des voix, le parti central catholique 15 %, tandis que plusieurs autres partis de droite, comme le parti populaire allemand, se sont partagé les 42 % restants.

Hitler était un homme chaotique qui n'allait jamais s'en sortir, avec son pays gouverné et le monde réglé.

Les nazis étaient déjà comme des poissons échoués sur une plage qui ne pouvaient pas sauter pendant des jours. À ce moment-là, cependant, la crise économique qui a balayé le monde en 1929 a éclaté et l'économie allemande a pris un tournant brutal, le nombre de chômeurs en Allemagne atteignant 2 millions en 1930 et grimpant à 6 millions en 1932. Les nazis saisissent immédiatement cette occasion historique pour accuser le traité de Versailles et les réparations de guerre d'être à l'origine de la crise économique de l'Allemagne, et la faiblesse et l'incompétence du gouvernement de piéger le peuple dans des eaux profondes. La dépression économique et les bouleversements sociaux qui avaient fait perdre au peuple allemand toute confiance dans la République de Weimar et les souvenirs douloureux de sept ans plus tôt commencent à émerger, mais cette fois la crise est bien plus grande et plus longue qu'en 1923, et les Allemands commencent à se tourner vers les nazis ; aux élections générales de septembre 1930, les nazis obtiennent 18 % des votes. Lors des élections générales de septembre

1930, les nazis obtiennent 18,3 % des voix, dépassant pour la première fois le parti communiste allemand et devenant le deuxième parti au Parlement après les sociaux-démocrates. Lors des élections générales de juillet 1932, les nazis obtiennent 37,4 % des voix, dépassant les sociaux-démocrates de 36,2 % et devenant le premier parti au Parlement.

En voyant les nazis monter en flèche, les banquiers internationaux ont finalement décidé de miser sur Hitler.

En novembre 1933, un pamphlet apparaît soudainement aux Pays-Bas. Il contient plusieurs conversations entre un banquier nommé Sidney Warburg et Hitler qui révèlent que les plus grands industriels et financiers américains, dont Rockefeller et Henry Ford, ont financé Hitler avant et après son arrivée au pouvoir par l'intermédiaire du groupe bancaire JP Morgan et Chase Manhattan à hauteur de 32 millions de dollars. Le livre a été censuré en 1934 et les frères Warburg, les directeurs américain et allemand de Faber & Co. auxquels il fait allusion, ont nié tout lien avec son contenu, mais les détails du livre sont cohérents avec de nombreuses sources réelles et sont donc suspects et généralement considérés comme des preuves que les investisseurs internationaux de Wall Street collaboraient avec les nazis. [110]

Un autre banquier international reconnu pour avoir financé Hitler est le baron Kurt von Schroeder. La famille Schroeder est également l'une des "dix-sept plus grandes familles bancaires internationales", avec des banques à Londres et à New York. Schroeder et Rockefeller ont formé une banque commune à New York en 1936, avec le neveu de John Rockefeller comme vice-président et directeur. [111]

Diplômé de l'université de Bonn, Schroeder s'engage dans la Reichswehr pendant la Première Guerre mondiale. Après la guerre, il rejoint la Stein Bank à Cologne en tant qu'associé. Ses convictions politiques de droite l'amènent à sympathiser avec le parti nazi et à le financer. Il a facilité une rencontre entre le chef du Parti populaire allemand Barben et Hitler, ce qui a permis à ce dernier de devenir plus tard chancelier du gouvernement.

---

[110] Antony C. Sutton, *Wall Street and the Rise of Hitler* (GSG & Associates Pub 1976) Chapitre 10.

[111] Richard Roberts, Schroders Merchants & Bankers (MacMillan, 1992).

Schröder était également une figure clé du cercle restreint nazi, le "Cercle des pairs économiques", également connu sous le nom de "Cercle Kepler", fondé par William Kepler. Kepler est l'homme d'affaires par excellence, avec de nombreux contacts dans le monde politique et un sens aigu de la politique. Le "Cercle Kepler" est formé pour la première fois en 1931. Hitler a eu une conversation profonde avec Kepler sur le fait qu'il voulait un groupe fiable d'entrepreneurs pour conseiller les nazis une fois qu'ils seraient au pouvoir, et Hitler a dit : "Trouvez quelques chefs d'entreprise qui peuvent maintenant être non-nazis et qui nous serviront quand nous serons au pouvoir." [112]

Kepler a été fidèle à sa mission, et son cercle de net-citoyens à financer Hitler inclus.

- Fritz Kranefuss : Neveu de Kepler et assistant d'Himmler.
- Karl Vincenz Krogmann, maire de Hambourg.
- August Rosterg, directeur général de la filiale française.
- Emil Meyer : Directeur de la filiale ITT et de GE Allemagne.
- Otto Steinbrinck : Vice-Président, United Steel Corporation.
- Hjalmar Schacht, président du conseil d'administration de la Reichsbank.
- Emil Helffrich : Président du conseil d'administration de Mobil Holding, German-American Petroleum.
- Friedrich Reinhardt : Président du conseil d'administration de la Banque commerciale.
- Ewald Hecker : Président du conseil d'administration d'ILSEDER HUTTE.
- Graf von Bismarck : Président exécutif de Steding. [113]

Kepler est élu au Reichstag en 1933 et devient pendant un temps le conseiller financier d'Hitler. En quelques années, il gagne grassement sa vie en tant qu'administrateur de plusieurs sociétés, notamment en tant que président du conseil d'administration de deux filiales du groupe

---

[112] Tribunal militaire de Nuremberg Volume VI p. 285.

[113] Tribunal militaire de Nuremberg Volume VI p. 287.

Farben. Farben et Mobil Oil ont une relation étroite. Farben avait reçu la technologie pour produire de l'essence synthétique de Mobil Oil, qui lui avait transféré d'urgence plus de 2 000 brevets étrangers après le début de la guerre en Europe.

L'American International Telegraph and Telephone Company ITT a été fondée en 1921 par les frères Sosthenes Behn et Hernand Behn et était contrôlée par la famille Morgan. La première rencontre entre Penney et Hitler a lieu en août 1933 à Berchtesgaden.[114] Plus tard, Benny et le Cercle Kepler se sont rencontrés et ont fait la connaissance de Schroeder. Voyant les liens étroits de Schroeder avec Hitler et les nazis, Penney invite Schroeder à devenir le gardien des intérêts d'ITT en Allemagne. Schröder a aidé ITT à investir dans des entreprises militaires lucratives en Allemagne (notamment Focke-Wulf, qui produisait des avions de chasse) et a siégé aux conseils d'administration de ces sociétés, dans lesquelles les bénéfices d'ITT étaient réinvestis. De cette façon, Hitler a été un acteur clé de la Seconde Guerre mondiale lorsqu'il a combattu les forces américaines et alliées avec des avions de chasse produits avec des investissements américains. De plus, il a également transféré des fonds d'ITT à la Gestapo de Himmler, le chef des services secrets, dont les contributions représentaient un quart des contributions des entreprises américaines à la Gestapo pendant la guerre.

Le compte rendu de l'interrogatoire de Kurt von Schröder par les Alliés après la "Seconde Guerre mondiale", le 19 novembre 1945, montre les relations profondes entre Schröder, l'ITT et les nazis.

Q : Dans l'enregistrement précédent, vous avez dit que vous aviez des relations avec plusieurs sociétés allemandes liées à ITT ou Standard Electric, alors ITT ou Standard Electric ont-ils traité avec d'autres sociétés allemandes ?

R : Oui. Avant la guerre, Lorenz détenait une participation de 25 % dans Focke-Wulf de Brême, qui construisait des chasseurs pour la Luftwaffe. Je crois que plus tard, Focke-Wulf a absorbé plus de capital en raison de son expansion et que Lorenz est passé à un peu moins de 25 %.

---

[114] Antony C. Sutton, *Wall Street and the Rise of Hitler* (GSG & Associates Pub 1976).

Q : Donc cela s'est produit après que le Colonel Penney ait détenu presque 100 % de Lorenz à travers ITT ?

R : Oui.

Q : Le colonel Penney a approuvé l'achat par Lorenz de la participation dans Focke-Wulf ?

R : Je suis sûr que le colonel Benny a donné son accord avant que son représentant en Allemagne ne l'approuve formellement.

Q : En quelle année Lorenz a-t-il acheté une participation de 25 % dans Focke-Wulf ?

R : Je me souviens juste avant que la guerre n'éclate, avant l'invasion de la Pologne.

Q : Westlake connaît-il tous les détails de l'achat par Lorenz d'une participation de 25 % dans Focke-Wulf ? (Westerik a agi en tant qu'espion allemand pendant la Première et la Seconde Guerre mondiale).

R : Oui. Vous le savez mieux que moi.

Q : Combien Lorenz investit-il ?

R : Au départ, c'était 250 000 marks. Ensuite, on a rajouté pas mal de choses. Je ne me souviens pas exactement de combien.

Q : Le colonel Penney a-t-il eu la possibilité de transférer aux États-Unis les bénéfices qu'il avait réalisés en Allemagne avant que la guerre n'éclate ?

R : Oui. Le transfert vers les États-Unis sera un peu moins rentable en raison du taux de change, mais la grande majorité des marchandises retournera aux États-Unis. Le colonel Penney ne l'a pas fait et ne m'a pas demandé de le faire. Il semble vouloir garder les profits en Allemagne pour l'usine et l'équipement et d'autres entreprises industrielles militaires. Haas, à Berlin, est l'une d'entre elles. Haas produit des composants de radio et de radar militaires. Si je me souviens bien, Lorenz détient une participation de 50 % dans Haas.

Q : Vous êtes directeur de Lorenz depuis 1935. Pendant cette période, Lorenz et Focke-Wulf étaient engagés dans la production d'équipements industriels militaires. Savez-vous ou avez-vous entendu dire que le colonel Penney ou ses représentants ont protesté contre ces entreprises qui préparent la guerre pour l'Allemagne ?

A : Non. [115]

Le Cercle Kepler et Himmler se rapprochent de plus en plus, également connu sous le nom de "Cercle Himmler". Dans une lettre datée du 25 février 1936 adressée à son collègue Émile Meyer du Cercle Himmler, Schroeder décrit les buts et les exigences du Cercle Himmler ainsi que les objectifs à long terme du compte spécial "S" ouvert à la Stein Bank de Cologne.

Cercle d'amis du leader du Troisième Reich

À l'issue d'un voyage de deux jours à Munich à l'invitation du chef du Troisième Reich, le cercle d'amis se met d'accord pour ouvrir un compte spécial " S " à la Stein Bank de Cologne à la disposition du chef du Reich. Les fonds sont utilisés pour des missions extrabudgétaires. De cette façon, le chef de l'Empire peut compter sur tous ses amis. Il est décidé à Munich que les signataires doivent créer et gérer le compte.

> " En même temps, nous informons chaque participant que s'il contribue au nom de l'entreprise ou du Cercle des Amis à la mission susmentionnée du Reichsleiter, la contribution doit être déposée sur un compte spécial " S " (compte Reichsleiter, compte chèque postal n° 1392) convenu par le Cercle des Amis à la Stein Bank de Cologne. "
> Heil Hitler !
>
> Kurt von Schroeder [116]

Cette lettre explique pourquoi, après la guerre, le colonel Bogdan (ancien directeur de la Schroeder Bank à New York) s'est donné beaucoup de mal pour détourner l'enquête de la Stein Bank de Cologne et la diriger vers les grandes banques de l'époque nazie. Car la Stein Bank cachait des secrets sur la collusion entre les sociétés transnationales américaines et les autorités nazies pendant la "Seconde Guerre mondiale".

Le soutien de Schröder aux nazis a été richement récompensé après l'arrivée des nazis au pouvoir, puisque Schröder a occupé les postes suivants.

---

[115] Ibid.

[116] Tribunal militaire de Nuremberg, volume VII, p. 238.

> Représentant allemand de la Banque des règlements internationaux.
> Conseiller privé en chef de la Reichsbank allemande.
> Haut responsable de la Gestapo, Croix de fer I et II.
> Président du conseil d'administration de la banque allemande Verkehrs-Kredit-Bank (contrôlée par la Reichsbank).
> Consul général en Suède.

Après la guerre, Kurt von Schroeder a été reconnu coupable de "crimes contre l'humanité" par un tribunal allemand, et l'éminent banquier international a finalement été condamné à trois mois d'emprisonnement.

" Crimes contre l'humanité " n'est pas un petit crime, et Schröder, qui a directement financé Hitler pendant la Seconde Guerre mondiale et a été " pris sur le fait ", n'a reçu qu'une peine symbolique de trois mois d'emprisonnement. Ci-dessous, nous verrons également la libération du procès du "Dieu de l'argent" Schacht, qui était le ministre nazi des finances et le chef de la Banque centrale et était chargé de la collecte de fonds tout au long du processus de guerre. On dirait que Schroeder a une autre raison de hurler à propos de ses trois mois de prison.

Outre Schröder, l'une des "dix-sept familles bancaires internationales", qui a participé au financement d'Hitler, Max Warburg était également un personnage important.

L'accord Haavara

Hitler affirmait qu'il avait deux ennemis et un ennemi mondial. Son premier ennemi était les bolcheviks et, selon Hitler, l'Allemagne n'aurait pas pu être vaincue sans que les bolcheviks ne se révoltent et n'émeuvent ses arrières, le premier coup de poignard dans le dos. Son deuxième ennemi était le pouvoir financier juif international. Inspiré par Feder, Hitler voyait la puissance du pouvoir financier et en voulait aux banquiers juifs qui avaient financé les Alliés pendant la Première Guerre mondiale, ce qui a conduit à la défaite de l'Allemagne et à la trahison des intérêts allemands par Max Warburg et d'autres dans le traité de paix de Versailles, ainsi qu'à la destruction de l'économie par l'hyperinflation allemande, qu'Hitler a imputée aux Juifs. La haine du sang d'Hitler était avec la France, l'ennemi séculaire qui a forcé l'Allemagne à signer le traité de disgrâce.

Après l'arrivée au pouvoir des nazis, il n'y avait pas de moyen immédiat de frapper l'Union soviétique ou la France, mais l'antisémitisme n'était pas une barrière. Son premier programme fut le "plan Haavara" pour exclure les Juifs.

Le mot "Haavara" signifie "transfert" en hébreu. Le plan Haavara a été signé en août 1933 par le gouvernement nazi d'Allemagne et les organisations juives de Palestine dans le but d'encourager l'immigration juive en Palestine.

Pour les nazis, l'expulsion des Juifs du sol allemand était une grande politique, mais étant donné la puissance de l'Allemagne à l'époque, elle ne pouvait pas être trop offensante pour les banquiers internationaux, qui détenaient un vaste accès aux fonds du monde entier. La plupart de ces personnes étaient des banquiers juifs, et beaucoup étaient des Juifs d'origine allemande. L'antisémitisme d'Hitler était déjà notoire à l'échelle internationale, et les protestations massives des Juifs européens et américains contre le boycott des produits allemands avaient porté un coup dur aux exportations industrielles de l'Allemagne, et il était dans l'intérêt du gouvernement nazi, qui venait de prendre le contrôle du régime et n'avait pas encore pris le dessus, de ne pas surstimuler les forces juives internationales dans leurs contre-actions. En conséquence, la politique d'exclusion et d'expulsion s'est transformée en une politique d'"encouragement à l'émigration".

Les énormes réparations de guerre de l'Allemagne après la Première Guerre mondiale ont été réglées entièrement en dollars et en livres sterling, de sorte que le gouvernement allemand a strictement contrôlé les sorties de devises et d'or, ce qui a été renforcé après l'arrivée au pouvoir des nazis par une taxe de pénalité de 25 % sur les transferts de capitaux d'Allemagne vers l'étranger en 1931. Tout cela a fait de l'émigration de l'argent l'un des plus grands problèmes de la diaspora juive. Max Warburg est déjà l'un des géants financiers les plus importants d'Allemagne, avec des contacts étendus sur les marchés des capitaux de Londres, Paris et New York, et il est devenu le devoir de Max de lever des fonds pour la bonne mise en œuvre du "Projet Haavara".

Après de nombreuses délibérations entre Max, les organisations juives de Palestine et les nazis, un modèle a finalement été mis au point qui était bénéfique pour les trois parties. Dans le cadre de ce programme, les Juifs qui étaient prêts à émigrer remettaient leurs marks et tous leurs biens immobiliers en Allemagne au gouvernement nazi, et après un an, ils recevaient la même valeur de livres sterling en Palestine, à condition que les émigrants juifs ne puissent pas utiliser l'argent, et que la totalité de la somme soit utilisée pour acheter des produits industriels allemands, tels que des machines, des équipements, des tuyaux, des engrais, etc. qui seraient rendus aux émigrants juifs après la vente de ces produits allemands en Palestine. En fait, le gouvernement nazi n'a pas vraiment payé la livre sterling, qui a été transférée par la famille Warburg et d'autres banquiers internationaux sur des comptes bancaires importants, et le gouvernement nazi s'est retrouvé avec ces précieuses "livres" grâce à l'exportation de produits industriels.

Il s'agit en fait d'une approche à trois volets. Pour les sionistes, le grand nombre de nouveaux immigrants juifs et le capital solide qu'ils ont apporté avec eux ont donné une impulsion majeure au développement de la communauté juive locale, posant une base humaine et matérielle solide pour l'établissement éventuel d'un État juif. De son côté, le gouvernement nazi, tout en augmentant les exportations de produits allemands, en créant des emplois en Allemagne et en gagnant de précieuses devises internationales "livres sterling", a atteint son objectif stratégique d'exclure les Juifs sans utiliser un seul centime de l'argent du gouvernement, et a pu en même temps montrer sa faveur au bloc de pouvoir des banquiers juifs internationaux en atténuant le coup sévère porté au commerce d'importation et d'exportation allemand par le boycott mondial des produits allemands qu'ils ont lancé. C'était aussi une occasion pour les banquiers internationaux de faire fortune, et afin de superviser la mise en œuvre du plan, les Juifs allemands ont créé la Palestine Trust Company, et les 3/4 du total des fonds requis pour le "plan Haavara" et le crédit pour les exportations vers l'Allemagne ont afflué vers la région palestinienne par les canaux de la famille Warburg et d'autres familles bancaires internationales, De 1933 jusqu'au déclenchement de la "Seconde Guerre mondiale" en 1939, 52 000 Juifs allemands (principalement riches) ont réussi à émigrer en Palestine, et un total de 140 millions de DM a été transféré en Allemagne par ce canal, la famille Warburg recevant de généreux "frais de service" financiers.

Le plan, en termes simples, consistait pour l'Allemagne nazie à payer les Juifs allemands qui émigraient en Palestine avec des produits industriels pour leurs biens immobiliers en Allemagne et leurs colonies en Palestine, et à recevoir des livres en devises, tout en permettant à une partie des fonds de sortir d'Allemagne. Ce plan n'est pas conforme aux principes nazis, mais aux tactiques de changement de pouvoir d'Hitler en tant que politicien.

En plus de leur ingérence directe dans le système financier allemand, les banquiers internationaux ont cultivé un agent important, et c'était le Schacht.

Schacht : l'intermédiaire des banquiers internationaux

Horace Greeley Hjalmar Schacht est né en janvier 1877 à Teinlief (ancienne Allemagne, aujourd'hui Danemark) d'un père citoyen germano-américain et d'une mère danoise, la baronne Constance von Eggs. La vie de William a été une vie de bouleversements, travaillant comme professeur de campagne, rédacteur en chef de journal, comptable, pour finalement s'installer à l'American Life Insurance Company. L'homme politique le plus admiré de William était l'abolitionniste new-yorkais et le journaliste et homme politique libertaire Horace Greeley. En l'honneur de cet homme politique libertaire, William a donné à la petite Yalma le nom américain Horace Greeley, montrant ainsi le lien de la famille Schacht avec l'Amérique. [117]

Intelligent et travailleur, Schacht Jr. s'est spécialisé en littérature, journalisme, sociologie, philosophie et sciences politiques, recevant le titre de docteur en philosophie à l'âge de 22 ans, avant de passer au monde de la finance et de travailler à la Banque de Dresde. Schacht avait une vision intuitive de la nature de la finance, et sa capacité exceptionnelle à sortir des sentiers battus a rapidement fait de lui une élite financière incontournable. [118]En 1923, Schacht est chargé de sauver le mark allemand dévasté en devenant président de la

---

[117] John Witz, traduit par Zhang Yujiu, *Hitler's Bankers*, Beijing : Guangming Daily Press, 2000, pp. 6-7.

[118] Ibid, p. 14, 22, 30-31.

Reichsbank. [119]En 1930, en raison de problèmes liés à la révision du plan Young, Schacht quitte la Reichsbank. [120]

À partir de 1931, Schacht commence à travailler activement pour les nazis et en mars 1933, lorsque Hitler arrive au pouvoir, il nomme Schacht président de la Reichsbank, le document de nomination étant signé par Hitler et le président Hindenburg. Ce document est également signé par huit directeurs de la Reichsbank, dont trois banquiers juifs — Mendelssohn, Wasserman et Warburg.

En juillet 1933, Hitler crée la "Commission des affaires économiques" pour commencer à planifier la revitalisation de l'économie allemande. Les 17 membres de cette commission sont tous de grands capitalistes et banquiers, dont Krupp, Siemens, Bosch, Tyson, Schroeder et d'autres, et la commission est dirigée par Schacht, qui est élu par le groupe capitaliste.

En août 1933, Schacht négocie un prêt avec l'American Bankers Association au nom du gouvernement de l'Allemagne nazie. Wall Street accepta volontiers un moratoire sur les prêts antérieurs de l'Allemagne et promit qu'à l'avenir, la totalité du produit des capitaux et de l'industrie américains en Allemagne ne serait utilisée qu'en Allemagne et que l'argent servirait à construire de nouvelles industries d'armement ou à développer les anciennes entreprises de fabrication d'armes.

Lors d'une réunion en juillet 1934, Hitler demande à Schacht quelle serait son opinion si Schacht était nommé ministre de l'économie en Allemagne. Schacht réfléchit un moment, proposant prudemment de savoir comment Hitler voulait qu'il traite avec le peuple juif avant d'accepter la nomination de ministre de l'économie. Hitler a répondu qu'en ce qui concerne l'économie, les Juifs pouvaient exercer toutes les activités commerciales normales qu'ils avaient pu faire jusqu'à présent.[121]Schacht a posé la question, bien sûr, non pas à propos des Juifs ordinaires, mais pour tester l'attitude d'Hitler envers Warburg et d'autres. Hitler, qui ne pouvait apparemment pas émouvoir Warburg à l'époque, a répondu ainsi. D'une certaine manière, Warburg était en fait

---

[119] Ibid, p. 74.

[120] Ibid, p. 108.

[121] Shacht, *76 ans de ma vie*, p. 404.

les yeux de Wall Street sur les politiques financières d'Hitler, plantés à ses côtés.

Le 2 août 1934, jour de la mort du président Hindenburg et du monopole du pouvoir par Hitler, Schacht est nommé ministre de l'économie de Hitler. [122]

La relation de Schacht avec Warburg est extraordinaire et peut être décrite comme honorable et humiliante. D'une part, Schacht protège habilement Warburg devant Hitler, et d'autre part, Warburg est une pierre de touche pour les banquiers internationaux qui rendent visite à Hitler. Si Hitler avait été dissident, le financement de l'Allemagne par Wall Street aurait pu être interrompu, et les conséquences auraient été fatales pour Hitler, qui venait d'arriver au pouvoir face à une crise économique de la terre brûlée. De plus, sans le soutien de Wall Street, l'armée entière d'Hitler aurait eu de sérieuses difficultés à financer la guerre.

Comme le dit le proverbe, "Un peu d'intolérance est un grand désordre". "Hitler le sait aussi très bien. Il s'est servi de l'intelligence financière de Schacht pour stabiliser le " train de passage " de Warburg à Wall Street et, pendant les six années de 1933 à 1939, alors que l'Allemagne se préparait à la Seconde Guerre mondiale, il a pleinement utilisé les sociétés DuPont et Chemical, les sociétés pétrolières Rockefeller et Mobil, la JP Morgan et ses sociétés de télégraphe et de téléphone, et la Ford Motor Company, toutes sous le contrôle du capital de Wall Street, pour hisser le gâteau des énormes commandes d'armes de l'Allemagne et attirer le capital avide dans la course.

Marx a dit que le capitaliste pouvait vendre le nœud coulant qui le pendait au prolétariat pour faire du profit, comme c'est merveilleux ! Le roi de l'automobile américain Henry Ford est honoré de la Croix de fer pour son travail méritoire avec les nazis, tout comme le directeur général d'IBM et président de la Chambre de commerce américaine Thomas Ding Watson.[123] Au cours des huit mois de l'année 1934, le nombre d'exportations américaines vers l'Allemagne a plus que quintuplé entre 1933 et 1934, rien que pour les avions ; il y avait plus

---

[122] John Witz, traduit par Zhang Yujiu, *Hitler's Bankers*, Beijing : Guangming Daily Press, 2000, pp. 173-176.

[123] Ibid, p. 212-213.

de 60 entreprises américaines dans le système de l'industrie de l'armement dans l'Allemagne nazie. Outre la vente de produits militaires de pointe, les États-Unis ont généreusement transféré une variété de technologies militaires avancées à l'Allemagne. DuPont a vendu du néoprène et la technologie des agents de dynamitage pour avions à l'Allemagne par l'intermédiaire de IG Farben ; Mobil Oil a été active dans la commercialisation de la technologie des lubrifiants pour réservoirs ; l'essence d'aviation de la Luftwaffe était fournie par l'usine d'huile d'aviation de Mobil en Allemagne ; et l'International Telegraph and Telephone Company, sous la direction de Morgan, a participé au développement de nouveaux avions de guerre allemands. Plus tard dans la guerre, même le secrétaire américain à la Marine a admis que c'étaient les États-Unis qui fournissaient à Hitler les moteurs d'avion les plus perfectionnés.

Les préparatifs de guerre d'Hitler auraient été loin d'être sans heurts sans l'aide de Schacht et Warburg.

C'est grâce à cette couche qu'en 1936, trois ans après l'arrivée d'Hitler au pouvoir, la banque familiale de Warburg à Hambourg, en Allemagne, faisait encore des bénéfices. Elle payait des intérêts et des dividendes aux détenteurs d'obligations et aux autres actionnaires comme d'habitude, et l'entreprise bancaire de la famille Warburg était largement épargnée par les nazis. Même en 1938, la banque familiale Warburg était encore rentable.

Outre les liens étroits de Warburg avec Kuhn Loeb and Co. de Wall Street, l'expérience de Schacht l'a amené à avoir des relations personnelles avec la communauté financière anglo-américaine. l'expérience de Schacht l'a amené à avoir des liens personnels avec la communauté financière anglo-américaine. Il avait lui-même rencontré JP Morgan dès 1905, lors de sa visite aux États-Unis avec le conseil d'administration de la Banque de Dresde.[124] L'une de ses premières actions après être devenu gouverneur de la Reichsbank en 1923 a été de rendre visite à Norman, gouverneur de la Banque d'Angleterre, à Londres, où il a noué une amitié à vie avec Norman, qui est même devenu plus tard le parrain d'un des petits-enfants de Schacht.[125] Schacht parlait l'anglais avec tellement plus d'aisance que l'allemand

---

[124] Ibid, p. 33.

[125] Ibid, pp. 78-80.

que son procès, des décennies plus tard, s'est déroulé en anglais et en allemand. Au tribunal de Nuremberg, qui a jugé les criminels de guerre nazis après la guerre, seuls trois des accusés ont été acquittés des charges criminelles et libérés sur le champ. Schacht, qui avait été ministre nazi de l'économie et gouverneur de la banque centrale et avait levé des fonds pour toute la guerre, était l'un d'entre eux, le représentant soviétique ayant vivement accusé "les capitalistes ne seront jamais punis".

Avec la mise en œuvre complète du "New Deal" d'Hitler, l'économie allemande s'améliore, la population au chômage diminue, la puissance militaire est rapidement puissante, notamment les Jeux olympiques de 1936 qui se tiennent à Berlin, en Allemagne, de sorte que le peuple allemand "retourne au cœur des quatre mers", les ailes d'Hitler sont progressivement pleines.

Après les Jeux olympiques allemands, Schacht commence à sentir vaguement que la situation n'est pas bonne, non seulement à cause du déséquilibre structurel causé par la trop grande importance accordée à l'industrie militaire dans l'économie, mais aussi parce que l'objectif ultime d'Hitler ne semble "pas simple". Entre-temps, Hitler n'a pas pris de mesures pour diviser son pouvoir économique.

À l'automne 1936, Hitler désigne Göring comme l'exécuteur du "plan quadriennal" pour la relance de l'économie allemande et crée de nouveaux organes gouvernementaux chargés spécifiquement de sa mise en œuvre. De toute évidence, ce nouveau dispositif institutionnel crée un grave chevauchement fonctionnel avec le ministère impérial de l'économie des Schacht, ce qui finit inévitablement par entraîner une lutte de pouvoir entre les Schacht et Göring.

En tant que chef de l'école libérale en Allemagne, Schacht, qui n'était théoriquement pas à l'aise avec l'économie dans le cadre d'un plan d'État, quel qu'il soit, et qui voyait que cela affaiblissait directement son pouvoir, n'appréciait naturellement pas le soi-disant "plan quadriennal" et a immédiatement pris des mesures pour y résister et le combattre. Hitler, cependant, continuait à faire la paix entre Schacht et Göring, des pousseurs de tai chi pratiquants. En observant le grand nombre de commandes industrielles et d'armement qui se déversent sur Göring, son propre camp étant de plus en plus "froid devant la porte et les chevaux se faisant rares", Schacht réalise peu à peu qu'il a été joué par Hitler.

Ainsi, en août 1937, Schacht présente sa démission à Hitler qui, après trois mois de "bonnes paroles", le destitue officiellement de son poste de ministre de l'économie en novembre. Ne voulant pas s'avouer vaincu, Schacht, qui est toujours le gouverneur de la Banque centrale allemande, veut également utiliser le pouvoir d'émission de la monnaie comme un ultime combat. À partir de 1938, le refus de Schacht de rediscuter la "loi sur la création d'emplois" a finalement intensifié son conflit avec Hitler. À cette époque, Hitler avait légalement achevé tous les préparatifs de la nationalisation de la Banque centrale et, en janvier 1939, Schacht fut démis de la présidence de la Reichsbank et, tout en conservant le titre fictif de membre du cabinet, fut en fait expulsé du centre du pouvoir en Allemagne par Hitler. La nouvelle du départ de Schacht du poste de banque centrale est restée secrète pendant plus de cinq mois, jusqu'aux derniers instants avant le déclenchement de la Grande Guerre. Les astuces de pouvoir politique d'Hitler et les stratégies financières de Schacht sont magistrales, mais en fin de compte, la politique l'emporte sur la finance.

En 1944, Schacht est envoyé au camp de concentration de Dachau car il est soupçonné d'avoir participé au bombardement d'Hitler à Steffenberg.[126] Au lieu de remplir l'importante tâche d'espionner Hitler, Schacht s'est fait jouer par Hitler sans le savoir, et il était naturel que l'idée de vengeance surgisse.

Le grand jeu d'échecs

Lorsque Hitler, soutenu par les banquiers internationaux, est finalement monté sur le trône du Führer allemand en 1933, comme il l'avait espéré, plusieurs groupes de pouvoir importants dans le monde jouaient leur propre jeu.

L'élite dirigeante de l'Empire britannique est incontestablement convaincue que le système britannique est la forme d'organisation sociale la plus parfaite de l'histoire du monde, et qu'il doit être mis en œuvre non seulement à l'intérieur des frontières existantes de l'Empire britannique, mais aussi à plus grande échelle dans tous les pays du monde, avec pour principal intérêt de consolider et de renforcer le système d'hégémonie mondiale de l'Empire britannique. À cette

---

[126] Ibid, p. 284-299.

époque, l'Empire britannique avait atteint une sphère d'influence sans précédent dans l'histoire, et sur le continent européen, le plus grand challenger stratégique, l'Allemagne, avait été totalement vaincu, son potentiel économique et militaire radicalement supprimé par le système de Versailles. À l'ouest de l'Allemagne, l'ennemi mondial de la France avait la Grande-Bretagne fermement attachée à son propre char, et les énormes pertes de la guerre et la menace potentielle de l'Allemagne rendaient la France dépendante de la Grande-Bretagne pour sa survie.

En Afrique, la sphère d'influence de la Grande-Bretagne couvre la majeure partie du continent africain, avec pas moins de 21 pays soumis à l'Empire britannique, et de grandes quantités de matières premières et de ressources naturelles à la disposition de la Grande-Bretagne ; au Moyen-Orient, la Grande-Bretagne contrôle la majeure partie du Moyen-Orient, de la Palestine et de l'Arabie saoudite à l'Iran et à l'Irak, et détient la source du pétrole au Moyen-Orient ; en Asie, la Grande-Bretagne règne sur de vastes régions allant de l'Inde et de la Malaisie au Myanmar et à Hong Kong, en Chine, avec de vastes ressources humaines, des ressources naturelles et des couloirs stratégiques tous sous contrôle britannique ; en Océanie, elle est soutenue par les dépendances du Commonwealth telles que l'Australie et la Nouvelle-Zélande comme matières premières industrielles ; en Amérique, le Canada, la Guyane, la Jamaïque, les Bahamas et d'autres fournissent à l'Empire britannique des approvisionnements stratégiques sans fin, des bases navales aux ressources naturelles.

La Grande-Bretagne disposait également de l'hégémonie navale la plus puissante du monde, contrôlant toutes les grandes voies navigables de la planète, et l'Empire britannique du début des années 1930 regardait le globe avec une grande ambition.

Bien sûr, il existe des préoccupations cachées au Royaume-Uni, comme l'incroyable potentiel industriel des États-Unis. Mais dans la mentalité habituelle de l'élite dirigeante britannique, les États-Unis restent une ancienne colonie britannique, dépourvue de stratégie globale. Le centre financier en était à ses balbutiements, avec une forte spéculation et un chaos réglementaire ; une grave surcapacité, indigeste pour les marchés intérieurs, et fortement dépendante de la demande du marché mondial sous contrôle britannique ; peu de colonies d'outre-mer, manquant de pouvoir de fixation des prix sur les ressources ; et l'armée américaine, alors dans le segment des amateurs, manquant d'une base militaire mondiale.

La façon dont la Grande-Bretagne contrôle l'Amérique est donc très simple : La Grande-Bretagne détermine le coût de l'argent dans le monde, la Grande-Bretagne a le monopole des prix des ressources mondiales, la Grande-Bretagne contrôle le flux des commandes mondiales, la Grande-Bretagne divise la demande du marché mondial et la Grande-Bretagne protège les voies de navigation commerciale. Avec ces cinq points stratégiques élevés fermement à la gorge des États-Unis, les États-Unis seront toujours l'usine de production mondiale de l'Empire britannique, et les actionnaires qui contrôlent l'usine seront le capital britannique. En un mot, le Royaume-Uni se positionne comme l'organisateur du marché mondial, tandis que les États-Unis n'en sont que les producteurs. Tant qu'il n'y a pas de guerre à grande échelle pour subvertir le monde entier, la Grande-Bretagne n'a rien à craindre des États-Unis qui tenteraient d'"usurper le pouvoir".

La seule chose qui inquiétait vraiment les Britanniques était le potentiel de l'Union soviétique. Bien qu'au début des années 30, l'Union soviétique se soit à peine remise du chaos de la guerre et que tous les secteurs soient encore en désarroi, le modèle soviétique de développement économique suscite de grandes tensions dans l'Empire britannique. Si le modèle économique socialiste est capable de s'industrialiser sans expansion coloniale et de constituer en même temps une force armée puissante, cela ne posera pas seulement un sérieux défi militaire, mais il est encore plus dangereux que le modèle soviétique "mette le bazar" dans l'idéologie du monde. Si l'Union soviétique avait atteint son objectif d'être riche et puissante par elle-même, le modèle colonial britannique aurait eu l'air laid rétrospectivement, incapable de maintenir son ordre de gouvernement raisonnable et légitime. Par conséquent, l'Union soviétique était ciblée par la Grande-Bretagne comme son ennemi le plus dangereux.

Du point de vue de la Grande-Bretagne, la montée des nazis allemands présentait à la fois des avantages et des inconvénients ; l'inconvénient était que le réarmement allemand créait une menace pour la Grande-Bretagne, et l'avantage était que la Grande-Bretagne disposait d'un bras droit pour traiter avec l'Union soviétique comme un ennemi mortel. La Grande-Bretagne ne prend pas les nazis trop au sérieux, d'abord et avant tout un fort avantage psychologique, l'économie allemande est déjà fragile sous la consommation du système de Versailles, les banquiers internationaux ont le contrôle total de la banque centrale et du système financier de l'Allemagne et de l'élément vital de l'industrie chimique lourde, et Hitler n'est rien de plus qu'une marionnette de premier plan. Tant qu'ils pourront contrôler le sang nazi, ils n'auront pas peur de riposter. La Grande-Bretagne se serait réjouie d'avoir guidé l'Allemagne vers une position forte contre l'Union soviétique. Par conséquent, l'élite dirigeante britannique s'est divisée en deux factions sur la question nazie : la faction pro-allemande, représentée par le célèbre "duc de Windsor", et l'autre faction, représentée par le futur chancelier Churchill, qui avait peur de l'Allemagne et était fermement opposé à toute idée susceptible de ramener l'Allemagne au pouvoir.

Les puissances financières émergentes aux États-Unis ont toutefois leur propre série de considérations stratégiques. Bien avant le déclenchement de la Première Guerre mondiale, avec la croissance explosive de la puissance industrielle américaine, l'élite dirigeante américaine avait imaginé comment remplacer l'Empire britannique en tant que nouvel hégémon mondial. Après tout, c'est la force qui détermine l'état d'esprit, l'état d'esprit qui détermine la vision, et la vision qui détermine la stratégie !

La plus grande force de la Grande-Bretagne, aux yeux des États-Unis, est aussi son plus grand talon d'Achille. Le problème central de la vaste division de la production, des ressources et des marchés mondiaux de la Grande-Bretagne réside dans l'évidement de l'industrie britannique chez elle, et le centre financier complaisant de la Grande-Bretagne serait immédiatement vulnérable à la désintégration s'il quittait l'économie réelle solide pour s'attacher à une communauté d'intérêts lâche dans la division mondiale du travail.

Ainsi, une guerre à grande échelle dans laquelle les États-Unis pourraient récolter les dividendes de la guerre tout en affaiblissant considérablement la domination britannique et en créant des opportunités pour son remplacement est tout à fait conforme aux intérêts stratégiques du bloc de puissance financière américain émergent.

D'autre part, les forces financières juives internationales, sur l'idée stratégique de vaincre le système colonial britannique et de capturer la Palestine afin de reconstruire le Grand État d'Israël, et les forces financières émergentes aux États-Unis, ont instantanément coopéré les unes avec les autres, et les deux groupes de forces à Wall Street ont formé un haut degré de compréhension tacite.

À cette époque, le paysage européen a une situation dramatique, l'ennemi principal de la Grande-Bretagne verrouillé pour l'Union soviétique, les États-Unis forces financières émergentes cible de remplacer la Grande-Bretagne, les forces financières juives principalement attaqué la restauration d'Israël, ces trois forces ont en commun à des fins différentes pour contrôler une Allemagne forte peut agir comme un porte-flingue.

Hitler comprenait que toutes les forces l'utilisaient pour atteindre leurs propres objectifs, mais Hitler avait son propre agenda, il était totalement inacceptable d'être dominé et contrôlé, il était prêt à utiliser toutes les parties pour atteindre ses objectifs stratégiques, et Hitler était déterminé à jouer le rôle principal dans le paysage complexe du jeu stratégique international.

Plate-forme de pouvoir social dans l'Allemagne nazie

De nombreuses personnes ont cru à tort que le régime nazi était une dictature disposant de tous les pouvoirs pour diriger la société, qu'il pouvait dicter toutes les ressources sociales à sa guise et qu'Hitler pouvait décider du sort de chacun. En réalité, Hitler, en tant que politicien, devait compter sur la coopération des quatre plateformes de pouvoir de la société allemande pour diriger son gouvernement.

Avant le déclenchement de la Première Guerre mondiale, la plate-forme du pouvoir social allemand était dominée par l'armée, les propriétaires fonciers Junker, la classe bureaucratique et enfin les capitalistes industriels. À l'époque impériale, le pouvoir le plus important était le pouvoir impérial, et l'empereur faisait fonctionner le régime au nom des quatre principaux systèmes de pouvoir. Et à l'époque de la République de Weimar, avant et après l'arrivée au pouvoir des nazis, malgré l'effondrement du pouvoir impérial, la base du pouvoir social n'a pas été fondamentalement affectée, seul l'ordre du pouvoir a changé : les capitalistes industriels sont devenus les patrons, l'armée a reculé au deuxième niveau, la classe bureaucratique est restée en troisième position et la classe des propriétaires fonciers Junker est tombée au dernier rang. On peut soutenir que la classe des propriétaires fonciers Junker est devenue la plus grande perdante du système de pouvoir allemand après la Première Guerre mondiale.

Le déclin de la classe des propriétaires fonciers Junker en Allemagne a commencé en 1880, et l'agriculture allemande était en fait dans un processus historique de déclin en raison de la montée de l'industrie, du transfert de la main-d'œuvre agricole, de diverses catastrophes naturelles et du changement de la protection tarifaire en 1895. À ce moment-là, la classe des propriétaires Juncker était au bord de la faillite, et le déclin de son statut économique ne pouvait que réduire son influence politique.

Lorsque les nazis sont arrivés au pouvoir, le contrôle de l'agriculture était entre les mains du gouvernement et des nazis. La clé de ce soi-disant contrôle est le pouvoir de fixation des prix, et celui qui peut contrôler le pouvoir de fixation des prix dans un domaine a le contrôle correspondant sur ce domaine. Lorsque la classe des propriétaires terriens Junker a perdu son pouvoir de fixation des prix dans l'agriculture, elle a également perdu son pouvoir politique correspondant au même moment. En raison des liens historiques profonds entre les forces militaires, avec le corps des officiers prussiens au cœur de celles-ci, et la classe des propriétaires fonciers Junker, Hitler a dû défendre les intérêts de la classe des propriétaires fonciers Junker afin de maintenir le soutien militaire aux Nazis. Les nazis ont donc indemnisé la classe des propriétaires fonciers Junker en conséquence, ce qui leur a permis d'être financièrement rentables.

L'objectif principal des programmes agricoles en Allemagne était de fournir aux Junkers un système de prix de marché stable pour les produits agricoles, dans lequel leurs produits étaient protégés. En même temps, la base de l'agitation sociale causée par le libéralisme a été éradiquée en raison du contrôle étroit des nazis sur l'ensemble de la société, et l'ensemble du marché a été exclu de l'instabilité et de la volatilité des prix causées par l'agitation politique. Le gouvernement nazi a également imposé un contrôle des prix des produits agricoles, fixant les prix dans une marge qui n'était pas trop élevée, mais qui pouvait garantir un profit suffisant pour la classe des propriétaires terriens Juncker. En outre, les nazis accordaient aux Junker un traitement généreux et des privilèges correspondants. En termes de rendement économique, les propriétaires fonciers junker bénéficient en 1937 de prix agricoles qui ne sont supérieurs que de 3 % à ceux de 1933. Le gouvernement leur a également fourni des garanties et diverses incitations, telles que l'interdiction de former des syndicats agricoles, de permettre aux travailleurs agricoles de se mettre en grève ou d'exiger des salaires plus élevés. En effet, le gouvernement nazi a fourni à la classe des propriétaires fonciers Junker un revenu et une marge bénéficiaire relativement stables en réglementant les syndicats, les grèves et les augmentations de salaire. En outre, les nazis ont réduit les intérêts et les taxes sur les prêts accordés à la classe des propriétaires fonciers de Junker, de 1933 à 1936, les paiements d'intérêts sur les différents prêts de la classe des propriétaires fonciers de Junker sont passés de 950 millions de marks à 630 millions de marks, trois ans après l'arrivée au pouvoir des nazis, les paiements d'intérêts sur les prêts agricoles de la classe des propriétaires fonciers de Junker ont diminué de 320 millions de marks, les taxes sont passées de 740 millions de marks à 460 millions de marks, comme on peut le voir pour la classe des propriétaires fonciers de Junker, le fardeau économique a été considérablement réduit.

En outre, la classe des propriétaires Junker est totalement exemptée de l'obligation de remettre l'assurance chômage au gouvernement et à l'État. Le système d'assurance chômage mis en place en Allemagne à l'époque était le premier système de protection sociale au monde, mais les propriétaires Junker étaient exemptés de cette charge, et entre 1932 et 1933, les propriétaires Junker ont reçu un total de 19 millions de DM de bénéfices grâce à la réduction de la charge de l'assurance chômage. Le plus grand problème qui a longtemps tourmenté et menacé la classe des propriétaires fonciers Junker est la faillite pour diverses raisons. Cette menace de faillite a été "soigneusement" éliminée par le gouvernement nazi, et ni le gouvernement ni les prêteurs privés n'ont été autorisés à recouvrer les dettes de la classe des propriétaires Junker, de peur que celle-ci ne soit contrainte à la faillite.

Cet ensemble de politiques agricoles menées par les nazis favorisait les grands agriculteurs plus que les petits, et plus la classe des propriétaires terriens Junker était importante, plus elle recevait d'avantages, et plus le soutien de ces personnes aux nazis, qui était consolidé par cet ensemble de politiques, était grand.

L'un des principaux objectifs d'Hitler en attirant la classe des propriétaires terriens Junker était de gagner le soutien de l'armée. L'essence même du corps des officiers prussiens était la classe Junker, et tous les généraux de l'armée allemande portant le nom "von" dans leur nom de famille étaient des descendants des Junkers, qui étaient dans le même bateau que l'armée et avaient des os et des liens brisés.

Le corps des officiers prussiens, le noyau d'élite de l'armée allemande, était bien plus influencé par les nazis que par la République de Weimar. À l'époque de la République de Weimar, le corps des officiers ne se serait jamais engagé dans une action telle que l'assassinat d'un général, alors qu'à l'époque d'Hitler, de telles actions étaient fréquentes. Cela représente un déclin progressif de la puissance militaire, bien que ce déclin soit davantage lié à l'État qu'aux nazis.

En fait, les nazis ne contrôlaient pas complètement l'armée. À l'époque du Troisième Reich, l'armée allemande était encore largement contrôlée par le gouvernement, et les nazis ne contrôlaient pas directement l'armée. C'est parce que les nazis ne pouvaient pas contrôler directement l'armée allemande que leur propre armée, la SS, a été formée, et il y avait toujours des frictions entre la SS et l'armée régulière allemande. En d'autres termes, l'armée allemande n'était pas, dans une large mesure, sous le contrôle total d'Hitler.

La loi allemande de l'époque stipulait clairement que les membres armés de l'armée ne pouvaient pas être également membres du parti nazi. Comme l'armée allemande a pour tradition de toujours obéir au chef de l'État, lorsque Hitler est devenu chef de l'État, il a habilement profité de cette occasion pour exiger que l'armée lui prête personnellement allégeance. Et la principale raison pour laquelle les militaires ont permis que cela se produise est qu'ils s'identifiaient largement, sur le plan conceptuel, aux politiques menées par le parti nazi. En 1938-1939, il n'y avait pratiquement aucune opposition à Hitler parmi les généraux de l'armée allemande parce qu'ils n'avaient aucune raison de s'opposer à lui, et les résultats de la poursuite de la politique d'Hitler étaient exactement ce que ces généraux militaires de haut rang voulaient obtenir. Mais après 1939, certains généraux de l'armée ont commencé à remettre en question certaines des décisions d'Hitler et à douter de son jugement. Cependant, les généraux supérieurs de ces armées n'ont pas été capables de former un front uni ou une force d'influence décisive contre Hitler.

En ce qui concerne la classe bureaucratique, son pouvoir a été grandement diminué dans l'ensemble. De nombreux Juifs et antinazis qui travaillaient au sein du gouvernement ont été invités à prendre une retraite anticipée. Le système hiérarchique des bureaucrates dans l'ancien Empire allemand comprenait des bureaucrates avec et sans formation universitaire. Les bureaucrates ayant une formation académique appartenaient aux échelons moyen et supérieur de la hiérarchie bureaucratique. Ces personnes étaient certifiées sur le plan académique et le régime nazi ne les a pas durement touchées. Mais les classes bureaucratiques inférieures ont été plus durement touchées, en particulier certains des bureaucrates les moins qualifiés, qui ont été remplacés en grand nombre par des membres du parti nazi. En 1939, l'Allemagne comptait 1,5 million de fonctionnaires, dont 282 000 étaient membres du parti nazi.

La politique d'exclusion des non-aryens et des éléments politiquement instables, établie par les nazis en 1933, ne concernait que 1,1 % de la haute fonction publique. Et les bureaucrates inférieurs, notamment le personnel nouvellement recruté, étaient principalement membres du parti nazi. En vertu de la loi allemande sur la fonction publique de 1937, les fonctionnaires ne sont pas explicitement tenus d'être membres du parti nazi, mais ils doivent être fidèles à l'idéologie nazie. Dans la classe des fonctionnaires, cependant, leur travail quotidien n'était pas lié à la charte du parti nazi, mais à la loi sur la fonction publique, qui avait une priorité plus élevée dans la bureaucratie. Dans l'ensemble, les fonctionnaires inférieurs sont plus influencés par les nazis, tandis que les fonctionnaires supérieurs conservent largement leurs conditions et leurs méthodes de travail antérieures.

De ce point de vue, les capitalistes allemands, dans l'ensemble, n'ont pas été trop affectés et perturbés par les nazis. La classe capitaliste comptait principalement sur l'autodiscipline, et non sur la réglementation par les nazis. D'une manière générale, l'industrie et le commerce allemands avaient à cette époque un statut quelque peu inhabituel. Tout d'abord, les capitalistes industriels et commerciaux étaient la classe qui a gagné du pouvoir de manière substantielle après l'arrivée au pouvoir des nazis. Deuxièmement, la classe des capitalistes industriels et commerciaux n'est pas organisée à grande échelle, et n'est pas contrôlée et contrainte selon un principe de loyauté envers un dirigeant particulier. Le gouvernement nazi n'a essentiellement pas interféré avec le libre fonctionnement de l'industrie et du commerce, et les nazis n'ont pas eu beaucoup de contrôle sur les capitalistes industriels en général, sauf dans l'urgence de la guerre.

L'opinion traditionnelle selon laquelle l'Allemagne nazie pratiquait un capitalisme d'État et un système politique totalement autoritaire était en fait inexacte, car aucun modèle d'organisation de ce type n'était réellement établi en Allemagne à cette époque. Il faut dire que ce système en Allemagne nazie était un capitalisme autoritaire, mais pas un capitalisme dictatorial, dont la caractéristique principale était l'organisation effective de la société dans son ensemble, dans des conditions où les différents actes sociaux et les ressources étaient mobilisés principalement pour satisfaire les objectifs capitalistes dans la recherche du profit.

Le système économique de l'Allemagne nazie

Si le capitalisme traditionnel est un système économique centré sur le profit, alors ce système ne se préoccupe pas principalement de la production, de la consommation, de la prospérité, de l'emploi, du bien-être national ou de quoi que ce soit d'autre ; il se concentre entièrement sur le profit lui-même. Cette approche, qui ne prend en compte que le profit et ignore les autres facteurs, ne peut que se faire des ennemis dans toutes les sphères de la société, déclenchant ainsi un retour de bâton de la part du reste de la hiérarchie du pouvoir social, et finissant par nuire au système de profit bourgeois lui-même lorsque d'autres plateformes de pouvoir social s'unissent contre lui.

La conception nazie du système économique devait s'appuyer sur les quatre plates-formes de pouvoir de la société allemande, et elle a été conçue pour équilibrer les intérêts de ce système centré sur le profit avec les ennemis qu'il a établis de toutes parts. D'une part, les nazis ont supprimé les tendances égoïstes extrêmes du système de profit afin de modérer le contrecoup des forces socialement antagonistes engendrées par le système ; d'autre part, ils ont maintenu le fonctionnement du système de profit en supprimant les facteurs sous-jacents qui le menaçaient.

En ce qui concerne l'approche nazie de la gouvernance, ils ont principalement supprimé les diverses menaces potentielles au système de profit de six manières : premièrement, supprimer le gouvernement lui-même contre le système de profit ; deuxièmement, supprimer le travail organisé ; troisièmement, supprimer la concurrence ; quatrièmement, éviter la dépression ; cinquièmement, éviter l'échec commercial ; et sixièmement, supprimer le développement d'autres modèles économiques dans l'activité économique qui sont centrés sur la production ou sur le non-profit.

Comme l'action gouvernementale elle-même n'est pas orientée vers le profit, elle constitue une menace considérable pour le système de profit. Dans l'Allemagne nazie, cependant, la menace du gouvernement a été éliminée parce que les capitalistes industriels ont soutenu et contrôlé les nazis, qui dirigeaient le gouvernement, et donc les nazis sont effectivement devenus des agents du contrôle indirect du gouvernement par les capitalistes industriels.

En fait, l'OIT ne constitue pas directement une menace pour le système de profit, puisque les intérêts des travailleurs eux-mêmes sont étroitement liés au système de profit. Mais la main-d'œuvre organisée, en particulier celle qui a des convictions politiques, menacera directement le système de profit capitaliste. Les nazis devaient donc contrôler l'esprit des gens et les groupes de travail s'ils voulaient contrôler la destruction du système de profit par les organisations syndicales. Ce contrôle peut se manifester par le contrôle du temps libre et des loisirs des travailleurs, de telle sorte que lorsqu'une personne a beaucoup de loisirs, elle va toujours penser à des choses et avoir beaucoup de pensées distraites. L'approche nazie ne consistait pas à abolir les syndicats, mais à réglementer tous les organes syndicaux organisés. Sous ce régime nazi, les salaires et autres conditions de vie des ouvriers étaient en fait dans un état de détérioration progressive. Cependant, pour l'exploitation des travailleurs, les nazis prenaient d'autres moyens pour compenser d'une certaine manière.

Les nazis ont notamment adopté une interdiction pour les capitalistes industriels de licencier des employés et des garanties pour que les travailleurs ne perdent pas leur emploi. Si l'on regarde les chiffres de l'emploi en Allemagne, le nombre de personnes employées était de 17,8 millions en 1929, et de seulement 12,7 millions en 1932, l'année précédant l'arrivée des nazis au pouvoir, lorsque la crise économique s'est aggravée. Mais en 1939, six ans après l'arrivée des nazis au pouvoir, le nombre de personnes employées atteignait 20 millions, à une époque où le chômage était élevé dans d'autres pays européens et américains.

En termes de suppression de la concurrence commerciale, les nazis ont principalement adopté une suppression de la concurrence par les prix. Pour les opérations de l'entreprise, il existe une concurrence par les prix pour les éléments du marché tels que le capital, les matières premières, les machines et équipements, les brevets technologiques et la main-d'œuvre, et la concurrence est une incertitude qui peut nuire à la stabilité des opérations et des plans de production de l'entreprise et menacer ses bénéfices. En général, les entreprises ont tendance à collaborer avec leurs concurrents pour s'entendre sur les prix, puis à répercuter ensemble les coûts sur les consommateurs. Les nazis ont principalement utilisé différents arrangements institutionnels pour supprimer la concurrence, tout d'abord les associations commerciales monopolistiques, ensuite les associations professionnelles et enfin les associations patronales pour coordonner les intérêts des concurrents de l'entreprise. Les associations commerciales monopolistiques fixent les prix, organisent la production et divisent le marché ; les associations commerciales, principalement en tant que groupes politiques, organisent efficacement les activités commerciales et agricoles ; et les associations d'employeurs contrôlent la main-d'œuvre. Grâce à un contrôle social approfondi, les facteurs de la concurrence commerciale, tels que les changements drastiques du coût du capital, les fluctuations des prix des matières premières, les grèves des travailleurs et les affrontements sociaux, ont été efficacement maîtrisés. Dans un tel environnement opérationnel, les faillites d'entreprises deviennent extrêmement rares et les modèles commerciaux alternatifs qui remplacent le système de profit ne peuvent pas survivre.

Ayant éliminé ces menaces, les opérations sociales allemandes ont tenté d'entrer dans une trajectoire qui éviterait complètement la dépression. Mais il y a un plus grand danger qu'un tel système de production et d'opération sociale se développe en une plus grande aberration, que tout le système social ne tourne pas autour du profit, et qu'un tel système pourrait bien évoluer vers une plus grande aberration.

En effet, en ce qui concerne le fonctionnement de l'Allemagne nazie, les nazis eux-mêmes devaient être attachés aux quatre plates-formes de pouvoir en Allemagne et, en plus, tenter de développer un système de profit équilibré et réglementé. Que ce système puisse fonctionner efficacement ou non, non seulement il ne se développera pas, mais il ne survivra pas si les nazis quittent ces plateformes de pouvoir et ces systèmes de fonctionnement économique.

Le "New Deal" d'Hitler

Hitler, qui vient d'arriver au pouvoir en 1933, est confronté à un désordre économique. De 1929 à 1932, le taux d'utilisation de l'équipement industriel allemand est tombé à 36 %, la production industrielle totale a chuté de 40 %, la valeur du commerce extérieur a diminué de 60 %, les prix ont baissé de 30 %, la production de fer a chuté de 70 % et la production de la construction navale de 80 %. La crise industrielle entraîne à son tour une crise financière et, en juillet 1931, la faillite de la banque allemande Darmstadt déclenche une ruée vers les banques, réduisant les réserves d'or allemandes de 2,39 milliards de DM à 1,36 milliard de DM et les neuf grandes banques berlinoises à quatre. Le taux de chômage augmente fortement, atteignant près de 30 % en 1932, et, avec les sous-employés, le nombre total de chômeurs et de sous-employés en Allemagne en 1932 atteint la moitié du nombre total de travailleurs. La crise économique a exacerbé les conflits de classe dans la société, plus de L 000 grèves ayant éclaté en trois ans.

L'Allemagne a été frappée par une crise économique bien plus sévère que les autres pays capitalistes d'Europe et d'Amérique. Dès son arrivée au pouvoir, Hitler s'est immédiatement lancé dans la tâche de sauver l'économie. Le "New Deal" d'Hitler est particulièrement remarquable. Grâce à une série de mesures économiques fortes, l'économie allemande connaît une croissance rapide et le chômage tombe à 1,3 % en 1938. De 1932 à 1938, la production allemande de fonte brute passe de 3,9 millions de tonnes à 18,6 millions de tonnes, la production d'acier passe de 5,6 millions de tonnes à 23,2 millions de tonnes, et la production d'aluminium, de magnésium et de tour est encore plus élevée qu'aux États-Unis. De 1933 à 1939, l'industrie lourde et l'armement de l'Allemagne ont été multipliés par 2,1, la production de biens de consommation a augmenté de 43 % et l'économie nationale brute a progressé de plus de 100 %, tandis que la construction du réseau routier national était achevée, que le système de base de l'industrie lourde était réorganisé et qu'une armée moderne était équipée.

Si vous avez vu le célèbre "Olympic" (Triomphe de la volonté) de Renée Riefenstahl, vous serez impressionné par la force combinée et l'état mental de l'Allemagne en 1936. Les acclamations qui résonnaient dans les nuages, comme les bras levés de Lin, les bâtiments imposants, les athlètes aussi beaux que Dieu, tout cela impliquait la force et la domination du monde. Le prestige personnel d'Hitler était également à son apogée, et il n'avait même plus besoin de montrer la "passion brûlante" de ses talents d'orateur antérieurs, mais montrait simplement son visage en public, et des milliers de personnes étaient automatiquement hypnotisées comme un ivrogne. Le soutien des Allemands aux nazis ne reposait pas uniquement sur le lavage de cerveau et l'endoctrinement, et le fait que les nazis aient sauvé la crise économique au début de leur règne et les avantages économiques tangibles reçus par la population allemande étaient probablement plus convaincants que la propre propagande des nazis.

Par rapport à l'Allemagne, les États-Unis "Roosevelt New Deal", qui a commencé en 1933, n'a que temporairement atténué la dépression, l'économie des États-Unis est entrée dans une longue période de soi-disant "dépression spéciale", malgré le "New Deal" et d'autres mesures pour atténuer la crise, l'économie des États-Unis est encore faible reprise. En 1937, les États-Unis connaissent à nouveau une grave crise économique, et ce n'est qu'en 1941, lorsque les États-Unis participent à la Seconde Guerre mondiale, qu'ils sortent de la Grande Dépression. Tout au long du New Deal de Roosevelt, le taux de chômage moyen aux États-Unis a atteint 18 % et le produit national brut n'a pas retrouvé les niveaux d'avant la crise de 1929 avant 1941.

Le "New Deal" d'Hitler a créé un miracle économique qui, malgré les défauts inhérents qu'il comportait, a permis de sauver la crise économique.

Aujourd'hui, le monde est à nouveau confronté à une grave récession semblable à celle de 1933, et une analyse minutieuse des mérites et des démérites du "New Deal" d'Hitler sera d'une certaine pertinence.

Le premier feu du New Deal d'Hitler : la nationalisation de la banque centrale.

Dès septembre 1919, Hitler a été frappé par la première fois qu'il a entendu Feder parler de la monnaie financière, et c'est ce discours qui a attiré Hitler dans le Parti ouvrier allemand.

Hitler n'avait aucune base théorique systématique en finance et, plus précisément, était presque un analphabète financier. Mais Hitler, qui était extrêmement éclairé et ne possédait aucune connaissance systématique, a pu saisir d'emblée l'essence du problème. De telles personnes apprennent dans la conversation, pensent dans le questionnement et ont des épiphanies dans le débat. Comme tous les leaders, il n'a pas besoin d'être un expert en la matière ; ce qui est nécessaire, c'est un sens aigu du discernement et une profonde perspicacité qui permet de capter la bonne voix au milieu de la multitude de paroles décousues.

En discutant avec Feder, Hitler est arrivé à la vérité fondamentale que les banques centrales privées récoltent d'énormes bénéfices en contrôlant l'émission de la monnaie du pays, finançant ainsi leur contrôle et leur exploitation de toute la population de la société. La théorie de Feder est clairement un sophisme non orthodoxe qui ne peut être toléré par les universitaires orthodoxes, qui tentent d'expliquer les phénomènes en fonction du jeu de l'intérêt humain, alors que le théoricien n'explore que les faits "objectifs" après avoir dépouillé la nature humaine des sept passions. Schacht contredit les vues de Feder, notamment lorsqu'il s'agit du principe du "bien et du mal" dans le système bancaire central. En fait, les "vues théoriques" de Shah et le "contexte pratique" de ses relations étroites avec Wall Street sont indissociables, et la question clé reste celle de l'intérêt.

En écoutant les discussions enflammées entre les deux camps, Hitler était comme un miroir dans son cœur, acceptant du fond du cœur les idées de Feder et les mettant en pratique, mais réutilisant extérieurement Schacht et rejetant froidement Feder. Feder, qui a joué un rôle déterminant dans la pensée économique de l'Allemagne prénazie, a attendu l'arrivée des nazis au pouvoir pour être mis sur la touche et enseigner dans les universités. La raison en est simple : les grands industriels et les grands banquiers n'aimaient pas la théorie de Feder, mais soutenaient avec enthousiasme Schacht, et ces puissances étaient le fondement même dont dépendait la survie du parti nazi d'Hitler. Hitler détestait ces "pécheurs de novembre" du fond du cœur, mais il devait les fréquenter et jouer le jeu. Parce qu'il est un politicien, il ne peut jouer que selon les règles du jeu de l'intérêt et ne peut jamais placer le bien ou le mal personnel au-dessus des règles du jeu.

Cependant, Hitler n'a pas transigé avec Schacht et d'autres sur le principe important de la nationalisation de la banque centrale et, en 1933, dès l'arrivée au pouvoir de son gouvernement, la loi bancaire a été immédiatement révisée pour prévoir : l'abolition de l'indépendance du conseil d'administration de la Reichsbank et le transfert du pouvoir de nommer le gouverneur et les membres du conseil d'administration de la Reichsbank au chef de l'État ; le pouvoir de mettre en œuvre une politique d'ouverture du marché a été donné à la Reichsbank, mais il a été rarement utilisé ; et la Reichsbank pouvait escompter des " traites pour la création d'emplois " afin que le nouveau gouvernement finance la création d'emplois. Cette "lettre de change pour la création d'emplois" est la "monnaie Feder", proposée pour la première fois par Feder, et qui a ensuite contribué à la sueur de son front à la réalisation du miracle du "New Deal" d'Hitler.

Bien entendu, l'approche susmentionnée du gouvernement nazi, à laquelle s'opposaient fermement les administrateurs de la Reichsbank, était impuissante à l'arrêter. En février 1937, l'indépendance de la Reichsbank a été complètement supprimée par la promulgation de la loi sur le nouvel ordre de la Reichsbank, qui prévoyait la direction directe du conseil d'administration de la Reichsbank par le Führer. En 1939, le conseil d'administration de la Reichsbank a également été définitivement dissous. La même année, le gouvernement nazi a également promulgué la loi sur la banque du Reich, qui prévoyait la cessation de l'échange d'or contre des billets de banque ; que la disposition prévoyant l'émission de 40 pour cent d'or et de devises étrangères pouvait être remplacée entièrement par des traites d'emploi, des chèques, des bons du Trésor à court terme, des obligations du Trésor du Reich et d'autres obligations similaires ; et que le montant du prêt de la banque centrale au Reich était déterminé en dernier ressort par le "Führer et Reichsführer". Cela signifiait, en fait, que l'Allemagne s'était libérée de la "croix d'or" des Rothschild dans le système monétaire. À cette époque, le gouvernement nazi avait enfin achevé la nationalisation juridique et politique de la banque centrale.

Afin d'éviter une forte réaction des banquiers internationaux, Hitler a dû ralentir sa progression et il a fallu six ans avant qu'il ne prenne finalement le pouvoir de la banque centrale en main.

"Federity" : Les Lincoln Greenbacks de l'Allemagne

La théorie à laquelle Feder a toujours adhéré est la théorie de la valeur nominale de la monnaie de Georg Friedrich Knapp. Son livre The State Theory of Money propose que la monnaie soit un produit du droit, de sorte que l'étude de la théorie monétaire doit examiner l'histoire du droit. Une étape importante dans le développement de la société est la légalisation des moyens de paiement. Il n'y a qu'un seul critère pour déterminer ce qui est de la monnaie et ce qui n'en est pas, et c'est de savoir si cette monnaie peut être utilisée comme un moyen de paiement acceptable pour le gouvernement. Selon cette théorie, le gouvernement a le pouvoir de définir la monnaie et ne dépend plus de l'or qui est contrôlé entre les mains des banquiers internationaux. Le gouvernement peut désigner une pierre ou un bâton de bois comme monnaie légale pour payer des impôts au gouvernement à volonté. En d'autres termes, la monnaie n'aurait aucune rareté à proprement parler, et ne servirait pas non plus de réserve de richesse ; elle serait simplement un symbole en circulation utilisé pour l'échange, sans aucune valeur intrinsèque.

En 1932, le programme d'urgence économique du parti nazi a traduit cette idée en termes politiques en réfutant la "théorie de la rareté du capital", alors en vogue, selon laquelle si l'argent n'était utilisé que comme symbole commercial, il n'y aurait évidemment aucune question de "rareté". Le programme déclare : "Nos problèmes économiques ne sont pas dus à un manque de moyens de production, mais au fait que les moyens de production disponibles ne sont pas pleinement utilisés. Pour réduire le chômage, la tâche la plus urgente aujourd'hui est d'utiliser les moyens de production inutilisés et de relancer le marché intérieur par le biais d'un certain nombre de programmes publics de travail, tels que l'assainissement des terrains vagues, la mise en valeur des terres, la construction d'autoroutes et de canaux, et la construction de colonies de travailleurs. Afin de financer ces programmes, des prêts productifs doivent être investis. Vingt à trente pour cent de ces prêts peuvent être couverts par des collectes de fonds, et la majeure partie restante peut être couverte par des économies sur les allocations de chômage, des impôts plus élevés. "

D'où vient l'argent pour les "prêts productifs" ? Le point de vue de Feder est que, en contournant complètement les contraintes de la théorie monétaire traditionnelle et en s'affranchissant des contraintes liées aux réserves d'or et de devises, les gouvernements peuvent créer une nouvelle forme de monnaie, le "Mefo Bill", pour les prêts productifs. Les idées de Feder ont une forte connotation de "joker" ; selon lui, il y a un "manque de théorie du capital" d'une part, et une grande quantité de "moyens de production" et de travail oisifs d'autre part, alors que les théoriciens orthodoxes soulignent que le manque de monnaie crée l'oisiveté des moyens de production et du travail. Leurs livres disent que l'argent doit être fourni par des banquiers "responsables", et maintenant les banquiers ne le fournissent pas, donc la crise économique est terminée. Pour sa part, Feder affirme qu'une telle logique est totalement absurde ; comment une personne vivante peut-elle être étouffée par de l'urine ? Si les banquiers sont réticents à fournir de l'argent, alors les gouvernements peuvent créer de l'argent directement, et une fois que ces "nouvelles monnaies créatrices d'emplois" entrent dans l'économie réelle, elles peuvent immédiatement revitaliser les "moyens de production inactifs" et la main-d'œuvre, créant ainsi de la richesse et de l'emploi.

Le Shaikh, né à Cobain, qui s'est disputé à plusieurs reprises avec Feder au sujet de la proposition de "nouvelle monnaie" et qui représente les intérêts des banquiers, a une aversion instinctive et extrême pour cette façon de contourner les banquiers et de faire en sorte que le gouvernement crée directement de la monnaie, allant même jusqu'à dénoncer la proposition de Feder comme "une voix très folle et extrême de groupes d'intérêt dont le but est de déstabiliser complètement notre système monétaire et bancaire". Schacht persuade Hitler de ne pas mettre en pratique "les idées les plus stupides, les plus absurdes et les plus dangereuses, qui découlent souvent des idées très stupides du parti nazi sur les banques et la monnaie".

Hitler, qui était un homme sage, comprenait les théories de Feder et la position de Schacht. Hitler, qui venait d'arriver au pouvoir, ne voulait pas offenser Schacht et les forces financières qui le soutenaient, c'est pourquoi, d'une part, il a "invité" Feder, le fondateur du Parti et le fondateur de la théorie économique nazie, à occuper certaines positions désœuvrées, et d'autre part, il a nommé Schacht comme son ministre de l'économie, en signe d'humilité face au groupe des forces financières "aux ordres". Cependant, Hitler est déterminé à ce que la pratique de la "lettre de change pour la création d'emplois" soit mise en œuvre et ordonne à Schacht de présenter un programme dans les plus brefs délais.

Schacht ne peut supporter l'obstination d'Hitler et propose un plan de mise en œuvre. Schacht propose la création d'une "société fantôme" (Metallurgische Forschungsgesellschaft) avec un capital social de seulement 1 million de DM, qui pourrait être comprise comme une société qui "achète" des biens et des services au nom du gouvernement allemand à des entreprises capables de créer des emplois, payés par une "traite de création d'emplois", une traite à court terme avec un taux d'intérêt de 4,5 pour cent pour une période de trois mois, renouvelable sur une période allant jusqu'à cinq ans. Lorsque l'entrepreneur obtient une "traite de création d'emploi", il peut se rendre dans n'importe quelle banque allemande pour "escompter", obtenir des marks allemands en espèces, puis embaucher des travailleurs, acheter des matières premières et organiser la production. Les banques qui reçoivent des "traites de création d'emplois" peuvent soit les conserver elles-mêmes, soit les envoyer à la Banque centrale pour qu'elles les "réescomptent" et reçoivent des espèces. [127]

La "lettre de change pour la création d'emplois" était une "innovation financière" plutôt avant-gardiste des nazis, et ses effets étaient évidents. Elle est conçue pour relever un certain nombre de défis importants.

Tout d'abord, les Alliés, en particulier la France, ont imposé un plafond légal de 100 millions de DM sur l'émission directe de crédits de la Banque centrale allemande au gouvernement allemand, au nom de

---

[127] Ibid, p. 163-164.

la prévention d'une autre super-inflation, mais en fait en limitant sévèrement la capacité du gouvernement allemand à dépenser et en empêchant financièrement l'Allemagne de renouveler une guerre massive de préparation militaire.

(a) Le "projet de loi sur la création d'emplois" est conçu pour contourner cette restriction légale et aider le gouvernement allemand à obtenir davantage de crédits auprès de la Banque centrale.

(b) comme la "lettre de change pour la création d'emplois" était versée directement par le gouvernement nazi aux entreprises créatrices d'emplois par l'intermédiaire de la société MEFO, elle remplissait une fonction de type monétaire. En ce sens, la "lettre de change pour la création d'emplois" est équivalente aux "Lincoln Greenbacks" émis par l'administration Lincoln pendant la guerre civile américaine. Mais la "loi sur la création d'emplois" a été utilisée pour créer des emplois, et le "Lincoln Greenback" a été lancé directement dans la mêlée. En substance, le gouvernement a retrouvé le pouvoir d'émettre de l'argent.

(c) Troisièmement, la "facture de création d'emplois" est versée directement par le gouvernement aux entreprises qui peuvent créer des emplois, ce qui permet au gouvernement de mettre en œuvre une politique économique axée sur "l'emploi", en contournant les prêts "axés sur le profit" des banques commerciales, qui conduisent inévitablement à la "pénurie de prêts" et à la déflation en période de récession, et en veillant à ce que l'argent frais aille directement dans le cycle de l'économie réelle, en réorganisant les moyens de production et les travailleurs oisifs dans la production, créant ainsi plus de richesse pour correspondre au crédit d'expansion.

(d) Quatrièmement, en raison de la grave pénurie de réserves d'or et de devises étrangères de la Banque centrale allemande, de 1929 à 1933, celles-ci ont fortement diminué, passant de 2,6 milliards de marks à 409 millions de marks, et en 1934, il ne restait plus que 83 millions de marks, avec une grave pénurie de la masse monétaire. Selon la théorie monétaire classique traditionnelle, l'Allemagne était déjà au bord de la faillite et sa forte capacité de production serait privée de vie dans une grave "pénurie de capital". Les innovations financières de la "loi sur la création d'emplois", qui libèrent l'or et les devises des contraintes, et les Allemands ont prouvé par la pratique que la théorie monétaire dite classique n'était pas solide.

(e) Cinquièmement, le "job creation bill" remplit le rôle d'un réarmement clandestin difficilement détectable par le monde extérieur.

(f) Sixièmement, le taux d'intérêt annuel de 4,5 % de la "loi sur la création d'emplois" offre aux entreprises un moyen pratique et peu coûteux de se financer.

Bien que l'exécutant réel de la "lettre de change pour la création d'emplois" soit Schacht, l'idée et l'âme de celle-ci viennent de Feder.

L'"innovation financière" a sauvé l'économie allemande

Le 31 mai 1933, le gouvernement allemand annonce l'émission d'une "lettre de change pour la création d'emplois" d'un montant de 1 milliard de DM, dont le but est principalement de payer des projets techniques spéciaux d'ingénierie. Ces effets renouvelables sont versés par le gouvernement aux employeurs qui entreprennent de grands projets et emploient un grand nombre de travailleurs, de sorte que tout le monde, des propriétaires d'entreprises aux ménages ordinaires, peut bénéficier de la "facture de la création d'emplois". Lorsque ces instruments entrent dans le système bancaire, il y a un effet d'amplification constant et ils peuvent être réescomptés à la Banque centrale allemande, ce qui signifie que la "facture de la création d'emplois" constitue, avec l'or, les devises et les obligations à long terme, la base de la masse monétaire allemande.

L'une des principales raisons pour lesquelles la plupart des "bons de création d'emplois" initiaux n'ont jamais été réescomptés par la Banque centrale allemande est que leur taux d'intérêt de 4,5 % était plus attractif et qu'un grand nombre de banques et d'autres institutions ont choisi de les conserver plutôt que de les réescompter. Selon les statistiques, de 1933 à 1938, l'émission de "bons de création d'emplois" a augmenté d'année en année, et en 1938, le solde s'élevait à 12 milliards de DM, soit 85 % de toutes les dépenses publiques déficitaires. Environ la moitié de cette somme a été utilisée pour financer des entreprises directement créatrices d'emplois, et l'autre moitié a servi à l'expansion militaire clandestine de l'Allemagne.

L'un des principaux avantages de la "facture de création d'emplois" est qu'elle met un pouvoir d'achat réel entre les mains des travailleurs allemands nouvellement employés. À mesure que ces billets deviennent plus liquides, l'utilisation des ressources inutilisées augmente fortement, tandis que le taux de chômage diminue rapidement.

Dans les travaux publics, en particulier dans la construction de logements pour la classe moyenne émergente, la "loi sur la création d'emplois" a joué un rôle clé ; en 1932, on comptait environ 141 000 logements en Allemagne, et en 1934, environ 284 000 logements de toutes sortes avaient été construits. Apparemment, la "loi sur la création d'emplois" a doublé le nombre de logements en construction en Allemagne en l'espace de deux ans. Dans le même temps, l'argent a été utilisé pour construire le système routier allemand, avec des milliers de kilomètres de routes construites par le "projet de loi sur la création d'emplois", créant un réseau d'autoroutes couvrant toute l'Allemagne.

Les politiques économiques adoptées par Hitler, qui ont eu dans une large mesure un fort effet de sauvegarde sur les classes moyennes et pauvres allemandes, ont également suscité un fort ressentiment et de sérieuses préoccupations de la part des banquiers étrangers. La monnaie de proximité de l'Allemagne, la "lettre de change pour la création d'emplois", émise directement par le gouvernement, contourne largement le contrôle de l'économie allemande par les banquiers internationaux. Certains économistes pensent que l'une des causes profondes de la Seconde Guerre mondiale a été la libération totale du gouvernement allemand du contrôle anglo-américain en émettant sa propre monnaie. En raison de la pénurie de devises et d'or, l'Allemagne a dû emprunter auprès de banquiers internationaux au Royaume-Uni et aux États-Unis, et cette relation d'endettement a rendu la politique, l'économie, la politique et les intérêts vitaux connexes de l'Allemagne, directement et indirectement influencés par les banquiers internationaux. Mais si le lien est donné à Mai, Hitler détient le pouvoir de décider du développement économique de l'Allemagne.

Au cours des premières années de son administration, Hitler a obtenu une grande acceptation sociale et un soutien populaire, en grande partie parce qu'il a libéré le développement économique de l'Allemagne des chaînes de la théorie économique britannique et américaine dominante et a reconstruit l'économie allemande. On peut dire que les banquiers internationaux pariaient clairement contre Hitler en tant que trésor. Hitler n'aurait pas accepté d'être la marionnette de quelqu'un d'autre.

L'opinion de Schacht sur la "lettre de change pour la création d'emplois" est clairement ambivalente. Au début, lorsqu'il se disputait avec Feder, il avait suggéré que c'était une idée très stupide et très mauvaise, mais il a ensuite dû ravaler ses paroles. Des décennies plus tard, beaucoup lui ont demandé à plusieurs reprises si ce mandat de travail était une conception réussie ou non, si cette substitution du crédit de la banque centrale à l'épargne en capital chaque fois qu'il y a un déficit d'épargne est durable ou non. Schacht a également reconnu la validité du projet d'emploi en théorie, même s'il a tout de même avancé une série de contraintes selon lesquelles la mesure ne pouvait être efficace que dans certaines circonstances. À cette époque, l'Allemagne n'avait pas de stock de matières premières, les usines étaient vides, les machines et les équipements étaient complètement inutilisés, et plus de six millions de salariés étaient en état de chômage — ce n'est que dans une telle situation, lorsque le crédit était accordé au propriétaire de l'entreprise, et que les travailleurs étaient autorisés à réaffecter l'usine, à utiliser les matières premières, à lancer la production avec les machines, qu'un tel remède pouvait sauver le pouvoir de génération de capital.

Cependant, Schacht n'était toujours pas satisfait de cette approche du fond de son cœur, et son éviction éventuelle était directement liée à son refus de "ré-escompter" ces traites d'emploi. Selon ses propres dires, en janvier 1939, la Banque centrale allemande a soumis à Hitler un mémorandum proposant de refuser tout nouveau crédit au gouvernement allemand,[128] ce qui a eu de graves conséquences.[129] Le 19 janvier, Schacht a été licencié par le gouvernement.[130] Le lendemain, Hitler a émis un ordre selon lequel la Banque centrale allemande devait accorder tout crédit au gouvernement, et ce crédit devait être accordé chaque fois que le gouvernement en avait besoin.

Après le licenciement de Schacht, le gouvernement allemand a gardé le secret pendant plus de cinq mois, jusqu'à la veille de la Seconde Guerre mondiale en juillet 1939. Son refus d'accorder un crédit supplémentaire au gouvernement allemand a peut-être joué un rôle important dans son évasion ultérieure lors des procès de Nuremberg.

En 1948, après la guerre, un groupe de professeurs américains conçoit à nouveau un ensemble de réformes monétaires pour l'Allemagne alors vaincue : le mark de la Deutsche Bank est introduit et, dans un premier temps, chacun reçoit un versement de 40 marks,

---

[128] Ibid, p. 243

[129] Schacht, *76 ans de ma vie*, p. 495.

[130] Ibid.

tandis que les salariés des entreprises reçoivent 60 marks et les administrations publiques le mark correspondant à un mois de salaire. Mais toutes les monnaies du Reichstag, qu'il s'agisse de comptes d'épargne ou de montants de dette, sont réduites à 10 % de leur valeur nominale. En revanche, les actions, les biens et autres actifs tangibles restent sous-évalués. Il s'agit d'un acte de "cisaillement" sans précédent, puisque la richesse des pauvres se trouve dans les comptes d'épargne, tandis que la richesse des riches se trouve principalement dans les actifs. Ce type de dévaluation monétaire par "éclatement directionnel" a en fait créé un énorme processus de transfert de richesse qui a produit un changement majeur dans la structure sociale qui a été sévère, voire brutal, dans le sens où il a été aussi grave et étendu que l'hyperinflation de 1923.

Rothschild et Hitler

Le 12 mars 1938, l'armée d'Hitler a marché sur l'Autriche. Hitler tient dans ses mains une liste de citoyens autrichiens de poids capturés. Le nom du Baron Louis Rothschild, chef de la branche autrichienne des Rothschild, figure sur cette liste. Parmi les membres de la famille, Louis Rothschild était celui que le futur grand Victor de la branche Rothschild d'Angleterre admirait le plus.

Trois heures après l'entrée d'Hitler en Autriche, des officiers nazis allemands se sont rendus à la porte du manoir de Rothschild en Autriche, prêts à arrêter Rothschild. Après avoir sonné à la porte, ils ont attendu un moment avant que le serviteur de Rothschild apparaisse à la porte et l'ouvre sans hâte. L'officier nazi a demandé à voir le Baron. Les domestiques leur ont dit d'attendre devant la porte et sont entrés à l'intérieur pour se mettre au courant. L'officier nazi a attendu honnêtement à la porte. Un long moment s'est écoulé avant que le domestique ne sorte à nouveau et dise que le Baron Rothschild était en train de dîner et ne pouvait pas être dérangé. Après avoir dit cela, le domestique sort un stylo et dit poliment : "Si vous voulez voir le Baron, prenez d'abord rendez-vous". "L'officier nazi était à moitié abasourdi et ne savait pas quoi faire, mais il est reparti déprimé.

Il s'ensuit que la persécution des banquiers juifs par les nazis n'avait pas encore commencé à se manifester en 1938. L'attitude des nazis à l'égard des banquiers juifs consistait à crier nominalement contre eux, et à essayer en réalité de les exploiter, car tout le monde savait dans son cœur que ce qui manquait le plus à Hitler pour partir en guerre, c'était l'argent. Ainsi, les Rothschild n'ont pas pris à cœur les initiatives d'Hitler.

Hitler n'aurait jamais obtenu un centime de plus des marchés financiers s'il avait choisi de s'allier aux banquiers internationaux à ce moment-là. Hitler n'avait pas l'intention de se séparer à ce stade, du moins pas avant d'être prêt en 1938. Le lendemain, Victor appelle d'Angleterre et dit à Louis de ne pas rester plus longtemps et de quitter l'Autriche dès que possible. Louis promet, tout en préparant sans hâte ses bagages, et prend une demi-journée pour demander à son employé de banque de préparer aussi ses vêtements. L'officier nazi, qui avait passé le reste de sa vie en vain, se présenta une fois de plus à la porte et emmena Louis "sans rendez-vous".

Victor et d'autres membres de la famille ont commencé à faire pression sur le gouvernement nazi pour qu'il libère Luis le plus rapidement possible. Le gouvernement nazi pose des conditions : il est d'accord pour laisser partir les gens, mais seulement si tous les biens de Louis en Autriche sont d'abord confisqués. Les nazis étaient particulièrement intéressés par les grandes mines de fer et de charbon appartenant à la famille Rothschild en Tchécoslovaquie et dans d'autres régions d'Europe centrale. Les nazis se préparent à la guerre à grande échelle et ont un besoin urgent de saisir les bases de matières premières pour réapprovisionner l'industrie de l'armement allemande. Les espions de la famille Rothschild à Vienne et ailleurs ont immédiatement transmis l'information à Louis Rothschild en prison.

Louis Rothschild a reçu la nouvelle et a commencé les opérations, transférant les actifs de charbon et de minerai de fer en République tchèque et en Autriche à la branche de la famille Rothschild au Royaume-Uni. Pendant qu'ils étaient en prison, les Louis étaient toujours bien informés et le "grand transfert" des actifs n'a pas été retardé. L'ensemble des documents juridiques requis a été soigneusement rempli, et le contrôle des actifs a été transféré en douceur à la British United Insurance Company, la famille Rothschild britannique.

Cet ensemble de documents juridiques secrets a été signé à l'insu des dieux, après avoir été officiellement avalisé par Vienne et le Portugal. Après la mise en œuvre de toutes les procédures légales de transfert des biens, les nazis découvrent que les biens autrichiens des Rothschild, dont ils pensaient être en possession, appartiennent désormais aux Rothschild britanniques et sont hors de leur portée.

Apprenant l'outrage, Hitler donne l'ordre au gouvernement nazi de menacer Louis de longues peines de prison s'il ne leur remet pas ses avoirs.

Louis a calmement dit à l'officier nazi que les actifs n'étaient plus les siens et appartenaient aux Rothschild britanniques. Si les nazis voulaient acheter ces actifs, ils auraient dû contacter directement la partie londonienne. Le gouvernement nazi ne pouvait rien faire d'autre que d'offrir une contrepartie, à savoir que Louis devrait faire un travail pour eux s'il voulait être libre. Sans même y réfléchir, Louis a rejeté avec mépris la demande du gouvernement nazi, disant à Hitler que si les nazis voulaient posséder les actifs, ils ne pouvaient les négocier que par l'intermédiaire des Rothschild en Angleterre. Hitler ne voulait pas être en conflit direct avec le camp britannique à ce moment-là. Seulement pour baisser à nouveau le code de prix, offrant de se retirer tant que Lewis cède 2 millions de livres.

La partie britannique a payé 2 millions de livres dès qu'elle a entendu les termes. Hitler a signé l'ordre de libération dès qu'il a reçu l'argent. Ce jour-là, Louis venait de dîner et se reposait lorsque les officiers nazis sont venus à la prison pour le libérer. Louis s'étira et dit à l'officier nazi qu'il était trop tard dans la journée et qu'il avait décidé de passer une autre nuit en prison et de partir le lendemain. Après avoir dit cela, il s'est retourné et s'est couché avec lui. Les officiers nazis n'avaient pas d'autre choix que d'attendre que Louis soit bien endormi en prison avant de continuer.

Le jeu de pouvoir d'Hitler

En ce qui concerne la façon dont Hitler est arrivé au pouvoir et a sauvé la crise économique, Hitler n'était pas la personne folle et irrationnelle à laquelle les gens pensent habituellement, au contraire, en tant qu'homme politique, Hitler avait des compétences considérables en matière de pouvoir politique.

Il s'est appuyé sur les idées de Feder et les a sincèrement approuvées, mais a finalement choisi Schacht, moins proche d'esprit, comme ministre de l'économie, car Hitler a compris que Schacht était un "homme puissant". Lorsque Hitler est arrivé au pouvoir et au début de son administration, l'économie était en déclin, le chômage était élevé, les troubles sociaux étaient importants et le régime était instable. Il devait stabiliser les banquiers internationaux et ne pas révéler trop tôt ses véritables objectifs stratégiques, de peur de finir par "mourir avant de pouvoir sortir". Il profite de l'intelligence financière de Schacht, tout en restant farouchement méfiant à son égard.

Bien qu'Hitler, qui venait d'arriver au pouvoir, utilisait l'antisémitisme comme bannière politique, il échangeait souvent des intérêts dans l'application réelle de ses politiques. C'est vrai pour le plan Haavara, c'est vrai pour le traitement autrichien de la famille Rothschild, et c'est vrai pour les contacts secrets avec l'organisation sioniste racontés dans le chapitre suivant.

En tant que juifs, les Warburg auraient dû être persécutés par les nazis en Allemagne, mais la banque de la famille Warburg en Allemagne fonctionnait toujours comme d'habitude en 1938, cinq ans après l'arrivée des nazis au pouvoir, et faisait d'énormes bénéfices. De plus, Max Warburg a occupé le poste de directeur de la banque centrale allemande et du groupe IG Farben, le plus grand trust industriel d'Allemagne, sous la surveillance d'Hitler jusqu'à ce qu'il émigre aux États-Unis en 1938. Hitler ne voulait pas alarmer les banquiers internationaux en exposant prématurément ses tentatives, et est donc resté indifférent à Max.

Il fallut attendre qu'Hitler prenne le contrôle de la crise économique, que le parti nazi gagne du terrain et se prépare à liquider le pouvoir des banquiers internationaux à la veille de la guerre en Europe. Il a chassé Max aux États-Unis en 1938, licencié Schacht en 1939 et dissous le conseil d'administration de la Banque centrale allemande.

Hitler, sachant pertinemment qu'il était utilisé par les banquiers internationaux, profitait de la situation pour gagner du temps et des conditions pour exécuter tranquillement son plan tout en donnant l'impression d'être obéissant. Dans le processus de construction de la puissante machine de guerre de l'Allemagne, afin de confondre l'élite dirigeante britannique, il a gagné la "politique d'apaisement" de Chamberlain en prétendant être inséparable de l'Union soviétique, alors même que les forces alliées franco-britanniques sur le front occidental attendaient tranquillement qu'Hitler prenne la Pologne et continue d'attaquer l'Union soviétique lors de l'attaque de la Pologne en septembre 1939. Au moment critique de la destruction finale des forces britanniques et françaises, Hitler a soudainement ordonné aux troupes de première ligne d'arrêter leur attaque finale et de laisser vivre les forces britanniques et françaises. Il s'agit de l'une des plus grandes affaires non résolues de la Seconde Guerre mondiale, et de nombreux historiens militaires pensent qu'Hitler a commis une grave erreur militaire, alors qu'en réalité, Hitler était coupable d'un enfantillage politique.

Hitler est un nationaliste dans l'âme, et il a vaincu la France uniquement pour se venger de la paix de Versailles. Il ne voulait pas et ne pouvait pas rompre avec les banquiers internationaux, il a donc laissé 330 000 alliés britanniques et français en vie et a mis de côté un morceau de terre pour le gouvernement de Vichy dans le sud de la France. L'idée d'Hitler était de prendre sa grande revanche tout en laissant de la place pour l'est, puis d'aller lui-même à l'est pour détruire l'Union soviétique, prendre le contrôle du vaste territoire et des ressources de la partie occidentale de l'Union soviétique, et ensuite combattre les Britanniques et les Américains séparément. Le bombardement de la Grande-Bretagne n'était rien d'autre que la menace habituelle d'un voyou pour augmenter sa monnaie d'échange pour un partage pacifique du butin avec l'ancien empire colonial. Ainsi, à la veille de la guerre contre l'Union soviétique, Hitler a envoyé son propre acolyte, le vice-führer du parti nazi Rudolf Hess, en Grande-Bretagne pour des pourparlers de paix secrets. Les conditions d'Hitler étaient le retour de tous les territoires occupés des pays d'Europe occidentale, une compensation pour les coûts de reconstruction, une présence policière allemande dans ces seuls pays et un traité de paix avec la Grande-Bretagne. Puis il attaque l'Union soviétique, exigeant l'assurance d'un fort soutien britannique. Hess était en train de sauter en parachute dans la partie écossaise du Royaume-Uni dans son dernier avion de guerre lorsqu'il a été capturé par la milice locale et que l'histoire a été révélée à l'opinion publique britannique.

Hitler avait un bon plan, mais il avait fait une grosse erreur. Selon les banquiers internationaux, Hitler était maintenant complètement hors de contrôle, et une force militaire si puissante et un style de faire les choses sans fond étaient devenus un grand danger, encore plus dangereux que l'Union soviétique, que toutes les forces devaient être unies pour détruire Hitler.

En conséquence, Hess a été "identifié" comme un fou psychotique en Angleterre, et Churchill a décrit les conditions d'armistice de Hess comme un "sujet d'étude psychiatrique". Le "psychopathe" était gardé sous une stricte surveillance par les services secrets britanniques et n'était pas autorisé à recevoir la visite de personnes extérieures. Dans les procès de Nuremberg d'après-guerre, Hess a été reconnu coupable de "crimes contre la paix", mais pas de "crimes de guerre" et de "crimes contre l'humanité". Cependant, le "psychopathe" Hess a été condamné à l'emprisonnement à vie, et même après la libération anticipée de la plupart des criminels de guerre nazis dans les années 1970, Hess était toujours maintenu en garde à vue. Ce n'est qu'en 1987 que Hess, à l'âge de 93 ans, est monté sur une hauteur dans la prison, s'est étranglé le cou avec un fil électrique et a commis un "suicide" haut et difficile. Dès lors, Hess, le plus proche secrétaire du Führer, qui a suivi Hitler de la prison au pouvoir nazi en passant par *Mein Kampf*, a [131]fermé les yeux pour toujours.

---

[131] Voir *Mein Kampf — Mon combat*, Omnia Veritas Ltd — www.omnia-veritas.com.

CHAPITRE VII

Banquiers et réseaux de renseignements

Depuis sa création, l'essence de la finance n'a jamais été une exploration théorique vide et illusoire, mais une pratique froide et précise de l'intelligence. Le royaume du financier est d'exploiter les asymétries d'information pour trouver, découvrir et saisir les opportunités d'arbitrage sur le marché. Les financiers, quant à eux, sont à leur apogée en créant des asymétries d'information qui interfèrent avec, trompent et confondent la pensée et le jugement des autres participants au marché, créant ainsi des opportunités d'arbitrage.

La plus grande chose qu'un financier apprend n'est pas comment maintenir l'équité de l'information, mais comment réaliser la manipulation de l'information. Si le marché est composé de personnes, et que les personnes sont égoïstes par nature, alors la distribution uniforme de l'information sur le marché est une fantaisie "utopique" qui n'a jamais existé et n'existera jamais. Et tous les systèmes théoriques basés sur des "utopies" seront toujours un merveilleux moyen de créer une asymétrie d'information aux yeux des super acteurs financiers.

Le long de la trajectoire de la diffusion de l'information, la source de la génération de l'information est découverte, l'information isolée est centralisée, l'information encombrée est classée, des liens sont établis entre les informations classées, l'information déformée est réduite, et le produit de l'information — le renseignement — est obtenu. L'exécution inverse de ce processus est le contre-espionnage. Sur le marché financier, il y a toujours un jeu de maîtres de l'intelligence et de la contre-intelligence.

Ainsi, la finance et l'intelligence seront toujours une famille.

La mise en place et le développement du système de renseignement international sont, dans une large mesure, l'expression de la volonté des banquiers internationaux, qui part des intérêts, tourne autour de ceux-ci et y revient finalement. Une compréhension approfondie de la volonté des banquiers internationaux et de la structure de leurs intérêts est d'une grande utilité pour mettre en perspective les fonctions essentielles des agences de renseignement internationales et les personnes qu'elles servent dans le monde d'aujourd'hui.

Les "Cinq de Cambridge" du KGB

Je crains que quiconque connaît un tant soit peu les organisations internationales de renseignement n'ignore le grand nom de Kim Philby. En tant qu'espion principal du KGB soviétique, Philby a infiltré les services de renseignement britanniques pendant plus de 20 ans, et est l'agent de liaison principal britannique auprès de la CIA (Central Intelligence Agency) des États-Unis, chargé de coordonner les systèmes de renseignement britanniques et américains des opérations d'espionnage anti-soviétiques, la clé de sa position, la longue période d'incubation, le réseau d'espionnage britannique et américain de la force destructrice, peut être appelé la guerre froide.

Je crains qu'il n'y ait rien de plus comique et ironique que le fait que le chef suprême de l'espionnage anglo-américain contre l'Union soviétique soit lui-même un espion soviétique. Philby a fait défection à l'Union soviétique via Beyrouth en 1963 et a été décoré du drapeau rouge soviétique en 1965. En 1968, il a publié ses mémoires intitulées *My Silent War* (Ma guerre silencieuse), qui ont rapidement atteint les listes de best-sellers dans le monde entier. L'affaire Philby est peut-être le plus grand scandale que les services de renseignement britanniques et américains aient jamais connu.

En fait, Philby n'était pas seul au sein du système de renseignement anglo-américain ; il était entouré d'un noyau bien connu, les "Cinq de Cambridge". Ces cinq "hommes de main" de l'ère Cambridge devinrent plus tard l'épine dorsale de l'entrée du KGB soviétique dans les cercles de renseignement anglo-américains.

Les premiers d'entre eux à révéler leur identité sont Donald Duart Maclean et Guy Burgess. Maclean a occupé des postes clés au sein des directions 5 (contre-espionnage) et 6 (renseignement extérieur) des services de renseignement britanniques avant de rejoindre l'ambassade britannique à Washington, D.C., pour y exercer des fonctions de renseignement. Un grand nombre d'informations critiques sur le développement de la bombe atomique et sur l'évolution de la politique entre Churchill et les présidents Roosevelt et Truman sont parvenues au

KGB soviétique par l'intermédiaire de Macklin. Il est particulièrement remarquable que McLean ait été le premier à révéler à l'Union soviétique les véritables intentions du "plan Marshall".

Le "plan Marshall" était essentiellement un stratagème pour remplacer les réparations de guerre allemandes et porter un coup sévère au processus de reconstruction de l'économie soviétique, tout en permettant aux blocs de pouvoir financier américains de dominer la reconstruction européenne. Les accords de Yalta et la proclamation de Potsdam ont clairement établi que l'Union soviétique recevrait des réparations de guerre de l'Allemagne, qui pourraient être payées sous la forme de machines et d'équipements allemands, d'entreprises industrielles, de voitures, de navires, de matières premières, etc., à un moment où l'Union soviétique avait subi tant de dommages de guerre qu'elle avait presque perdu sa capacité à gagner des devises étrangères grâce aux exportations, de sorte que les réparations de guerre allemandes deviendraient la ressource extérieure la plus importante dans le processus de reconstruction économique soviétique. Le cœur du "plan Marshall" était l'abolition déguisée des réparations de guerre allemandes à l'Union soviétique et leur remplacement par une aide financière des États-Unis à l'Europe. Bien que l'aide ait été ostensiblement ouverte à la fois à l'Union soviétique et à l'Europe de l'Est, le plan Marshall a fixé des conditions de libéralisation économique incompatibles avec le système économique planifié de l'Union soviétique et a donc "forcé" l'Union soviétique à se retirer de l'aide.

Une autre "beauté" du plan Marshall était l'utilisation de l'argent des contribuables américains pour "compenser" les banquiers internationaux européens pour leurs pertes dans la guerre. Le "plan Marshall" était en fait une réédition du plan américain Dawes et Young après la Première Guerre mondiale, dans lequel un montant énorme de 13 milliards de dollars a été "prêté" aux banquiers européens, qui n'ont jamais remboursé l'argent, sauf en Allemagne. En fait, pour les banquiers internationaux, peu importe que la guerre soit gagnée ou perdue, l'important est de savoir qui paie la dette. Étrangement, mais sans surprise, les contribuables des États-Unis, la nation victorieuse, sont devenus les plus gros acheteurs des deux guerres mondiales.

Ce sont les renseignements précis de Macklin qui ont permis au camp soviétique de voir le plan Marshall dès le début. Non seulement l'Union soviétique a refusé de se joindre au programme, mais elle a également empêché avec force d'autres pays d'Europe de l'Est d'y adhérer et a accéléré le retrait de divers équipements industriels lourds d'Allemagne.

Le 25 mai 1951, jour de son 38e anniversaire, Maclean, déjà soupçonné par les services secrets britanniques, fait défection en Union soviétique avec Burgess, un autre des "Cinq de Cambridge", et obtient le grade de colonel au KGB.

Au plus fort de la Seconde Guerre mondiale, Burgess, ainsi qu'un autre des "cinq de Cambridge", Sir Anthony Blunt, ont transféré au KGB une grande partie de la planification stratégique et de la politique étrangère des Alliés, tout en travaillant au ministère britannique des Affaires étrangères. Burgess a également été envoyé plus tard travailler à l'ambassade britannique de Washington et a vécu avec Philby. Après avoir fait défection à l'Union soviétique, il est mort d'un alcoolisme massif.

Le quatrième des "Cambridge Five" à être démasqué est Sir Anthony Bronte. Il a travaillé comme agent de contre-espionnage pour British Intelligence Five, divulguant de grandes quantités de renseignements militaires allemands déchiffrés à l'Union soviétique. Avant la fin de la guerre, il a été secrètement chargé par la Couronne britannique de se rendre en Allemagne à la recherche de la correspondance confidentielle entre le duc de Windsor en Angleterre et Hitler, et entre la reine Victoria en Angleterre et ses parents allemands. La reine Victoria étant la grand-mère de l'empereur Guillaume II d'Allemagne, Anthony est fait chevalier par la Couronne britannique en 1956 et devient ensuite professeur d'histoire de l'art à l'université de Cambridge. Après la révélation de son statut d'espion soviétique, son titre de chevalier lui est retiré par la reine Elizabeth II d'Angleterre, et le premier ministre britannique de l'époque, Margaret Thatcher, désigne publiquement Sir Blunt comme un espion soviétique. En 1983, Anthony Bronte meurt à son domicile à Londres.

Cependant, l'identité de la cinquième personne des "Cambridge Five" n'a jamais été révélée, ce qui est devenu un mystère majeur dans le monde du renseignement. Au fil des ans, il y a eu beaucoup de désaccords et de débats sur l'identité réelle de la "cinquième personne".

Roland Perry, spécialiste de l'intelligence de renommée internationale, a clairement affirmé, en s'appuyant sur une multitude de faits, que Victor Rothschild est le mystérieux "cinquième homme". [132]

"Le Cinquième Homme"

En fait, les Rothschild sont à l'origine du système de renseignement international. Dès les guerres napoléoniennes, la famille Rothschild avait réalisé des profits faramineux sur les marchés financiers de Londres grâce à des renseignements sur l'évolution de la bataille de Waterloo 24 heures avant le marché. Pour le grand nombre de familles bancaires internationales qui pratiquent l'arbitrage sur les marchés financiers transfrontaliers, une intelligence précise et rapide est la "première productivité" pour faire de l'argent. Les inventions technologiques ont largement façonné l'orientation des systèmes de renseignement. À une époque où le téléphone télégraphique n'existait pas, la famille Rothschild a été la première à utiliser des pigeons voyageurs pour transmettre des données et des ordres de négociation sur les marchés financiers. Pour éviter que les informations ne soient interceptées pendant leur transmission et ne révèlent des secrets, la famille Rothschild a également créé une série de techniques de cryptage de l'information. Pour la famille Rothschild, le renseignement est une tradition familiale bien ancrée.

C'est dans cette atmosphère que grandit Victor Rothschild, baronnet héritier de la troisième génération de la famille Rothschild. En tant qu'héritier de la branche anglaise de la famille, Victor porte en lui beaucoup d'honneur et beaucoup d'attente. Il semble que son père, Charles, était un maillon faible de la chaîne familiale, souffrant d'une grave dépression, et a finalement choisi de mettre fin à ses jours parce qu'il ne pouvait pas supporter la douleur de l'insomnie pendant six ans. À l'époque, Victor n'avait que 12 ans. Mais en tant que successeur de l'entreprise familiale, il a dû faire face à une variété de pressions inégalées.

La première pression concerne la race. En tant que juif, il a un complexe très sensible d'être discriminé et en même temps un sentiment de supériorité extrêmement fort. Malgré l'exclusion et la

---

[132] Roland Perry, *The Fifth Man* (Londres : Pan Books, 1994).

discrimination dont il fait l'objet, le peuple juif est convaincu qu'il est le seul peuple élu du Dieu biblique et qu'en tant que maître du monde, son pouvoir est par nature irremplaçable. Les Juifs ont un sens extrêmement fort de l'estime de soi, mêlé à un sentiment extrêmement fort d'être réprimé. Et un fort refoulement psychologique peut souvent produire une forte motivation et une grande résilience.

La deuxième pression est la réputation de la famille. Comme Rothschild a exercé une influence majeure sur l'histoire récente du monde pendant plus de cent ans, les pressions liées à sa réputation n'ont jamais été faciles. La plupart des étudiants de l'école aristocratique où Victor Jr. était inscrit étaient issus de familles éminentes. Pourtant, tous les camarades de classe arboraient un regard de crainte lorsque Victor Jr. a révélé son nom de famille. Cependant, une réputation et un statut aussi prestigieux constituent une pression supplémentaire. Avec une telle réputation, Victor Jr. ne doit pas perdre son sang-froid et être inférieur aux autres, il doit être et sera toujours le premier.

La troisième pression est le défi intellectuel. Victor était un homme suprêmement intelligent avec un QI de 184, une évaluation faite plus tard par les experts nazis sur la base de ses performances dans tous les domaines. Victor était en effet un homme très polyvalent, un banquier avec un excellent palmarès, un expert renommé du contre-espionnage, un biologiste, un maître de la physique nucléaire atomique et un maître de la peinture, de l'art et de la musique. Victor apprenait constamment toutes sortes de nouvelles connaissances et n'avait aucun temps libre dans sa vie.

Le jeune Victor, qui entre au Trinity College de Cambridge, est plein d'énergie et aime l'aventure. À l'époque, il s'adonne à diverses disciplines, notamment la physique, la biologie et la psychologie. Il a toujours eu un vif intérêt pour les sciences naturelles, et a également un amour particulier pour le français. Pendant qu'il apprenait le français, il a fait appel à un étudiant plus âgé que lui, de trois ans son aîné, comme tuteur extrascolaire. Cet homme était le futur célèbre Sir Anthony Bronte, le quatrième des "Cinq de Cambridge" à être exposé.

La relation de Bronte avec Victor se développe rapidement, Bronte enseignant souvent à Victor la prononciation du français en tête-à-tête.

En mai 1928, pendant sa deuxième année d'études, Bronte rejoint les Cambridge Apostles, une société secrète bien connue du Trinity College de Cambridge. Il s'agit d'une société secrète fondée en 1820 par 12 "apôtres", 12 des étudiants les plus brillants de toute l'école. En outre, ces 12 hommes devaient être d'origine noble, avec des liens familiaux étendus dans la classe supérieure anglaise. Ces deux exigences garantissaient que les membres de l'"Ordre apostolique" deviendraient inévitablement l'élite dirigeante de la Grande-Bretagne à l'avenir. Blunt devient plus tard l'"initiateur" de Victor dans l'"Ordre apostolique". [133]

Le 12 novembre 1932, Burgess et Victor rejoignent la Société apostolique, formant un petit groupe dont le noyau est constitué de Bronte, Victor, Burgess et d'autres personnes.

Le Cercle du Conseil Apostolique

Le cercle formé par les membres du "Conseil Apostolique" possède un système bien développé de valeurs de foi, de formes d'organisation, de mécanismes de sélection et de rituels. Leurs réunions ne sont pas une activité sociale décontractée où tout le monde mange et boit, mais un entraînement rigoureux de haut niveau pour "mieux" gérer la société à l'avenir, basé sur des racines historiques profondes, des liens familiaux, une admiration mutuelle et une grande intelligence. Ce qu'ils ont en commun, c'est une forte motivation pour une transformation sociale future. En d'autres termes, il s'agit d'un cercle de personnes politiquement ambitieuses qui ne sont en aucun cas un simple groupe académique, ni une réunion, ni une simple société secrète. Ces personnes sont particulièrement importantes en raison de leurs antécédents familiaux extraordinaires, de leur richesse, de leur intelligence et de leur énergie et, surtout, du complexe d'"élite" qui permet à la société de fonctionner selon leur volonté. Un tel groupe de personnes s'organise et devient des alliés de toujours qui ne se trahissent jamais, se soulevant et s'encourageant mutuellement pour former une communauté d'intérêt indéfectible, ce qui est la tradition de l'"Église apostolique". Le lien qui peut réunir un tel groupe de personnes de haute intelligence et de haute énergie n'est en aucun cas plus que l'intérêt ; la foi est une force plus profonde.

Introduit par des amis de la "Société apostolique", Victor a fait la connaissance de Peter Kapitza, un scientifique soviétique très célèbre à Cambridge à l'époque. Kapitza est un physicien de renommée mondiale

---

[133] Ibid, p. 36-37.

et lauréat du prix Nobel. Kapitza accepte alors une invitation de la Royal Academy à travailler au laboratoire Rutherford de Cambridge. Dès son arrivée à Cambridge, Kapitza forme le "Kapitza Club", qui devient assez célèbre à Cambridge. Ce club réunissait quelques-uns des meilleurs physiciens de Cambridge de l'époque pour discuter des derniers développements de la physique. Les physiciens de Cambridge plaisantaient en disant que Kapitza l'avait créé pour pouvoir être régulièrement informé des dernières avancées de la physique grâce à l'échange d'informations entre ces éminents physiciens, sans avoir à lire lui-même les articles ennuyeux. En fait, Kapitsa avait aussi la mission peu connue de compiler les dernières informations sur les diverses avancées en physique recueillies à Cambridge, triées en rapports sur les frontières de la physique et envoyées régulièrement à Moscou. [134]

Le jeune Victor de l'époque est en effet attiré par l'ensemble des idées de Kapitza, le premier système politique socialiste au monde développé par l'Union soviétique. Ce système politique, appelé socialisme scientifique, construit un système social et économique complet basé sur le fondement théorique de lois scientifiques strictes. Victor s'intéressait surtout à la physique et aux sciences naturelles, alors lorsqu'il a entendu une telle idée et qu'il a constaté qu'il s'agissait d'un plan de développement de la société utilisant des principes scientifiques, avec la précision d'un ingénieur, de sorte que l'ensemble du système politique et économique de la société fonctionnait entièrement sur des théories et des normes scientifiques précises et objectives, son intuition a immédiatement trouvé que c'était une idée merveilleuse et magistrale. Cette théorie de la pensée n'a pas seulement fasciné Victor à l'époque, mais a également trouvé un marché dans les cercles d'élite "apostoliques" de l'université de Cambridge.

La "Société apostolique" organise régulièrement des débats au cours desquels chaque personne publie un article portant sur des questions liées au fonctionnement de la société. La plupart des sujets soumis étaient axés sur le modèle soviétique et l'expérience pertinente de l'URSS. Dans l'esprit des membres de ce petit groupe, il était généralement admis qu'un tel modèle de l'Union soviétique pouvait résoudre les crises et les problèmes du monde.

---

[134] Ibid, p. 37-38.

Les nombreux articles soumis par Victor tournent autour du fil conducteur de l'exploration du rôle de la banque dans le fonctionnement de la société. L'un de ses articles importants est intitulé "Le communisme et l'avenir des banques".[135] Cet article est rempli de toutes sortes d'éclairs de sagesse inédits et de propositions intéressantes et exploitables, mais l'Église apostolique n'y a pas répondu avec beaucoup d'enthousiasme. Parce que la plupart de ces apôtres n'avaient pas les connaissances appropriées dans le domaine de la finance et n'étaient pas très au fait des opérations commerciales, ils avaient tendance à être académiques lorsqu'ils discutaient des problèmes. Ils s'intéressent davantage au changement social, au fonctionnement de la société et aux institutions sous-jacentes de la société.

Parmi eux, Bronte est un "pionnier" qui a pleinement adhéré au système théorique du socialisme scientifique. En même temps, il essaie d'entraîner Victor dans la même voie. Dans la conversation quotidienne, il demande souvent subtilement à Victor ce qu'il pense de sa propre banque familiale. Cette question met inévitablement Victor dans une position difficile. D'une part, il a l'impression que toute l'opération bancaire de sa famille n'est qu'un mouvement insignifiant d'argent d'un endroit à l'autre dans le but d'en tirer profit, et il pense que le système financier construit par la famille bancaire internationale n'apporte pas plus de bénéfices à la société ; d'autre part, il ne veut ni ne veut être du côté opposé au puissant groupe de banquiers internationaux que sa famille représente.

Victor, qui avait alors une vingtaine d'années, subissait un énorme choc d'idées et de valeurs. Bronte a inculqué à Victor, à plusieurs reprises, l'idée que le système de monopole bancaire construit par les banquiers internationaux n'était pas sans avantages et qu'il pourrait également être très bénéfique à la société si une révolution éclatait et que l'ensemble du système bancaire était entièrement nationalisé et contrôlé par l'État.

Victor n'est pas un simple "lapin blanc" aux yeux de Bronte et Kapica. Grâce à sa personnalité précoce et à ses croyances religieuses profondément ancrées, ainsi qu'à son empreinte familiale innée, Victor est déjà très jeune un homme à l'esprit actif et complexe, doté d'une forte volonté et d'une grande ambition. Sa caractéristique la plus

---

[135] Ibid, p. 45.

importante est son extrême subjectivité, et il ne sera jamais radicalement changé par la persuasion et l'influence théorique de l'extérieur. Son esprit est cohérent, réfléchi, profond, caché et orienté vers la clarté. Il avait clairement ses propres considérations et intentions, et c'est la façon de penser qui a été transmise à travers des générations de familles.

Dans son esprit a germé un objectif bien plus ambitieux, voire un plan de développement social dépassant largement l'idéologie. Alors qu'il adhère aux idées de ceux qui l'entourent, il réfléchit également à la manière dont il peut utiliser ces personnes pour servir ses objectifs. Actifs dans la nature de Victor sont les gènes de l'homme d'affaires, dont le désir d'acquérir du profit l'emporte toujours sur son intérêt pour la théorie.

Dans les cercles apostoliques, il y avait un autre grand nom : le célèbre économiste britannique, Keynes. Victor et Cairns étaient très proches. Cairns était un membre de la première heure de " l'Ordre Apostolique " et enseignait à l'Université de Cambridge dans les années 30, où il avait un bureau privé au King's College. Keynes ne croyait pas au communisme, mais il s'intéressait à l'idée que le gouvernement devait s'impliquer dans les rouages de l'économie et avait observé de près une série de réformes et de dynamiques économiques en Union soviétique, où la dépression économique mondiale qui avait commencé en 1929 avait plongé le système de pensée capitaliste dans une crise majeure, et où la pensée sociale de toutes sortes essayait de trouver une issue au développement social, et les économistes ne faisaient pas exception. On peut dire que Keynes, à cette époque, était également influencé par l'idée soviétique d'un modèle d'économie planifiée.

Victor se rendait souvent au bureau de Cairns à l'université de Cambridge pour parler à Cairns. Chaque fois qu'il se rendait au bureau de Cairns, il voyait ce dernier assis dans un fauteuil à bascule, en train de lire un ouvrage philosophique de Locke ou de Hume. Victor ne voyait presque jamais Keynes se concentrer sur l'économie. Les deux hommes se rencontrent pour parler de leurs intérêts communs et de leurs passe-temps — la collection de livres — et il n'y a pas de fin aux choses à dire. Mais Victor se demande toujours quand Keynes va faire ce qu'il est censé faire. [136]

---

[136] Ibid, p. 43.

Cairns a une vingtaine d'années de plus que Victor, mais l'écart d'âge et d'expérience ne les a pas empêchés de devenir des amis proches et oubliés. Victor Cairns n'a jamais besoin de prendre rendez-vous à l'avance, il se présente à la porte quand il le souhaite. Il y a toujours une infinité de sujets à aborder lorsque les deux hommes se rencontrent, de la philosophie, de la société et de la littérature, à la théorie et à la pratique de la transformation sociale, en passant par la grande question de savoir comment la société devrait réellement fonctionner. Un autre sujet majeur que Victor et Keynes explorent souvent est la perception de l'étalon-or britannique. La place particulière de la famille Rothschild dans le monde de l'or ne peut être ignorée, et Victor avait naturellement un intérêt inhabituel pour le rôle de l'or dans le système bancaire britannique et le système monétaire mondial.

Les séminaires du "Conseil apostolique" les plus populaires étaient les discours et les articles de Keynes. Cairns avait près de cinquante ans à l'époque, et son expérience et sa perspicacité sociales, ainsi que sa connaissance de première main des informations et des matériaux socio-économiques, politiques et diplomatiques, ont certainement suscité l'admiration de ces étudiants de premier cycle âgés d'une vingtaine d'années. Il a à la fois une profondeur théorique et une richesse de perspicacité et d'expérience dans la pratique sociale. Lors d'un séminaire du "Conseil apostolique", Keynes donne un exposé intitulé "Government Intervention", qui inspire et choque la plupart des membres du "Conseil apostolique", dont Victor. Le centre d'intérêt de Victor n'a jamais été purement théorique ou abstrait ; il était en fait plus préoccupé par les détails opérationnels pratiques. Dans une lettre à un ami, Victor fait référence à ce traité keynésien et se plaint que

> " La bande de 'La Société apostolique' est toujours en train de taper sur ce à quoi devrait ressembler une société communiste, un sujet qui est en fait assez ennuyeux. Burgess, Waterson et Richard Davis parlent tous de ces problèmes théoriques avec leurs deux yeux, étourdis et transpirants, mais dans une large mesure, ils disent tous des choses qui manquent d'une cohérence logique inhérente, du moins pour moi. " [137]

Un autre des arguments de Victor était vague et prétentieux, et son article intitulé "Le communisme et l'espoir de la science" a reçu un

---

[137] Lettre de Victor Rothschild à Keynes, *Documents de Keynes*.

grand éloge et une acclamation unanime dans le "Conseil apostolique".[138]

Entre-temps, un nouveau membre de leur clique s'est ajouté au groupe, un étudiant en sociologie de l'université de Cambridge, qui était Philby, le troisième espion du KGB démasqué dans les "Cinq de Cambridge".

Le père de Philby

Le père de Philby, John Philby, était également une légende. John Philby était également diplômé du Trinity College, à Cambridge, et son camarade de classe Nehru est devenu plus tard le Premier ministre de l'Inde. Bien que moins célèbre que son propre fils, John Philby, en tant que juif, était très concerné par la situation au Moyen-Orient et en Palestine, et il a joué un rôle et une influence cruciaux dans la géopolitique du Moyen-Orient. John Philby était un officier du système de renseignement colonial britannique qui a participé à la planification du grand soulèvement arabe contre la domination ottomane et à la protection des champs pétrolifères de la région de Bassora, seule source de pétrole pour la marine impériale britannique à l'époque. John Philby s'est engagé à soutenir les Arabes pour la création d'un État fédéral arabe unifié. John Philby a également participé aux soulèvements arabes aux côtés du célèbre "Lawrence d'Arabie" (Thomas Edward Lawrence), mais les deux parties ont soutenu des dirigeants arabes différents, John Philby favorisant Ibn Saoud, un cheikh tribal arabe, et Lawrence soutenant le roi Hussein du Hejaz.

La Maison Hachémite, descendante directe du prophète Mahomet, est la gardienne légale des villes saintes de la Mecque et de Médine depuis 700 ans dans la région du Hejaz. Le roi Hussein était universellement respecté dans le monde islamique en tant que grand cheikh des Arabes. En octobre 1915, le représentant britannique McMahon a conclu un accord avec Hussein lui promettant qu'il obtiendrait l'indépendance après la guerre si les tribus arabes lançaient un soulèvement pour se joindre à la guerre.

Ni Shad ni Hussein ne savent que la Grande-Bretagne et la France se sont secrètement entendues sur la répartition du pouvoir au Proche-

---

[138] Roland Perry, *The Fifth Man* (Londres : Pan Books, 1994), p. 43.

Orient après la guerre. En mai 1916, elles signent le traité Sykes-Picot, qui prévoit que, parmi les provinces arabes de la Turquie ottomane d'après-guerre, la France obtiendra la Syrie et le Liban, et la Grande-Bretagne la Jordanie, la Palestine et l'Irak. [139]En novembre 1917, les Britanniques ont publié la déclaration Balfour, qui désignait la Palestine comme patrie juive, en [140]échange des recherches militaires du scientifique juif Chaïm Weizmann, le premier président d'Israël. La grande fédération arabe promise par la Grande-Bretagne n'est rien d'autre qu'une escroquerie. La trahison de la Grande-Bretagne jette une ombre persistante sur les relations entre le monde arabe et l'Occident pour de nombreuses années à venir. Philby et Lawrence ne sont rien de plus que des pions pour le gouvernement britannique. Au final, Ibn Saoud, soutenu par John Philby, devient roi d'Arabie Saoudite, tandis que Feisal, fils de Hussein, soutenu par Lawrence, devient roi d'Irak.

En 1921, John Philby est nommé par le gouvernement britannique chef suprême du renseignement pour la région britannique de la Grande Palestine, dont la juridiction englobe l'ensemble du territoire des actuels Israël, Palestine et Jordanie. C'est là que John Philby a développé une relation de longue date avec Allen Dulles, futur directeur de la CIA américaine. C'est en grande partie pour cette raison que Kim Philby a pu se cacher longtemps au sein de la CIA sans éveiller de soupçons.

À la fin de 1922, John Philby retourne à Londres pour participer à des discussions politiques sur la question palestinienne. Parmi les principaux acteurs figurent le roi George d'Angleterre, futur Premier ministre Churchill, Rothschild et Weizmann, chef du mouvement sioniste. Par la suite, John Philby commence à travailler comme conseiller principal auprès des Saoudiens, l'aidant à étendre et à renforcer les zones contrôlées par l'Arabie saoudite, devenant ainsi l'une des personnalités les plus puissantes du pays.

En 1933, John Philby a apporté la puissance pétrolière américaine au Moyen-Orient lorsqu'il a signé avec la Standard Oil Company un droit exclusif de 60 ans pour l'exploitation de la région de Hasa, dans

---

[139] Liu Debin, ed., *History of International Relations*, Beijing : Higher Education Press, édition 2003, p. 275.

[140] Ibid, p. 277.

le golfe Persique. En fait, John Philby est le canal de contact le plus important pour les relations spéciales des États-Unis avec l'Arabie saoudite.

En 1936, l'Arab-American Oil Company (ARAMCO) est créée sous la forme d'une coentreprise entre la Standard Oil Company of California et l'East Suez Company, John Philby représentant les intérêts saoudiens.

En 1937, John Philby commence à planifier une émigration juive massive vers les zones palestiniennes, l'Arabie saoudite fournissant une protection secrète. John Philby négociait simultanément avec l'Allemagne nazie et l'Espagne fasciste qu'en cas de guerre, les Saoudiens neutres vendraient leur pétrole à l'Espagne neutre et feraient ensuite transiter l'Allemagne par l'Espagne. L'équipe d'enquête spéciale sur les nazis du ministère américain de la Justice avait déterminé qu'Adolf Eichmann, chef de la section juive de la Gestapo allemande, avait rencontré John Philby au Moyen-Orient au milieu des années 30.

En 1935, Adolf Eichmann devient le principal architecte et exécutant de la politique antisémite des SS. Après l'annexion de l'Autriche par l'Allemagne en 1938, Eichmann est responsable de la relocalisation forcée des Juifs en Autriche et travaille avec l'agence sioniste "Aliyah Bet" pour rendre le processus de relocalisation forcée plus efficace et plus solide.

En février 1939, John Philby se trouve à Londres pour discuter de l'immigration juive en Palestine avec Ben Gourion (premier Premier ministre d'Israël) et Weizmann. John Philby propose que l'organisation sioniste de Weizmann verse aux Saoudiens 20 millions de livres sterling pour réinstaller les Arabes palestiniens, ce à quoi Weizmann répond que la question doit être discutée avec le président américain Roosevelt. En octobre, l'organisation sioniste promet le "plan Philby", mais les Arabes s'y opposent fermement en raison des fuites. Compte tenu des sensibilités religieuses de la Palestine, ce plan est mis en veilleuse pendant trois ans. Le 3 août 1940, John Philby est arrêté à Bombay pour sympathie envers les nazis (Defense Regulation 18B), puis renvoyé en Angleterre. Il est libéré sept mois plus tard grâce au sauvetage de Cairns et al.

En août 1943, Harold Hoskins, l'envoyé du président Roosevelt au Moyen-Orient, se rend en Arabie saoudite pour relancer le "plan Philby", affirmant que le coût des 20 millions de livres est "garanti par le président Roosevelt des États-Unis". Le roi saoudien est en grande difficulté face à cette énorme somme d'argent, car il se murmure depuis longtemps que s'il l'accepte et qu'il fait ensuite sortir les Arabes de Palestine, il sera sans aucun doute considéré comme un "pot-de-vin" par l'ensemble du monde arabe. À bien y réfléchir, le roi saoudien a finalement renoncé à cette brique chaude.

Kim Philby et Victor Rothschild

En juin 1933, Philby vient de terminer un cours d'économie à l'université de Cambridge et reçoit une bourse d'études au Trinity College avec des notes complètes. Philby utilise une partie de cet argent pour acheter la collection complète de Karl Marx et utilise le reste de l'argent pour acheter une moto d'occasion. Philby était prêt à voyager dans toute l'Europe sur sa moto d'occasion. C'est le fils de John Philby, après tout, qui est entouré d'une impulsion pour l'aventure. [141]

Cela a sans aucun doute créé une forte irritation chez Victor Rothschild. Ses antécédents familiaux, son statut particulier, sa richesse et sa célébrité tissent des ficelles invisibles qui l'obligent à ne jamais pouvoir "revenir en force" comme l'a fait Philby. La tentation d'être à la fois si proche et si lointain forme une attraction encore plus forte pour Victor. Victor n'a pas pu résister à l'envie de demander à Philby s'il pouvait l'emmener avec lui. Peut-être parce que ce souhait avait peu de chances de se réaliser, la silhouette de Philby qui s'en allait était empreinte d'une extraordinaire assurance aux yeux de Victor.

En mai 1934, lorsque Philby termine sa tournée européenne, qui avait duré environ un an, et revoit Victor, il est entouré d'une fiancée supplémentaire, Rietz Friedman, un communiste clandestin juif autrichien. Cette excursion joua un rôle important dans la vie de Philby. Pendant son séjour en Autriche, il se lia d'amitié avec Rietz et participa à un certain nombre d'activités clandestines secrètes, notamment le sauvetage de Juifs qui étaient persécutés par les nazis à l'époque, la couverture des activités clandestines des communistes, la collecte de fonds contre le fascisme, le sauvetage de travailleurs piégés de la

---

[141] Roland Perry, *The Fifth Man* (Londres : Pan Books, 1994), p. 47.

persécution nazie, la transmission de lettres secrètes et même le fait de se déguiser en journaliste pour découvrir les secrets des nazis. [142]

De Philby, Victor voyait une vie qu'il n'avait jamais pu essayer dans sa vie, et au fond de lui, il était impatient de vivre des jours aussi aventureux et excitants.

Une fois, après un repas, Philby a testé la volonté de Victor de faire quelque chose de plus immédiat que de donner de l'argent pour soutenir l'immigration juive. Victor savait déjà qu'une grande partie de l'expérience de Philby impliquait un passé soviétique, et il savait dans son esprit que s'il promettait d'aider Philby plus directement, il deviendrait lui-même un partisan de l'Union soviétique.

Ce fut un choix de vie majeur pour Victor. Il a choisi d'aider l'Union soviétique non seulement pour des raisons purement théoriques de bien et de mal, mais aussi en raison de ses projets "privés" profondément cachés. Issu d'une famille du renseignement, Victor a une compréhension assez profonde de la valeur du renseignement. Dans un monde de plus en plus proche de la guerre, la perte de renseignements signifierait une crise majeure pour la fondation centenaire de la famille, et la fourniture de renseignements à l'Union soviétique permettrait d'accumuler des éléments de négociation pour les relations des Rothschild avec l'Union soviétique, la future superpuissance mondiale. La vérité la plus accablante de la famille Rothschild depuis cent ans est de parier sur les deux côtés et de toujours se ranger du côté du gagnant.

Après avoir pris la mesure de cette vérité, Victor est déterminé à jouer un jeu d'équilibre entre les superpuissances du monde et à en être le vainqueur final.

"Les cinq de Cambridge" ont pénétré les services secrets britanniques

Comme la famille Rothschild avait déjà constitué un vaste réseau de contacts au Royaume-Uni, lorsque les Amis apostoliques obtiennent leur diplôme et commencent à chercher du travail et à se préparer à entrer dans la classe supérieure britannique, Victor est obligé de prêter

---

[142] Ibid, p. 49.

son énergie et de jouer un rôle décisif dans leur promotion sur le marché du travail. Il a d'abord utilisé ses relations pour présenter son bon ami Burgess à George Ball, un poids lourd du parti conservateur britannique de l'époque. George Ball était l'officier principal de British Intelligence Five et le fondateur de l'agence de renseignement des Tories. Plus tard, sur la recommandation de Victor et George Ball, Burgess entre dans la section D de British Intelligence Six, où sa première mission consiste à étudier la question juive en Palestine. Le travail spécifique arrangé par les supérieurs était de créer une antithèse parmi les Juifs à l'organisation sioniste sous Weizmann afin de décentraliser le pouvoir de lobbying juif contre le Parlement britannique en faveur d'un compromis entre le gouvernement britannique et les Arabes. Le gouvernement suggère que le camp opposé soit de préférence dirigé par Victor. En fait, Victor était un fervent partisan du sionisme et, en raison de son profil bas et de ses tactiques traditionnelles, la famille Rothschild était généralement considérée par les étrangers comme adoptant une position plus modérée.

Grâce à son excellent travail, Burgess présente également Philby à la section D d'Intelligence VI, et Burgess présente également Guy Liddell, directeur adjoint exécutif de la section B d'Intelligence V, à Victor, préparant ainsi le terrain pour le passage ultérieur de Victor à Intelligence V.

Les Rothschild avaient également une relation inhabituelle avec Churchill. Churchill était un habitué de la famille depuis l'époque du grand-père de Victor, Nathan. Churchill était l'un des prédécesseurs qui avait vu Victor grandir. La signature de Churchill dans le livre d'or des Rothschild s'étend sur 40 ans, de 1890 à 1930, et il a même forgé une amitié extraordinaire avec Walter, l'oncle de Victor. Churchill a toujours été un fervent partisan des idées de Walter pour l'établissement d'un ultime État juif, Israël, en Palestine. C'est également à cause de cela que Churchill est devenu l'objet du fort soutien de la famille Rothschild dans la politique britannique.

En 1939, Victor présente à Churchill une analyse du système bancaire allemand dans laquelle il ouvre la voie à une réflexion peu orthodoxe mais très visionnaire. Les diverses transactions financières recueillies par les Rothschild dans leurs succursales dans divers pays contenaient des données et des informations clés sur tous les types d'achats et de transactions de biens en Allemagne, et tous les achats de biens par le gouvernement nazi, tant qu'ils étaient effectués par le biais de transactions bancaires, étaient sous le contrôle des Rothschild. Grâce à une analyse minutieuse de ces données financières, Victor parvient à une projection des futurs achats de matériel militaire et d'armement de l'Allemagne, concluant que les nazis réalisent un plan d'expansion militaire. Le bureau de la guerre de Churchill applaudit les nouvelles idées de recherche du jeune homme. C'est cet article qui a ouvert la voie à l'entrée en douceur de Victor au sein du British Intelligence V Bureau, Part B, en 1940, principalement pour des travaux de contre-espionnage commercial. [143]

L'excellent travail et les performances de Victor au sein de British Intelligence V lui ont permis de faire entrer Bronte dans la section D de Intelligence V et de recommander Maclean à Intelligence VI.

À cette époque, les "Cambridge Five" avaient complètement infiltré les services de renseignement britanniques et les responsables de la politique étrangère, jouant un rôle crucial dans le déroulement de la guerre. Victor Rothschild était en fait le membre le plus central des "Cinq de Cambridge", à partir duquel toutes les connexions ont été diffusées et rassemblées.

Entre le sumérien et l'américain, les deux faces d'une même médaille

En 1937, l'oncle de Victor, Sir Walter, meurt. Walter lui-même n'ayant pas d'enfants, le titre de chevalier est hérité par Victor, âgé de 26 ans, qui devient le troisième Sir Rothschild. En tant que Lord héréditaire d'Angleterre, Victor devient automatiquement membre de la Chambre des Lords britannique, et son énergie en matière d'activisme social s'en trouve considérablement renforcée.

Le physicien soviétique Kapitza, qui se trouvait en Angleterre à l'époque, était rentré à Moscou. Victor était en contact étroit avec Kapitza, lui envoyant régulièrement des rapports sur l'avancement de la recherche dans diverses disciplines, notamment les derniers développements en physique atomique, ainsi que d'importants résultats et données d'autres disciplines publiés dans des revues internes. Ces données et informations sont d'un haut niveau de sensibilité et de confidentialité et ne sont pas disponibles auprès des canaux de recherche scientifique internationaux ordinaires. Ces domaines incluent

---

[143] Ibid, p. 89-90.

la recherche sur les biotoxines, dont les résultats peuvent être directement appliqués à la fabrication d'armes biologiques. De telles informations et données actualisées, entre les mains des scientifiques soviétiques, sont inestimables. [144]

Travailleur acharné, doté d'un QI étonnamment élevé, Victor lit des documents de recherche dans les disciplines les plus diverses et les approfondit, à l'exception de la banque, qui est sa spécialité ancestrale. Par exemple, en biologie, qui semble aussi éloignée de lui qu'une montagne, il s'est spécialisé dans l'analyse des lois du mouvement des spermatozoïdes, essayant de découvrir le mystère qui fait qu'un seul spermatozoïde peut entrer au moment où l'ovule se rencontre, et comment le spermatozoïde "vainqueur" a un effet d'exclusion. En ce qui concerne la physique atomique, il s'astreint à lire toute la littérature scientifique et divers documents ouverts et confidentiels, et a atteint un niveau d'approfondissement assez professionnel dans son étude de la physique nucléaire.

Le premier travail de Victor au sein de l'Intelligence5 britannique consiste à analyser si les activités de toutes les sociétés commerciales et industrielles allemandes opérant au Royaume-Uni constituent une menace pour la sécurité du pays. Au début des années 1940, il avait déjà découvert que de nombreux établissements commerciaux allemands déguisés travaillaient en réalité dans les coulisses pour le gouvernement nazi. Son rapport indique notamment que ces organismes sont susceptibles d'espionner le Royaume-Uni et que le réseau est si étendu et pourtant si obscur qu'il est difficile de passer au crible le complexe et vaste réseau d'espionnage commercial organisé par des moyens normaux.

À l'époque, l'industrie britannique de l'usinage dépendait fortement de fournisseurs allemands pour la production d'une grande variété de moules. La situation attire l'attention de Victor. Il propose de transférer l'ensemble de la chaîne d'approvisionnement de tous les fournisseurs allemands à des entreprises américaines. Les responsables américains sont tellement ravis d'entendre la proposition de Victor qu'ils s'empressent de l'inviter à l'ambassade des États-Unis pour discuter de questions précises relatives au transfert. Cette action a

---

[144] Ibid, p. 77.

permis à Victor de prendre l'avion et d'établir une importante relation de confiance avec les fonctionnaires américains.

En raison de l'excellent travail de Victor en matière de contre-espionnage, l'OSS (Office of Strategic Services), prédécesseur de la CIA, lui a demandé de former les futurs agents de renseignement américains. Le matériel de contre-espionnage écrit par Victor est devenu un manuel officiel pour les services de renseignement américains. Pour cela, Victor a reçu la médaille d'honneur spéciale de l'armée américaine, ainsi que la George Iron Cross du Royaume-Uni, et le président Harry S. Truman a spécifiquement honoré Victor Rothschild pour ses contributions à l'armée américaine.

La famille Rothschild a très tôt établi une relation étroite avec la Haganah. La Haganah était une organisation secrète de renseignement sioniste fondée en 1920, précurseur du futur Mossad israélien. La mission principale de la Haganah était d'établir Israël, et l'organisation, fortement financée par les Rothschild, a établi un vaste réseau d'espionnage et un système de surveillance dans toute l'Europe, surveillant secrètement toutes les organisations politiques antisionistes dans les grandes villes. [145]

Dans ses efforts pour augmenter la "valeur d'actif" de ses services de renseignements politiques et militaires, Victor s'est surtout préoccupé de créer de plus grandes monnaies d'échange pour ouvrir la voie aux plans futurs. Il a déjà réussi à tenir en échec les intérêts américains en choisissant des fabricants américains comme moyen d'action contre l'espionnage commercial. Dans le même temps, il a accordé plus d'attention aux avancées de la recherche en matière de technologie militaire de pointe, prêt à apaiser les Soviétiques en leur fournissant les renseignements sur la technologie militaire dont ils avaient le plus besoin. Grâce à sa maîtrise de la dynamique du renseignement américano-soviétique, au cœur du renseignement britannique et à ses liens étroits avec le réseau de renseignement sioniste Haganah, Victor est devenu le plus important centre d'information et de renseignement de la Seconde Guerre mondiale.

---

[145] Ibid, p. 79-80.

Core Confidential

Victor utilise ses relations à Cambridge pour s'assurer un poste de recherche clé à Porton Down, un laboratoire scientifique et technologique de la défense britannique. Les travaux menés dans le laboratoire de Borden sont un projet top secret, principalement des recherches sur les armes biologiques et chimiques, qui serviront à terme à la fabrication d'armes de guerre bactériologiques. L'objectif du programme de recherche sur les armes biologiques est d'être militarisé et produit en masse dans les trois ans, et sera utilisé comme une arme de dernier recours contre l'Allemagne. Une fois qu'Hitler aura réellement développé la force de combattre un débarquement sur le sol britannique, la Grande-Bretagne n'hésitera pas à utiliser des armes biologiques meurtrières contre l'Allemagne.

Bien entendu, ces travaux de recherche visent à inventer des poisons, mais aussi à créer des antidotes, et le développement des armes biologiques et chimiques va de pair avec celui des vaccins. Victor s'est intéressé de près à ces deux données essentielles, tout en recueillant sans relâche les données de l'Institut de recherche sur la guerre bactériologique du Maryland et les résultats de tests réels effectués dans le Mississippi, aux États-Unis. Le travail effectué au Laboratoire était l'un des projets les plus top secrets de toute la guerre. Dans les quatre mois suivant l'arrivée de Victor au laboratoire, le KGB soviétique avait reçu une grande quantité de données expérimentales, et le rythme de la recherche soviétique sur les armes biologiques et chimiques avait suivi de près. Les "atouts de Victor en matière de renseignement" se sont rapidement appréciés du côté soviétique. [146]

Pendant la guerre, les intérêts scientifiques de Victor étaient principalement axés sur le domaine de la recherche sur les armes de destruction massive. En termes de valeur des "actifs de renseignement", plus un adversaire dispose d'armes capables de destruction massive en temps de guerre, plus elles sont difficiles à étudier et potentiellement influentes, et plus les États les recherchent à tout prix, et ces informations constituent un "bon actif" avec le potentiel d'une importante valeur ajoutée. Victor n'était jamais à court d'argent, et le gain financier n'était pas quelque chose qu'il recherchait. Il avait en tête

---

[146] Ibid, p. 95.

une tentative clairvoyante de transformer ces "bons atouts" en un important levier géopolitique international, en échange d'un soutien à la création d'un État israélien en Palestine.

La bombe atomique est un "bon atout" bien plus important qu'une arme biologique, et Victor ne dévalorise certainement pas sa valeur.

Dans les premiers jours de la Seconde Guerre mondiale, Victor découvre la valeur stratégique de la bombe atomique pour les guerres futures. À l'époque, il a fortement recommandé à Churchill d'intensifier ses recherches sur la bombe atomique. Churchill a donc donné la priorité aux recherches britanniques de l'époque : premièrement, le développement du radar pour répondre au besoin immédiat d'alerte précoce des attaques aériennes allemandes, et deuxièmement, le développement de la bombe.

Pendant le développement de la bombe atomique, Victor a été un acteur important de l'ensemble du projet.

Le développement clandestin de la bombe atomique au Royaume-Uni a été mené par Sir William Axe à l'Imperial Chemical Industries (ICI) sous le nom de code "Tube Alloys". [147]

En octobre 1941, Victor entre dans le Core Committee chargé de surveiller toutes les étapes du développement de la bombe atomique et utilise largement son influence en Grande-Bretagne pour aider Sir William Axe à obtenir des fonds gouvernementaux pour la recherche. Tout au long de la Seconde Guerre mondiale, Victor est l'expert le mieux informé du système de renseignement anglo-américain sur la bombe atomique.

Fin 1941, peu après l'attaque de Pearl Harbor, deux scientifiques américains de haut niveau de l'université Columbia sont venus au Royaume-Uni et ont proposé que le Royaume-Uni et les États-Unis intègrent leurs ressources pour la recherche sur les armes nucléaires. Il a été convenu que la bombe atomique devait être développée avant les nazis. Le premier ministre Churchill suivait de si près les progrès de la recherche sur la bombe atomique qu'il devait écouter presque quotidiennement l'exposé de Victor sur les progrès de la recherche sur la bombe atomique.

---

[147] Ibid, p. 113.

À ce moment-là, Victor se trouve dans une position spéciale et avantageuse, puisqu'il a accès à tous les documents confidentiels et aux données expérimentales. Pendant ses études à l'université de Cambridge, il s'est familiarisé avec la physique nucléaire. Tout en lisant attentivement les documents confidentiels, il demandait constamment à des scientifiques de renom de s'assurer qu'il comprenait parfaitement tous les détails des questions en jeu. Victor devient rapidement une autorité dans le domaine de la recherche sur la bombe atomique. Après avoir compris tous les détails, il a même commencé à suggérer des modifications directes aux différents problèmes expérimentaux du développement de la bombe atomique.

Victor connaissait non seulement les détails de la recherche, mais il avait également une compréhension complète et systématique de l'ensemble des progrès et de la couverture des programmes britannique et américain de la bombe atomique. Cela le place en très bonne position dans l'ensemble du domaine de la recherche sur la bombe atomique et intègre de manière analytique d'autres informations dans un rapport complet détaillant les progrès globaux de la bombe. Les "actifs de renseignement" entre les mains de Victor à ce stade étaient suffisants pour avoir un impact vital sur l'ensemble du cours de la guerre.

Rudolf Peierls, un physicien nucléaire juif qui a immigré en Grande-Bretagne en 1933, avait déjà démontré en théorie que les réactions nucléaires en chaîne étaient possibles, et qu'il était donc envisageable de construire des réacteurs pour fabriquer du combustible pour la bombe atomique. Pierce a d'abord suggéré qu'un kilogramme environ d'U235 séparé était suffisant pour fabriquer une bombe atomique. Jusqu'en 1940, tous les scientifiques pensaient qu'il fallait utiliser une tonne d'U235 pour fabriquer une bombe atomique, mais les calculs de Pierce ont brisé les attentes de tous. Immédiatement après, Peirce et Sir Mark O'Riffin de l'université de Birmingham ont travaillé ensemble pour valider la faisabilité de leur technologie et proposer un ensemble de solutions de conception. Le schéma a rapidement été accepté par Victor, qui a ensuite procédé à une analyse et à une étude détaillées de celui-ci.

Le plan a été rapidement transféré à l'Union soviétique. L'Union soviétique a exprimé un haut degré d'intérêt et d'intérêt pour les progrès de la bombe atomique. À l'époque, la pression d'Hitler sur l'Union soviétique s'accentue. Après la bataille de Stalingrad, le champ de bataille germano-soviétique était dans un état d'impasse, et les informations sur le cours du développement de la bombe atomique étaient une tentation mortelle pour l'Union soviétique.

Les physiciens soviétiques tels que Kapitschka étaient au point mort dans leurs recherches dans le domaine des bombes atomiques, lorsque de nouvelles idées de Victor, telles que les pluies après une longue sécheresse, ont incité Kapitschka et d'autres à accélérer le développement des bombes atomiques avec effet immédiat. Du côté américain, Fermi a proposé que le plutonium puisse être utilisé dans les bombes atomiques sur la base de la théorie de la réaction en chaîne de Pierce dans l'expérience de Chicago de 1942, et a construit le premier réacteur nucléaire du monde.

La pensée de Fermi a été contestée au Royaume-Uni par des personnes comme Pearce. Dans ces circonstances, Victor a dû effectuer des voyages d'étude approfondis dans presque toutes les branches de la recherche en science et technologie de la défense, interviewer un large éventail de chercheurs de tous horizons afin de comprendre les principaux aspects techniques de l'ensemble du réacteur atomique, afin de bien comprendre si le plutonium pouvait être utilisé comme combustible pour le réacteur. Mais une enquête aussi médiatisée sur les détails de la bombe atomique ne peut que susciter des soupçons.

Qui est Victor ? Il a rapidement et calmement conçu une solution parfaite.

Victor a commencé par rédiger un rapport à l'intention de Guy Liddell, le sous-ministre britannique de la division B de l'Intelligence V, dans lequel il suggérait que la sensibilisation à la sécurité dans l'ensemble des laboratoires nationaux et des agences coopératives dans la sphère commerciale était faible et inefficace pour empêcher l'infiltration d'espions allemands. Il recommandait que la gestion de la sécurité soit renforcée de toute urgence afin d'établir fermement un sentiment d'alarme. Liddell estime que le rapport de Victor est très sensé et confie à Victor la responsabilité de la sécurité de l'ensemble du programme de recherche scientifique de pointe de la défense. Ce poste correspond exactement à ce que Victor avait en tête, et grâce à l'épée impériale, il peut légitimement vérifier la "situation sécuritaire" de l'avancement de tous les projets qui l'intéressent. Victor devient l'"inspecteur de la sécurité" pour tous les projets sensibles au Royaume-Uni.

En 1942, il s'est rendu à l'Université de Birmingham pour vérifier "au hasard" l'avancement des travaux dans les laboratoires Pearce et

Furyk, et "en route" vers un autre bureau pour vérifier les travaux d'O'Riffin. À l'époque, O'Riffin faisait des recherches sur le radar. Dans ses mémoires de 1994, O'Riffin note,

> *"C'était la seule réunion que j'ai eue avec lui (Victor), et Victor voulait tout savoir sur l'avancement du projet, et il a visité tout le laboratoire, lu tous les rapports de recherche et absorbé toutes les informations détaillées qu'ils contenaient, et il n'était pas un expert, mais il ne prétendait pas non plus qu'il savait tout, mais posait sans cesse des tas de questions, prenait à nouveau des notes, puis avait de longues discussions avec moi. Discutez des différentes questions relatives à l'expérimentation scientifique. C'est un homme très intelligent et j'aime beaucoup Sir Rothschild."*[148]

En fait, ce type de contrôle de sécurité effectué par Intelligence 5 va bien au-delà de la protection générale de la sécurité. Victor est en train d'apprendre les détails de l'avancement du projet, en particulier les détails techniques. Il profite de l'inattention d'O'Riffin pour s'emparer, dans le bureau de ce dernier, d'un tube magnétron de trois pouces de diamètre, doté de trois pôles magnétiques servant à générer des ondes courtes et constituant un dispositif de pointe pour les radars. Le soir même, Victor a fait dessiner avec précision tous les détails et composants de cet appareil chez lui, à Cambridge. Les talents de dessinateur de Victor sont excellents, et ses dessins en trois dimensions, basés sur ses propres observations et sa compréhension, sont bien plus compréhensibles que les photos prises par un appareil photo. Bientôt, une image de ce magnifique diagramme tridimensionnel apparaît sur le bureau du KGB.

Le lendemain matin, Victor a renvoyé le magnétron à O'Riffin avec une note disant,

> *"Vous devriez peut-être améliorer votre gestion de la sécurité. Très heureux de vous rencontrer. Votre fidèle ami, Victor Rothschild."* [149]

O'Riffin reçut les galons et eut des sueurs froides car le magnétron manquait et, étonnamment, il ne l'avait pas remarqué. O'Riffin ne doutait pas du tout de cette démarche de Victor, et dans un sens, il lui

---

[148] Ibid, p. 116-117.

[149] Ibid, p. 117.

en était même reconnaissant, car avec la position et les responsabilités de Victor, il était parfaitement capable de taper des rapports critiquant la faille de sécurité dans l'équipe d'O'Riffin, ce qui aurait causé beaucoup de problèmes dans le laboratoire d'O'Riffin, mais Victor avait seulement écrit un mot de gentillesse en guise de rappel, ce qui était un comble. O'Riffin n'a pas osé se relâcher et a répondu immédiatement, renforçant immédiatement la gestion de la sécurité pour s'assurer que tout le matériel du laboratoire ne soit pas emporté sans enregistrement.

Début 1943, Victor se rend à nouveau dans le laboratoire du professeur Thomson à l'Imperial College de Londres, toujours au nom des contrôles de sécurité. Le professeur Thomson explique à Victor les détails de la fabrication d'une bombe atomique à partir de plutonium. Mais l'équipe de Thomson, tout en comprenant correctement le principe, a mal utilisé l'eau lourde comme décélérateur de neutrons dans le réacteur, ce qui a fait échouer l'expérience.

Victor reprit rapidement l'état d'avancement des recherches de l'équipe de Thomson, le dessina à nouveau sous forme de diagrammes tridimensionnels précis et le transmit à Bronté, qui l'envoya à son tour au KGB. Les physiciens soviétiques se sont dit plus tard que ces données étaient celles qu'ils recherchaient, et que les renseignements de Victor les avaient aidés à réduire considérablement le temps de recherche. L'Union soviétique a admis des années plus tard que la première bombe atomique qui a explosé en 1949 n'était qu'une reprise de la conception américaine, une conception qui représentait pour eux une nouvelle façon de penser sans précédent et qui a aidé les physiciens nucléaires soviétiques à comprendre les principes les plus fondamentaux des réacteurs atomiques. Je crains qu'aucun des hauts fonctionnaires et des scientifiques en chef de toute la Grande-Bretagne et des États-Unis, y compris même Churchill, ne connaissait de manière aussi complète et méticuleuse que Victor tous les aspects de la bombe atomique. [150]

Victor est alors devenu une source indispensable d'informations stratégiques pour l'Union soviétique. Il a finalement fait une offre à l'Union soviétique.

---

[150] Ibid, p. 118.

Le prix de Victor : L'échange secret de bombes atomiques contre la création de l'État d'Israël

À partir de 1947, l'Union soviétique change brusquement sa position constante sur la question du statut d'État israélien et soutient explicitement le rétablissement d'Israël en Palestine.

Dans l'historiographie internationale, il y a eu beaucoup de confusion à ce sujet. Sachez que Marx était fermement opposé à la pensée sioniste dès le début. Marx a clairement indiqué que l'établissement de l'État juif était une illusion. Il a fermement critiqué le sionisme. Staline a adopté la même attitude critique à l'égard du sionisme. Après la création de l'Union soviétique, son attitude négative envers le sionisme en politique n'a pas changé. La position officielle du gouvernement soviétique était claire, le sionisme était décrit comme une idéologie réactionnaire utilisée par les capitalistes juifs pour exploiter les travailleurs juifs, tandis que l'idée d'établir un foyer national juif en Palestine était considérée comme un pas en arrière historique et contraire au mouvement internationaliste prolétarien, et en mai 1939, la Grande-Bretagne a publié un livre blanc contre le sionisme.[151] Après le déclenchement de la guerre germano-soviétique en 1941, l'Union soviétique a assoupli son opposition au sionisme, mais sa position générale n'a pas changé.

À la surprise générale, en avril 1947, lorsque les Nations unies convoquent une session spéciale sur la Palestine, la position soviétique prend un virage à 180 degrés et exprime son soutien à la partition d'Israël et de la Palestine.[152] Gromyko, le représentant de l'Union soviétique auprès des Nations unies, prononce un long discours aux Nations unies dans lequel il exprime sa sympathie pour "l'extrême malheur et les souffrances" subis par les Juifs pendant la guerre. Par conséquent, le désir des Juifs d'établir leur propre État ne peut être ignoré. Au nom du gouvernement soviétique, il propose "la création en Palestine d'un État indépendant, dualiste, démocratique et arabo-juif de même nature". Si cette option ne peut être mise en œuvre, il faudrait envisager de "diviser la Palestine en deux États indépendants et

---

[151] Paul R. Mendes-Flohr, Jehuda Reinharz, *The Jew in the modern world : a documentary history* (Oxford University Press US, 1995).

[152] Roland Perry, *The Fifth Man* (Londres : Pan Books, 1994), p. 176.

autonomes, l'un juif et l'autre arabe". Il a déclaré qu'il serait "injuste" de refuser de considérer ou de nier la revendication et le droit du peuple juif à voir ce souhait réalisé. Lorsqu'Israël a été déclaré État le 15 mai 1948, l'Union soviétique l'a immédiatement reconnu, a établi une ambassade en Israël le 26 mai et a soutenu Israël de nombreuses manières par la suite. Le 11 mai 1949, l'Union soviétique et les États-Unis ont soutenu conjointement l'adhésion pleine et entière d'Israël aux Nations unies. Il est extrêmement rare qu'Israël naisse avec le soutien conjoint de deux superpuissances.

Une analyse de la période montre que Victor Rothschild a fourni à l'Union soviétique un grand nombre de renseignements importants, en particulier des renseignements stratégiques sur la conception de la bombe atomique, qui avaient une corrélation temporelle claire avec le changement d'attitude des Soviétiques envers le sionisme.

La première bombe atomique de l'Union soviétique a explosé avec succès le 29 août 1949. En d'autres termes, le moment de l'ajustement soudain de la politique de l'Union soviétique envers Israël a coïncidé avec le moment de la préparation active de l'Union soviétique au test de la bombe atomique.

Les armes nucléaires revêtaient sans aucun doute une grande importance stratégique pour l'Union soviétique. Les États-Unis ont eu la première bombe atomique du monde en 1945, tandis que l'Union soviétique a dû vivre dans l'ombre des armes nucléaires américaines. Ce sentiment persistant d'oppression a laissé le Kremlin agité. Seule la possession de la bombe atomique pouvait faire de l'Union soviétique une superpuissance. Il devrait être raisonnable d'en déduire que des informations vitales ont été échangées pour la création de l'État d'Israël. Si l'on dissèque la période au cours de laquelle les deux événements se sont produits, il est clair qu'il existe une cohérence intrinsèquement liée.

Comme le rapporte la revue professionnelle américaine Atomic Scientists News Briefing, les archives du KGB montrent que les premiers renseignements sur la bombe atomique reçus par les agences soviétiques sont arrivés au Kremlin en octobre 1941, une copie d'un mémorandum des physiciens nucléaires britanniques appelant Churchill à construire des armes nucléaires. Cela a provoqué une panique dans la hiérarchie soviétique, et Staline a pensé qu'il s'agissait de désinformation. Victor rejoint par "hasard" le comité central du projet britannique de bombe atomique "Alloy Tubes" en octobre 1941, supervisant toutes les étapes du développement de la bombe.

Le Bulletin of Atomic Scientists a également rapporté : "Au début de 1943, il (Staline) nomma le physicien et jeune patriote Kurchatov à la tête du projet soviétique de la bombe atomique. Contrairement aux Américains qui étaient partis de rien, Kurchatov avait maîtrisé l'essentiel de la recherche nucléaire occidentale aux mains des espions de Beria. Les coursiers transportent les informations secrètes jusqu'à Moscou, où elles sont ensuite transférées sur le site de fabrication d'armes nucléaires de Saru, à 400 kilomètres de là. Dans le plus grand secret, les scientifiques soviétiques ont commencé à imiter certaines parties de la bombe atomique." Victor, à son tour, visite "par hasard" le laboratoire du professeur Thomson à l'Imperial College de Londres au début de 1943, sous couvert d'un "contrôle de sécurité". Le professeur Thomson a expliqué à Victor tous les détails de la fabrication d'une bombe atomique à partir de plutonium.

Victor avait non seulement la connaissance la plus complète et la plus approfondie du développement de la bombe atomique britannique, mais il était également extrêmement familier avec la bombe américaine. Victor est un ami proche du président de la Commission américaine de l'énergie atomique, Lewis Strauss. Strauss est également un associé principal de Kuhn, Loeb & Co. et entretient des liens étroits avec la famille bancaire internationale.

La valeur des "actifs de renseignement" de Victor en Union soviétique était renforcée par la position éminente de la famille Rothschild dans la communauté financière internationale et par les secrets fondamentaux de Victor dans la communauté du renseignement britannique concernant un grand nombre de bombes atomiques et d'armes biologiques et chimiques, ainsi que par sa forte influence et ses contacts dans le cercle politique britannique.

C'est alors que Victor a proposé au gouvernement soviétique de relâcher son contrôle sur l'immigration juive en Palestine et de soutenir l'établissement d'Israël en Palestine.

Après la fin de la guerre, Victor appelle de plus en plus ouvertement et fermement au retour des Juifs en Palestine pour établir l'État d'Israël. À l'époque, il a prononcé une série de discours à cet égard à la Chambre des communes britannique, attirant l'attention du public sur cette question, qui a suscité l'intérêt de tous les secteurs de la société britannique.

Il existe un conflit d'intérêts féroce entre Juifs et Arabes au sujet de la création de l'État d'Israël, et tous les pays arabes sont fermement opposés à l'établissement de toute forme d'État juif. Du point de vue des États arabes, ces générations de terres sont des racines arabes et il est impossible de permettre aux immigrants juifs de rétablir un État d'Israël.

Dans le jeu complexe et délicat de la politique internationale, Victor danse avec ses longues manches et fait preuve d'une grande habileté politique. Il utilise les médias pour se présenter comme un rationaliste juif neutre et modéré grâce à l'influence particulière du groupe familial dans les médias, et il est présenté comme la personnalité politique la plus pro-arabe de tout le monde juif.

Le 31 juillet 1946, dans une polémique contre le statut de la Palestine, Victor se met en avant. La controverse a été déclenchée par une série d'actes terroristes qui ont éclaté dans la zone palestinienne, avec en point d'orgue le bombardement massif de l'hôtel King David par des terroristes juifs, qui a tué un certain nombre de soldats britanniques.

Dans son discours, Victor répond pour la première fois explicitement à la proposition américaine de partition de la Palestine.[153] Après avoir d'abord nié être sioniste ou avoir un quelconque lien avec l'organisation sioniste, il a commencé à raconter avec émotion la persécution et l'oppression des Juifs en Europe au cours des siècles. Il a ensuite parlé du célèbre Livre blanc britannique publié par le ministère britannique des Affaires étrangères en 1939, qui s'opposait explicitement à l'installation des Juifs en Palestine. Les Juifs du monde entier considéraient cela comme une violation de la "Déclaration Balfour" britannique de 1917 et une trahison honteuse. Victor cite également l'avis de Churchill sur le Livre blanc, selon lequel "il s'agit d'une trahison manifeste d'une promesse antérieure, qui était un autre accord de Munich". En réponse à la proposition de zonage des États-Unis, Victor a répondu que la première condition de cette proposition était la cessation de tous les actes terroristes et le désarmement complet des forces armées réparties dans les zones palestiniennes, ce qui était une condition préalable à l'immigration de nouveaux Juifs en Palestine. Selon lui, la situation actuelle est clairement défavorable au peuple juif,

---

[153] Ibid, p. 152-155.

car un certain nombre d'États arabes sont prêts à utiliser la force dans les environs de la Palestine. En d'autres termes, Victor estime que les groupes armés juifs dans les zones palestiniennes devraient raisonnablement et nécessairement exister et se développer.

Dans cette partie du rappel historique, Victor note avec émotion qu'après plus de deux mille ans d'errance, les Juifs ont enfin pu retrouver leur terre et les maisons qu'ils habitaient. Il dénonce la persécution des Juifs par les nazis et souligne que les horreurs extrêmes subies par les Juifs pendant la "Seconde Guerre mondiale" rendent nécessaire et urgente la création d'un véritable sanctuaire pour les Juifs, afin de prévenir toute persécution future. Son discours attire l'attention du monde entier. Pour les Rothschild, la guerre n'est pas terminée et leur détermination à créer un État d'Israël ne faiblira jamais.

À ce stade, le jeu de cartes devant l'Union soviétique devenait de plus en plus clair, et si l'Union soviétique voulait poursuivre la coopération de Victor et d'autres scientifiques juifs dans le développement de la bombe atomique, elle devait faire un compromis diplomatique et soutenir l'idée d'un État israélien.

Le soutien soviétique au statut d'État d'Israël, qui a débuté en 1947 et n'a duré que 20 ans jusqu'en 1967, a été suivi d'un retour à des siècles de tradition.

Les "Cinq de Cambridge" ont également été démasqués au cours de la même période, et Victor lui-même a cessé de travailler avec le KGB au début des années 1960. Face aux nombreuses " rumeurs " mettant en cause sa relation avec le KGB, Sir Victor Rothschild a délibérément publié une lettre ouverte dans un journal britannique en décembre 1986 : " Je ne suis pas, et n'ai jamais été, un espion de l'Union soviétique. " [154]

"Cible Patton"

En novembre 2008, un livre au contenu explosif a été publié aux États-Unis : *Target Patton*. Ce livre soutient que le général Patton, le célèbre général américain de la Seconde Guerre mondiale, n'a pas été tué dans un accident de voiture, mais a été assassiné.

---

[154] Ibid, p. 365.

Des affirmations similaires ont été faites depuis longtemps dans les cercles militaires et historiques américains, se résumant à plusieurs spéculations sur le motif du meurtre : l'une d'entre elles est que les nazis allemands l'ont fait. Mais la guerre est terminée, les nazis allemands sont en train de s'effondrer, et le meurtre de généraux américains n'a aucun sens pour affecter le cours de la guerre, ce qui est peu probable.

Une autre façon de dire que cela a été fait par le camp soviétique. Étant donné que l'attitude de Patton à l'égard de l'Union soviétique a toujours été hostile et qu'à la fin de la Seconde Guerre mondiale, il a même exigé avec arrogance que les États-Unis libèrent les SS allemands, qu'il dirigerait avec ses hommes dans une offensive contre l'armée soviétique, l'Union soviétique avait un motif pour assassiner Patton.

Il y a une autre façon de dire que Patton est un maître du mérite. La dernière partie de la Seconde Guerre mondiale a joué un rôle clé dans le processus de libération de l'Europe et a suscité la jalousie de la hiérarchie militaire américaine, notamment d'Eisenhower et de Bradley. L'argument avancé par cette affirmation est qu'à l'époque, Eisenhower et Bradley avaient pris des mesures de retardement et de résistance à de nombreuses opérations militaires de Patton, distribuant des équipements matériels vitaux et de l'essence à Montgomery mais pas à Patton. On présume que les supérieurs de Patton, par cynisme et jalousie ou pour empêcher Patton de poignarder leur incompétence et leurs malversations, ont fini par tuer l'homme.

Le livre "Target Patton" présente une autre affirmation choquante selon laquelle l'agence de renseignement stratégique américaine OSS (le prédécesseur de la CIA) était le véritable cerveau derrière le meurtre de Patton, et que c'est le fondateur de l'OSS, Bill Donovan, que la communauté internationale du renseignement appelait "Crazy Bill", qui a dominé toute l'affaire.[155]

Le livre mentionne l'assassinat d'un confident de Patton nommé Bazata. Pendant la Seconde Guerre mondiale, Bazata était un espion des Alliés, un tireur d'élite qui prétendait être un de ses clients. Un jour d'avril 1945, vers la fin de la guerre en Europe, Donovan rencontre Bazata et lui dit qu'une mission "concerne certains intérêts américains

---

[155] Robert Wilcox, *Target Patton* (US : Regnery Publishing, Inc. 2008), p. 25.

complexes" et "requiert vos qualités patriotiques de courage". Cette mission est le meurtre de Patton. Donovan demande à Bazata de trouver ses propres aides pour agir, et aucune agence ne veut l'admettre, et encore moins avoir un soutien officiel. À l'automne 1945, il signe un contrat avec Donovan pour le meurtre de Patton pour 10 000 dollars. Donovan a déclaré : "Je recevais des ordres d'en haut et beaucoup de gens voulaient que ce soit fait. " [156]

Le matin du 9 décembre 1945, Patton et son entourage voyageaient dans sa limousine Cadillac sur une autoroute à deux voies. C'était un dimanche et il y avait peu de voitures sur la route, la route était droite et la vue était jusqu'à un demi-mile de distance. Barton regardait par la fenêtre lorsque l'accident s'est produit. À ce moment-là, un camion militaire est arrivé sur la voie opposée et, à moins de six mètres de la voiture de Patton, il a soudainement foncé avec un virage serré de près de 90 degrés, et le camion s'est retrouvé de côté devant la Cadillac. Le conducteur n'a eu que le temps d'appuyer sur les freins tout en essayant de percuter la voiture sur la gauche, mais il était trop tard et la Cadillac a percuté le camion de plein fouet. Barton a été projeté du siège arrière au siège avant, saignant de l'arête du nez au sommet de la tête dans une entaille béante. Barton a dit qu'il avait mal au cou, puis a ajouté : "Je ne pouvais pas respirer. Aidez-moi à bouger mes doigts." À 12 h 30 ce jour-là, Patton, qui était grièvement blessé dans le véhicule d'urgence, s'est dirigé vers l'hôpital le plus proche, à Heidelberg.[157]

Le pronostic vital de Barton a été engagé pendant plusieurs jours, et les ambulanciers l'ont réanimé jour et nuit. Avec une blessure aussi grave, il se remet en fait assez rapidement. Le médecin a déclaré qu'il y avait un miracle, et le nuage de tristesse sur les visages de la famille et des ministres s'est lentement dispersé. Le 18 décembre, dix jours après l'accident, les blessures de Patton s'étaient stabilisées et il était prêt à rentrer aux États-Unis pour Noël. Mais le 19 décembre, la veille du départ de Patton, son état s'est soudainement aggravé et il a développé un caillot de sang. Le 19 décembre, la veille du départ de Patton, son état s'est brusquement aggravé et il a développé un caillot de sang. Pendant une très courte période, son état s'est fortement

---

[156] Ibid, p. 92-99.

[157] Ibid, p. 20, 167-170.

dégradé et, dans l'après-midi du 21 décembre, Barton est mort. Le corps n'a pas été disséqué.

Le livre révèle que le plan de meurtre ne prévoyait pas que Barton meure dans un accident de voiture, mais qu'il a eu recours à des drogues. L'utilisation " d'extraits de cyanure qui peuvent provoquer des caillots sanguins, des défaillances cardiaques, etc. "à l'hôpital a entraîné la mort de Barton. La drogue était fabriquée en Tchécoslovaquie et, avec une petite quantité, pouvait tuer en "18 à 48 heures". [158]

Tous les documents relatifs à l'accident de Barton, tels que les rapports officiels d'accident, les témoignages de témoins oculaires et autres, sont manquants dans l'accident de Barton. La Cadillac de Barton, par la suite, a été remorquée à la hâte sans aucun rapport d'accident ni inspection, et n'a jamais été revue depuis. Si l'on suppose que les Soviétiques ont empoisonné Patton à l'hôpital, il serait difficile de détruire systématiquement toutes les informations d'archives pertinentes entre les mains de la seule armée américaine.

Un jour, il a été révélé à Barton que "l'un des siens" allait lui faire du mal. Barton a alors répondu : " Allez, ils peuvent courir assez vite pour m'attraper ". "Barton avait peut-être la vague intuition que quelqu'un se préparait à comploter contre lui, car il avait eu trois accidents de voiture bizarres en un mois.

Il serait également curieux que le cerveau soit Bill Donovan, le fondateur de la CIA. En tant que fondateur du système de renseignement stratégique américain, il était autrefois considéré par le président Harry S. Truman comme "un homme qui a apporté des contributions importantes aux États-Unis". De plus, Donovan et Barton n'ont pas d'histoire personnelle. Pourquoi assassinerait-il Barton ? Aucune véritable réponse n'est donnée dans ce livre. Qui diable est Bill Donovan ? Quel était exactement son véritable motif pour assassiner Patton ?

---

[158] Ibid, p. 16-7, 202-204.

Origine de Donovan [159]

Né le 1er janvier 1883 à Buffalo, dans l'État de New York, Donovan est diplômé de l'école Rothschild de l'université Columbia, où il était un camarade de classe du futur président Franklin D. Roosevelt. De 1903 à 1908, il a bénéficié des faveurs d'un célèbre professeur de l'école Rothschild de Columbia, Harlan F. Stone, le célèbre juge de la Cour suprême des États-Unis.

L'un des étudiants que le professeur Harlan Stone admirait particulièrement, en plus de Donovan, était John Edgar Hoover, le futur chef du FBI américain. Hoover n'est pas en reste. Harlan Stone, alors procureur général des États-Unis, a nommé Hoover comme premier directeur du FBI, une nouvelle qui a choqué Washington. Hoover a été le premier directeur du FBI de 1924 à sa mort en 1972, et est resté en poste pendant 48 ans, ce qui fait de lui le chef de la communauté du renseignement le plus puissant et le plus intimidant de l'histoire américaine.

Un autre des "invités d'honneur" que Donovan a rencontrés pendant ses études à Columbia est le professeur Jackson E. Reynolds. Il devint le président de la First National Bank of New York et fut un homme fort du consortium J.P. Morgan, et c'est avec son soutien que Donovan devint le chef du service de renseignement stratégique américain OSS.

L'annuaire social de Donovan est rempli de notables, dont la célèbre actrice Eleanor Robson, belle-fille d'August Belmont, l'agent de la famille Rothschild à New York.

Donovan ouvre un cabinet d'avocats à Buffalo, New York, et se lie d'amitié avec Ross Romsey. Rose Romsey est issue d'une famille illustre et riche ; son père, Dexter Romsey, et son oncle Bronson possédaient autrefois 43 miles carrés de terres à Buffalo, et en 1890, la famille avait plus de 10 millions de dollars d'actifs. La mère de Rose Romsey était également la fille d'une riche famille dont les ancêtres possédaient des milliers d'esclaves, probablement les plus grands

---

[159] *Wild Bill Donovan : The Last Hero*, par Anthony Cave Brown, New York : Times Books, 1982.

propriétaires d'esclaves de l'histoire américaine. Après quelques rebondissements, Ross Romsey finit par épouser Donovan.

Donovan a été envoyé en Europe par la Fondation Rockefeller pour rejoindre le "War Relief Corps" pendant la Première Guerre mondiale en 1915, après avoir été promu par des amis de l'Université de Columbia et de Wall Street. Herbert Hoover, qui était alors un collègue envoyé par la Fondation pour diriger le projet, est devenu le 31e président des États-Unis.

Après l'entrée des États-Unis dans la Première Guerre mondiale, Donovan était sur le front et a été blessé honorablement. La feuille de crédit de guerre indique qu'il a capturé une fois une escouade de mitrailleuses allemandes le 15 octobre 1918. Donovan a ainsi reçu la médaille d'honneur du Congrès. Ses actes de courage sont largement diffusés dans les médias américains et appréciés des banquiers de Wall Street. En 1919 et 1920, Donovan entreprend des missions secrètes de Wall Street en Chine et en Sibérie.

Après la fin de la Première Guerre mondiale, JP Morgan a formé l'Overseas Business Corporation pour préparer une émission d'obligations de 2 milliards de dollars afin de financer l'Europe d'après-guerre. En février 1920, Morgan a invité Donovan à nouveau, moyennant un salaire de 200 000 dollars, pour une visite secrète en Europe, principalement pour obtenir des informations secrètes sur le marché obligataire européen. Cette tâche fut confiée à Donovan parce qu'il avait l'expérience des champs de bataille européens, qu'il avait vécu en Europe pendant de nombreuses années et qu'il s'était constitué un réseau de contacts et de renseignements. C'est au cours de ce voyage en Europe que Donovan a rencontré Hitler à Berchtesgaden, en Bavière, en Allemagne, et a eu une longue conversation avec lui pendant la nuit. Il pensait qu'Hitler était un "parleur intéressant".

Donovan est nommé au district de New York en 1922, et en 1924, il est appelé à Washington par Harlan Stone, ancien professeur de la Rothschild School de Columbia. La première requête de Donovan lorsqu'il rencontre son professeur est de faire retirer le poste de directeur du FBI à Edgar Hoover. Stone étant à la fois le protecteur de Donovan et le soutien de Hoover, Donovan n'obtient pas ce qu'il veut. Comme le montre cet incident, il y avait une querelle évidente entre Donovan et Hoover, ce qui peut être l'une des raisons pour lesquelles la CIA et le FBI ont constamment trébuché dans leur coopération ultérieure.

Entre 1924 et 1928, Donovan devient un proche collaborateur du futur président Hoover. Hoover recommanda au président Coolidge de nommer Donovan pour qu'il assume l'entière responsabilité de l'organisation et de la coordination du barrage Hoover. Alors que Hoover se dirigeait en douceur vers la politique, Donovan a servi fidèlement pendant quatre ans en tant que conseiller stratégique de haut niveau. Hoover a même invité Donovan à être son colistier pendant sa campagne présidentielle, mais parce que Donovan était catholique, Hoover, craignant que se présenter avec lui ne lui fasse perdre une grande partie du vote non catholique, a laissé tomber Donovan après plusieurs considérations. Après la campagne réussie du président Hoover pour s'emparer de la Maison Blanche, il était naturel de récompenser les hommes méritants. Et étonnamment, Donovan, qui était un membre essentiel de l'équipe principale de la campagne, n'a pas obtenu de siège au cabinet. Déprimé, Donovan est prêt à se retirer de la scène politique de Washington.

De 1936 à 1937, les amis de Donovan au sein du gouvernement nazi en Allemagne l'invitent à se rendre sur les lieux de la guerre civile espagnole. En Espagne, il rencontre Kim Philby des "Cinq de Cambridge".

En 1937, la banque des Rothschild à Vienne a eu des problèmes car l'annexion de la Tchécoslovaquie par les nazis a eu un impact négatif sur les prêts des Rothschild dans le pays. Donovan s'est avéré avoir un certain nombre de contacts dans le cercle intérieur nazi. Rothschild a donc demandé à Donovan d'intervenir et de fouiner dans le gouvernement nazi. Avec cette aide, les relations de Donovan avec les Rothschild ont été approfondies et consolidées.

OSS — "Oh So Social" [160]

Le 29 mai 1940, William Stephenson, qui avait travaillé avec Donovan dans le "Corps de secours européen" de 1915, arrive à New York avec une lettre du général Brinker Howe, une ancienne connaissance européenne et alors officier de renseignement

---

[160] *OSS : The Secret History of America's First Central Intelligence Agency*, par R. Harris Smith, University of California Press, 1972.

britannique, recommandant que les États-Unis établissent un service de renseignement stratégique dès que possible.

Donovan a apporté la lettre à un ami de Wall Street et camarade de la Columbia Rothschild School — le président Franklin D. Roosevelt — pour faire pression. Roosevelt a ensuite ordonné à Donovan de se rendre à Londres pour préparer la création de l'agence de renseignement stratégique américaine OSS, et bien qu'il s'agisse d'une opération dite secrète, de nombreux médias américains ont spéculé que le voyage de Donovan à Londres était une mission secrète du président Roosevelt. Donovan s'est également arrêté dans le sud-est de l'Europe pour se renseigner sur les terres sous occupation allemande, et bien que les Allemands aient su qu'il était en mission pour créer une agence d'espionnage américaine, cela ne l'a pas dérangé du tout, en partie parce que l'Allemagne ne voulait pas se frotter à l'Amérique.

Donovan retourne en Europe et présente les informations qu'il a apprises au président Roosevelt, qui le nomme officiellement directeur de l'OSS le 13 juin 1942. À partir de ce moment-là, Donovan était appelé par Roosevelt "ma jambe secrète" et aidait principalement Roosevelt à réaliser des plans secrets.

Dans l'OSS sous Donovan, le fils de JP Morgan, Niels, était le directeur financier, Paul de la famille Mellon occupait des postes clés, et son beau-frère David Bruce dirigeait la branche londonienne de l'OSS et devint plus tard ambassadeur des États-Unis en France. Le fils de Paul Warburg de la famille Warburg, "l'architecte en chef de la Réserve fédérale", Jamie Warburg, est l'assistant personnel de Donovan. Pour ne pas être en reste, les familles Vanderbilt, Dupont et Lane ont placé des membres de leur famille à des postes importants au sein de l'OSS. Pas étonnant que certains appellent l'OSS "Oh So Social" ("Tout est question de relations"). En termes de relations, l'Agence américaine de renseignement stratégique n'est rien d'autre qu'un cercle social de banquiers internationaux, servant principalement les familles financières lourdes de Rockefeller, JP Morgan, Rothschild, Warburg, Vanderbilt, Mellon, DuPont et Ryan.

L'intelligence et la finance seront toujours une famille.

Le motif du meurtre de Patton

Après avoir appris les liens de Donovan avec l'OSS, nous revenons au livre Target Patton. Si Donovan et Patton n'ont pas de vendetta personnelle, alors qui est le "supérieur" de Donovan lorsqu'il affirme : "J'ai reçu des ordres d'en haut, et beaucoup de gens veulent que cela soit fait" ? Est-ce son nom qui dirige le président des États-Unis, ou est-ce son "supérieur" substantiel et sa famille "nombreuse" de banques internationales ?

Patton était un général extrêmement hostile à l'Union soviétique, et le fait qu'il crée constamment des frictions avec l'Union soviétique menaçait de déclencher un conflit militaire entre les États-Unis et l'Union soviétique, voire de déclencher une guerre, s'il ne pouvait pas être contenu. Il aurait été tout à fait dans l'intérêt des banquiers internationaux de voir les États-Unis et l'Union soviétique en guerre à ce moment-là, surtout pendant la période 1945-1948, qui était une période critique pour qu'Israël se prépare à devenir un État. Les sionistes s'étaient préparés à près d'un siècle de grandeur d'un seul coup.

Grâce à la Première Guerre mondiale, l'Empire ottoman était tombé et la région palestinienne avait finalement fait sécession ; grâce à la Deuxième Guerre mondiale, un grand nombre d'immigrants juifs étaient arrivés en Palestine. Lorsque l'Allemagne nazie a été complètement détruite, la Grande-Bretagne et la France haletaient encore dans les ruines de la guerre, les États-Unis, sous la pression du pouvoir d'or, l'Union soviétique n'a pas pu résister au désir de la bombe atomique, les grandes puissances pour différentes raisons viennent d'apparaître dans la question de la création de l'État d'Israël, un consensus sur la question des cent ans est rare, si nous laissons Patton, qui a une forte réputation aux États-Unis, de riches contacts et une loyauté militaire, amener les États-Unis et l'Union soviétique à s'engager dans l'hostilité ou même la guerre, le rêve sioniste de cent ans sera compliqué et peut même être complètement et définitivement tué, ce prix est en tout cas insupportable. Il est absolument intolérable qu'un Patton, mais dix Patton, viennent semer le trouble à un moment aussi critique !

Le regard d'une poignée de décideurs d'élite, profond et froid, projeté vers l'objectif final commun de leur foi. Tout obstacle ou perturbation sur la route sera éradiqué en un instant.

CHAPITRE VIII

L'élite dirigeante et les "oligarques invisibles".

> *"La richesse seule ne peut pas étancher les envies et les convoitises des super-riches. Au contraire, beaucoup d'entre eux ont utilisé leur abondance de richesse et l'influence que cette richesse leur apportait pour s'emparer d'un plus grand pouvoir. Ce pouvoir a prospéré d'une manière dont les tyrans et les despotes des premières années n'auraient même pas pu rêver. C'est un pouvoir qui gouverne le monde, non seulement les richesses du monde, mais aussi ceux qui y vivent.* " [161]

Ce passage décrit très précisément le "grand projet" ultime des banquiers internationaux, à savoir l'établissement d'un gouvernement mondial avec le groupe de pouvoir "anglo-américain" au sommet de la pyramide. Il ne s'agit pas d'une spéculation fantaisiste ou d'une conjecture folle, mais d'un processus stratégique qui a évolué au cours de générations de développement.

De la première Rhodes Society britannique à la future American Foreign Relations Association, l'élite dirigeante de Grande-Bretagne et des États-Unis a mené toute une série d'explorations théoriques et d'exercices pratiques, de la théorie à la pratique, afin d'atteindre leur objectif stratégique de domination mondiale. La mise en œuvre de ce plan massif et organisé ne peut se faire sans le soutien financier des trois puissances.

La société occidentale que nous voyons aujourd'hui est ostensiblement démocratique, libre et pluraliste, et les oligarques financiers du passé ont été chassés du pouvoir avec succès par le système démocratique sacré. Les familles puissantes et super-riches ont

---

[161] Gary Allen, *The Rockefeller File*, Buccaneer Books, Inc. 1976.

disparu dans l'air et on ne les voit plus. L'histoire a-t-elle changé ? Le capitalisme ne sert-il plus un groupe de pouvoir minoritaire ? Les banquiers internationaux ont-ils vraiment pris l'initiative d'abandonner leur suprématie pour retourner dans les montagnes et vivre la vie des gens ordinaires ?

En fait, la nature humaine ne change pas, et le désir de cupidité et de contrôle n'a jamais changé depuis le début de la vie de l'homme jusqu'à la société moderne, et ne changera jamais dans un avenir concevable. Le changement est simplement une forme d'avidité et de contrôle. Du capitalisme commercial au capitalisme industriel, du capitalisme financier au capitalisme monopolistique et au soi-disant capitalisme pluraliste d'aujourd'hui, la nature de la domination de la majorité de la société par une minorité puissante n'a jamais changé, sauf que les moyens et les formes de domination d'aujourd'hui ont considérablement changé. Les oligarques financiers directs, visibles et nus se sont cachés dans les coulisses et à leur place se trouve le vaste système émergent des fondations qui sont devenues une partie importante du pouvoir en place dans le monde occidental d'aujourd'hui, tandis que leurs contrôleurs sont toujours les anciennes familles du pouvoir de l'or.

Le mystérieux crash de Korean Air KAL007

Aux premières heures du matin du 31 août 1983, un gros avion non identifié a été vu sur un écran radar de la défense aérienne soviétique sur l'île de Kupai, entrant dans la zone d'identification de la défense aérienne de la base de lancement de missiles intercontinentaux d'Extrême-Orient, et deux avions de chasse SU-15 de la défense aérienne soviétique ont reçu l'ordre de décoller d'urgence pour l'intercepter ; cinq minutes plus tard, le pilote soviétique a demandé des instructions opérationnelles à la base et le commandant de la base a donné l'ordre de "détruire l'avion envahisseur". Ce jour-là, les agences de presse du monde entier ont annoncé que le Boeing 747 de Korean Air KAL007 avait été abattu par un avion soviétique au-dessus de l'île de Kochi, tuant les 269 personnes à bord. La nouvelle a immédiatement choqué le monde et est devenue l'un des événements les plus graves de la guerre froide.

Selon la déclaration de la partie américaine, le détournement du vol KAL007 d'Anchorage, en Alaska, à destination de Séoul dans l'espace aérien de l'Union soviétique au-dessus du Kamtchatka et de l'île de Kuril aux premières heures du 31 août était une défaillance mécanique accidentelle qui n'avait pas été délibérément organisée et qui n'aurait donc pas pu être prévue et arrêtée à temps. En conséquence, à 3 h 27, le KAL007 a été abattu par des missiles de l'armée de l'air soviétique au-dessus de l'île de Kuril, sans qu'aucun des 269 passagers et membres d'équipage n'ait survécu. Le président américain de l'époque, M. Reagan, a qualifié l'incident de massacre de sang-froid de civils non armés, inexcusable et méritant des sanctions et une condamnation internationales. Au contraire, la partie soviétique a fait remarquer que l'invasion du KAL007 dans son espace aérien par une mission d'espionnage préméditée visant à espionner les installations militaires de la péninsule du Kamtchatka et des îles Kusai, et que les forces soviétiques n'ont donc reçu l'ordre de l'abattre que pour défendre la sécurité nationale, était un acte approprié d'autodéfense qui leur a été imposé et qui ne méritait donc pas d'être mal compris et condamné à dessein.

Depuis plus de 20 ans, la controverse entourant le mystérieux accident aérien du vol KAL007 de Korean Air n'a jamais cessé, l'affirmation la plus puissante étant que des informations internes top secrètes obtenues de l'Union soviétique par des agents du Mossad, l'agence de renseignement israélienne, en 1992, indiquaient que le KAL007 n'avait pas explosé immédiatement après avoir été touché par un missile air-air, mais avait poursuivi son vol pendant environ 12 minutes et avait finalement réussi à se poser sur l'île de Kuril ou dans les eaux adjacentes. Après l'atterrissage forcé du KAL007, les autorités soviétiques ont dispersé les passagers dans la prison de Lubyanka, près de Moscou, et dans l'abri de Frengel, en Extrême-Orient. Une révélation similaire a été faite à la télévision coréenne le 15 janvier 1996, dans laquelle il était affirmé que le KAL007 ne s'était pas écrasé et que la plupart des survivants à bord étaient toujours détenus dans deux abris russes. Dans ce document de 38 pages, la CIA affirme que le vol KAL007 de Korean Air a réussi à se poser en mer après avoir été attaqué par des avions de guerre de l'armée de l'air soviétique avec des missiles, et que la plupart des membres de l'équipage à bord ont été épargnés, mais on ignore où ils se trouvent.[162]

---

[162] Schlossberg, Bert (2000). *Rescue 007: The Untold Story of KAL007 and its Survivors*. Xlibris. ISBN 0-7388-5775-0.

Parmi les 269 passagers du vol KAL007 se trouvait une personne très spéciale, le membre du Congrès américain Lawrence Patton McDonald. Le député McDonald est le cousin du célèbre général américain Patton de la Seconde Guerre mondiale. Les deux cousins ont en commun, sans incident, l'une des caractéristiques les plus frappantes, à savoir leur ferme opposition à l'idée du soi-disant "Nouvel ordre mondial" et à toutes les tentatives de destruction de la souveraineté nationale au nom de l'"internationalisme" et de la "mondialisation". Tous deux ont une grande influence et un grand attrait aux États-Unis, où MacDonald se prépare à représenter le parti démocrate lors de l'élection présidentielle de 1988. À l'époque, McDonald est le politicien le plus "bruyant" et le plus destructeur des États-Unis, attaquant l'American Foreign Relations Association et la Commission trilatérale.

Après l'incident du vol KAL007, Macdonald est resté vivant et mort. Jerry Falwell, un grand leader évangélique qui a eu un impact majeur sur la société américaine, partage les mêmes idées fondamentales que MacDonald et appartient à la catégorie de la droite américaine. Sa réaction instinctive au crash du vol KAL007 a été : "Ce qui me dérange vraiment dans mon esprit, c'est que l'Union soviétique a abattu le vol KAL007, qui a tué 269 personnes, et que leur cible principale était MacDonald."[163] Comme pour les spéculations sur le meurtre du général Patton, les Soviétiques étaient-ils vraiment les coupables ? Il y a peut-être d'autres possibilités.

Les forces politiques, représentées par MacDonald, appartiennent au groupe traditionnel de la droite américaine. Leur philosophie de base est de défendre la Constitution et l'esprit fondateur des États-Unis, de soutenir la Déclaration des droits, de croire en la liberté individuelle et la démocratie, de s'opposer à l'ingérence excessive du gouvernement dans les droits civils, de prôner une économie de marché complète et d'adopter une position ferme contre toutes les forces internationales qui outrepassent la souveraineté. Cette faction bénéficie d'un fort ancrage dans l'opinion publique américaine, notamment l'héritage historique de la guerre d'indépendance américaine contre la domination coloniale britannique, ce qui les amène à croire que le peuple peut posséder des armes à feu et a le droit à un soulèvement armé en cas de tyrannie et de

---

[163] *Qui a tué le membre du Congrès Lawrence Patton Mcdonald*, par Todd Brendan Fahey (fargone@disinfo.net) — 01 juillet 2001.

dictature imposée par le gouvernement. Ils pensent qu'un petit gouvernement sert le peuple, tandis qu'un grand gouvernement le gouverne. Ils ont limité le pouvoir du gouvernement fédéral de toutes les manières possibles, sans parler de permettre à un "gouvernement mondial" qui dépasse la "souveraineté américaine" de régner sur le peuple américain.

Cette conviction politique se heurte de plein fouet à l'approche politique générale de la "mondialisation" et du "gouvernement mondial", dont les intérêts des banquiers internationaux sont au cœur.

En novembre 1975, le député MacDonald a lancé un défi public aux banquiers internationaux, écrivant dans sa préface à un livre intitulé *The Rockefeller File*.

> *"La richesse seule ne peut pas étouffer le désir et la cupidité des super-riches. Au contraire, beaucoup d'entre eux ont utilisé leur abondance de richesse et l'influence que cette richesse leur a apportée pour s'emparer d'un plus grand pouvoir. Ce pouvoir a prospéré d'une manière dont les tyrans et les despotes des premières années n'auraient même pas pu rêver. C'est un pouvoir qui gouverne le monde, non seulement les richesses du monde, mais aussi ceux qui y vivent.*
> *Depuis plus de cent ans, depuis l'époque où John D. Rockefeller a construit un empire pétrolier monopolistique par des moyens peu scrupuleux, les livres sur les Rockefeller pullulent, suffisamment pour remplir une bibliothèque. J'ai lu beaucoup de ces livres sur Rockefeller, et aucun d'entre eux n'a osé exposer la partie la plus importante de l'histoire des Rockefeller : que Rockefeller et ses alliés ont passé les 50 dernières années à planifier soigneusement l'utilisation de leur pouvoir économique pour s'emparer du pouvoir politique, d'abord pour contrôler les États-Unis, puis pour contrôler le monde.*
> *Est-ce que je parle d'une conspiration ? Oui, c'est ça. Je suis convaincu qu'il y a une conspiration : c'est un plan diabolique de proportions internationales, conçu depuis des générations et intrinsèquement indiscutable. "*
>
> Novembre 1975 [164]

Alors que les grands médias américains ont fermé les yeux sur un tel défi, M. MacDonald s'est même personnellement tenu dans la rue

---

[164] Gary Allen, *The Rockefeller File*, Buccaneer Books, Inc. 1976.

avec du matériel de propagande et l'a prêché haut et fort à tout piéton intéressé, avec une obsession qui va bien au-delà de la ligne de fond subliminale des cercles politiques américains, au point d'être intolérable pour l'élite dirigeante internationale.

Pour aggraver les choses, MacDonald se prépare en fait à se présenter aux élections présidentielles. Dans ses discours de campagne, il parlera des plans des banquiers internationaux pour prendre le contrôle du monde, et des millions de personnes entendront ces déclarations "dures" en direct. Le travail acharné de Macdonald n'a jamais échappé à son cousin, le général Patton, qui ne s'avouera jamais vaincu, et les deux frères sont connus du peuple américain comme des "héros" qui ne craignent ni le ciel ni la terre. S'il se présente à l'élection présidentielle, Dieu sait quels changements dramatiques se produiront et la situation deviendra très probablement incontrôlable. Alors que la perte de contrôle du président Kennedy était évidente, McDonnell représentait une plus grande menace que Kennedy, qui non seulement avait un large attrait civil, mais aussi, par l'intermédiaire de l'autorité du général Patton, avait le soutien d'un grand nombre de généraux militaires de haut rang qui avaient promis leur allégeance permanente aux intérêts nationaux des "États-Unis d'Amérique", un groupe qui n'adhérait pas à l'idée d'un "gouvernement mondial" qui transcendait la "souveraineté américaine". Qui plus est, MacDonald et ses alliés ont même construit leur propre réseau secret de renseignements pour contrer les forces de la CIA et du FBI. Si nous continuons à unir les masses de gens qui sont "armés et raisonnables", les États-Unis pourraient vraiment "changer de couleur".

Qui étaient les alliés du plan présumé de McDonnell "des générations de Rockefeller et de ses alliés" ? Comment le plan a-t-il évolué au fil des générations ? Pour comprendre tout cela, nous devons commencer à la source du plan.

L'empire du diamant et les pères de l'élite

John Ruskin a dit aux étudiants d'Oxford que la classe supérieure dans laquelle ils vivaient avait une grande tradition d'éducation, d'art, de normes juridiques, de libre arbitre, de grâce et de retenue. Mais ces traditions doivent être étendues aux classes inférieures en Angleterre, et dans le monde entier, et ce n'est qu'alors que les classes inférieures pourront et mériteront d'être sauvées. Si les classes supérieures d'Angleterre ne peuvent pas diffuser leurs précieuses traditions, elles seront bientôt avalées par une classe inférieure bien plus importante qu'elles, et ces traditions seront mises au rebut. Pour éviter de telles conséquences désastreuses, elles doivent canaliser leurs traditions dans tous les coins du monde aussi rapidement que possible.

Le discours "émouvant" de Ruskin a été enregistré par un étudiant, Cecil Rhodes, qui a conservé les notes avec lui pendant les 30 années suivantes. [165]

" Un diamant dure pour toujours, un diamant qui dure pour toujours ". "Derrière ce slogan publicitaire populaire se cache le plus grand géant mondial du diamant, le groupe De Beers. Le groupe détient aujourd'hui 40 % du marché mondial du diamant, un chiffre qui, à un moment donné, atteignait 90 %.

Le fondateur de De Beers, Cecil Rhodes, né en 1853, était un homme politique britannique et un homme d'affaires de premier plan, colonisateur de la Rhodésie (ancien nom du Zimbabwe), dont il a donné le nom. En pillant les ressources naturelles de l'Afrique australe, Rhodes a acquis une grande richesse et a créé la bourse Rhodes après sa mort.

Fils d'un prédicateur de banlieue, Rhodes est considéré comme un "héros" à lui tout seul de l'expansion coloniale britannique. Rhodes a fait fortune en Afrique du Sud grâce à l'extraction de diamants, bâtissant l'empire diamantaire De Beers qui contrôlait autrefois 90 % de l'industrie mondiale du diamant. Mais son ambition allait bien au-delà, et même les Britanniques pensaient que "non seulement il voulait que la terre entière soit britannique, mais il voulait faire passer la lune sous la domination britannique".

Dès 1882, Rhodes tente d'atteindre la famille Rhodes par l'intermédiaire d'un agent envoyé par les Rothschild de San Francisco en Afrique pour superviser l'exploitation des mines de diamants. À l'époque, l'industrie de l'extraction de diamants en Afrique du Sud était à bout de souffle dans une compétition féroce. Rhodes jugea avec justesse que celui qui obtiendrait le premier le soutien financier de Londres serait le vainqueur de la bataille des diamants. Il a sagement décidé de tomber amoureux du grand arbre de la famille Rothschild. Finalement, en 1885, sur un bateau à destination de Londres, il

---

[165] Carroll Quigley, *Tragedy and Hope*, GSG & Associates, 1996.

rencontre un autre ingénieur américain chargé de l'exploitation des diamants dans la famille Rothschild et lui propose le poste de directeur général de la société De Beers. Grâce à son introduction, deux mois plus tard, Rhodes a pu faire une connaissance officielle avec Nathan Rothschild, le chef de la famille à Londres.[166]

Nathan était si optimiste à l'égard de De Beers qu'il a d'abord acheté 5 754 actions de De Beers pour lui-même et en est immédiatement devenu le principal actionnaire. Avec le soutien de la famille Rothschild, la société De Beers de Rhodes a mangé le gros poisson, avalant d'un seul coup les sociétés diamantaires les plus puissantes, pour finalement établir l'empire mondial du diamant.

Rhodes avait une grande confiance en Rothschild, et lors d'une réunion en 1888, Rhodes a confié à Nathan, "Avec votre soutien derrière moi, je crois que tout ce que je dis peut être fait". "Cette confiance a rapidement fait des deux sociétés de proches alliés stratégiques en affaires, et en 1889, De Beers a émis 1,75 millions de livres sterling d'obligations d'entreprise, avec la Banque Rothschild de Londres achetant 17,8 pour cent, et en 1894, la Banque Rothschild de Londres a simplement émis 3,5 millions de livres sterling supplémentaires de ses propres obligations pour De Beers.

Avec le soutien et les encouragements de la famille Rhodes, l'expansion s'est faite à grands pas.

La De Beers Diamond Company s'est développée rapidement grâce à une série de fusions réussies et son dividende annuel était de 1,6 million de livres (40 % par action) de 1896 à 1901 et de 2 millions de livres de 1902 à 1904.

En 1900, Nathan parle en bien de Rhodes :

> *"Vous avez fait de De Beers un mythe. Vous avez établi un monopole sur la production de diamants, vous avez contrôlé à vous seul le marché des ventes de diamants, et vous avez réussi à mettre en place tout un ensemble de mécanismes pour perpétuer ce modèle économique."*

Rhodes et Nathan coïncident sur la philosophie politique du colonialisme et de l'expansion impériale, et les deux hommes partagent de plus en plus les mêmes idées. En 1889, lorsque Rhodes fonde la

---

[166] Niall Ferguson, *The House of Rothschild*, Penguin Books, 1999.

British South Africa Company, Nietzsche est un actionnaire fondateur et un conseiller en investissement, et en juin 1888, Rhodes modifie son testament pour donner à Nietzsche toutes ses actions dans la De Beers Company, qu'il avait l'intention de transmettre à ses frères et sœurs. Dans la lettre qui accompagne son testament, il donne instruction à Nathan d'utiliser l'argent pour établir "une société choisie au profit de l'Empire". Rhodes a identifié Rothschild comme le seul "noble" capable de le soutenir dans la réalisation de sa vision.[167]

Alors que les yeux de Rothschild étaient fermement fixés sur l'immense valeur commerciale de l'industrie du diamant de De Beers, le regard de Rhodes traversait l'épaule de Nathan vers les vastes terres fertiles de l'Afrique et du monde. Le diamant dans l'œil de Rhodes est plus symbolique de sa quête inlassable d'influence politique. Dans sa lettre à Nathan, Rhodes déclare que De Beers doit devenir "une autre Compagnie des Indes orientales" et construire "le cadre de la réalisation ultime de l'idéal" à partir de l'Afrique.

Le Lodz Club, l'"Académie militaire Whampoa" de l'élite dirigeante britannique.

> *"Aucun pays qui tient à sa sécurité ne permettra au groupe Milner de réaliser son ambition, à savoir qu'un petit groupe de personnes puisse exercer autant de pouvoir sur le gouvernement et la politique, exercer autant d'influence sur les canaux d'information qui créent l'opinion publique, et avoir un monopole complet sur l'écriture et l'enseignement de l'histoire de leur temps."*
>
> Caroll Quigley[168]

Le droit d'écrire l'histoire est peut-être le pouvoir le plus élevé en politique, car la postérité ne peut jamais faire l'expérience complète des vies et des sentiments des époques précédentes, et elle ne peut compter que sur la réfraction des livres d'histoire pour ce qui s'est passé dans le passé, et la prise, le découpage, l'édition et le commentaire du matériel historique peuvent changer radicalement la façon dont les gens voient les choses. Celui qui a le contrôle de la rédaction des livres d'histoire aura l'"effet d'image" final du miroir de l'histoire, qui peut transformer

---

[167] Carroll Quigley, *Tragedy and Hope*, GSG & Associates, 1996.

[168] Carroll Quigley, *The Anglo-American Establishment* (GSG & Associates, 1981).

la laideur en beauté et le diable en ange. L'histoire façonne la conscience des gens, et l'histoire façonne les jugements d'aujourd'hui.

Le mentor de Clinton à l'université, le professeur Carroll Quigley, dans son livre de 1949 intitulé The Anglo-American Power Bloc, a noté que la Rhodes Society, fondée en 1891, allait "gouverner le monde par la propagande", une organisation secrète peu connue qui a eu un impact énorme sur l'histoire du monde au XXe siècle.

Dans son premier testament, rédigé en 1877 à l'âge de 24 ans à Oxford, Rhodes expose les objectifs "nobles" de la société secrète :

> *"Étendre la domination de l'Empire britannique sur le monde entier ; perfectionner le système d'expansion extérieure de l'Empire britannique ; coloniser par des ressortissants britanniques tout ce qui était viable... réintégrer les États-Unis d'Amérique dans l'Empire britannique ; unifier l'ensemble de l'Empire ; introduire une représentation coloniale dans le Parlement impérial, et unir les membres épars de l'Empire, établissant ainsi un monde exempt de guerre et compatible avec le bien-être humain."*[169]

Selon Rhodes, la meilleure façon d'atteindre cet objectif est de créer des associations secrètes regroupant un certain nombre de personnes mutuellement loyales et désireuses de se consacrer à une cause commune. Les moyens de mise en œuvre consistent à exercer une influence politique et économique dans les coulisses, tout en "manipulant la presse, l'éducation et les agences d'information". Pour atteindre ce but, Rhodes, par volonté, utilise tous ses biens pour établir une organisation secrète de "propagandistes" au service de l'Empire britannique, la Rhodes Society, à travers le monde, semblable à l'Église du Christ.

La Société Rhodes se compose de 3 cercles concentriques. Le cercle intérieur était dominé par Rhodes lui-même, et ses membres étaient tous des hommes riches avec de grandes fortunes personnelles qui partageaient l'idée d'un Empire britannique permanent, formant la Société secrète Rhodes (connue sous le nom de Groupe Milner après 1901) ; le deuxième cercle était le Bloc Cecil, composé de puissantes personnalités politiques dominées par le Marquis de Salisbury (Robert Cecil) ; le cercle le plus extérieur était dominé par Arnold Toynbee,

---

[169] Ibid.

oncle de Arnold J. Toynbee, auteur de *The Study of History*, et Lord Milner, financier, et était composé d'intellectuels de tous bords, connus sous le nom de Groupe Toynbee.[170]

Le second des trois groupes de la Rhodes Society est chargé d'influencer l'éducation et la propagande dans l'Empire britannique, de contrôler le Times pendant un demi-siècle et d'exercer une influence considérable sur l'Eton Public School et le All Souls College d'Oxford, par le biais de bourses d'études. Les trois cercles sont unis et se renforcent mutuellement, le "Groupe Toynbee" apportant un soutien idéologique, le "Groupe Cecil" exerçant une influence politique et le "Groupe Milner" apportant un soutien financier, et la Trinity formant une organisation clandestine pour influencer le destin de l'Empire britannique et du monde.

En 1938, la Rhodes Society avait absorbé un grand nombre de personnes de la classe supérieure aisée, formant la force politique la plus influente de Grande-Bretagne.

Les membres du noyau dur du Lodz Club sont issus d'un processus de sélection standard : les meilleurs étudiants d'Oxford sont sélectionnés pour être admis au All Souls College, et les étudiants "semés" sont ensuite testés et éliminés pour être sélectionnés au Royal Institute of International Affairs, au *Times*, au magazine *The Round Table*, au Foreign Office ou au Colonial Office. Bien entendu, ces personnes ont au mieux atteint le deuxième cercle, où elles occupent des postes clés dans le monde universitaire, et guident et influencent l'opinion publique par le biais des médias d'information, comme le grand Isaiah Berlin, et Arnold J. Toynbee, auteur d'Études historiques, qui a intégré le Royal Institute of International Affairs dès son plus jeune âge. La stratégie de la Rhodes Society consiste à freiner davantage de personnes en influençant quelques élites critiques, en ciblant l'élite de la société.

Les événements historiques suivants montrent comment la Société de Lodz, qui se vantait de "dominer le monde par la propagande", a influencé l'histoire récente.

> ➤ Il est à l'origine du "raid Jameson" de 1895.

---

[170] Ibid.

- Menant à la guerre des Boers de 1899-1902
- A fondé l'Union d'Afrique du Sud 1906-1910
- 1910 Fondation du périodique de l'Empire britannique, *le magazine The Round Table* (porte-parole de la Rhodes Society)
- 3 collèges qui ont longtemps influencé l'Université d'Oxford : All Souls, Balliol, New College.
- Contrôle du *Times* pendant plus d'un demi-siècle
- Contrôle de la délégation britannique en France pour la "Conférence de paix de Paris" en 1919
- Principal concepteur et gestionnaire de la Société des Nations
- A créé et contrôlé le Royal Institute of International Affairs en 1919.
- 1917-1945 dominent la politique britannique envers l'Irlande, la Palestine et l'Inde
- Influence la politique d'apaisement de l'Allemagne de 1920 à 1940

Contrôle encore les sources et la rédaction d'informations historiques sur les politiques internes et externes de l'Empire britannique depuis la guerre des Boers

Le concept de "Commonwealth" est celui qui est apparu, qui a été largement diffusé et qui est donc devenu une réalité.

La Société Rhodes a des bureaux aux États-Unis, au Canada, en Inde, en Australie, en Nouvelle-Zélande et en Afrique du Sud, ainsi que dans les colonies et anciennes colonies de l'Empire britannique. Le prestigieux "Council on Foreign Relations" (CFR) américain est la branche américaine de la Rhodes Society. Le Lodz Club se réunissait en secret de temps à autre dans les territoires autonomes de l'Empire britannique, planifiait et se déployait de manière unifiée, influençait la formulation et la mise en œuvre des décisions politiques et économiques dans les coulisses, et manipulait la presse, l'éducation et les institutions de propagande, dans le but premier d'unifier les pays anglophones sous la forme d'une fédération, et finalement d'établir une forme de gouvernement mondial et de réaliser "un seul monde". Le gouvernement mondial, la monnaie mondiale, la fiscalité mondiale, etc., qui sont populaires dans le monde, sont tous basés sur ce club.

Le marquis de Salisbury, figure centrale du "groupe Cecil", a été trois fois Premier ministre et a régné pendant 14 ans, soit plus que tout autre Premier ministre de l'histoire britannique récente. Il a exercé son influence, premièrement, en infiltrant les trois directions de la politique, de l'éducation et du journalisme ; deuxièmement, en recrutant des individus talentueux (principalement à l'Académie All Souls) et en liant ces individus au groupe Cecil par association, réputation ou position de pouvoir ; et troisièmement, en plaçant les membres principaux à des postes de pouvoir importants afin d'influencer la politique publique de la manière la plus discrète possible. [171]

Les autres membres principaux du "Groupe Cecil" sont : Balfour (ministre des Affaires étrangères), vicomte Lyttelton (vicomte Cobham), baron Wyndham (barons Leconfield), duc de Grosvenor (ducs de Westminster), comte de Palmer (comtes de Selborne), duc de Cavendish (ducs de Devonshire), comte de Gathorne-Hardy (comtes de Cranbrook).

"Groupe Milner"

Le "Groupe Cecil" a continué d'exister pendant un temps considérable après la mort du marquis de Salisbury, chef de la famille Cecil, en 1903, mais le manque d'ambition et de détermination de son nouveau chef, Balfour, a lentement relâché l'organisation et a été progressivement remplacé par le "Groupe Milner". Milner ne manque pas d'ambition et de détermination, sacrifiant son bonheur personnel et sa vie sociale pour atteindre des objectifs politiques, ce que Balfour, qui aime le plaisir, ne peut accepter. Conscient qu'il est impossible de continuer à compter sur les liens familiaux pour consolider le groupe, Milner se tourne vers l'idéologie. Salisbury cherche à construire une clique à partir d'amis et de parents, faisant de la politique pour préserver la vieille Angleterre qu'ils aiment. Milner, quant à lui, n'était pas un conservateur ; il avait ses propres idéaux : étendre et intégrer le système de protection sociale de l'Empire britannique, qui était essentiel au mode de vie britannique, et apporter au monde "le mode de vie

---

[171] Ibid.

britannique, le meilleur et le plus capable de l'humanité". Cependant, le monde a changé et il a depuis mis davantage l'accent sur la défense des intérêts et l'unité conceptuelle au sein du "Groupe Milner".

L'influence des idées d'Arnold Toynbee sur le groupe Milner était triple : premièrement, l'histoire anglaise représentait la grande idée morale — l'évolution de la liberté de pensée, la plus propice à l'unité complète de l'Empire britannique ; deuxièmement, le sens du devoir et l'obligation de servir le pays devaient être une préoccupation primordiale pour tout le monde ; et troisièmement, la nécessité pour les travailleurs d'effectuer un travail de service social dans la société anglaise, en particulier l'éducation.

Le *Times* est un élément important de l'influence de l'élite du "Milner Group", qui vise une minorité d'élite influente plutôt que le grand public. Le Times et les autres branches autonomes du "Milner Group" travaillent en étroite collaboration pour influencer les lecteurs et accroître l'influence de chaque branche. Le monde extérieur ressemble à différentes faces d'une même vérité. Par exemple, un membre du Parlement (panéliste) annonce une politique de publication d'une étude sur le même sujet presque simultanément avec le Royal Institute of International Affairs, un chercheur du All Souls College (panéliste) publie un volume sur le même sujet (par l'intermédiaire de l'éditeur concerné du panel), un "éditorial" du Times analyse la politique du membre du Parlement de manière critique mais finit par l'approuver, et deux publications font l'objet d'une critique simultanée dans le "supplément littéraire" du journal (la revue de critique littéraire la plus influente en Grande-Bretagne) (même critique). Les critiques des "éditoriaux" et des "suppléments littéraires" ont été rédigées de manière anonyme par les membres du panel. Enfin, un article anonyme de la Table ronde préconise fortement la même politique. Bien que chaque stratagème et chaque mesure ne touche qu'une partie de la population, l'effet cumulatif de ces stratégies est important. Si nécessaire, le secrétaire du Rhodes Trust pourrait se rendre aux États-Unis pour mener une série d'entretiens informels avec d'anciens boursiers Rhodes, tout en persuadant un homme politique éminent à la retraite (comme l'ancien gouverneur de l'Inde) de dire quelques mots lors du dévoilement d'une plaque à la mémoire du chancelier décédé au All Souls College ou au New College, à Oxford. C'est une curieuse "coïncidence" que l'interview américaine et le discours d'inauguration à Oxford aient tous deux porté sur le même sujet.

Le premier numéro de The Round Table a été publié le 15 novembre 1910, sans la signature de l'éditeur et des cinq auteurs des articles. Cette tradition s'est perpétuée. Le magazine prétend que l'anonymat permet une plus grande indépendance et une plus grande liberté. La véritable raison est beaucoup plus pratique. Les rédacteurs et les auteurs du magazine étaient pour la plupart inconnus et auraient fait rire les lecteurs si leurs noms avaient été signés. Lorsque certains auteurs deviennent des "gros bonnets" et que les rédacteurs en chef ressentent le besoin de protéger leur réputation politique, il est courant de garder les auteurs anonymes jusqu'à leur mort, et même alors de ne pas publier leurs articles publiés. La Table ronde est le principal outil de propagande de la Rhodes Society ou du "Groupe Milner". Les rédacteurs et les auteurs de la Table ronde sont connus sous le nom de "Groupe de la Table ronde". Ils étaient fermement convaincus que la liberté, la civilisation et la dignité humaine ne pouvaient être développées au mieux qu'à travers l'Empire britannique.

Les opinions des panélistes sont généralement unanimes, les plus grandes différences provenant des secteurs économiques les plus faibles et les plus conservateurs de ce groupe. Jusqu'en 1931, la perspective financière du panel provient de Robert Brand, un associé de Longhey Brothers. Les frères Lange font également partie des "dix-sept familles bancaires internationales", qui représentent l'opinion des familles bancaires internationales de la fin du 19e siècle selon laquelle la clé du développement économique et de la prospérité réside dans la banque et la finance. Une monnaie saine, un budget équilibré et un étalon-or international conduiront à la prospérité économique et à l'amélioration du niveau de vie. Ceci est en opposition avec le point de vue de Milner. Milner insiste sur le fait que la finance doit être subordonnée à l'économie et que l'économie doit être subordonnée à la politique. Si une politique déflationniste fondée sur des motifs financiers a des conséquences économiques ou politiques néfastes, elle doit être abolie. Milner affirme que la politique financière mise en œuvre par l'Empire britannique pendant 12 ans, préconisée par Brand en 1919, était désastreuse car elle provoquait le chômage, la récession et la destruction des exportations. Il préconise de séparer l'Empire britannique du monde par des droits de douane et d'autres barrières, d'encourager le développement économique par des dépenses publiques, l'autorégulation du capital et du travail et la protection sociale.

En fait, les opinions du "Groupe Milner" représentent un changement majeur dans la pensée des banquiers internationaux traditionnels sur l'or et la monnaie, car les restrictions de l'or sur les dépenses gouvernementales et le financement de la guerre ne répondent plus aux besoins des banquiers, et l'idée d'une monnaie bon marché à grande échelle devient progressivement le nouveau courant dominant.

Les vues de Milner sont fondées sur le "capitalisme monopolistique", voire le "capitalisme d'État", plutôt que sur le "capitalisme financier" dépassé prôné par Brand. Ce point de vue a été accepté par la plupart des membres du "Groupe Milner" après 1931. L'abolition de l'étalon-or la même année a prouvé l'échec complet de la politique financière préconisée par Brand en 1919. Par conséquent, après 1931, le "Groupe Milner", qui prône un capitalisme monopoliste encouragé par le gouvernement, l'emporte. En fait, Milner et Toynbee n'ont jamais cru à l'individualisme économique.

En fait, peu importe sur quoi Milner et Brand étaient en désaccord, ce qui compte c'est que les vues de Brand ont dominé le "Groupe Milner" entre 1919 et 1931, tandis que les vues de Milner ont prévalu après 1931. Ces faits prouvent que la politique financière de l'Empire britannique entre 1919 et 1945 coïncide parfaitement avec la politique du "Groupe Milner" durant la même période. Et le "Groupe Milner" a dominé le Conseil conservateur depuis la "Première Guerre mondiale". Cela montre à quel point le "Milner Group" a influencé la politique intérieure britannique.

De 1919 à 1939, les membres du "Groupe Milner" représentaient un cinquième à un tiers du Cabinet, ce qui explique la politique d'"apaisement" du gouvernement britannique à l'égard de l'Allemagne préconisée par le "Groupe Milner".

La politique allemande du "Groupe Milner" repose sur deux points essentiels [172]

D'une part, ils voient l'histoire comme le résultat de la lutte entre le bien et le mal. Les Allemands sont divisés en "dictateurs prussiens" et en "bonnes personnes". Si le dictateur prussien perd son pouvoir et son influence et que le second bénéficie de la clémence, l'Allemagne quittera définitivement la "dictature asiatique" et reviendra à la "civilisation occidentale". Du point de vue du cadre, la théorie est

---

[172] Ibid.

raisonnable, mais difficile. Car il ne peut y avoir de critères objectifs pour distinguer les "bons" et les "mauvais" Allemands. Le fait qu'une majorité écrasante d'Allemands ait participé à la Première Guerre mondiale, et que le numéro de décembre 1918 de The Round Table soit du même avis, mais le "Groupe Milner" ne se souvient pas qu'il considérait toujours que les "mauvais" Allemands avaient été chassés avec le Kaiser en 1918. Le Kaiser allemand n'est qu'un représentant des quatre autres grands groupes de puissance. Les quatre grands groupes de pouvoir en Allemagne comprennent les officiers prussiens, les propriétaires terriens Junker, les bureaucrates du gouvernement et les géants industriels qui, pour se sauver, ont abandonné l'empereur qui était devenu un fardeau. Leur pouvoir et leur influence sont toujours là, même plus grands. Les gros bonnets de l'armée peuvent donner des ordres au premier ministre du gouvernement sur un ton plus direct que l'empereur. En bref, il n'y a pas eu de révolution en Allemagne en 1918 et le "groupe Milner" a fermé les yeux sur celle-ci. Brand en est en grande partie responsable, arguant que le chaos et les troubles sociaux ne peuvent être évités que si l'économie allemande se redresse le plus rapidement possible. Aux yeux des banquiers traditionnels, la prospérité économique ne peut être atteinte sans que les capitalistes industriels et les banquiers ne soient au pouvoir. En outre, M. Brand est convaincu que les anciens blocs industriels seront rapidement relancés si les paiements sont allégés et le crédit accordé à l'Allemagne.

Le panéliste Philip Kerr, quant à lui, a préconisé la politique d'équilibre des forces en vigueur en Grande-Bretagne depuis le 16e siècle, qui consiste à soutenir la deuxième puissance en Europe continentale contre la première. Le "Groupe Milner" a découvert, grâce à son expérience à la Conférence de paix de Paris en 1919, qu'il était impossible d'exporter un gouvernement autonome ou parlementaire sur le continent européen. En raison de l'insistance de la France sur l'utilisation de la force comme base de la vie sociale et politique, en particulier son insistance sur une présence militaire allemande et l'établissement d'une force de police internationale sous l'autorité directe de la Société des Nations, le fossé entre le Groupe et la France s'est creusé. Selon la philosophie chrétienne du "Groupe Milner", la force est inefficace sur les questions morales et ne peut que corrompre ceux qui la possèdent, et le véritable fondement de la vie sociale et politique est la coutume et la tradition. L'équilibre des forces avait donc un double objectif : faire de l'Allemagne un pécheur rachetable par le compromis, et une Allemagne régénérée et purifiée contre l'Union soviétique "maléfique", et affaiblir la France accablée par le sentiment national.

Alors que l'ascension d'Hitler au pouvoir a profité de l'erreur de jugement de l'élite dirigeante britannique et a vu clair dans l'idée du bloc de puissance émergeant aux États-Unis qui tentait de remplacer l'hégémonie mondiale de l'Empire britannique, et dans l'empressement des banquiers internationaux juifs à vaincre le système colonial de l'Empire britannique afin de retrouver le rêve de la restauration d'Israël en Palestine, Hitler a intégré organiquement les deux forces politiques et le soutien financier qui ont encouragé les politiques expansionnistes agressives de l'Allemagne, accélérant le redressement économique et la reconstruction militaire de l'Allemagne. On peut dire que de 1933 à 1938, Hitler a pleinement utilisé la collusion entre les grandes puissances d'Europe et d'Amérique et les forces financières juives pour atteindre ses propres objectifs stratégiques, et a joué les grandes puissances aux mains de quelques-unes d'entre elles, faisant preuve d'une grande habileté politique.

"Bloc de pouvoir anglo-américain" [173]

À partir des années 1920, le Club de Lodz a œuvré à l'établissement d'une relation anglo-américaine spéciale qui mènerait finalement à l'unité anglo-américaine. Dans *Tragedy and Hope : World History in Our Time*, Quigley décrit l'existence d'un "bloc de pouvoir anglo-américain" entre les États-Unis et la Grande-Bretagne pour atteindre les objectifs stratégiques susmentionnés.

Les cinq journaux ayant la plus grande influence sur l'opinion publique américaine — le *Boston Evening News*, le *Christian Science Monitor*, le *New York Times*, le *New York Herald Tribune* et le *Washington Times* — sont tous entre les mains de ce groupe de pouvoir. Et ces manipulateurs des médias grand public se "recommandent" mutuellement, comme le rédacteur en chef du Christian Science Monitor, qui était la liaison américaine du magazine britannique The Round Table, et le rédacteur en chef original de The Round Table, Lord Lotta, qui contribuait au Christian Science Monitor lorsqu'il était ambassadeur britannique aux États-Unis et secrétaire général du

---

[173] Carroll Quigley, *Tragedy and Hope*, GSG & Associates, 1996.

Rhodes Trust. Plusieurs financiers de Wall Street de grande renommée ont servi comme ambassadeurs des États-Unis au Royaume-Uni.

Quigley note que, au moins au début du vingtième siècle, le pouvoir de décision dans les grandes universités américaines était entre les mains du "bloc de pouvoir anglo-américain". Jusque dans les années 30, JP Morgan contrôlait essentiellement le pouvoir de décision dans les universités de Harvard et de Columbia ; l'université de Yale dépendait du groupe Rockefeller de Standard Oil ; et l'université de Princeton dépendait de la Prudential Life Insurance Company. Au début du XXe siècle, le gouvernement des États-Unis, sous la pression du "mouvement progressiste", a adopté plusieurs lois fiscales défavorables au groupe, notamment l'impôt sur les successions, et le groupe a progressivement transféré d'énormes quantités de biens privés de Wall Street vers des fondations exonérées d'impôts, réussissant ainsi une transformation invisible et magnifique de la richesse.

Walter Lippmann, commentateur politique et conseiller gouvernemental américain, membre de la Rhodes Society, a exercé une profonde influence sur la société américaine du XXe siècle et sur la politique étrangère. Il a été le premier à rédiger le célèbre "plan Marshall" pour la reconstruction de l'Europe, a présidé à l'élaboration des stratégies américaines de guerre psychologique pendant la Première Guerre mondiale, la Seconde Guerre mondiale et la Guerre froide, et a été un agent de liaison essentiel entre l'Association pour les relations étrangères et la Rhodes Society britannique. En tant que stratège clé pour les présidents américains successifs, de Wilson à Nixon, il a fondé l'Association for American Foreign Relations alors qu'il accompagnait le président Woodrow Wilson à la Conférence de Paris après la Première Guerre mondiale.

Indépendamment des antécédents et de la mission de ses membres, de la manière dont ils influencent l'opinion publique et les politiques des États-Unis et de l'étranger, le Council on Foreign Relations a été décrit comme le "gouvernement fantôme" des États-Unis et le British Lodz Club aux États-Unis. La publication phare du Council pour influencer la politique étrangère des États-Unis est Foreign Affairs, le "journal de l'organe" du Council on Foreign Relations et une voix clé du groupe de politique étrangère des États-Unis. Les principaux contributeurs au magazine Foreign Affairs comprennent presque tous les poids lourds de la politique étrangère américaine, notamment Lippman, George Kenan, Brzezinski et Kissinger, et *The Clash of*

Civilizations de Huntington a été publié pour la première fois dans ce magazine.

Lorsque la Conférence de paix de Paris s'est tenue en 1919, la Grande-Bretagne et les États-Unis ont voulu profiter de leur position victorieuse pour établir un système de société internationale dominé par eux. "Après la Conférence de paix de Paris, Lippmann et d'autres Américains présents, dont la plupart étaient membres de la Rhodes Society, ont fondé le "Royal Institute of International Affairs" dans un hôtel de Paris.

En tant que branche de la Rhodes Society, la "Foreign Relations Society" est d'abord entrée aux États-Unis sous le nom de "American Section of the Royal Institute of International Affairs". En 1921, la "American Section of the Royal Institute of International Affairs" a fusionné avec la "Foreign Relations Society", une organisation fondée en 1918 par des banquiers et des avocats de New York pour discuter des affaires et des questions bancaires en temps de guerre, sous l'ancien nom de "Foreign Relations Society", qui est celui que nous voyons aujourd'hui.

L'Association américaine des relations étrangères, qui existe depuis plus de 80 ans à ce jour, s'est sans doute éloignée depuis longtemps du premier désir de Rhodes de voir l'Angleterre réaffirmer sa domination sur les États-Unis d'Amérique, mais elle réalise progressivement le rêve des intérêts anglo-américains de devenir des leaders mondiaux. Alors que la Chine acclame la mondialisation, je me demande si quelqu'un a vu le visage froid et le sourire suffisant de la Rhodes Society derrière cette énorme machine sociale ?

L'idée que le monde est manipulé par une poignée de sociétés secrètes n'est pas nouvelle, ni rare. Comme l'a dit un universitaire britannique, "il y a longtemps que nous aurions dû comprendre que les puissants et les riches agissent en fonction de leurs propres intérêts, et cela s'appelle le capitalisme."

Le monde occidental que nous voyons aujourd'hui est ostensiblement une société démocratique, libre et pluraliste, où les oligarques financiers du passé ont été chassés du pouvoir avec succès par le système démocratique sacré. Les familles puissantes et super-riches ont disparu dans l'air et on ne les voit plus. L'histoire a-t-elle changé ? Le capitalisme ne sert-il plus un groupe de pouvoir minoritaire ? Les banquiers internationaux ont-ils vraiment pris l'initiative d'abandonner leur suprématie pour retourner dans les montagnes et vivre la vie des gens ordinaires ?

En fait, la nature humaine ne change pas, et le désir de cupidité et de contrôle n'a jamais changé depuis le début de la vie de l'homme jusqu'à la société moderne, et ne changera jamais dans un avenir concevable. Le changement est simplement une forme d'avidité et de contrôle. Du capitalisme commercial au capitalisme industriel, du capitalisme financier au capitalisme monopolistique et au soi-disant capitalisme pluraliste d'aujourd'hui, la nature de la domination de la majorité de la société par une minorité puissante n'a jamais changé, sauf que les moyens et les formes de domination d'aujourd'hui ont changé de manière significative. Les oligarques financiers directs, visibles et nus se sont cachés dans les coulisses, et à leur place se trouve le vaste système émergent des fondations qui sont devenues une partie importante du pouvoir en place dans le monde occidental d'aujourd'hui, tandis que les personnes derrière les contrôles sont toujours les familles financières d'autrefois.

La Fondation : La richesse invisible des Rothschilds

"La grande voie est invisible" et "la grande dynastie cachée", les Chinois connaissent depuis longtemps les mystères du cœur humain. Les vérités les plus profondes se trouvent souvent partout, et le plus haut niveau de tout souverain est de rendre son adversaire visible mais pas lui-même, afin de pouvoir toujours rester invincible.

Au début du vingtième siècle, lorsque le capitalisme monopolistique financier était à son apogée, les banquiers internationaux étaient riches en biens familiaux et puissants en influence politique, mais les effets secondaires étaient également graves. Plus le pouvoir de l'oligarchie financière était grand, plus l'antagonisme était grand, plus la résistance était forte, plus le mécontentement était grand et plus le sentiment de haine était évident. Le plus effrayant est que l'oligarchie financière risque de s'effondrer lorsque les différentes forces opposées de la société uniront leurs efforts.

Lorsque les banquiers internationaux l'ont enfin appris, il semble que tout le monde ait été d'accord et les grandes familles ont disparu de la scène publique presque simultanément, avant et après la Première Guerre mondiale. En réponse, ils ont donné une explication constante et discrète, affirmant que les descendants de la famille n'étaient plus intéressés par le contrôle de la propriété et poursuivaient chacun des intérêts et des carrières diversifiés, et que la propriété familiale était principalement structurée sous forme d'investissements. Avec le développement rapide des nouvelles industries et de la haute technologie dans la société moderne, les biens traditionnellement accumulés par la famille ont été fortement réduits. La roue du feng shui a tourné, le monde est complètement différent, les gens sont aussi des gens complètement différents, la vieille famille est à jamais en déclin, la famille riche traditionnelle à l'heure actuelle s'est retirée de la scène historique, les projecteurs se sont tournés vers les "étoiles montantes".

Est-ce vraiment vrai ?

En fait, les fortunes des grandes familles riches n'ont pas du tout diminué, mais ont été légalement et raisonnablement dissimulées. Les super-riches se sont simplement "retournés" devant tout le monde et ont réussi à être "invisibles". Le contrôle et la domination réels de la richesse ne leur échappent jamais. Au lieu de les quitter, leur emprise sur les richesses a été amplifiée. Seulement, les étiquettes de propriété du passé étaient écrites directement et clairement sur vos têtes, alors que les riches modernes les ont enlevées depuis longtemps. Ils sont invisibles, silencieux, omniprésents et omnipotents, et leur stratégie de domination a progressivement atteint le domaine de "l'avenue de l'invisibilité", s'appuyant principalement sur des agents pour faire le spectacle au front office, tandis qu'eux-mêmes sont profondément cachés dans les coulisses, contrôlant le fonctionnement de la société.

Cette nouvelle règle parfaite du jeu de la richesse est le vaste système de fondations qui manipulent désormais réellement la société en Europe et en Amérique.

Dans la première moitié du 20e siècle, le capitalisme financier a achevé sa transition vers le capitalisme monopolistique, et les blocs de pouvoir financier sont passés du contrôle direct du capitalisme industriel sur les lignes de front à un modèle de contrôle indirect en coulisse. Au cœur de la structure d'exploitation émergente des entreprises se trouve la séparation de la propriété et du contrôle, la mobilisation généralisée du capital social public, dont l'objectif est de contrôler la méga richesse sociale avec un capital minimal par un effet de levier maximal, de contrôler dans la plus large mesure les dirigeants de base dans tous les secteurs de la société, formant la base de la pyramide du capitalisme monopolistique, sans se révéler à l'extérieur comme le véritable contrôleur. L'entreprise est ostensiblement dirigée par des gestionnaires professionnels, mais le conseil d'administration et le contrôle des actions clés sont entièrement concentrés entre les mains de très peu de familles financières. Au cœur des règles du jeu se trouve le vaste système de fondations et d'autres groupes d'investissement contrôlés par des familles financières, qui exercent un contrôle "discret" sur les actions clés et le conseil d'administration par le biais d'institutions de substitution ostensibles. Les institutions de substitution sont les institutions financières et les sociétés de gestion d'actifs bien connues (Street Names), qui font office de "pare-feu" pour les fondations et les groupes d'investissement contrôlés par des familles financières, afin de tenir le public à l'écart du cercle réel des actionnaires. Plus nous atteignons l'ère du capitalisme pluraliste, plus ce phénomène prend de l'ampleur.

Mais pour participer à ce jeu d'un nouveau genre, les familles riches doivent d'abord faire des "sacrifices". Comme le dit le proverbe : "Si tu veux exercer tes pouvoirs divins, tu dois tirer l'épée du palais". "Comment pouvez-vous l'obtenir si vous ne le faites pas ? Abandonnez le nom et obtenez la substance. L'"initiation" du Grand Rothschild de la Richesse Furtive est la donation, et la base théorique de la donation est la dissimulation légale de la propriété en abandonnant la propriété et en étendant le contrôle. Ce que les magnats ont perdu, c'est simplement les chaînes d'être "grillés" dans les palmarès et sous les projecteurs des médias, et ce qu'ils ont gagné, c'est la liberté totale et le contrôle multiplié de leur richesse dans les coulisses.

La fondation évite l'impôt sur les successions, l'impôt sur le revenu, l'impôt sur les donations et, mieux encore, l'impôt sur les gains en capital sur les investissements de la fondation, que les riches détestent le plus. Grâce à l'exonération totale des impôts, les actifs de la fondation grossissent comme une boule de neige. Les rapports du Congrès américain montrent que pas moins de 2/3 du revenu annuel total des États-Unis sont exonérés d'impôts grâce aux fondations. En conséquence, la pression de la charge fiscale de l'État pèse de plus en plus sur la classe moyenne, qui ne pourra jamais créer sa propre fondation. Les actifs des fondations des super-riches se développent rapidement comme des cellules cancéreuses qui se nourrissent constamment des cellules du patrimoine familial de la classe moyenne, et la répartition de la richesse est encore plus inéquitable.

Selon les statistiques, en 1969, le revenu net de 596 fondations aux États-Unis était plus de deux fois supérieur au revenu net des 50 plus grandes banques des États-Unis. Depuis la création de la première fondation en 1790, il y a eu un nombre croissant de fondations aux États-Unis.

- 18 avant 1900
- 76 de 1910 à 1919.
- 173 entre 1920 et 1929.
- 288 de 1930 à 1939.
- 1 638 entre 1940 et 1949.
- 2 839 entre 1950 et 1959
- En 2002, pas moins de 62 000[174]

Les fondations n'ont besoin de "contribuer" qu'à hauteur de 5 pour cent par an à leur philanthropie, et les moyens par lesquels les banquiers internationaux gagnent leur argent sont bien plus qu'un simple rendement de 5 pour cent. Qui plus est, cet investissement philanthropique de 5 % peut également être utilisé pour obtenir un impact social et un contrôle de la recherche universitaire, ce qui permet de bénéficier d'un meilleur climat social et d'une politique juridique plus favorable à un plus grand profit.

Aujourd'hui, les riches et les célèbres ont appris le même jeu. Pourquoi figurer sur la liste de Fortune ? Pourquoi inscrire la richesse à son propre nom et non à celui de quelqu'un d'autre lorsqu'elle est sous son contrôle réel ? Le but principal de la richesse n'est pas de satisfaire la vanité, mais d'obtenir un contrôle qui dure pour toujours ! Cela permet aux contrôleurs réels de la société cotée en bourse d'éviter d'être exposés, souvent par le biais de la substitution d'actions. La différence entre la Chine, d'une part, et l'Europe et les États-Unis, d'autre part, est qu'il n'existe pas de véhicule juridique "légal", "perpétuel", "exempt d'impôt", "héritable", "secret financier", "interverrouillable", "dérivable" similaire à celui de l'Europe et des États-Unis pour aider les riches à cacher leur richesse, afin de réaliser une "mise à niveau" majeure de la stratégie de contrôle de la richesse, à savoir le passage du

---

[174] David Rivera, *Final Warning : A History of the New World Order-Illuminisme et le plan directeur pour la domination du monde*, 1994.

contrôle direct au contrôle indirect et du contrôle explicite au contrôle implicite.

La soupe au poulet du cœur dit : plus tu abandonnes, plus tu as...

L'histoire des dernières années de Rockefeller a été racontée à maintes reprises comme un classique dans les livres de la série Soupe au poulet pour l'âme : le vieux Rockefeller a vécu sa vie grâce à l'argent, économisant autant qu'il le pouvait, mais à l'âge de 53 ans, on lui a diagnostiqué une maladie incurable, ses médicaments étaient inefficaces et il pouvait à peine survivre avec moins de deux dollars de biscuits et de yaourts alors qu'il gagnait des millions de dollars par semaine. Lorsqu'il a repris ses esprits, il a commencé à faire don de la plupart de ses biens pour créer des institutions scientifiques et des organisations caritatives, donnant ainsi un nouveau souffle à sa vie et vivant heureux jusqu'à l'âge de 98 ans.

Alors la Soupe au poulet pour l'âme dit à tout le monde : plus vous donnez, plus vous avez. C'est en fait vrai, et les Rockefeller ont eu plus grâce aux dons. Et le véhicule de ce "miracle" est la Fondation.

À ses débuts, le vieux Rockefeller avait la réputation notoire d'utiliser des tactiques cruelles, impitoyables et largement critiquées. Il était autrefois l'homme le plus détesté du public américain. Pour révolutionner son image publique, Rockefeller Sr. suit le conseil d'un consultant qui lui conseille de miser sur la philanthropie.

En fait, la démarche de Rockefeller Sr. était bien plus efficace et significative que la simple amélioration de l'image publique.

Il a fait d'importants dons de biens, mais les biens "donnés" n'échappaient pas à son contrôle. Grâce à une série d'opérations stratégiques, comme les fondations, Rockefeller a obtenu un contrôle de plus en plus fort sur ses biens "donnés". C'est le "principe scientifique du don" de Rockefeller : plus vous donnez, plus vous contrôlez.

La première fondation créée par Rockefeller a été la Fondation Rockefeller créée en 1910.[175] En 1910, la plupart des États des États-Unis avaient adopté le 16e amendement, qui imposait un impôt sur le revenu progressif. La Fondation Rockefeller est sans doute le "plan avant impôt" le plus réussi et le plus efficace pour éviter légalement et raisonnablement l'impôt progressif sur le revenu d'un seul coup. À la même époque, la Standard Oil a été scindée sur ordre du juge Kenesaw Landis, et le consortium Rockefeller a immédiatement réagi en créant quatre fondations exonérées d'impôt, puis a fait don de la grande majorité des actions du consortium. C'est l'équivalent de prendre de l'argent de votre poche gauche et de le mettre dans votre poche droite, mais l'argent se redistribue et la gloire est différente. Ainsi, les différentes compagnies pétrolières qui ont été filialisées ont pu obtenir l'argent dont elles avaient besoin, tout en évitant les impôts sur leurs gains et leurs actifs. L'ajout des descendants de la famille à la charte de la Fondation continuera à "servir" la Fondation pendant des générations, avec un droit de veto crucial, et il ne restera que le bénéfice inépuisable. En remplaçant le contrôle par la propriété du bien, le consortium Rockefeller a non seulement réussi à éviter l'impôt, mais aussi à obtenir l'effet miraculeux d'une importante appréciation du patrimoine. Comme les fondations peuvent acheter et vendre une variété d'actifs, y compris des biens immobiliers et des titres négociables, et qu'elles n'ont pas à publier d'états financiers, elles peuvent exercer une influence invisible sur le marché.

L'argent est versé à la fondation, réinvesti dans des entreprises à plusieurs niveaux dans différents secteurs et, lorsque la taille de l'investissement est suffisante, le conseil d'administration de toutes les entités recevant des investissements doit être nommé et délégué par la fondation. Ainsi, bien que l'argent ne soit plus au nom d'une famille particulière, le gestionnaire réel et le droit d'utiliser l'argent restent fermement entre leurs mains. Notez qu'à ce stade, l'argent est passé du nom nominal au nom de famille. De cette façon, tout d'abord, l'impôt sur le revenu des personnes physiques qui aurait été prélevé sur tout l'argent de Rothschild disparaît ; deuxièmement, l'impôt sur les donations qui aurait été prélevé sur l'argent de Rothschild s'il l'avait donné à son "petit-fils", son "arrière-petit-fils" et son "arrière-arrière-

---

[175] Ron Chernow, *Titan : The Life of John D. Rockefeller*, Sr., New York : Warner Books, 1998, (p. 563-566).

petit-fils" économise également l'impôt sur les successions, qui est presque le seul outil qui peut restreindre l'héritage des biens des personnes riches, est jusqu'à 50 % aux États-Unis, et puisque l'argent n'est plus au nom de Rothschild, l'impôt sur les successions est naturellement éliminé. Grâce aux donations, Rothschild a légalement et raisonnablement laissé de l'argent à lui-même et "ses enfants et petits-enfants baignent dans un océan de richesse infini".

Depuis lors, Rothschild a versé la moitié de son revenu annuel à la Fondation, ce qui compense largement son revenu imposable. L'ancêtre Rothschild élimine l'impôt sur le revenu, les descendants éviteront les droits de succession et de donation, et mieux encore, les gains provenant des investissements de ces fondations seront également exonérés de l'impôt sur les plus-values. Grâce aux avantages de l'exonération fiscale, les actifs de la fondation ont pu croître à pas de géant. Ce que l'on appelle le non-profit est essentiellement une non-imposition.

Rockefeller Sr. a fait don de millions d'actions de la Titanic Oil Corporation qu'il possédait à une fondation appelée Do Good Foundation, une organisation contrôlée par la famille Rockefeller. La "sublimation" de ses biens a été facilement réalisée en transférant simplement les actions à son nom à la fondation. Les fondations et les organisations caritatives telles que la Do Good Foundation sont nombreuses et à plusieurs niveaux, et elles contribuent effectivement à de nombreux projets de recherche et médicaux et à la lutte contre la pauvreté, mais ces dépenses font pâle figure en comparaison des actifs cachés des riches et des impôts évités par le système des fondations. Si l'on ajoute à cela le fait que les revenus d'investissement des biens donnés à la fondation sont également exonérés d'impôts, le consortium Rockefeller est le véritable contrôleur des biens d'une part, et exonéré de l'impôt sur les revenus d'investissement d'autre part, ce qui fait croître sa richesse encore plus rapidement.

Le *Washington Post* a rapporté qu'après deux générations de gestion familiale prudente, la grande majorité des actifs du consortium Rockefeller a été transférée à des fondations à différents niveaux et échelons, ainsi qu'à leurs dérivés, filiales et sociétés sous contrôle direct et indirect, ce qui a donné naissance à un vaste réseau de fondations. Les rapports financiers de chaque "unité" de nœud du réseau de fondations ne sont pas audités, ne sont pas soumis à la divulgation publique, et toutes les enquêtes impliquées sont poliment et légalement rejetées, disparaissant ainsi du radar des systèmes comptables et réglementaires. Il s'agit en fait de l'invention par la famille Rockefeller de la grande loi de la richesse furtive, dont les super-riches d'aujourd'hui s'inspirent tous. Le jeu du don de richesse de Gates et Buffett n'est rien d'autre que la continuation de la pratique de la vieille famille Rothschild du début du 20e siècle.

Après soixante ou soixante-dix ans d'activité, la famille Low contrôle jusqu'à quelques centaines, voire quelques milliers de fondations et d'affiliés, un réseau que personne n'arrive à démêler clairement. La richesse divulguée au public par la famille Rock est d'environ 1 à 2 milliards de dollars. Utiliser la pointe de l'iceberg pour décrire tout cela n'est peut-être pas le cas. La richesse réelle des super-riches échappe totalement à toute mesure, vérification et suivi.

C'est le mystère suivant : plus on abandonne, plus on contrôle.

Les Rockefeller, la "famille du bas".

Depuis des années, les médias de masse transmettent au public l'idée que les conglomérats Lowe d'aujourd'hui sont depuis longtemps tombés en disgrâce et ne sont rien d'autre que des riches de la classe moyenne. Si le déclin de la famille Rothschild de la position de leader des riches en Europe est attribué aux guerres successives en Europe et à l'implication des Rothschild dans la situation générale, alors comment expliquer raisonnablement la disparition de la richesse des Rothschild ? Le consortium Rockefeller a toujours contrôlé les industries pétrolières, chimiques et pharmaceutiques des États-Unis et dirigé les principales banques depuis plus d'un siècle, et l'histoire de l'économie américaine n'a pas été interrompue par les guerres successives. À ce jour, la richesse totale de la famille Rothschild ne dépasse pas 2 milliards de dollars, ce qui n'est comparable qu'aux riches Chinois qui ont fait fortune au cours des 20 dernières années ? Autant voir si les banquiers internationaux sont vraiment chez eux.

Au cours de la campagne présidentielle de Nelson Rockefeller dans les années 1960 et 1970, le Sénat américain a régulièrement tenu des audiences sur sa situation patrimoniale. Nelson a d'abord annoncé que sa fortune personnelle était d'environ 33 millions de dollars. Après une enquête préliminaire du Sénat, et après des consultations répétées avec Nelson, ce dernier a changé de discours et a admis que sa fortune personnelle était de 218 millions de dollars, soit six fois plus que ce qu'il avait initialement déclaré. À cette époque, alors que le dollar était encore à l'ère du dollar américain, un dollar correspondait à 0,88 gramme d'or, et ses avoirs personnels s'élevaient à 191 tonnes d'or, qui, au cours actuel de l'or (900 $/oz), valent aujourd'hui 25 fois ce qu'ils valaient alors. Le chiffre de 218 millions de dollars que Nelson a fourni au Sénat est déjà assez stupéfiant, bien plus que les fortunes personnelles des 37 premiers présidents américains réunis.

Cependant, ces actifs personnels étaient déjà la fondation de la famille Rockefeller qui avait "donné" la plupart des actifs à sa propre famille, le reste étant la part de Nelson après avoir été distribué entre les 84 membres de la famille.

Au cours de l'enquête du Sénat sur les biens personnels de Nelson, il a dû faire face, sans pouvoir raisonnablement l'expliquer, au fait que dans les années 1970, Nelson n'avait pas payé un centime d'impôt sur le revenu personnel pendant plusieurs années. La raison en est simple : en 1970, l'équipe de conseillers financiers et d'avocats de Nelson a procédé à un "ordonnancement et à un ajustement" de ses actifs en son nom, avec pour effet immédiat que Nelson n'a pas été soumis à l'impôt sur le revenu du tout pendant plusieurs années après cela. On estime que la dernière chose que le personnel impliqué dans l'enquête voulait faire à l'époque était de laisser le numéro de téléphone du comptable fiscal attitré de Nelson et de l'appeler lorsqu'il remplissait ses propres déclarations d'impôts.

Lors de l'enquête du Sénat sur les biens de Nelson, il s'est exprimé avec éloquence : " Si vous vous demandez si notre famille manipule une sorte de vaste pouvoir économique, ma réponse est que cela n'existe pas. Nous investissons simplement, nous ne contrôlons pas. Les membres de la famille ne sont pas intéressés par le contrôle des biens. Qu'il s'agisse d'un membre de la famille ou d'une équipe de gestion des actifs, l'objectif et les attentes de chacun sont d'obtenir un rendement raisonnable. Alors, quelle est la taille de l'équipe de gestion d'actifs de la famille Loh ?

Le cerveau de l'actif du consortium Rockefeller est Richardson Dilworth. Il a rejoint le consortium Rockefeller en 1958 et est devenu le maître manipulateur de la gestion des actifs de la famille. Avant de rejoindre Rockefeller, Richardson Dilworth était un partenaire principal chez Kuhn, Loeb & Co. l'équivalent au début du 20e siècle de la Goldman Sachs d'aujourd'hui, la banque d'investissement la plus importante de Wall Street qui a joué un rôle essentiel dans le système d'exploitation financière. Parmi ses principaux partenaires, citons

Leibow, Kuhn, Warburg, la famille Schiff et d'autres familles financières juives, qui sont tous des banquiers d'affaires de grande renommée. Kuhn, Loeb & Co. entretient des relations étroites avec le Consortium Rockefeller et JP Morgan.

Le vaste patrimoine géré par Richardson Dilworth comprend environ 1,033 milliard de dollars d'actifs personnels inscrits au nom de 84 descendants Lowe. Ces actifs étaient principalement détenus dans deux fiducies complexes créées par John D Rockefeller Junior, l'une pour les enfants en 1934 et l'autre pour les petits-enfants en 1952. Il existe plus de 200 fondations de tous types sous le nom de la famille Low, et le nombre de fondations et de trusts qui sont contrôlés directement ou indirectement par des couches d'actionnariat est bien plus important, estimé de manière prudente à plusieurs milliers. Toutes les fondations et tous les trusts sont internationaux par nature, et leurs opérations et fonds circulent librement dans le monde entier avec peu de réglementation, ce qui rend toute tentative de trier leurs véritables flux et volumes financiers totalement impossible. Les seuls noms que l'on voit sont ceux de Merrill Lynch ou Goldman Sachs, ainsi que d'autres consortiums riches qui ne donnent pas de noms réels dans leurs investissements et projets massifs.[176]

Ces fondations et ces trusts exploitent et mettent en valeur les avoirs institutionnels commerciaux modernes sous toutes leurs formes et dans toutes leurs nomenclatures, avec des couches et des connexions complexes, imbriquées et désorientées, et avec une solide équipe de gestionnaires et de juristes vedettes à tous les niveaux, dont il est à craindre que seuls quelques juristes de haut niveau en matière d'actifs aient une idée du nombre et de l'étendue réels des avoirs. En vertu du principe de protection de la propriété privée et de la confidentialité des informations, la situation financière et les détails de ces institutions ne sont jamais divulgués ou rendus publics et sont totalement opaques. Du point de vue de la conception structurelle, une telle institution peut être établie sans aucune limite au niveau de la hiérarchie, de la subordination et de la subordination, de sorte que le véritable état de l'institution est bien et étroitement dissimulé.

Les conclusions rendues publiques par le Sénat ne révèlent pas le nombre de biens de chaque membre de la famille Low, mais seulement

---

[176] Gary Allen, *The Rockefeller File*, Buccaneer Books, Inc. 1976, p. 11.

un nombre total. Là encore, la raison en est que la vie privée doit être pleinement respectée. Les procès-verbaux et les documents relatifs aux réunions financières de la famille Low peuvent être soustraits à la divulgation publique. La bannière de l'obscurité des informations privées occulte immédiatement le droit de savoir de l'ensemble du public.

Le public ne peut apprendre qu'à partir d'une petite quantité d'informations divulguées publiquement, telles que.

L'une des propriétés de la famille Low à New York valait plus de 50 millions de dollars en 1930, rien que pour le terrain. [177]

Le domaine de Steve, le fils de Nelson, compte 70 miles, soit l'équivalent de 100 kilomètres de routes privées, sur plus de 4 000 acres. Des informations antérieures révélaient que le domaine s'étendait sur 7 500 acres (environ 45 000 acres). En 1929, il y avait 75 bâtiments dans lesquels vivaient plus de 100 familles. La collection de documents intrafamiliaux du domaine vaut à elle seule 4,5 millions de dollars.

Faisant référence à la "rénovation somptueuse" de la propriété, Rockefeller Sr. a versé 700 000 dollars à Amtrak pour faire démolir une section du chemin de fer sur le "territoire" de la propriété et 1,5 million de dollars supplémentaires à un collège de la propriété à titre de "frais de déménagement".

Ce n'est qu'un des domaines de la famille Lowe en 1930, un autre manoir à New York avec 32 pièces, un château à Washington, plusieurs autres domaines dans le Maine, sans compter les nombreuses plantations possédées en Amérique centrale comme au Venezuela, plusieurs fermes exploitées au Brésil...

En 1975, Nelson a acheté 18 000 acres de terres au Texas dans le seul but de les utiliser comme "site d'événements en plein air".

À Pocantico Hill, il y a plus de 500 employés de maison de toutes sortes sur appel, y compris des nettoyeurs, des gardes de sécurité, des cuisiniers et des jardiniers, 45 domestiques prêts à travailler dans un domaine de villégiature à Seal Harbor et 15 domestiques engagés dans une maison privée à Nelson. Le décompte incomplet des domestiques de la famille Rothschild a dépassé les 2 500. Tous les locaux du

---

[177] Ibid, p. 13.

domaine sont maintenus en parfait état, prêts pour toute visite que les hôtes souhaiteraient faire.

En plus des biens immobiliers, les sacs d'argent aux poches profondes des Low détiennent également des actions détenues par des consortiums, pour ne prendre que l'exemple de la Exxon Oil Company, rebaptisée New Jersey Standard Oil Company, qui faisait partie de la Standard Oil Company après sa scission. La valeur des actions Exxon détenues directement par les Rockefeller était de 156 millions de dollars (1974), un chiffre qui ne comprend pas les actions détenues indirectement par les Rockefeller sous forme de fondations et de trusts, etc.

Le célèbre Rockefeller Center, avec son évaluation publiée de 98 millions de dollars, est un chiffre ridicule. Un article du *Los Angeles Times* du 30 septembre 1974, traitant de la question de l'évaluation exacte du Rockefeller Center, indiquait que divers experts avaient conclu qu'il était impossible de l'estimer. Le marché a généralement convenu que cet actif aurait dû valoir 1 milliard de dollars en 1974.[178]

En comptant approximativement les actifs d'investissement exploités par le Consortium Rockefeller en 1975, la catégorie des actions comprend 85 millions de dollars de California Standard, 72 millions de dollars d'IBM et plus de 10 millions de dollars d'actions de sociétés : Chase Manhattan, Mobil Oil, EaMac, General Electric, Texas Instruments, Minnesota Mining & Manufacturing, etc.

Le consortium Rockefeller détient des participations importantes dans les 50 entreprises les plus importantes des États-Unis. Un décompte incomplet montre qu'il y a 154 personnes à temps plein au sein du consortium Rockefeller qui gèrent ces actifs, et que les assistants directs de l'intendant de Big Money Richardson Dilworth sont 15 professionnels de la finance de haut niveau. Ces employés chargés de la gestion des actifs sont également directeurs et gestionnaires de divers types et niveaux de fondations et de trusts, et ils gèrent 70 milliards de dollars d'actifs. Encore une fois, j'attire l'attention du lecteur sur le fait qu'il s'agit de 70 milliards de dollars en 1974 !

---

[178] Ibid, p. 15.

C'est vrai pour les Rockefeller, et ce n'est pas vrai pour les Rothschild et les autres familles bancaires internationales.

Outre leur richesse, les Rockefeller ont également étendu leur influence sociale en forgeant des alliances stratégiques plus étroites avec les familles les plus puissantes d'Amérique par le biais de nombreux mariages mixtes. Selon des statistiques incomplètes, la famille Rockefeller a une relation matrimoniale "descendante" avec la moitié des 60 familles les plus riches des États-Unis. Les principales d'entre elles sont Stillman, Dodge, McAlpin, McCormick, Carnegie et Aldrich.

Effet de levier et contrôle de la richesse

Exxon a remplacé General Motors en tant que première entreprise industrielle dans la liste des plus grandes entreprises publiques établie par le magazine Fortune en 1974. Rockefeller détient des actions pétrolières d'une valeur de 324 millions de dollars, ce qui représente une participation d'environ 2 % dans chacune des quatre plus grandes compagnies pétrolières, et les informations divulguées dans le cadre de l'enquête du Congrès Patman de 1966 montrent que neuf fondations familiales Rockefeller détiennent collectivement environ 3 % des sociétés de la Standard Oil. À ce chiffre, les Rockefeller détiennent en fait une participation effective d'environ 5 % dans les quatre grandes compagnies pétrolières. Si l'on ajoute à cela les importantes participations dans les compagnies pétrolières des trusts, des banques, des compagnies d'assurance et des bailleurs de fonds universitaires qu'elle chapeaute, la famille Low exerce un contrôle direct et absolu sur l'industrie pétrolière américaine.

Dans le secteur bancaire, les banques contrôlées par les Rockefellers comprennent la First Nation City Bank et la Chase Manhattan Bank. La Chase Manhattan Bank est la troisième plus grande institution bancaire du monde, et cette troisième est en termes de taille, elle est en fait la banque la plus influente du monde. La Chase Manhattan Bank est issue de la fusion de la Chase Bank et de la Manhattan Bank, contrôlées par une importante famille financière juive. Cette fusion a apporté un succès commercial et des avantages considérables aux deux partenaires. Plus tard, cette banque a été fusionnée dans ce qui est aujourd'hui JP Morgan Chase.

Ce n'est pas la totalité de ses actifs.

Le rapport du *New York Times* affirme qu'une grande partie des opérations commerciales de la Chase Manhattan Bank sont menées par l'intermédiaire de ses institutions à l'étranger et ne sont pas divulguées dans les déclarations publiées.

En 1975, le magazine *Time* a révélé que la Chase Manhattan Bank possédait 28 succursales à l'étranger et plus de 50 000 banques affiliées dans le monde. En supposant qu'une succursale bancaire possède des biens d'une valeur de 10 millions de dollars, la Chase Manhattan Bank a le pouvoir de disposer de biens potentiels d'une valeur de 500 milliards de dollars. Une influence et une domination à cette échelle peuvent provoquer instantanément d'énormes chocs sur les marchés mondiaux des devises, des changes et de l'or, puis profiter de ces chocs pour créer des situations de panique et en tirer profit, ce qui est une opération de cisaillement typique.

Nelson a déclaré lors d'une audition se présenter à la vice-présidence : Je ne possède moi-même aucune action de la Chase Manhattan Bank.

Cette déclaration est techniquement impeccable et il n'y a pas vraiment une seule action de la Chase Manhattan Bank sous son nom personnel. Cependant, la famille Low possède 623 000 actions (soit 2,54 %) de la Chase Manhattan Bank, la Rockefeller Brothers Foundation possède 148 000 actions, la Rockefeller University possède 81 000 actions, et la famille Rockefeller et les institutions liées possèdent ensemble l'équivalent de 4 % de la participation de contrôle de la Chase Manhattan Bank.

Le rapport annuel de 1974 de Chase révèle des actifs totaux de 4,2 milliards de dollars et un revenu net annuel de la famille Low de 170 millions de dollars.

Le contrôle et la propriété d'une entreprise par une famille fortunée est un secret soigneusement gardé, et lorsqu'on leur demande de divulguer des informations pertinentes, ils donnent les noms d'un certain nombre d'agences de séquestre financier (Street Names) pour s'en sortir facilement. Les informations de détention des intermédiaires financiers sont en fait très vagues et très différentes de la situation réelle, et certains intermédiaires sont tellement fictifs que les informations dites de conservation ne reflètent pas du tout l'identité des véritables détenteurs et bénéficiaires.

Outre la Chase Manhattan Bank, le consortium Rockefeller contrôle également la plus grande banque de New York, la National City Bank (NCB). Le président de la banque, Stillman, était un partenaire commercial de William Rockefeller et l'un des dirigeants de la Standard Oil Trust Company. Ses deux filles étaient mariées respectivement aux deux fils de William Rockefeller. Stillman était également marié à la riche famille Carnegie. Cette relation "descendante" ajoute au pouvoir de la famille Rockefeller.

La troisième banque contrôlée par le consortium Rockefeller, la Hanwha Bank (Chemical Bank), est principalement contrôlée par la famille Harkness. Edward Harkness, partenaire de longue date en étroite relation d'affaires avec Rockefeller Sr. et l'un des administrateurs de la Standard Oil Trust Company, était le deuxième plus grand actionnaire de la Standard Oil en 1939, juste derrière Rockefeller Sr.

En dehors du système bancaire, le consortium Rockefeller amplifie encore son contrôle de facto de l'entreprise par le biais du système d'assurance. Il est bien connu que les banques commerciales sont le principal canal d'octroi de crédits à court terme aux entreprises, tandis que les compagnies d'assurance fournissent des crédits à long terme. Détenir en parallèle des banques commerciales et des compagnies d'assurance équivaut à détenir à deux mains l'élément vital du capital d'une entreprise.

En conséquence, le contrôle global de l'entreprise par le consortium Rockefeller s'est considérablement accru.

Le consortium Rockefeller noue des relations d'imbrication directeur-membre avec trois grands assureurs américains : Metropolitan Insurance, Metropolitan Life Insurance et New York Life Insurance. On estime que le consortium Rockefeller contrôle 25 % des actifs des 50 plus grandes banques commerciales du pays et 30 % des actifs des 50 plus grandes compagnies d'assurance.

Grâce à un effet de levier multiplicateur élevé, le contrôle du consortium Rockefeller sur les aspects socio-économiques et la richesse est amplifié de façon sans précédent.

Selon un rapport de la commission bancaire du Sénat de 1974, le consortium Rockefeller détenait un contrôle de 5 % sur un grand nombre de sociétés cotées en bourse. En effet, par l'intermédiaire d'autres institutions financières, telles que les banques et les compagnies d'assurance, le contrôle du consortium Rockefeller sur ces sociétés, sous la forme de 5 % d'actions directes plus 2 % d'autres actions plus la participation de la direction, a été considérablement renforcé. Parmi ces sociétés figurent ExxonMobil Oil, Standard Oil of California, Standard Oil of Indiana, etc.

En plus des trois grandes banques et des trois grandes compagnies d'assurance, le consortium Rockefeller a réussi à contrôler profondément l'entreprise en contrôlant le département fiduciaire de la banque. Le département fiduciaire de la banque joue un rôle essentiel dans la propriété des actions et les droits de vote. Un grand nombre de grands investisseurs confient leurs actions au département fiduciaire de la banque, et en même temps confient les droits de vote correspondants au département fiduciaire de la banque pour qu'il exerce en leur nom le pouvoir de décision sur l'entreprise.

Selon un dicton populaire, le département fiduciaire d'une banque ne fait pas peur à n'importe quelle entreprise. Un pouvoir de décision important et critique repose en grande partie entre les mains du département fiduciaire de la banque, qui, en 1967, possédait 35 milliards de dollars d'actifs fiduciaires bancaires, soit 14 % des actifs fiduciaires du pays.

Grâce à ces participations directes et indirectes, le Consortium Rockefeller a acquis un contrôle fort et efficace sur des entreprises de divers secteurs.

Chase Trust Investment Management est le plus grand actionnaire unique de 21 des plus importantes sociétés des États-Unis. Parmi les entreprises directement sous le contrôle du consortium Rockefeller figurent United Airlines, Northwest Airlines, Long Island Power, National Steel, American National Airlines et 16 autres grandes entreprises.

Parmi les entreprises qui ont été incluses dans le royaume du consortium Rockefeller grâce à un contrôle fortement amplifié, citons IBM, AT&T, Central Railroad, Delta Air Lines, Motorola, Safeway, Hewlett-Packard et d'autres.

Parmi les entreprises qui sont contrôlées par l'influence du crédit bancaire et l'imbrication des sièges des conseils d'administration des grandes entreprises, citons DuPont, Shell et d'autres.

En résumant les informations sur les différents indices, nous avons été stupéfaits de constater que le consortium Rockefeller contrôle en fait 37 des 100 plus grandes entreprises industrielles des États-Unis, 9 des 20 plus grandes entreprises de transport, toutes les plus grandes entreprises d'électricité, d'eau et de gaz, 3 des 4 plus grandes compagnies d'assurance, et d'innombrables petites et moyennes entreprises d'investissement, de prêt et de vente au détail.

Un contrôle économique de cette ampleur et d'une magnitude dépassant l'imagination ne peut que produire une influence politique correspondante. Il est devenu difficile de dire qui est en charge de la prise de décision entre les conglomérats super-riches et le gouvernement, et les deux parties se sont profondément interpénétrées et fondues en un tout.

Le Washington Post écrit qu'une fois Nelson élu vice-président, il rencontrera des intérêts liés au consortium Rockefeller dans presque toutes les questions de résolution économique publique, créant ainsi un conflit d'intérêts évident.

En outre, il existe une imbrication de la gestion et un contrôle mutuel entre les grandes fondations, comme c'est le cas pour les grandes fondations de premier plan telles que la Fondation Rockefeller, la Fondation Ford et la Fondation Carnegie. La Fondation Carnegie est une partie importante de la Fondation Rockefeller, dont les principaux opérateurs sont membres de l'Association for American Foreign Relations, contrôlée par la Fondation Rockefeller, et deux des six principaux membres du Conseil de gestion financière sont des directeurs des institutions financières du Consortium Rockefeller. Le président de la Fondation Ford de 1953 à 1965 était président de la Manhattan Bank, et son successeur était également administrateur de la Bank of Manhattan et a été président de la Banque mondiale. Plusieurs des dirigeants et des opérateurs de la Fondation Ford sont membres de l'American Foreign Relations Association.

Enquête du Congrès

Un tel contrôle de la richesse et de l'influence politique par les Rockefeller a certainement attiré très tôt l'attention du Congrès américain.

En 1950, le membre du Congrès Peterman a lancé une enquête sur les actifs de la fondation afin de déterminer si la fondation utilisait divers portefeuilles d'actifs pour dissimuler une manipulation du marché. Les conclusions de cette enquête se lisent, en partie, comme suit : "La vie économique de notre pays tout entier est devenue intimement liée aux pratiques commerciales d'un grand nombre de fondations. Si aucune mesure n'est prise immédiatement, chaque aspect de la vie américaine sera sous le contrôle de la Fondation. " [179]

Le rapport a été soumis sans suite, aucune action n'a été entreprise, et il s'est terminé sans laisser de trace.

En 1952, Eugene E. Cox, membre du Congrès, a mené la deuxième enquête du Congrès sur les fondations exonérées d'impôts afin de vérifier de manière approfondie si ces fondations utilisaient leurs ressources à des fins contraires aux traditions et aux intérêts nationaux américains. Dès le jour où l'enquête a été lancée, le consortium Rockefeller a utilisé sa faction du parti démocrate, établie de longue date, pour y faire obstacle de toutes les manières possibles. Tout d'abord, il a "épargné le temps comme de l'or", et seuls six mois ont été approuvés pour cette énorme enquête, qui a nécessité plusieurs années de travail, puis il a retardé à plusieurs reprises la mise à disposition des fonds, dressé de nombreux obstacles, et retardé à plusieurs reprises le temps en discutant des détails du processus d'enquête. [180]

Après des mois de persévérance face à de nombreux revers et difficultés, le sénateur Cox n'a finalement pas pu résister aux obstacles de son adversaire, et au cours de l'enquête, il est tombé malade et est finalement décédé.

Depuis lors, le membre du Congrès Carroll Reece (R-Ky.) a déposé une troisième enquête dans le but d'approfondir et de poursuivre l'enquête dans le temps. Cette démarche a immédiatement provoqué une vive réaction de la part du consortium Rockefeller. Il est clair pour tout le monde que si les conclusions de l'enquête révèlent la nature des opérations de la fondation, le système de la fondation sera fortement contesté et combattu, et il y sera très probablement mis fin.

Le Washington Post, qui entretient des liens étroits avec Low, est immédiatement monté au créneau et, sur un ton rarement aussi dur, a

---

[179] Ibid, p. 40.

[180] David Rivera, *Final Warning : Une histoire du nouvel ordre mondial — L'illuminisme et le plan directeur pour la domination du monde*, 1994.

accusé l'enquête d'être complètement stupide, inutile et de constituer un gaspillage de ressources publiques. [181]

Les grands médias, qui ne veulent pas rester en arrière, s'en prennent à Reese et à l'enquête, la qualifiant de "théorie du complot" et faisant tout ce qui est en leur pouvoir pour salir, attaquer et ridiculiser Reese, le dépeignant comme un "maccarthyste".

L'enquête est menée presque dans un état d'arrêt total. Alors que l'enquête progresse avec une extrême difficulté, Reese découvre que quatre des cinq membres de la commission d'enquête sont tous des agents de Rockefeller, sauf lui-même. Parmi ces membres, le représentant Wayne Hays (R-Ky.) a été le plus virulent dans son opposition, son obstruction et sa confrontation à l'enquête. Hayes se rendait régulièrement dans un hôtel de Washington pour déjeuner chaque semaine, période pendant laquelle il rencontrait des représentants de plusieurs grandes fondations pour discuter de la réponse.

La capacité de M. Hayes à interrompre était si importante lors de l'audience du dossier d'enquête qu'il a interrompu 264 fois au cours d'une audience qui a duré 185 minutes. Il a également refusé de se conformer au système d'audience, attaquant, maltraitant et dépréciant constamment les témoignages, interrompant sans cesse et provoquant finalement la suspension de l'audience.

M. Hayes a également révélé qu'il avait été contacté par la Maison Blanche pour discuter de la manière de mettre fin à l'enquête de la commission.

La Commission Rees n'a eu d'autre choix que de réduire encore et encore le champ de son enquête, pour finalement se concentrer sur les trois plus grandes fondations. Toutefois, cette démarche a finalement pris fin en raison de la pression et de l'obstruction croissantes, ainsi que des contraintes de temps, de finances et de personnel.

Le 19 août 1954, Reese a résumé cette activité d'investigation en disant,

> " La Fondation est la deuxième plus puissante après le gouvernement fédéral... Le Congrès devrait peut-être

---

[181] Gary Allen, *The Rockefeller File,* Buccaneer Books, Inc. 1976, p. 43.

> *reconnaître que la Fondation est devenue plus puissante dans certains domaines, en tout cas plus que le pouvoir législatif du gouvernement.* " [182]

Depuis lors, il n'y a plus eu de résistance organisée du gouvernement et du Congrès contre la Fondation.

Fondations, groupes d'élite et gouvernements

Le summum du capitalisme monopolistique est la suppression des rivaux et l'élimination de la concurrence. Pour y parvenir, la coopération avec le gouvernement devient nécessaire. Et l'obtention d'un plus grand contrôle de l'industrie, du commerce, du capital, de la technologie, de la main-d'œuvre et des ressources dans un sens plus large nécessitera la synergie du gouvernement jusqu'à ce qu'un gouvernement mondial soit atteint.

L'influence des banquiers internationaux sur la politique et le gouvernement se fait en grande partie indirectement par le biais de l'initiation et du financement de l'American Foreign Relations Association. L'American Foreign Relations Association est sous le contrôle du Rockefeller Consortium depuis sa création jusqu'à aujourd'hui.

Toutes les personnes socialement influentes de la société américaine, qu'il s'agisse d'avocats, de banquiers, de professeurs, de généraux, de journalistes, d'éditeurs ou de fonctionnaires, presque invariablement des poids lourds qui ont une certaine influence sur les décisions politiques du gouvernement américain, notamment en matière de politique étrangère, ont été recrutées par le Council on Foreign Relations.

La grande majorité des présidents qui se sont succédé depuis le président Roosevelt des États-Unis ont également été membres du Council on Foreign Relations. Les présidents tournent par mandat, et les fonctionnaires du gouvernement sont des soldats d'eau courante, mais le seigneur d'or qui se tient derrière le président, le groupe de

---

[182] David Rivera, *Final Warning : Une histoire du nouvel ordre mondial — L'illuminisme et le plan directeur pour la domination du monde*, 1994.

pouvoir familial derrière le gouvernement, le pouvoir d'or derrière les trois pouvoirs, n'a jamais changé.

L'influence de la famille Rockefeller sur la Maison Blanche, qui a commencé à se manifester lors de l'élection présidentielle de McKinley en 1894, s'est poursuivie sous l'ère Roosevelt, où l'influence de Low a progressivement joué un rôle décisif. Le New Deal de Roosevelt est en fait le New Deal de Rockefeller. La plupart des mesures introduites par le New Deal sont le reflet direct des intérêts commerciaux qui profitent au consortium de Lowe. [183]L'agent clé que Rockefeller arrange autour de Roosevelt est Harry Hopkins. Hopkins dirige une agence de services sociaux qui reçoit des fonds de la Fondation Rockefeller pendant dix ans. Hopkins était l'alter ego de Franklin Roosevelt et leur relation était semblable à celle du colonel House et du président Wilson. "Le pouvoir réel de Hopkins pendant la Seconde Guerre mondiale était le deuxième après le président Roosevelt et la deuxième personnalité la plus puissante de Washington. Hopkins admet que Low l'a beaucoup aidé et qu'il doit beaucoup à Rockefeller.

Les relations entre Nelson Rockefeller et Roosevelt ne datent pas d'hier. Pendant son mandat de secrétaire américain au commerce, Nelson Rockefeller a été un cadre clé du New Deal de Roosevelt.[184] Dans un article du *New York Times* du 20 mai 1960, on peut lire que Rockefeller était un ami très proche des relations de Roosevelt. Ils ont passé les vacances ensemble à Shangri-La, l'actuel Camp David.

Le premier secrétaire d'État d'Eisenhower, Dulles, était un cousin de Rockefeller, et le second secrétaire d'État, Chris, était membre du Council on Foreign Relations et un cadre important de Standard Oil. Le procureur général d'Eisenhower était un membre de l'Association des relations étrangères et un ancien employé de Rockefeller. Dès son entrée en fonction, Eisenhower a sélectionné des centaines de juges et d'avocats de tribunaux fédéraux et de districts, ainsi que des hauts fonctionnaires, qui étaient tous, ainsi que 17 fonctionnaires clés de l'administration Eisenhower, membres de la Foreign Relations Association.

---

[183] Antony C. Sutton, *Wall Street et FDR*, Arlington House Publishers, 1975.

[184] Gary Allen, *The Rockefeller File*, Buccaneer Books, Inc. 1976, p. 156.

Le président Kennedy lui-même était membre de l'Association des relations étrangères, et son secrétaire d'État, Dean Rusk, était un agent de l'arrangement direct de Rockefeller. Kennedy n'avait même pas rencontré ce secrétaire d'État avant de le nommer. Il n'est pas inhabituel que des présidents tels que Reagan et Jimmy Carter, lorsqu'ils ont nommé le Secrétaire d'État et le Président de la Réserve Fédérale, n'aient jamais rencontré ces personnes. La position officielle de Rusk en tant que Secrétaire d'État était également celle de la Fondation Rockefeller, et il a en fait pris un "congé" en tant que Secrétaire d'État du gouvernement des États-Unis. Le secrétaire d'État adjoint de Kennedy est également membre de la Foreign Relations Association et administrateur et directeur de la Rockefeller Brothers Foundation. Son secrétaire adjoint au commerce, Alexander Trowbridge, est membre du Council on Foreign Relations et administrateur de la Standard Oil. Il a été promu secrétaire au commerce sous l'administration Kennedy, et le secrétaire adjoint à la défense, qui a été promu à la même époque, était membre du Council on Foreign Relations.

Le procureur général du président Nixon était le conseiller royal de Rockefeller. Il était le coordinateur national général et le conseiller de Nixon pendant l'élection. [185]

Le premier vice-président de Nixon, Spiro Agnew, qui était président du conseil électoral de Rockefeller lors des élections de 1968, s'est opposé à Nixon lors des élections générales et a ensuite été placé à ses côtés en tant que conseiller politique. Le conseiller le plus important de Nixon est Kissinger, qui a été le conseiller personnel de Nelson Rockefeller en matière de politique étrangère pendant dix ans.

Kissinger a immigré aux États-Unis depuis l'Allemagne en 1956 et, en moins de vingt ans, il est passé du statut de professeur discret de Harvard à celui d'âme de la politique américaine, précisément parce qu'il avait une puissante poussée Rockefeller derrière lui. Kissinger et Nixon étaient en désaccord sur un certain nombre de programmes politiques, et les deux ne s'étaient rencontrés qu'une seule fois avant que Nixon ne nomme Kissinger au poste d'assistant à la sécurité nationale, et Nixon n'avait aucun sentiment favorable pour Kissinger. Mais Kissinger a été personnellement nommé par Rockefeller, et Nixon

---

[185] Ibid, p. 157.

ne pouvait que "faire ce qu'on lui disait" dans le processus de nomination.

Les 115 fonctionnaires à tous les niveaux de l'administration Nixon étaient tous membres de la Foreign Relations Association, et la plupart d'entre eux sont restés à des postes clés pendant l'administration Ford. Au cours de la présidence républicaine, Nelson Rockefeller a placé un certain nombre d'entre eux à des postes clés tels que les différents comités politiques de la Chambre et du Sénat.

Quant à l'influence des Rockefellers sur la Maison Blanche, quelqu'un a estimé en 1975 que plus de 5 000 fonctionnaires occupant des postes élevés au sein du gouvernement fédéral étaient des candidats au pouvoir des Rockefeller.

Les Rockefeller ont un intérêt majeur pour les affaires internationales, en particulier les affaires étrangères, et ont veillé à ce que les deux postes clés de secrétaire d'État et de chef de la CIA soient aux mains des Rockefeller dans les administrations successives. Avec le cousin de Rockefeller, Allen Dulles, comme premier directeur et doté d'une équipe complète, la CIA est, du point de vue du personnel, presque le bras policier de la Standard Oil à l'étranger. L'autre cousin de Low, John Foster Dulles, était le secrétaire d'État d'Eisenhower. [186]

Le groupe Rockefeller et les administrations américaines successives sont véritablement devenus une famille, pas un seul d'entre nous.

Rockefeller a déclaré que le Département d'État à Washington était notre plus grande aide, avec de nombreux ambassadeurs et ministres nous aidant à ouvrir de nouveaux marchés dans les coins les plus reculés du monde. Le gouvernement américain sert les intérêts et poursuit les politiques du groupe Rockefeller à tous les niveaux. Le journaliste Jack du Washington Post écrit que les décisions politiques du département d'État américain sont, dans un sens, centrées sur les intérêts des compagnies pétrolières. Lorsqu'une compagnie pétrolière ne peut pas obtenir un certain avantage à l'étranger, le département d'État américain intervient pour y remédier. Dans de nombreux pays, l'ambassade des États-Unis fonctionne comme le bureau à l'étranger

---

[186] Ibid, p. 159.

d'une compagnie pétrolière. L'ombre des sept grandes compagnies pétrolières est partout dans les politiques du Conseil d'État.

- ➢ Rockefeller a également la mainmise sur le choix du secrétaire au Trésor pour s'assurer que le Trésor fonctionne comme le bras bancaire de JP Morgan Chase.
- ➢ Robert Anderson, le trésorier d'Eisenhower, est membre du Council on Foreign Relations.
- ➢ Douglas Dillon, le trésorier de Kennedy, est membre du Council on Foreign Relations et administrateur de la Rockefeller Brothers Foundation.
- ➢ Le trésorier de Johnson, Henry Fowler, est membre de l'Association des relations étrangères.
- ➢ William Simon, le ministre des finances de Ford, est membre de l'Association des relations étrangères.

Ces dernières années, cependant, ce pouvoir a été progressivement accaparé par les banques d'investissement de Wall Street.

Les fondations et le système éducatif

En 1890, Andrew Carnegie a publié un recueil de onze de ses essais dans un livre intitulé *The Gospel of Wealth*. Dans son livre, il part du principe que le système du marché libre s'est éteint devant les géants industriels et financiers de leur génération, qui non seulement possèdent une richesse absolue, mais contrôlent également le gouvernement. Mais il craint que la prochaine génération de personnes ne grandisse, ne réalise la gravité du problème et ne se soulève contre ce système qui leur est bénéfique. Sa conclusion est que le système éducatif doit être contrôlé.

Conscients qu'il est peu probable que la fragmentation régionale du système éducatif américain puisse être "effacée" au cas par cas, les super-riches continuent d'adopter une stratégie de "roi de la chaîne", en se concentrant sur l'investissement dans les associations d'enseignants et le développement de matériel pédagogique qui peuvent contrôler efficacement le système éducatif tant qu'ils ont un contrôle ferme sur les enseignants et le contenu de l'enseignement. La Fondation

Rockefeller a donc investi massivement dans le General Education Board, la principale association d'enseignants aux États-Unis. [187]

Rockefeller a dit un jour que nous disposions de ressources illimitées pour faire obéir les gens et que le mode d'éducation actuel était dépassé depuis longtemps.

La Fondation Rockefeller et la Carnegie Endowment financent simultanément l'élaboration et la distribution de manuels scolaires à grande échelle, exerçant effectivement une influence sur le système éducatif par des moyens indirects. Lorsque deux générations ou plus sont élevées sous l'influence éducative d'une même idéologie, les schémas de pensée de plusieurs générations s'assemblent progressivement dans une même direction. La Fondation Rockefeller et la Fondation Carnegie ont entièrement financé l'industrie des manuels scolaires dans les écoles et les établissements d'enseignement de tous niveaux aux États-Unis depuis les années 1920 et 1930, sans interruption.

Outre la chaîne, un autre objectif est de contrôler le haut de gamme. Les 2/3 des fonds de la Fondation Rockefeller et de la Fondation Carnegie sont destinés à l'enseignement supérieur. Dans les années 1930, 20 % de l'ensemble du financement de l'enseignement supérieur américain provenait de la Fondation Rockefeller et de la Fondation Carnegie. Elles ont en fait fonctionné en partie comme le département américain de l'éducation. L'influence que ces deux fondations ont exercée sur l'enseignement supérieur américain a été efficace.

La National Education Association, la plus grande association d'enseignants des États-Unis, contrôlée par les fondations Rockefeller et Carnegie, a déclaré dans un rapport de 1934 que le modèle de marché libre moribond devait être complètement détruit et que tous devaient se soumettre à un contrôle social accru.

Ce point de vue soutient pleinement l'idée de Rockefeller. Roche suggère que "la concurrence est un péché" et devrait être éliminée. Une telle idée a pour but d'étouffer et d'éliminer les concurrents, d'obtenir des monopoles et de contrôler davantage la société.

---

[187] Ibid, p. 44.

Formation de l'opinion publique

L'influence sur l'opinion politique et publique ne peut être obtenue sans le contrôle des médias.

L'influence de la Fondation Rockefeller sur les médias repose également sur le principe fondamental "Channel is king" (le réseau est roi). Tout d'abord, le contrôle des sources d'information par le contrôle des trois principales agences de presse, les trois principales agences de presse sont la source d'information de tous les médias imprimés locaux, le contenu de la mise en page et les idées éditoriales des principaux médias locaux, les trois principales agences de presse sont la première priorité. Avec les trois principales agences de presse entre ses mains, la Fondation Rockefeller a rassemblé les médias imprimés tels que les livres, les journaux et les magazines.

En plus du principe "la chaîne est reine", les médias doivent également contrôler le haut de gamme. Sur la base du principe "attraper le voleur avant le roi", Lok a d'abord fait tomber le New York Times, le phare des grands médias. La position de l'éditorial du New York Times servira de référence pour les perspectives et les attitudes de toute la couverture des grands médias, qui restent toutes cohérentes alors que le New York Times ajuste instantanément sa couverture.

Low tenait également le Washington Post en haute estime. Publié dans la capitale du pays, le Washington Post est un quotidien indispensable pour les politiciens. Sa directrice, Katharine Graham, est membre de l'Association des relations étrangères. Franklin Murphy, qui dirige le plus grand journal de l'Ouest, le Los Angeles Times, est également membre de la Foreign Relations Association. Low coordonne les intérêts des principaux gardiens des médias en lançant et en finançant la Foreign Relations Association. [188]

Dans le domaine des médias télévisés, William S Paley, le patron de CBS qui possède plus de 200 chaînes de télévision et 255 stations de radio, est membre du Council on Foreign Relations et administrateur principal de la Fondation Rockefeller.

---

[188] Ibid, p. 68.

NBC est une station de télévision affiliée à la RCA. Son directeur, David Sarnoff, est membre du Council on Foreign Relations.

ABC possède 153 stations de télévision et privilégie les programmes de divertissement. La Chase Manhattan Bank détient une participation de 6,7 % dans ABC.

Par le biais de ses avoirs bancaires et fiduciaires, Rockefeller détient une participation de 14 % dans CBS et de 4,5 % dans RCA.

Ces géants des médias télévisés sont en fait tous sous l'égide du consortium Rockefeller. Certains ont dit en plaisantant que, qu'il s'agisse d'ABC, de CBS ou de NBC, il s'agit en fait de RBC, ou Rockefeller Broadcasting Company.

Il existe un autre secteur des médias qui ne peut être ignoré, et c'est la publicité. Les revenus publicitaires représentent 2/3 à 3/4 des revenus totaux de la presse écrite et constituent certainement le poulet doré auquel les médias accordent de l'importance. Les plus gros clients de la publicité sont les chaînes et les centres commerciaux. Les éditeurs de médias ne vont pas laisser les voix contre les maîtres de l'or s'amplifier ouvertement.

Les plus grandes chaînes et magasins spécialisés des États-Unis, tels que Macy, JC Penny, Sears, etc., ont au moins un membre de leur conseil d'administration qui est membre de l'Association des relations étrangères et s'imbriquent dans les conseils d'administration de banques et de sociétés contrôlées par des membres de l'Association des relations étrangères.

En outre, les compagnies pétrolières et les institutions financières sont de grands annonceurs dans les médias. Quel genre de média a le courage de choisir ce que les grands argentiers ne veulent pas entendre ?

La Fondation apprécie également l'orientation des voix religieuses ; les États-Unis sont, après tout, une puissance religieuse, et l'influence du pouvoir religieux sur la société ne peut être sous-estimée. La Fondation Rockefeller et la Fondation Carnegie financent le séminaire théologique de New York et le Conseil fédéral des églises. La voix de la théologie sociale "dominante" s'est progressivement déplacée pour plaider en faveur du développement de la planification et du contrôle social, ainsi que du contrôle de l'argent et de l'activité économique. Le Conseil fédéral des Églises compte plus de 40 millions de membres aux États-Unis. L'effet de puissance d'une telle influence idéologique potentielle est incommensurable.

Le gouvernement mondial : l'objectif du "bloc de pouvoir anglo-américain".

> *"Certains pensent même que nous faisons partie d'un groupe clandestin qui cherche à mettre en péril les intérêts fondamentaux des États-Unis en présentant ma famille et moi-même comme des "internationalistes" qui conspirent pour créer une structure politique et économique mondiale — un seul (gouvernement) mondial — en coopération avec certaines personnes dans divers pays (ayant les mêmes idéaux). Si c'est une accusation, alors je plaide coupable, mais j'en suis fier."*
> David Rockefeller [189]

La vision ultime de Rhodes était que les États-Unis retournent dans le giron de l'Empire britannique, puis qu'ils construisent, avec les Britanniques et les Américains en leur sein, des mécanismes qui répandraient l'évangile de leur "bon système social" dans le monde entier et qu'ils rêvent d'un "gouvernement mondial" basé sur cela. Bien entendu, il ne s'agit pas d'une pyramide du pouvoir équitable, et la "classe supérieure" anglo-américaine, avec sa "grande tradition" et son "élégance", s'installera sans honte au sommet de la pyramide pour dominer le monde "à une échelle bien plus grande que celle de sa classe inférieure".

Pour ce "grand idéal", Rhodes a créé un Fonds Rhodes pour encourager et financer les jeunes Américains à étudier en Europe et pour éduquer la jeunesse américaine à travailler vers l'objectif d'un gouvernement unifié mondial. Pendant des décennies, de grands groupes d'élites américaines, influencés par la mentalité rhodésienne, ont adopté et suivi l'idée d'un gouvernement mondial. L'ancien président américain Clinton a reçu la bourse Rhodes.

"Après la fin de la Seconde Guerre mondiale, la Grande-Bretagne avait irrémédiablement perdu la possibilité de remettre les États-Unis dans sa propre orbite, et il y avait eu un changement fondamental dans la force des deux parties, alors qu'elles partageaient une menace bien plus grave que l'Allemagne nazie, à savoir l'Union soviétique.

---

[189] *Mémoires de* David Rockefeller, Random House, 2002, p. 405.

Ainsi, on s'oriente vers une intégration complète des deux parties pour surmonter les défis de l'Union soviétique et d'autres puissances et pour tenter d'établir un "gouvernement mondial".

Lorsqu'il s'agit de gouvernement mondial, les élites sont divisées en deux grandes factions : les progressistes et les radicaux.

Les progressistes préconisent un gouvernement mondial par l'organisation d'alliances régionales, une expansion progressive, puis une union entre elles.[190] La formation de l'Alliance atlantique en est un exemple. L'Alliance atlantique viole essentiellement l'esprit de la Constitution américaine et trahit les objectifs autonomes d'une nation indépendante et souveraine, mais cette organisation et les idées qu'elle épouse sont partagées par un grand nombre de riches individus. L'Alliance atlantique compte 871 membres fortunés, dont 107 sont membres de la Foreign Relations Association. Au milieu des années 1970, l'Alliance atlantique comptait plus de 2 000 membres. Une résolution importante parrainée par l'organisation est la "Résolution de l'Alliance atlantique", qui préconise l'abrogation de la Déclaration d'indépendance des États-Unis et la création d'une nouvelle union anglo-américaine au-delà des principes de la Constitution des États-Unis.

En 1949, la "Résolution sur l'Alliance atlantique" a été officiellement introduite au Congrès des États-Unis et, bien entendu, n'a pas été adoptée par le Congrès, cette proposition étant trop choquante pour que la grande majorité de ses membres l'accepte immédiatement. Depuis lors, chaque année, la proposition a été soumise à l'examen et a été approuvée et soutenue par des poids lourds tels que Rockefeller, Nixon, Eisenhower, les frères Dulles, Kissinger et McCarthy, et en 1975, elle a été réintroduite à la Chambre des représentants, où elle a été soutenue par 111 membres de la Chambre. Pendant des années, l'Alliance atlantique bénéficie du soutien secret de la famille Rockefeller. Nelson Rockefeller offre gratuitement à l'Alliance atlantique un immeuble de bureaux au 10 East 40Street à New York. [191]

---

[190] Clarence K. Streit, *Union Now*, Harper & Brothers, 1940.

[191] Gary Allen, *The Rockefeller File*, Buccaneer Books, Inc. 1976.

L'aile radicale du gouvernement mondial est représentée par James Warburg, fils de Paul Warburg des "Dix-sept grandes familles bancaires". Paul était l'architecte en chef de la Réserve fédérale, un associé de la célèbre banque d'investissement de Wall Street, Kuhn Loeb et Co, et James était un conseiller financier du président Roosevelt. La United World Federal (UWF), que James a fondée en 1947, était fortement financée par les Rockefeller. Le célèbre slogan de James Warburg est "Un seul monde ou aucun". Entre autres choses, le très radical professeur Milton a écrit un article en 1949 dans lequel il prétendait arracher le drapeau américain et cracher dessus.

L'une des principales sources de force spirituelle de l'aile radicale du gouvernement mondial a été l'explosion de la première bombe atomique de l'histoire de l'humanité par les États-Unis en 1945, et au moment où James Warburg a fondé le "World Federation Movement" (UWF) en 1947, aucun autre pays ne possédait d'armes nucléaires. Les armes de destruction massive donnent psychologiquement aux éléments du "World Federal Movement" une grande arrogance, et ceux qui me suivent prospéreront et ceux qui s'opposent à moi périront, et ceux qui osent s'opposer au gouvernement mondial seront effacés de la surface de la terre. C'est ce que James Warburg a proposé en 1954 :

> *"Nous devrions avoir un gouvernement mondial, que les gens le veuillent ou non. La seule question est de savoir si ce gouvernement mondial se réalise par consensus (pacifique) ou par conquête (forcée)."*

L'idée du Mouvement fédéral mondial est que la paix mondiale sera atteinte par une organisation et un système mondial unifié. Un grand nombre de jeunes aux États-Unis ont été influencés par cette tendance, croyant qu'un tel système garantirait pleinement la liberté individuelle, la liberté de pensée religieuse et la paix mondiale. Le Mouvement fédéral mondial travaille depuis des décennies à l'établissement d'un gouvernement mondial, sans faire de progrès visibles.

Le groupe Rockefeller a largement financé les actions des progressistes et des radicaux sous diverses formes, mais amener le public américain en général à abandonner la notion traditionnelle d'un État indépendant en faveur d'un gouvernement mondial ne se fera pas du jour au lendemain. Les progressistes et les radicaux ont travaillé sans relâche pendant des décennies, mais ils sont encore loin de leur objectif ultime.

Ainsi, les partisans de l'idée d'un gouvernement mondial ont créé un troisième organe d'organisation, la Commission trilatérale, afin de modifier les perspectives et les approches et de continuer à travailler à leur objectif global. La Commission trilatérale était dirigée par Brzezinski, qui défendait un point de vue différent de celui de l'Alliance atlantique et du "Mouvement fédéral mondial". Brzezinski affirme que demander aux Américains d'abandonner complètement l'idée d'un État indépendant, qui a formé une tradition centenaire, n'est pas intuitivement ou émotionnellement acceptable. La promotion d'un gouvernement mondial devrait progressivement atteindre le but ultime de "sauver la nation sur la courbe" par des voies et moyens indirects, lents, euphémiques, ingénieux et tortueux.

Les idées mises en avant par l'Alliance atlantique sont trop étroites pour répondre aux défis de la multipolarisation progressive du monde depuis les années 1970, y compris la situation de guerre froide et les relations de jeu internationales plus complexes. Par conséquent, au lieu de défendre directement et ouvertement un concept simple de gouvernement mondial, l'attention du public devrait être dirigée et attirée sur les problèmes communs auxquels le monde est confronté et sur la recherche de solutions cohérentes, comme la crise économique, la détérioration de l'environnement écologique, l'épuisement de l'énergie, etc.

Il est clair que ce processus ne progressera pas si les gouvernements et le public ne se préoccupent que de questions localisées et d'affaires internes.

La mise en place d'un gouvernement mondial global ne pourra être véritablement abordée que lorsque tous les pays du monde, des dirigeants nationaux au grand public, devront se concentrer ensemble sur les mêmes questions et parvenir progressivement à un consensus et à une unité de pensée.

Les partisans de l'idée d'un gouvernement mondial sont répartis dans quatre directions principales.

(1) L'établissement d'un nouveau système monétaire mondial.

(2) La crise mondiale des ressources et de l'écologie.

(3) Promouvoir l'intégration et la consolidation du commerce mondial.

(4) Crise énergétique.

Son idée générale est d'intégrer plus la crise, de faire avancer le consensus dans l'intégration, d'attendre les conditions tout en avançant, de créer la crise tout en attendant, d'amener l'action dans la crise.

Tout pays qui ne suit pas cette voie et se concentre uniquement sur ses propres problèmes internes et locaux est condamné à faire face à trois grands défis : les crises alimentaire, énergétique et financière. L'ampleur et le pouvoir destructeur de ces crises seraient comparables à ceux de la Grande Dépression des années 1920 et 1930. Les dirigeants ont dû s'asseoir ensemble pour discuter de l'urgente nécessité de faire des compromis et des conciliabules dans les subtilités du jeu et de renoncer à une partie de leur souveraineté économique et monétaire afin de construire un consensus efficace.

À ce stade, certaines personnes peuvent avoir un sourire de triomphe sur leur visage. On peut se demander pourquoi les banquiers internationaux, qui ont acquis une influence et un contrôle considérables sur les États-Unis, s'engagent à chercher à abolir l'indépendance et la souveraineté américaines et à établir un gouvernement mondial.

Telle est l'idéologie partagée par plus de 95 % des membres de l'Association américaine des relations étrangères, qui, d'une certaine manière, démantèle et abroge la souveraineté indépendante des États-Unis afin de parvenir à un contrôle mondial plus large et plus profond et de réaliser la "vision ambitieuse" d'un gouvernement mondial. Cet objectif ambitieux est passé par diverses formes de processus, parfois radicaux, parfois lents, parfois détournés, mais cette plate-forme générale n'a jamais changé.

À l'heure où la pire crise économique depuis huit décennies balaie la planète, un idéal apparemment inaccessible se rapproche. Le tsunami financier de 2008 a peut-être été la manne tant attendue !

CHAPITRE IX

Après le tsunami financier

Roosevelt a dit,

> " Aucun des grands événements historiques ne s'est produit de manière aléatoire et naturelle, et tous sont sans exception le produit d'une planification minutieuse. "

Ou bien Roosevelt a-t-il vu à travers le prisme que des personnes agissent derrière tous les événements, et que si un événement se produit sans que toutes les parties impliquées en tirent profit, il ne se transformera pas en un événement majeur. Plus l'événement est vaste et complexe, plus la nécessité d'une forte coordination organisationnelle et les difficultés à surmonter pour le réaliser sont grandes. Il est difficile d'imaginer que quelqu'un soit prêt à faire quelque chose d'aussi laborieux et peu attrayant sans un intérêt significatif comme motivation.

Il en est ainsi des événements politiques de l'histoire, et il en est de même des événements financiers. Derrière les marchés financiers se cache le jeu de l'intérêt humain, et le but de la participation des gens aux activités des marchés financiers est de réaliser des profits. Comme c'est le cas pour les autres jeux d'intérêt, les participants doivent respecter les règles du jeu, y compris toutes les règles potentielles. La différence sur les marchés financiers est simplement que les intérêts des gens ont été normalisés, conditionnés et tarifés de telle sorte qu'ils sont plus "liquides", moins coûteux et plus rapides à transférer. Par conséquent, les événements financiers majeurs reflètent également le paysage des intérêts des participants de poids, et ces super-joueurs à forte énergie jouent souvent un rôle décisif en influençant le marché à des moments décisifs.

Le tsunami financier mondial de 2008 n'était rien d'autre qu'une répétition de la nature humaine, avec un schéma similaire d'avidité et de peur humaines, et de super-gagnants qui voient la faiblesse humaine et l'exploitent au maximum et récoltent les plus grandes récompenses, par rapport aux crises de l'histoire.

Le cœur du jeu de l'intérêt est un jeu à somme nulle, et tant que la légalité de la propriété privée reste en vigueur, il ne peut y avoir qu'un seul propriétaire d'un même actif, matériel ou immatériel, à un moment donné. Ce qui est échangé sur les marchés financiers, c'est la propriété d'intérêts standardisés (incarnés par des actifs ou des droits sur le produit des actifs), qui ne peut jamais être partagée et qui est généralement exclusive.

L'essence de ce tsunami financier est que les produits financiers dérivés créent l'illusion d'une propriété multiple sur le même actif sous-jacent, et lorsque l'actif sous-jacent ne parvient pas à générer régulièrement des rendements suffisants pour combler la propriété bénéficiaire créée et est finalement découvert par les participants au marché, la manifestation est une crise d'éviction de la propriété bénéficiaire. Les actifs financiers tels que les CDO sont, par leur nature même, des reproductions itératives et multiples de la propriété du produit de l'actif, et ces transactions de propriété virtuelle sont typiques des "schémas de Ponzi".

La question est la suivante : les banquiers internationaux ne comprennent-ils vraiment pas la vérité évidente qu'une "chaîne de Ponzi" aussi évidente ne peut que se terminer par un désastre financier ? Il n'y a rien de nouveau "d'imprévu" dans ces escroqueries, qui ont été répétées de nombreuses fois au cours de l'histoire. La crise était en fait prédéterminée et prédite bien avant qu'elles ne surviennent.

Le fait est que Buffett a qualifié les produits financiers dérivés d'"arme de destruction massive" dès 2005 ; Paulson a dit au président Bush à Camp David dès 2006 que la crise des produits financiers dérivés était sur le point d'éclater ; Fannie Mae et d'autres entreprises ont également commencé à licencier des travailleurs à grande échelle au cours de l'été 2006 ; la couverture du numéro de janvier 2007 du magazine britannique *The Economist montrait* déjà clairement Greenspan tenant le "détonateur" de l'économie américaine sur le point d'exploser à son successeur malchanceux Bernanke. En [192]2005, les gestionnaires des principaux fonds spéculatifs écrivaient sur leur blog pour expliquer comment vendre des CDO et autres "actifs toxiques" à

---

[192] *The Economist*, 2006.

des investisseurs asiatiques "stupides". Même lorsque *La guerre des monnaies II* a été finalisé au second semestre 2006, il a clairement mis en évidence la crise majeure des produits financiers dérivés et l'émergence inévitable du problème des "deux pièces", ainsi que les risques majeurs pour le dollar américain et la dette du Trésor américain, et a prédit que la crise des prêts hypothécaires à risque se transformerait inévitablement en un tsunami financier mondial qui finirait par entraîner une grave récession de l'économie mondiale.

Et est-il vrai que Greenspan, le responsable de la politique monétaire américaine, ne percevait toujours pas l'approche de la crise en 2006 ? Sa complaisance à l'égard des produits financiers dérivés était-elle involontaire ou intentionnelle ? Est-il vrai qu'une telle crise financière mondiale, qui ne s'est pas produite depuis un siècle, est "aléatoire" et "imprévue" ?

Pour comprendre tout cela, nous devons d'abord pénétrer dans le monde spirituel de Greenspan, qui est le grand responsable de la crise, et découvrir ce que lui et l'élite dirigeante mondiale qu'il représente peuvent réellement penser, et quelles fins stratégiques ils tentent d'atteindre, où va le monde et comment la crise va évoluer.

Ce qui manque le plus à la Chine, ce n'est pas un expert dans un domaine particulier, mais un penseur stratégique capable de faire tomber les barrières entre les domaines. Dans le cadre d'un système éducatif conformiste, la plupart des professionnels de divers domaines ont été modelés en érudits de type "bibliothèque" dont le cerveau sert principalement à stocker des informations et à les traiter selon des schémas inhérents. En fait, poser correctement la question revient à résoudre la moitié du problème. Qu'est-ce que cela signifie d'être créatif ? Au cœur de la créativité se trouve la capacité à poser des questions différentes de la norme, et la perspective de la question détermine l'ampleur et la profondeur des idées qui constituent le "processeur central" qui collecte, traite et exploite les vastes et complexes ressources d'information. La recherche qui ne pose pas les bonnes questions est aussi dépourvue d'âme qu'un cadavre ambulant, et la recherche qui manque d'idées fortes ne peut que gratter la démangeaison.

Nous savons ce que nous savons, et nous savons ce que nous ne savons pas, mais nous ne savons pas ce que nous ne savons pas.

Greenspan : Ingénieur de la machine économique

Le plus grand mathématicien du XXe siècle, le nom de Greenspan, je le crains, n'a pas sa place dans les classements, mais parmi les économistes, il est absolument génial pour sa super-sensibilité aux chiffres et aux modèles.

Pendant ses études à la NYU School of Business, Greenspan suit des cours de finance et de comptabilité. Dans son autobiographie, il mentionne un stage dans une organisation commerciale américaine pendant ses études. Cette institution est la Brown Brothers, qui s'est fait un nom à Wall Street.

L'une des premières choses que Greenspan a faites chez Brown Brothers a été de collationner et d'ajuster certaines des données publiées par la Réserve fédérale, en particulier celles des grandes chaînes de supermarchés, sur une base hebdomadaire. La tâche peut sembler simple, mais elle est lourde et ardue. Comme il n'y avait pas d'ordinateurs à l'époque, il n'était pas facile de faire des statistiques purement à la main. Beaucoup de calculs manuels, des graphiques constants avec des dessins au crayon, et un processus d'ajustement d'un ensemble de données d'un seul coup. C'est un travail super ennuyeux que Greenspan fait avec beaucoup d'intérêt. Il semble être né avec un haut degré de sensibilité aux chiffres, et face à des chiffres ennuyeux et sans intérêt, il est capable de repérer des choses que les autres ne peuvent pas voir dans leurs yeux. Grâce à ce travail, Greenspan maîtrise les solides bases des statistiques. Plus important encore, sa super-sensibilité aux données, guidée par la méthode scientifique, a atteint le domaine de "laisser les données raconter leur propre histoire".

Après l'université, Greenspan a travaillé dans le domaine des statistiques au Conference Board, un groupe de réflexion basé à New York,[193] une institution qui servait précisément la Federal Reserve Bank of New York. La vaste bibliothèque de livres du NIA est devenue la partie la plus importante de la vie de Greenspan. Grâce à ces livres et aux rapports statistiques, Greenspan a commencé à comprendre le mécanisme de fonctionnement de l'économie américaine, à[194] comprendre comment les différents secteurs industriels fonctionnent et

---

[193] Martin, J. (2000) *Greenspan : The Man Behind Money*.

[194] Greenspan, Alan (2007) *The Age of Turbulence*. Penguin Press.

s'articulent et forment ensemble le système économique national global. Dans l'esprit de Greenspan, l'évolution des systèmes industriels depuis le début de la révolution industrielle, des machines à vapeur aux textiles, des chemins de fer à la métallurgie, de la navigation à la construction navale, des machines à l'industrie militaire, des télégraphes aux téléphones, du charbon au pétrole, des automobiles aux avions... d'innombrables vis socio-économiques étaient vissées ensemble dans son esprit pour faire fonctionner l'énorme machine de l'économie nationale.

La bibliothèque de la NIA a également mis à la disposition de Greenspan un vaste éventail de statistiques. La plupart de ces statistiques sont "anciennes", et beaucoup datent d'avant la guerre civile, en 1861, lorsque la Société a compilé une collection complète de statistiques détaillées sur presque toutes les industries et tous les commerces importants des États-Unis. Greenspan, dans la bibliothèque de la NIA, est comme une souris lâchée dans un bol de riz, et est tout simplement captivé par ces statistiques. S'il s'est lancé dans l'industrie du coton, il a passé ses journées à étudier toutes sortes de coton, des ingrédients aux catégories, en passant par les processus de production, y compris les différentes sortes de coton dans l'industrie seront comment utiliser, comment traiter, quelles machines de traitement du coton doivent être utilisées et tout le processus de production, jusqu'aux ventes sur le marché, ces données aux yeux de Greenspan, est un monde coloré. Les données sur l'importance des États-Unis, telles que le transport ferroviaire national, l'industrie américaine du caoutchouc et la démographie américaine de 1890, sont encore plus fascinantes pour Greenspan.[195] Ces chiffres et ces informations illimités auraient piégé d'autres personnes, mais ont permis à Greenspan de lire trop de choses pour les divulguer. Immergé dans une mer de données, Greenspan a rapidement acquis une compréhension profonde et complète des statistiques américaines dans toutes les industries.

Au fil des ans, Greenspan avait acquis une compréhension de la mécanique globale de la machine économique américaine, et grâce à son étude minutieuse des données historiques de diverses industries, le jeune Greenspan était devenu un "travailleur technique" qualifié dans le domaine de la machine économique. Il connaît bien les principes de

---

[195] Ibid.

la machine, il connaît bien les différents paramètres de fonctionnement et il a accumulé une "expérience historique" considérable des données dynamiques de chaque composant et de ses effets de liaison.

Son cerveau est équipé d'un logiciel qui analyse rapidement l'état actuel et les tendances de l'industrie dans l'ensemble des États-Unis, en tirant des données le schéma et le pouls exacts de l'activité économique. Grâce à la lecture intensive et à l'accumulation de données pendant plusieurs années, le "modèle Geiger" a réussi à créer un flux de données unique et précis et un module de données pour l'analyse de l'état de fonctionnement de la machine économique globale et des composants industriels locaux. Si un ensemble de paramètres de base de l'activité économique d'une entreprise est saisi, un rapport prédisant le cycle macroéconomique peut immédiatement être généré dans le cerveau de Greenspan, automatiquement accompagné d'un histogramme complet et d'un graphique linéaire.

Comme les ingénieurs d'autres professions, Greenspan n'était pas très intéressé par la théorie économique, car les ingénieurs s'intéressent à la manière de résoudre les différents problèmes qui se posent dans la pratique, et non à l'exploration théorique abstraite. Dans son autobiographie, Greenspan mentionne également qu'il n'était pas très intéressé par les études macroéconomiques de Keynes et que son enthousiasme se situait au niveau technique, notamment avec les données et les modèles. Greenspan s'intéresse davantage à la manière dont la machine économique fonctionne réellement et moins à la manière dont la théorie économique est expliquée.

Parmi les études théoriques, la seule qui ait impressionné Greenspan est un cours qu'il avait suivi en 1951, dispensé par Jacob Wolfowitz, qui combinait statistiques de données et théorie économique.[196] Le professeur était le père de Wolfowitz, qui a ensuite occupé le poste de secrétaire adjoint à la défense des États-Unis sous le règne de Bush Jr. Wolfowitz Jr. a été l'un des principaux architectes de la guerre en Irak, un représentant de premier plan du néoconservatisme après avoir pris sa retraite du ministère de la défense et avoir été président de la Banque mondiale.

Dans le cours enseigné par Wolfowitz, Greenspan a adopté pour la première fois l'idée entièrement nouvelle de construire des variables

---

[196] Ibid.

entre les structures économiques à l'aide de statistiques mathématiques. Avant d'entrer en contact avec la théorie aujourd'hui connue sous le nom d'économétrie, Greenspan s'était déjà doté d'un "modèle Greystoke" primaire qu'il avait lui-même élaboré pour former une analyse complète et mature du développement économique global et des tendances dynamiques, mais il n'avait pas encore formé un système théorique relativement clair et manquait d'outils mathématiques pour une représentation précise.

Lorsque Greenspan a entendu parler pour la première fois des concepts d'économétrie du professeur Wolfezy, il a été immédiatement éclairé et a senti qu'il allait se démarquer dans ce domaine. "Une fois les données importées dans le modèle mathématique de l'économétrie, celui-ci peut immédiatement produire des prédictions sur les tendances économiques futures. Comme les données de Greenspan proviennent des premières lignes de la pratique de la production et qu'elles ont été accumulées sur un très grand nombre d'années, le modèle mathématique du "modèle Greystoke" combiné à la super base de données dans son cerveau produit des résultats bien plus précis et réalistes que les modèles économiques purement théoriques.

La base de données contenue dans le cerveau de Greenspan est non seulement riche et complète, mais elle est également unique en ce qu'elle couvre une grande quantité d'informations historiques. Au cours d'une longue histoire, les industries ont connu un développement et des changements constants, et diverses données ont formé des chemins de flux de données dynamiques au fur et à mesure de l'évolution des systèmes économiques. "Le cadre théorique et le système de modèles du modèle Gertrude ne sont pas statiques et isolés, mais présentent un degré considérable de propriétés d'auto-évolution et d'auto-apprentissage. Sa compréhension des lois du fonctionnement économique a gagné en essence lorsqu'il s'est appuyé sur des outils mathématiques.

Le cerveau de Greenspan présente des images macroscopiques lucides qui imitent les lois de la nature et les corps célestes tels que les voyait Newton. Dans son esprit, le monde peut être entièrement construit en un modèle mathématique complexe, et tant que les données s'accumulent suffisamment longtemps, il est logiquement possible de prédire les tendances économiques futures grâce à ce modèle. Avec les bonnes variables initiales, les tendances économiques futures issues du modèle Greco seront très proches de la réalité.

À cette époque, Greenspan a gravi le Mont Everest dans son cœur, et il est capable de regarder l'économie mondiale avec un sentiment de grandeur et de courage. Il tente de donner un sens au monde avec son propre modèle, en utilisant ses données pour vérifier cette spéculation.

La guerre de Corée a fait le succès de Greenspan du jour au lendemain

L'obsession et la confiance de Greenspan dans les données et les modèles mathématiques ont atteint leur apogée avec le déclenchement de la guerre de Corée.

Pendant la guerre, les informations relatives à l'industrie militaire, telles que les données sur la fabrication des avions de chasse, des bombardiers et d'autres nouveaux types d'avions, ont été bloquées en tant que secret militaire en raison des efforts massifs de préparation du ministère américain de la défense. De nombreux maillons de la chaîne de l'activité économique sont étroitement liés à la fabrication d'avions, tels que les fabricants de métaux spéciaux, d'aluminium, de cuivre et d'acier, les artisans et les ingénieurs spécialisés, et ces groupes industriels ont un besoin urgent d'informations sur la production militaire. L'impact socio-économique de l'industrie de la construction aéronautique militaire dans son ensemble est énorme, surtout pour l'année fiscale 1953, où les dépenses militaires se sont élevées à 14 % du PIB, ce qui est assez alarmant. En l'absence de données sur l'industrie militaire, les analystes de Wall Street et de nombreuses industries sont dans l'ignorance de l'impact des actes de guerre sur le développement économique futur.

C'est à ce moment-là que Greenspan s'est avancé. Estimant que la poursuite de l'aveuglement collectif de Wall Street et des industries alliées aurait des conséquences négatives sur l'économie américaine, il s'est porté volontaire pour projeter ses propres informations sur la production militaire, qui étaient étroitement bloquées et gardées secrètes par l'armée. La démarche de Greenspan repose sur sa confiance excessive dans le "modèle Greystoke", fondé sur des données statistiques accumulées au fil des ans sur diverses industries aux États-Unis, complétées par les outils mathématiques fournis par l'économétrie.

Greenspan a d'abord cherché dans les sources d'information publiques et a immédiatement découvert que le bureau du secret militaire n'était pas végétarien et que toutes les informations relatives à la fabrication des avions militaires, depuis les types d'avions, les matériaux utilisés, la configuration des avions jusqu'au nombre d'avions qu'il était prévu de produire, avaient été bloquées par les militaires au énième degré.

Greenspan a dû s'arrêter aux sources d'information publiques et rechercher plutôt des données de la période de la "Seconde Guerre mondiale". Car en 1940, l'armée américaine n'avait pas gardé secrètes ces données militaro-industrielles. Greenspan a recherché dans les archives du Congrès des années 1940 les données limitées sur les audiences et les communiqués officiels dans les industries concernées, en utilisant les données recueillies dans les archives des années 1940 comme point de référence, et par tous les moyens possibles, a essayé d'accumuler les données et les informations publiquement disponibles sur tous les aspects de l'industrie aéronautique. Aussitôt, les manuels d'exploitation des ingénieurs, les relevés de production des différentes entreprises concernées, les relevés de gestion et les volumineux relevés statistiques fédéraux, ainsi que les données sur les commandes des industries périphériques accessibles par le ministère américain de la Défense, s'entassent sur le bureau de Greenspan.

Le "modèle Gertrude" est en place et fonctionne.

Basé sur des données de référence de la période de la "Seconde Guerre mondiale", avec des informations publiques limitées, telles que le poids d'un type d'avion particulier, le "modèle Greystoke" commence par calculer la proportion et la quantité d'aluminium, de cuivre et d'acier dans les matériaux utilisés dans les composants de l'avion, et calcule progressivement le matériau utilisé dans chaque avion, puis consolide le total, et extrapole à son tour l'impact économique de l'industrie militaire des États-Unis sur les composants de l'économie entière, tels que le cuivre, l'acier, la métallurgie, le transport ferroviaire, l'électricité et d'autres industries.

En 1952, les recherches de Greenspan sont révélées. L'article, intitulé "The economics of the United States Air Force", provoque un "séisme" immédiat au Pentagone. La première réaction instinctive des militaires est que Greenspan devait être un espion de haut rang, car les statistiques qu'il publie sont si proches des données secrètes détenues par l'armée américaine que le Pentagone en conclut immédiatement que "cet homme doit avoir eu nos données secrètes, sinon il n'aurait pas été aussi précis".

Mais Greenspan peut effectivement assurer, en toute sincérité, que " celle-ci ne l'est vraiment pas ". "Il a déclaré que ces résultats étaient entièrement dérivés du "modèle Greco".

Le Pentagone était stupéfait et sans voix.

Au sein de la communauté économique américaine, M. Greenspan s'est élevé comme une étoile montante à l'attention de beaucoup.

Dans les années 1950, Nova Greenspan avait de bonnes raisons de croire qu'il s'était élevé au rang de Newton en physique. Les lois fondamentales et les règles universelles de l'économie mondiale étaient fermement dans ses mains. Avec la moindre poussée de la main de Dieu, il peut calculer avec précision toutes les directions de l'économie mondiale.

Au moment où Greenspan s'élevait comme une étoile, une autre étoile brillante dans le ciel nocturne est venue s'écraser sur lui. Sa lumière éblouissante a pénétré directement dans le cœur de Greenspan et ne s'est plus jamais éteinte.

Ayn Rand : La muse de Greenspan

> *"Les géants de la pensée que vous admirez tant vous ont appris que la terre est plate et que les atomes sont la plus petite matière. L'ensemble du processus de l'histoire scientifique est le processus par lequel les erreurs sont continuellement débusquées, et non par lequel quelque chose est atteint.*
> *Seuls les plus ignorants et incultes croiront encore à cette affirmation démodée de voir les choses telles qu'elles sont. Ce que vous voyez est ce qui doit être mis en doute en premier lieu."*
> Ayn Rand [197]

S'il y a quelqu'un qui ne connaît pas le nom d'Ayn Rand, alors cette personne ne peut certainement pas être appelée un Passeur américain. Les écrits d'Ayn Rand ont profondément influencé la vision du monde des élites aux États-Unis et dans tout le monde occidental depuis les années 1950.

Ayn Rand est un écrivain de confession juive soviétique qui a vécu en Union soviétique dans ses premières années et a immigré aux États-

---

[197] Rand, Ayn (1957), *Atlas Shrugged*, édition du 50e anniversaire.

Unis dans sa jeunesse. Elle entretient des liens étroits et inhabituels avec la famille bancaire internationale en Europe et en Amérique. Son *Atlas Shrugged*, publié en 1957, compte 1 168 pages et a été tiré à 80 millions d'exemplaires, ce qui en fait le deuxième livre le plus diffusé dans le monde occidental après la Bible. Il a été dit que le livre "pourrait faire dérailler un train s'il était mis sur les rails". Avant sa publication, un éditeur de Random House lui a suggéré d'en couper certaines parties, ce à quoi Ayn Rand a répondu : "Couperiez-vous la Bible ? "Le roman a donc été publié mot pour mot, ce qui [198]a déclenché un tremblement de terre super-spirituel dans la classe intellectuelle américaine. Au cours du dernier demi-siècle, le livre a été très bien accueilli par la critique et a suscité une grande polarisation.

En 1952, à l'âge de 26 ans, Greenspan, qui est déjà connu pour son talent, rejoint le "Cercle Ayn Rand" [199]par l'intermédiaire d'un ami. Le sérieux et légèrement ennuyeux Greenspan vient d'approcher la séduisante écrivaine de beauté Ayn Rand et l'adore au plus haut point. Pendant les huit années suivantes, Greenspan se rend presque chaque semaine à la résidence d'Ayn Rand pour discuter avec elle. Il est quelque peu déroutant que le "cercle Ayn Rand" s'intéresse à des questions philosophiques et idéologiques "haut de gamme", alors que Greenspan est clairement "déconnecté" de ce cercle, puisqu'il est un expert en modèles mathématiques et en statistiques de données, et qu'il a mentionné que, dans sa jeunesse, il n'avait pas beaucoup d'habitudes de pensée macro, qu'il ne s'intéressait pas aux questions théoriques et que l'excitation était principalement axée sur le niveau pratique des compétences ou des données. Qu'est-ce qui a bien pu le pousser à s'intéresser au petit salon d'Ayn Rand ?

Bien sûr, nous aimons tous la beauté, mais Greenspan ne semble pas avoir opté pour la beauté. Au contraire, l'homme qui a présenté Greenspan à Ayn Rand est finalement devenu l'amant de l'écrivain de beauté.

Imaginez que vous assistiez à une discussion pendant quelques heures par semaine pendant huit années consécutives, ce qui n'est sans doute pas facile à faire pour les gens d'aujourd'hui qui ont des vies bien remplies. Même en vivant dans la même ville qu'un être cher ou un

---

[198] Martin, J. (2000) *Greenspan : The Man Behind Money*.

[199] Ibid.

parent, la grande majorité des gens ne peuvent pas se rendre à une réunion hebdomadaire, et encore moins l'homme occupé qu'était Greenspan. Il est clair que Greenspan n'était pas un romancier, encore moins un philosophe ou quelqu'un qui s'intéresse à la macro-théorie. Il a duré si longtemps qu'il était évident que le petit salon d'Ayn Rand possédait un super "magnétisme mental" qui fascinait Greenspan par son extraordinaire attrait.

En fait, ce sont les idées et la vision du monde d'Ayn Rand qui ont attiré Greenspan, un défi majeur pour son âme qu'il n'avait jamais rencontré auparavant, un royaume spirituel qu'il n'aurait jamais pu imaginer auparavant, une sublimation intellectuelle pour redécouvrir les mécanismes de l'économie mondiale !

La période de 1952 à 1957 a été le point culminant de la création d'*Atlas Shrugged* par Ayn Rand, et c'est aussi les cinq années où la compréhension du monde par Greenspan a subi une transformation majeure. Ce livre a non seulement donné à Greenspan une "commotion" permanente, mais a également fait d'Ayn Rand un mentor spirituel à vie pour Greenspan.

L'Atlas est le dieu grec Hercule, qui a porté d'une main le ciel incliné et a abrité les multitudes, mais les humains qui en ont bénéficié ne l'ont pas apprécié autant qu'ils auraient dû et ont manqué de respect au dévouement désintéressé d'Hercule.[200] Au cœur du livre se trouve le fait que seules quelques élites dans le monde sont les "Hercules" qui "portent le ciel", les élites qui conduisent le développement de l'histoire humaine et sont la source du progrès social. Mais ces élites ont été traitées socialement de manière injuste et n'ont pas été suffisamment responsabilisées. Puisque la grande majorité des demandeurs d'asile, des gens ordinaires sans esprit ni âme, peuvent faire grève ou se battre à tout moment, que deviendra le monde si les élites font aussi grève un jour ?

Ayn Rand soulève la question inhabituellement poignante de la perspective historique et de la vision du monde : qui est le principal moteur de l'histoire ? Tout au long des milliers d'années de la longue histoire de l'humanité, cette question a fait l'objet de débats répétés et

---

[200] Rand, Ayn (1957), *Atlas Shrugged*, édition du 50e anniversaire.

acharnés pour savoir si ce sont les masses populaires ou quelques élites qui sont les principaux moteurs du développement historique.[201]

L'"cœur du livre" est que l'argent est le fuseau le plus central des différents mécanismes qui composent le fonctionnement de la société, et que tout l'aspect socio-politique, économique, militaire, culturel, artistique, historique, etc. de la société tourne en fait autour de l'argent. L'idée de ce livre est de ne pas reconnaître de morale, mais de penser que l'argent est la seule mesure de la moralité. Ceux qui ont de l'argent sont bien plus capables de créer des richesses que les gens normaux et sont voués à devenir socialement puissants. Ayn Rand pense que pour que la société progresse, elle doit encourager les forts et ne pas compatir avec les faibles.

Ce point de vue est tout à fait conforme à l'approche et à la pensée fondamentales de la montée des puissances de l'or. En d'autres termes, après des milliers d'années de répression, une fois que le pouvoir de l'or sera devenu dominant dans la société et que le pouvoir de l'or aura été largement libéré, les banquiers internationaux qui détiennent le pouvoir de l'or deviendront à juste titre les maîtres du monde entier et deviendront les modèles et les incarnations de la moralité.

Ce livre est très apprécié par les échelons supérieurs de la société américaine parce qu'il parle à leur propre cœur. Le best-seller de ce livre est en grande partie le résultat d'une poussée concertée et d'un effort concerté de l'élite mondiale, l'élite dirigeante, pour utiliser ce livre afin de mener un lavage de cerveau moral approfondi de la société dans son ensemble.

Atlas Shrugged a été présenté en Chine en 2007, mais beaucoup de gens ne comprennent pas vraiment le contenu spirituel du livre, le traitant plutôt comme un livre de philosophie ou un roman, et les lecteurs le considèrent comme un livre qui représente un état d'esprit rebelle. En fait, la chose la plus importante de ce livre est qu'il dépeint de manière vivante le monde spirituel des super-élites qui dirigent ce monde. En lisant ce livre, le lecteur peut toucher l'âme vivante du "bloc de pouvoir anglo-américain" d'une énergie étonnante.

---

[201] Rubin, Harriet (2007). "La littérature d'Ayn Rands sur le capitalisme". *The New York Times*.

Qui est la Main de Dieu ?

> *"Il y a beaucoup de gens dans ce monde, mais en fin de compte, il n'y a que deux sortes de personnes, une qui mène et l'autre qui suit. Ce qui signifie que ne pas être le protagoniste est un jeu de dragon."*
>
> Conte populaire

À 26 ans, Greenspan était convaincu que les lois de l'économie mondiale se trouvaient déjà dans son "modèle Greystoke" et que, moyennant les bonnes variables initiales, son "modèle Greystoke" serait capable de calculer les lois de toute l'économie, tout comme Newton l'avait fait dans le monde de la mécanique classique.

Mais la question est de savoir qui a fixé la variable initiale. C'est une question à laquelle Greenspan n'avait même pas pensé auparavant. En fait, selon Newton, la main de Dieu a poussé le monde, et le reste est à peu près aussi loin que la mécanique newtonienne puisse aller. Mais dans l'activité économique, qui est Dieu ? Quelle main a poussé le système économique et quelle paume de main détient la clé de la machine économique ? Cette question a d'abord confronté Greenspan de plein fouet.

C'est après avoir rencontré Ayn Rand que Greenspan a pris conscience de l'importance de la "main de Dieu". C'est Ayn Rand qui a lancé le "brainstorming" de Greenspan et c'est Ayn Rand qui a donné à Greenspan une épiphanie de réponses.

Dans sa biographie, Greenspan souligne qu'il n'a pas réalisé l'importance de l'être humain dans l'activité économique avant de rencontrer Ayn Rand, et qu'au fur et à mesure que sa relation avec Ayn Rand s'approfondissait, il s'est soudain rendu compte que l'être humain était en fait l'objet d'étude le plus important dans le domaine économique.[202] Bien sûr, l'homme auquel Greenspan faisait référence n'était pas la vieille dame vendant des glaces à la porte, ni le vieil homme jouant au tai-chi dans la rue ; il faisait référence à l'élite dirigeante dont Ayn Rand avait tant fait l'éloge.

Ce sont eux qui déterminent la direction de l'activité économique, ce sont eux qui la poussent, et Greenspan se contentait de voir l'état du

---

[202] Greenspan, Alan (2007). *The Age of Turbulence*. Penguin Press.

fonctionnement socio-économique après avoir été poussé par eux, et de décrire correctement cet état, et c'est tout. Et il n'avait jamais auparavant prêté attention à la mise en place des conditions initiales et à qui établissait ces conditions initiales, qui faisait en sorte que l'économie aille dans une direction et pas dans une autre, qui était la force motrice initiale de l'économie, qui était la main de Dieu.

C'est cette série de points d'interrogation tonitruants qui a conduit Greenspan à rendre visite à Ayn Rand pendant huit ans, à partir de l'âge de 26 ans. Ce champ magnétique mystérieux et puissant n'est ni de la philosophie, ni de l'art, et encore moins de la fiction. Alors que Greenspan se rapprochait de plus en plus du centre du champ magnétique, il se demandait comment la main de Dieu allait frapper.

Ayn Rand est devenue le guide de Greenspan, réécrivant complètement la trajectoire de sa vie. L'épiphanie de Greenspan l'a sorti des modèles mathématiques et des limites des données. Depuis, Greenspan n'a cessé de progresser.

La pseudo-proposition d'Ayn Rand

Ayn Rand est une fervente critique de toutes les formes de politiques de justice sociale et d'intervention du gouvernement dans l'économie, qu'elle accuse d'être un acte consistant à voler les riches pour aider les pauvres. Elle exprime un dédain extrême et une opposition ferme à ces idées sociales qui mettent l'accent sur l'équité, arguant que la quantité d'argent mesure la capacité d'une personne et que seuls les forts peuvent créer plus de richesse et être d'une plus grande valeur pour la société, ils ne devraient donc pas être punis. Le système social existant consiste en grande partie à fouetter les vaches rapides, à punir les forts et à forcer les forts et les sages à soutenir les inutiles et les faibles, et aux yeux d'Ayn Rand, c'est certainement un péché.

Que le gouvernement pille la richesse créée par les forts par la violence et le pouvoir, que les faibles supplient les forts de donner en pleurant et en s'apitoyant, que d'autres morales sociales et l'opinion publique fassent pression sur les forts pour qu'ils donnent, que toutes sortes de personnes méprisables volent et pillent l'argent et la richesse des forts, ces actes semblaient à Ayn Rand extrêmement mauvais et absurdes.

Dans la société chinoise actuelle, ses idées peuvent être soutenues du fond du cœur par une partie des personnes disposant de grandes richesses et d'avantages matériels.

L'idée d'Ayn Rand ne peut, par sa nature même, être déduite comme étant une erreur ; elle incarne simplement une disposition. Qui a raison et qui a tort dépend du côté de la question où se trouve l'observateur et le juge. En tant que membre de l'élite sociale, on s'identifiera évidemment au jugement et à la philosophie d'Ayn Rand et on louera de tout cœur ce livre d'Ayn Rand. De même, les défavorisés, ceux qui n'ont pas accès à une grande richesse matérielle dans la société et qui sont eux-mêmes pauvres, sont naturellement négatifs et réfractaires à Ayn Rand, qui les définit comme des incompétents, des incapables et des "parasites" nés du grand public.

Ayn Rand présente également un défi unique au concept de parasites. Alors que la sagesse conventionnelle veut que les capitalistes et la bourgeoisie soient des parasites qui exploitent le prolétariat, Ayn Rand pose dans son livre une série de questions rhétoriques poignantes : pourquoi les élites sont-elles accusées d'être des parasites alors qu'elles ont créé plus de richesses ? Les élites apportent des emplois, pourquoi sont-elles considérées comme des exploiteurs ? Pourquoi les élites, qui sont à l'origine de toutes sortes d'inventions, sont-elles jugées improductives par la société ? Pourquoi l'élite, qui sait comment gérer une économie sociale et occupe donc une position clé, est-elle accusée par les masses d'être trop puissante et trop bien payée ? En un mot, ces personnes ont l'argent et contrôlent les richesses, et c'est ce qu'elles méritent parce qu'elles ont fourni le plus grand effort. Le grand public, en revanche, est plein de nourriture, inutile, vil, de faible moralité, myope, rancunier, incompétent et jaloux des forts. La conclusion est donc que l'élite, peu nombreuse, est le moteur du développement historique, et que le grand public en est le parasite infaillible.

Ses mots et ses idées sont en effet intensément stimulants et stimulants.

Aucun gouvernement ne soutiendrait ouvertement les vues d'Ayn Rand, même dans un pays aussi typique des dictatures d'élite que les États-Unis. Le gouvernement, lui aussi, ne peut que rester silencieux face à une prédication morale aussi nue de la suprématie sacrée du pouvoir d'or d'Ayn Rand. Car les États-Unis doivent aussi considérer la moralité du maintien d'une harmonie sociale superficielle. Dans toute société, les personnes extrêmement intelligentes et extrêmement capables sont, après tout, la minorité au sommet de la pyramide, tandis que la grande majorité des personnes aux capacités médiocres et à l'intelligence moyenne constitue le gros de la société. Tout gouvernement est conscient du fait que s'il se place clairement du côté de la minorité et s'oppose à la position politique de la majorité, il ne manquera pas de provoquer un choc et une agitation importants dans l'esprit de la société et de l'opinion publique. Ainsi, ni le gouvernement américain ni les grands médias ne peuvent se ranger du côté des opinions d'Ayn Rand. Et c'est ainsi que la controverse devient de plus en plus intense.

Un nombre important de personnes de la classe intellectuelle américaine étaient opposées aux vues d'Ayn Rand. Ayn Rand a d'ailleurs lancé une série de diatribes à leur encontre, qualifiant ces personnes d'hypocrites et d'inutiles. Sur ce point, l'évaluation d'Ayn Rand n'est pas entièrement fausse, mais aucune société ne pourrait être dans un tel état de contraste, noir et blanc, comme elle l'insiste. Les critiques des intellectuels à l'égard du livre découlent de leur malaise face à la rhétorique extrême d'Ayn Rand, qui peut comporter un élément prétentieux et faux, mais surtout du fait que la théorie d'Ayn Rand sur la suprématie des riches remet en cause le fond de la nature humaine, c'est-à-dire que les valeurs fondamentales de ce qui est bon et de ce qui est mauvais sont profondément remises en cause et subverties, et les intellectuels, qui ont le monde pour affaire, ont naturellement refusé de rester les bras croisés. L'idée que l'argent est moral est également inacceptable pour beaucoup, et si l'argent est utilisé comme le seul critère pour juger de la réussite d'une personne, ou si une personne a ou non une valeur existentielle, alors il ne fait aucun doute que les banquiers internationaux sont les personnes les plus précieuses de la société parce qu'ils savent le mieux comment faire de l'argent et contrôler la source et le flux de la création monétaire, et c'est leur droit naturel de diriger le monde, qu'en est-il de tous les autres ? Les esclaves sont-ils destinés à naître ? Une telle vision est dangereuse et menace la stabilité de la structure globale de la société.

En fait, le débat sur la question de savoir si l'argent représente la moralité ou le péché n'est pas le sujet ; la question centrale est de savoir si la distribution de l'argent est raisonnable et juste. L'argent représente la richesse, et la richesse représente la contribution commune de l'élite et du grand public. L'injustice de cette société réside, en dernière analyse, dans le système de distribution de l'argent. Un système monétaire déraisonnable, qui garantit institutionnellement que la distribution des bénéfices est biaisée en faveur de quelques élites et constitue une injustice flagrante pour le grand public, est la racine du mal.

Ainsi, ce que propose Ayn Rand est simplement une pseudo proposition. Il n'est pas nécessaire de juger si l'argent est beau ou laid, ce n'est pas l'essence du problème, la véritable essence et le noyau est de savoir comment l'argent est distribué rationnellement. Ayn Rand élude le cœur du problème par une gigantesque dissertation, à savoir que c'est la distribution injuste de la richesse et la division et l'appropriation injustes de la richesse qui constituent la ligne de partage des eaux entre la moralité et le péché.

Dans ce livre, Ayn Rand tente de justifier la vision de l'argent, la moralité de la minorité de l'élite, et donc l'acceptation par le grand public de la rationalité d'une société dirigée par une élite minoritaire. Ce livre d'Ayn Rand a été désigné comme un livre parascolaire incontournable pour les élèves des écoles primaires et secondaires des États-Unis. De qui sont ces règles ? L'élite dirigeante, bien sûr. L'élite dirigeante inculque systématiquement cette idée à la jeune génération des États-Unis en contrôlant les établissements d'enseignement et l'American Teachers Association, y compris la sélection du matériel pédagogique, et différentes écoles assignent différents groupes d'âge à différentes versions abrégées et différentes étapes de l'*Atlas Shrugged*. 80 millions n'est pas un montant commercialisable, mais un bulletin de notes "promu" par l'élite grâce à un lavage de cerveau approfondi de la population sociale. C'est la raison pour laquelle le livre se vend si bien, mais pas la véritable raison pour laquelle il est mondialement connu.

La mentalité qu'Ayn Rand représente comme celle du maître du monde bien-pensant, du groupe élu de Dieu, du dirigeant inévitable et naturel du monde, suscite le mécontentement de la majorité partout où elle est mise en avant. Parce que, par nature, le grand public recherche une société d'égalité et de bonté véritable, et que personne ne veut être un esclave, le livre d'Ayn Rand remet ouvertement en question les valeurs fondamentales et la morale des gens. Elle met l'accent sur une rationalité injustifiée et l'inculque, et de manière plus insistante et répétée, sur l'importance particulière de l'argent et l'hypocrisie de l'éthique sociale, toutes deux en conflit direct avec le bon sens et l'intuition de l'homme.

"Si Hercule frappe"

Dans ce livre, Ayn Rand raconte l'histoire d'une crise systémique massive de la "grève collective d'Hercule" que l'élite dirigeante a orchestrée et perpétuée pour obtenir plus de pouvoir.[203] En une seule période, toutes les forces d'élite de la société, telles que le président du secteur bancaire, le propriétaire de l'industrie du transport ferroviaire, le magnat du pétrole, le roi de l'industrie métallurgique et les familles fondatrices centenaires possédant de vastes ressources minières, ainsi que les célèbres politiciens, scientifiques, artistes, inventeurs, etc., le noyau de l'élite dirigeante qui contrôlait tous les composants importants et les conceptions de l'ensemble de la machine socio-économique et faisait fonctionner cette énorme machine, ont soudainement disparu sans aucun signe. Ils suivent une séquence prédéterminée d'étapes et de calendriers pour se désengager de toutes les parties clés de la société et se cacher dans les montagnes profondes pour s'échapper. Qu'arrivera-t-il au monde rouge et nuageux représenté par le grand public qu'ils ont abandonné et puni en ce moment ?

Dans la conception d'Ayn Rand, lorsque cette élite sociale est retirée des secteurs clés, elle adoptera délibérément une approche "autodestructrice". Le protagoniste de la mine de cuivre du roman détruit personnellement les fondations de l'entreprise familiale, transmises depuis des centaines d'années, et la détruit si complètement qu'après l'avoir détruite, personne ne pourra jamais extraire un autre kilogramme de cuivre de ses ruines ; lorsque la compagnie ferroviaire se retire, elle met au rebut l'ensemble du chemin de fer, qui a nécessité des générations de travail ; et lorsque les banquiers se retirent, cela provoque la paralysie complète du système financier de toute la société. Le système économique des États-Unis s'effondre, la société plonge progressivement dans un grave chaos, et le feu de la civilisation s'affaiblit progressivement jusqu'à s'éteindre. Alors que le monde s'enfonce dans l'obscurité et la tourmente, tous les gens du peuple se rendent finalement compte qu'ils ne peuvent pas quitter l'élite, et leur seule option est de supplier l'élite de sortir de la montagne et de sauver le monde à nouveau. Les élites posent comme conditions qu'elles doivent monopoliser plus de pouvoir, qu'elles doivent exercer le contrôle nécessaire sur la société, et que la société doit fonctionner

---

[203] Rand, Ayn (1957), *Atlas Shrugged*, édition du 50e anniversaire.

selon leurs idées. En un mot, l'élite doit atteindre l'objectif suprême de monopoliser en fin de compte toutes les ressources sociales.[204]

Si l'on compare la situation chaotique décrite dans ce livre avec la crise financière actuelle, on constate un haut degré de similitude entre les deux. La déconstruction actuelle des entités économiques et l'effondrement du système financier sont-ils vraiment spontanés et inévitables ? Est-il possible que les élites soient en grève ? Est-il possible que cela ait été conçu et manigancé par le "bloc de pouvoir anglo-américain" pour obtenir un plus grand contrôle social et plus de pouvoir sur le fonctionnement du monde ?

Selon Roosevelt, aucun événement politique n'est complètement désordonné et aléatoire, et il y a une planification minutieuse derrière chaque événement politique. Les événements politiques sont comme cela, alors les événements économiques, les changements majeurs dans le système financier, sont-ils tous aléatoires ? Si ce n'est pas le cas, il doit y avoir un complot majeur et une planification minutieuse derrière ces événements.

L'élite, avec Ayn Rand comme porte-parole, se croyait dotée d'une intelligence et de capacités bien supérieures à celles des "mortels" et pensait avoir été choisie par Dieu à la suite d'une "sélection naturelle" et être destinée à former un groupe spécial. Et les "habitués" autres qu'eux, les "païens" comme les appelle la Bible, sont censés se soumettre à une prédestination sans espoir d'accepter et de se soumettre au gouvernement du peuple élu de Dieu.

De cette façon, les "Gentils" ne pourront jamais être les véritables élus de Dieu. Si nous acceptons l'endoctrinement de telles idées et idéologies, il ne fait aucun doute qu'il n'y a pas d'autre choix que d'être docilement un esclave et d'être gouverné selon les règles conçues par l'élite anglo-américaine. Les différences profondément enracinées au niveau spirituel ne peuvent être conciliées sous le couvert politique des soi-disant libertés démocratiques. Ce à quoi les élites permettent aux "mortels" de participer n'est pas un jeu égal, ni une vie égale, et encore moins une société égale.

Lorsque vous aurez terminé *Atlas Shrugged*, vous aurez une compréhension plus profonde de la réalité sociale de la rationalité

---

[204] Ibid.

objective absolue, mais en même temps, du regret désespéré, et une appréciation plus profonde de la raison pour laquelle ces gens pensent qu'ils sont les dirigeants, pourquoi ils pensent comme ils le font, et pourquoi ils le font. Lorsque vous soulèverez le rideau de cette compréhension, toutes les guerres, les coups d'État, les bouleversements sociaux qui se produisent dans le monde aujourd'hui révéleront une image différente devant vos yeux.

Devons-nous voir le monde "d'un autre œil" et découvrir la vérité derrière le rideau ? Acceptons-nous toujours sans discuter le message véhiculé par les grands médias occidentaux ?

Et dans les mains de qui se trouvent les médias internationaux ? C'est aussi un banquier international. Si ces personnes ont transposé dans les médias la bataille du renseignement entre le KGB et la CIA, quelle part de ce que nous considérons comme de "vraies informations" est une déformation grossière des faits et quelle part est un accessoire de magicien ?

La question de savoir comment on peut voir la vérité et comprendre, avec quelle attitude, le véritable état des choses dans lequel le monde fonctionne aujourd'hui est une question importante à laquelle tout membre d'une société réelle ayant la capacité de penser de manière indépendante doit faire face et réfléchir sérieusement.

L'or : la monnaie idéale pour l'élite

Dans l'histoire d'Ayn Rand, lorsque l'élite fait discrètement la "grève" de tous les postes importants de la société, ils se réfugient tous ensemble dans les montagnes du Colorado pour se préparer à reconstruire un pays paradisiaque.[205] Ce qui est le plus intéressant dans ce paradis terrestre, c'est que la monnaie qu'ils utilisent n'est pas la monnaie américaine, ni aucune forme de papier-monnaie, mais de l'or véritable. En fait, qu'il s'agisse de l'exposé de Greenspan sur l'or dans *Gold and Economic Freedom*, écrit en 1966, du [206]contrôle du pouvoir de fixation du prix de l'or par la famille Rothschild depuis près d'un siècle, ou de la manipulation sournoise de l'or par les grandes banques

---

[205] Ibid.

[206] Greenspan, Alan (juillet 1966). "L'or et la liberté économique". *The Objectivist*.

centrales et les superbanques du monde, on ne peut nier l'intérêt particulier des banquiers internationaux pour l'or.

La suprématie de l'or dans le cœur et le véritable monde spirituel des banquiers internationaux explique pourquoi ces personnes s'y accrochent fermement tout en faisant un lavage de cerveau aux autres pour leur faire croire qu'il n'est pas important. Le livre est plein de rebondissements et donne subtilement une réponse claire.

Dans *Atlas Shrugged*, Francisco est l'âme de toute l'histoire, et en expliquant ce qu'est l'argent et ce qu'est la richesse, il présente à plusieurs reprises un critère important, à savoir que l'argent doit être basé sur une valeur standard, et que cette valeur doit avoir une signification réelle afin d'être une mesure objective de la valeur de l'activité économique. Une échelle de prix objective exige que son point de référence soit une marchandise, par exemple une quantité unitaire d'or. L'or est une réserve de richesse et de valeur et reflète avec précision la reconnaissance de la valeur incarnée dans différents biens et services.

Selon l'expression de Francisco, le rôle de norme de valeur de la monnaie est érodé par l'inflation. Pour Francisco, la dévaluation de la monnaie passe principalement par la substitution du papier-monnaie à l'or, qui est selon lui une cause importante et essentielle du déclin moral de la société.[207] Ainsi, aux yeux de l'élite dirigeante mondiale et des banquiers internationaux, l'or est une monnaie honnête qui représente un acte d'échange objectif, juste et frauduleux, la promesse solennelle et intacte des transactions entre les différents membres d'une société, et il représente que la richesse que vous possédez aujourd'hui peut être échangée contre des biens et des services égaux à ceux d'aujourd'hui demain, l'année suivante, dans un avenir lointain.

L'or agit comme un contrat social juste et objectif qui intègre toutes les parties impliquées dans la transaction, de manière étroite et égale, sans tromperie ni falsification, et Francisco pense que l'or agit comme un étalon et une réserve de richesse juste et rationnelle au milieu de tout le système monétaire. Et un système monétaire rationnel est en fait, à son tour, un système de distribution des richesses dans la société, et le fait qu'il soit juste et raisonnable ou non détermine le niveau moral et éthique de la société dans son ensemble. Un système monétaire

---

[207] Rand, Ayn (1957), *Atlas Shrugged*, édition du 50e anniversaire.

raisonnable accorderait la justice sociale et l'égalité de traitement à ceux qui travaillent dur, s'efforcent de créer des richesses et savent épargner et accumuler. Ceux qui se cachent et spéculent sont freinés et limités dans le cadre d'un tel système monétaire rationnel, qui constitue donc une pierre angulaire importante de l'éthique sociale.

Puisque le système monétaire détermine la façon dont la richesse est distribuée, il détermine aussi en fin de compte la ligne de fond de la moralité sociale et de l'éthique, et alors qu'un système monétaire rationnel stimule la création de richesse et décourage la spéculation, un système monétaire déraisonnable encourage à l'inverse la spéculation et décourage la création de richesse réelle. Sous un système monétaire déraisonnable, la ligne de fond de la moralité sociale finira par se désintégrer, l'ensemble du système éthique s'effondrera et la civilisation sociale sombrera inévitablement dans l'obscurité et l'extinction. Du point de vue de Francisco, un représentant des banquiers internationaux, un système monétaire irrationnel est un moyen et une conspiration pour piller la richesse.

L'essai de 1966 de Greenspan intitulé "On Economic Freedom" (sur la liberté économique) expose de manière approfondie et claire des idées qui correspondent parfaitement aux vues et aux connotations théoriques de Francisco. Le dégoût de Francisco pour la dévaluation de la monnaie et l'inflation est également viscéral et profondément exprimé dans l'essai de Greenspan. Il est clair que ce groupe est collectivement opposé à la politique monétaire dite souple et au système dit du cours légal, et qu'il est convaincu que ni le gouvernement des États-Unis ni la Réserve fédérale, entre autres, ne doivent interférer dans le fonctionnement de l'économie. Ce sont de fervents défenseurs d'une économie capitaliste de type laissez-faire.

Cela ne laisse aucune place au doute. Greenspan avait 40 ans lorsqu'il a publié cet article en 1966, et ses opinions personnelles, ses valeurs et sa vision du monde étaient fixées depuis longtemps. Mais lorsqu'il a pris la présidence de la Réserve fédérale, il s'est lâché sur la déferlante du dollar, ce qui a conduit à une période prolongée de politique monétaire facile aux États-Unis, laquelle a finalement débouché sur le tsunami financier qui balaie le monde aujourd'hui. À quoi pensait exactement Greenspan ? Ce qu'il a fait en réalité était très différent et même incompatible avec ses propres convictions.

Le fait que les paroles et les actes de Greenspan dans l'élaboration et la mise en œuvre de la politique monétaire contrastent si fortement avec ses convictions et son insistance constantes nous donne une raison de plus de mettre un point d'interrogation supplémentaire sur la crise financière qui se déroule actuellement. Greenspan ne pouvait-il pas vraiment voir que la crise économique était à venir ? Grâce aux capacités de Greenspan, à son niveau de compétence, à sa modélisation mathématique, à sa maîtrise précise des données et à sa grande sensibilité aux mesures macroéconomiques, il a pu prédire la crise économique de 1958 six mois à l'avance en 1957, alors qu'il était consultant pour des entreprises sidérurgiques américaines, et a prédit avec précision que la crise économique était imminente, alors qu'en 2002, il a mis en œuvre l'assouplissement monétaire, injecté de grandes quantités d'argent dans le système économique et relevé les poissons, mais a fermé les yeux sur l'expansion continue de la bulle immobilière. Ne voit-il vraiment pas venir la tempête qui finira par déboucher sur une catastrophe financière ?

Greenspan a déclaré jusqu'au début de 2007 que la crise des prêts hypothécaires à risque ne serait pas un gros problème.[208] Si son niveau de jugement était vrai, il ne s'appellerait pas Greenspan.

Est-il possible que Greenspan détruise consciemment la valeur du dollar, détruisant le crédit du dollar, détruisant la base de son existence ? Notez que l'effondrement du dollar ne signifie en aucun cas l'effondrement des États-Unis ; au contraire, après s'être débarrassés de toute la dette en dollars, les États-Unis ont pu mener une attaque légère. Les États-Unis, forts de leur puissance militaire, de leurs capacités d'innovation scientifique et technologique et de leurs ressources abondantes, se sont complètement libérés de l'enchevêtrement des dettes et ont changé les règles du jeu monétaire mondial grâce à la "protection par la faillite". À la fin, les États-Unis sortiront le fond de leurs 8100 tonnes de réserves d'or et 3400 tonnes d'or du FMI, à ce moment-là, afin de "sauver le crédit de la monnaie", les États-Unis doivent lier la "nouvelle monnaie" et l'or, afin de gagner le crédit du monde. Bien sûr, les pays du monde qui manquent de réserves d'or seront les plus grands perdants. À ce moment-là, le dollar perdrait une "chaîne de dettes" et gagnerait un tout nouveau monde d'or.

Allons-nous connaître une répétition de l'hyperinflation allemande de 1923 ? Si c'est le cas, alors les quelques personnes qui commencent

---

[208] Les bulles de Greenspan : L'âge de l'ignorance à la Réserve fédérale.

à vendre à découvert le dollar à grande échelle constituent une dangereuse fusée.

Le dollar déformé et la "lagune de la dette".

> " Le dollar ne résout pas le problème, le dollar lui-même est le problème. "
>
> Les sages du peuple

Si l'on considère un pays comme une société, il possède également son propre bilan. À l'actif de ce bilan se trouve la richesse d'un pays, c'est-à-dire les biens et services créés par le travail, et au passif se trouvent les "recettes", c'est-à-dire l'argent, des fruits de ce travail. L'argent n'est pas une richesse en soi, mais simplement un "droit de créance" sur la richesse et un "droit de répartition" de la richesse.

Si la partie économique réelle d'une société consiste principalement à "faire le gâteau", alors le rôle central du système monétaire est de "couper le gâteau". Le système monétaire détermine l'orientation de la valeur de la répartition des richesses dans une société et constitue donc la base d'un système de récompenses et de sanctions pour les créateurs et les propriétaires de richesses. Un système monétaire rationnel fonctionne en "récompensant le travail acharné et en punissant la paresse", qui est systématiquement protégée et récompensée par des efforts pour créer des richesses et épargner honnêtement les fruits du travail, ce qui encourage les gens à créer davantage de richesses et à bénéficier d'une répartition équitable des fruits. Au contraire, un système social déraisonnable aura inévitablement pour effet de "récompenser la paresse et de punir l'assiduité", ce qui stimulera vicieusement la spéculation sur la richesse et les jeux d'argent, faussera gravement le mécanisme de répartition de la richesse sociale, punira sévèrement les créateurs de richesse honnêtes et exploitera cruellement les épargnants de richesse qui ont partagé leur part. Pourquoi les gens ont-ils besoin de travailler dur s'ils peuvent faire fortune en spéculant sur les actions ? Qui s'adonnerait au travail difficile et fastidieux de l'économie réelle si tout le monde se la coule douce et réalise d'énormes profits sur les marchés financiers ? Avec la tendance croissante à la vanité et au travail pénible, et le déclin de l'esprit d'économie, d'épargne et de travail pénible, l'enthousiasme de toute la société pour la création de richesses sera sérieusement érodé, et finalement, le pays et même la civilisation déclineront. Le célèbre monétariste Franz Pick a déclaré : " Le sort de l'argent finira par devenir aussi le sort de la nation. "

Le système monétaire est la pierre angulaire morale et éthique d'une société, voire d'une civilisation. De ce point de vue, Greenspan et d'autres ont depuis longtemps une connaissance approfondie de ce qu'un système monétaire honnête signifie réellement pour la civilisation humaine. C'est la raison fondamentale pour laquelle ils sont tenus d'abandonner à terme le système actuel du dollar, économiquement endetté et moralement défectueux.

La crise financière qui a balayé le monde n'est pas le résultat d'une série d'événements fortuits et coïncidents, mais plutôt la liquidation totale, attendue depuis longtemps, des graves déséquilibres structurels de l'économie à l'échelle mondiale. Le facteur le plus important qui a contribué à une structure économique aussi gravement déformée, rare dans l'histoire mondiale, a été l'émission excessive du dollar depuis l'effondrement du système de Bretton Woods en 1971. La crise a finalement éclaté, après plus de trois décennies de lente détérioration et de quasi-insuffisance inévitable du dollar, qui s'est amplifiée d'année en année et a progressivement rassemblé des éléments potentiellement dangereux dans l'économie mondiale.

L'essence de la crise est une crise majeure du système dollar, contrairement aux récessions précédentes depuis les années 30, et quelle que soit la manière dont cette crise se termine, le monde ne reviendra jamais à son schéma précédent. Du modèle de développement économique mondial à la division du travail dans le commerce international, du mécanisme monétaire mondial à la reconstruction des marchés financiers, de l'équilibre des pouvoirs dans les relations internationales à la carte géopolitique, de la nouvelle révolution énergétique à l'aube de l'ère verte, l'impact de cette crise financière sur le modèle mondial existant ne sera rien de moins qu'une guerre de classe mondiale.

En 1971, les États-Unis abolissent unilatéralement le système de Bretton Woods. Désormais, l'émission du dollar n'est plus soumise aux contraintes rigides de l'or ni à la surveillance souple des institutions internationales. Les États-Unis se sont engagés sur la voie de l'indulgence à l'égard de l'émission du dollar, profitant de leur position privilégiée de monnaie de réserve et de règlement du monde pour récolter les avantages faramineux d'une taxe sur les monnaies du monde.

À partir de 1959, l'émission de dollars a constamment dépassé la croissance de l'économie réelle dans le PIB des États-Unis, et cette surémission de dollars est entrée dans une nouvelle phase d'augmentation rapide après 1997,[209] l'écart entre les deux lignes reflétant, dans une certaine mesure, la "taxe sur la monnaie" que les États-Unis imposent au monde depuis des décennies par l'émission excessive de dollars. En particulier, les États-Unis ont unilatéralement aboli le système de Bretton Woods en 1971, ce qui a constitué un défaut international majeur pour le stock de monnaie américaine et le PIB réel du dollar. Le système de Bretton Woods est une convention internationale juridiquement contraignante, signée conjointement par les principaux pays du monde, et le gouvernement des États-Unis a brusquement et unilatéralement supprimé l'ancrage du dollar à l'or sans consultation, ce qui a constitué un défaut grave pour le dollar. Comme le dollar a une telle "histoire" de défaut, il n'est pas inconcevable qu'il y ait un autre défaut soudain et une mauvaise dette à l'avenir.

Si l'on dit que le pouvoir absolu mène nécessairement à la corruption absolue, cette affirmation s'applique également au dollar. Si le privilège du dollar a apporté de grands avantages aux États-Unis, il a également entraîné des effets secondaires de plus en plus graves.

D'une part, l'impression de dollars pour profiter des fruits du travail d'autrui, le plaisir de gagner quelque chose pour rien est comme une dépendance aux drogues, qui a progressivement démantelé l'esprit puritain et le système moral et éthique social de l'épargne et du travail acharné que les États-Unis défendent depuis la fondation du pays ; elle va à l'encontre de l'esprit du "rêve américain" de travailler dur pour créer des richesses ; il engendre et nourrit les notions vicieuses de la société tout entière consistant à encourager la spéculation, à vénérer le luxe, à s'adonner à la consommation, à manger tout ce qui tombe sous la main et à s'agrandir ; il corrode l'enthousiasme de la nouvelle génération de la société à créer une véritable richesse, et il vide de plus en plus la richesse sociale que les États-Unis ont accumulée pendant 200 ans.

D'autre part, dans le processus d'exportation de billets de dollars pour les marchandises mondiales, il est inévitable d'accumuler de

---

[209] Batra, R X (2005), *Greenspan's Fraud : How Two Decades of His Policies Have Undermined the Global Economy.*

grands déficits et des dettes, l'échelle croissante de la dette et le coût des paiements d'intérêts, affaiblissant fondamentalement la force nationale des États-Unis, afin de compenser le déficit ne peut qu'augmenter l'échelle de l'impression de la monnaie, conduisant ainsi au déséquilibre croissant dans la distribution de la richesse sociale, la pression de la dette de la classe moyenne augmente d'année en année, tandis que le niveau de revenu est loin derrière, la situation financière des ménages est de plus en plus fragile, et la crise de paiement vient de prendre forme.

C'est la sur-émission chronique du dollar qui a conduit à la grave distorsion de la structure économique mondiale. Le déséquilibre extrême entre le surendettement et la consommation aux États-Unis et la surproduction et l'épargne dans les pays émergents aurait été impossible à maintenir sans le système injustifié du dollar. Aucun autre pays dans l'histoire de l'humanité n'a été capable de rester en déficit commercial et budgétaire pendant plus de 30 ans, comme l'ont fait les États-Unis, et de maintenir son économie nationale sous une forte pression d'endettement sans effondrement systémique, pour la raison même qu'après le divorce du dollar et de l'or, les États-Unis n'ont pas eu à faire d'effort pour payer leurs dettes et auraient pu les réduire considérablement en faisant simplement tourner leurs machines à imprimer de la monnaie, tout en répartissant les conséquences de l'inflation uniformément dans le monde. L'absurdité, la dépravation et l'injustice d'un tel système monétaire sont sans précédent dans l'histoire du monde.

Malgré cela, le système du dollar ne peut être maintenu éternellement.

En 2008, le montant total de la dette nationale, de la dette des collectivités locales, de la dette des entreprises, de la dette financière, de la dette privée des États-Unis a atteint 57 000 milliards de dollars, et ces dernières années, il a augmenté à un taux annuel de 7 à 8 %, augmentant de manière rentable, alors que le PIB durable annuel et le revenu national des États-Unis n'ont augmenté qu'à un taux d'environ 3 %. Étant donné que le coût de la dette a toujours augmenté plus que le taux de croissance moyen du revenu national de 3 %, à partir de 1980, la dette américaine totale (pas seulement la dette nationale) en tant que part du PIB a augmenté pendant près de 30 ans, passant de 163 % à 370 % actuellement. L'ampleur de l'augmentation de la dette totale des États-Unis devient de plus en plus stupéfiante à mesure que l'on s'éloigne dans le temps, en raison de l'effet de prise de bénéfices. À l'heure actuelle, la dette totale des États-Unis a créé un dangereux "lagon de dettes".

La dette totale des États-Unis a augmenté en moyenne de 6 % par an depuis que le dollar américain a quitté l'or en 1971, et elle a augmenté de 7 à 8 % depuis 2000. Si nous calculons avec un taux de croissance prudent de 6 %, alors dans 41 ans, la dette totale des États-Unis atteindra le chiffre stupéfiant de 621,5 billions de dollars ! Alors que le revenu national des États-Unis, à partir de sa taille actuelle de 11 000 milliards de dollars, à un taux de croissance durable à long terme de 3 %, ne sera que de 37 000 milliards de dollars après 41 ans, la dette de 621 500 milliards de dollars sera aussi importante que 37 300 milliards de dollars en paiements d'intérêts si on la calcule à un coût d'intérêt moyen de 6 %.

En d'autres termes, 2051 sera une année charnière au cours de laquelle le total des intérêts payés sur l'ensemble de la dette des États-Unis dépassera le revenu national total des États-Unis, ce qui signifie que les États-Unis seront en faillite économique pour de bon !

Ces dettes ne comprennent pas les engagements cachés des fonds Medicare et Social Security, qui dépassent actuellement 10 000 milliards de dollars.

La société américaine fonctionne déjà avec un fort effet de levier. L'ensemble de l'économie nationale finira par ne plus pouvoir supporter la pression du service de la dette, ce qui conduira à un effondrement final.

Ainsi, la question n'est pas de savoir si la crise du dollar va ou non éclater, mais seulement de savoir quand. Il est plus probable que l'effondrement se sera produit avant que la grande limite du dollar n'arrive en 2051. Le tsunami financier de 2008 a peut-être donné le coup d'envoi de la désintégration du dollar.

L'avenir de l'économie mondiale : 14 ans de "Grande Dépression".

Ce sur quoi nous devons nous concentrer n'est plus ce qui s'est passé lors du tsunami financier, mais ce qui se passera dans le monde après celui-ci.

Au vu des fondamentaux économiques actuels, la panique liée à la crise financière semble s'être apaisée pour le moment, et la lumière de l'espoir d'une reprise économique semble se profiler à l'horizon, alors que les marchés boursiers mondiaux ont connu un rallye inattendu depuis 2009, est-ce le début d'un nouveau marché haussier ou un terrible rebond du marché baissier ? L'économie mondiale est-elle vraiment sur le point de se redresser ?

Le plongeon du marché boursier américain en 1929 n'a fait que donner le coup d'envoi de la Grande Dépression, et une reprise très similaire du marché boursier américain en 1930 a suscité un sentiment d'espoir tout aussi fort. Mais il s'en est suivi un effondrement financier bien plus important en 1931, qui a complètement sapé la confiance dans les marchés financiers et déclenché une dépression qui a duré dix ans.

Greenspan, qui avait décrit le tsunami financier comme un événement ne se produisant qu'une fois par siècle, n'a naturellement pas mérité un changement fondamental de pensée après le déclenchement de la crise, passant d'un "acte de foi" qui ignorait complètement les risques énormes de la crise financière à une déclaration sévère selon laquelle la crise serait encore pire qu'en 1929.

En fait, nombreux sont ceux qui voient déjà un avenir économique très sombre pour le monde, et la dépression économique des années 30 n'est en fait pas si éloignée du monde d'aujourd'hui. Il a toujours été considéré comme acquis que le monde d'aujourd'hui a changé de manière indescriptible par rapport à son passé, que l'humanité semble avoir gravi un plateau de prospérité permanente, que tout déclin est de courte durée et que toute reprise est rapide. Les banquiers centraux semblent avoir trouvé la panacée à la Grande Dépression, la politique monétaire peut créer de la richesse à partir de rien et arrêter la propagation de toutes les crises, et les gouvernements sont convaincus que la politique fiscale peut inverser le cours des choses et atteindre une prospérité permanente à volonté. S'il existe effectivement des lois inhérentes à l'économie, le rôle des êtres humains est de suivre le courant, de reconnaître ces lois et de naviguer dans les hauts et les bas, ce qui est important pour les investisseurs.

Après les rapides palpitants, les gens se réjouissent et arrivent à un large lac où tout semble s'être calmé. À ce moment-là, seuls ceux qui se trouvaient en hauteur ont soudain réalisé que juste en aval, non loin devant le lac, se trouvait une chute d'eau d'une taille effrayante.

C'est le début de "l'ère de la Grande Dépression" pour les 77 millions de "baby-boomers" aux États-Unis.

La génération des "baby-boomers" aux États-Unis fait référence au phénomène des "4664" aux États-Unis après la Seconde Guerre mondiale : de 1946 à 1964, 77 millions de personnes sont nées aux États-Unis pendant cette période de 18 ans, ce qui représente un quart de la population américaine, et ce groupe constitue aujourd'hui l'épine dorsale de la société américaine. Avec la croissance des baby-boomers, l'économie américaine est entrée dans une période de prospérité fulgurante ; dans les années 1960 et 1970, les baby-boomers américains ont favorisé l'essor des jouets, des dessins animés et de la musique populaire ; dans les années 1970 et 1980, les baby-boomers actifs dans le mariage ont favorisé l'essor de l'immobilier et de l'industrie automobile ; dans les années 1980 et 1990, les baby-boomers qui étaient à l'âge d'or de la consommation ont favorisé l'essor des ordinateurs personnels et d'Internet. Au cours de cette période, la population des "baby-boomers" a engendré les plus importants gains boursiers de l'histoire, la hausse des prix des maisons et la demande d'aviation internationale, d'ordinateurs personnels, de réseaux informatiques et d'outils de sport et de loisirs.

Le dernier point d'inflexion de la période de pointe pour la naissance de la génération des "baby-boomers" est l'année 1962, une courbe démographique qui a été ajustée pour tenir compte de la population immigrée, étant donné que les États-Unis sont une grande nation d'immigrants. Note : Retenez ce chiffre pour 1962.

Selon le ministère américain du travail, les Américains atteignent le pic de leurs dépenses au cours de leur vie à l'âge de 47 ans, lorsqu'ils sont dans la force de l'âge, dans leurs meilleures années et dans leurs meilleurs revenus. Après l'âge de 47 ans, les gens commencent à penser à la retraite et à la vieillesse, et leur corps vieillit, et ils doivent se préparer à des rendez-vous médicaux et à la médecine, à partir de ce moment-là, les attentes des gens concernant les revenus futurs diminuent, la consommation commence à glisser progressivement, et la vie devient de plus en plus frugale. À mesure que l'on vieillit, divers désirs commencent à descendre de façon synchrone.

Les "baby-boomers" aux États-Unis n'ont jamais eu l'habitude d'épargner, et la première moitié de leur vie s'est déroulée juste à temps pour que les États-Unis deviennent un empire hégémonique qui domine le monde, et il existe dans leur esprit un sentiment général de super-optimisme quant à l'avenir. Ils n'ont pas les souvenirs grisâtres de la Grande Dépression de leurs pères, ou le baptême brutal de la Seconde

Guerre mondiale où tu meurs et je vis, tout est si lisse et tout est si brillant.

Après 47 ans de vie extravagante, les enfants nés au tournant du déclin du "baby-boom" en 1962 sont arrivés au tournant de la fortune de la nation américaine, en 2009. Le monde est soudainement devenu sombre, la prospérité économique a brusquement disparu, des tsunamis financiers ont été secoués et une vague de chômage a déferlé. À cette époque, ils ont soudainement découvert qu'ils avaient perdu près de la moitié de leur pension investie en bourse, tandis que les dépôts sur leur compte bancaire n'étaient jamais "aussi minces que des ailes de cigale" en raison de leurs grandes mains et de leurs grands pieds à longueur d'année, en même temps, des habitudes de vie indulgentes et des dépenses inconsidérées avant l'heure, ce qui les a rendus très endettés. Dans un tel scénario, leur consommation s'écartera de la courbe de consommation normale du vieillissement et ils devront serrer la ceinture de leur pantalon plus vite et plus fort pour faire face à la brutale vague de froid économique à venir.

2009 sera une année charnière pour l'économie mondiale, et nous pouvons voir dans le graphique que l'indice boursier Dow Jones est étonnamment très cohérent avec la courbe d'âge des consommateurs de la population. La logique est évidente, le marché boursier reflète les attentes en matière de performance des entreprises cotées en bourse, et la performance d'une entreprise dépend des ventes de produits, qui proviennent naturellement de la consommation de la population, qui tire 72 % du PIB aux États-Unis.

Historiquement, de 1966 à 1982, le marché boursier américain a connu un marché baissier de près de 16 ans (corrigé de l'inflation), un cycle de marché baissier qui a coïncidé parfaitement avec la dernière vague de la courbe du cycle de vieillissement de la population. Après les années 1980, le "baby-boom" au début des années 1960, le pic de la population diplômée de l'université et entrant sur le marché du travail, ce grand groupe de jeunes gens vigoureux, prenant des risques, entreprenant, osant dépenser, a stimulé l'économie américaine, a considérablement augmenté la consommation, créant une ère sans précédent de prospérité économique, le marché boursier suivi par un marché haussier pendant près de 20 ans.

Et 2009 se situe exactement dans la courbe de consommation de la population représentée par le bord de la falaise, un pas en avant est la "cascade de consommation" du point d'inflexion. Lorsque les derniers "baby-boomers" nés en 1962 dépasseront l'âge maximum de 47 ans en 2009, une spirale spectaculaire de baisse de la consommation suivra, jusqu'en 2024. Il s'agira d'un cycle de 14 ans de déclin de la consommation, et avec un niveau d'endettement élevé, le marché de la consommation américain connaîtra une longue période glaciaire comparable à celle des années 1930 !

Il convient de noter que ni les politiques monétaires ni les politiques fiscales n'auront d'effet notable sur une génération vieillissante, après tout, elles ne ramèneront pas les gens en enfance. Il n'est pas très réaliste d'encourager les personnes âgées à emprunter audacieusement pour dépenser, et la contraction de la consommation d'une année sur l'autre privera les "pousses vertes" de l'actuelle reprise économique apparemment brillante d'un sol fertile pour le crédit. Après tout, la consommation est le moteur de 72 % de la croissance économique américaine !

Le Japon a atteint le pic de consommation de la population en 1994, suivi de plus d'une décennie de dépression économique, le gouvernement japonais a abaissé les taux d'intérêt jusqu'à zéro, la dette nationale totale causée par les mesures de relance budgétaire s'est élevée à 160 % du PIB du Japon, et l'économie japonaise ne peut toujours pas démarrer. Cette situation est étroitement liée à l'incapacité du gouvernement à obliger les personnes âgées à emprunter massivement pour une consommation qui n'intéresse que les jeunes.

Plus grave encore, le cycle démographique de l'Europe coïncide avec celui des États-Unis, et les deux secteurs économiques européens et américains vont simultanément tomber dans une ère glaciaire de consommation à long terme. Il s'agira d'un changement majeur de l'écologie économique pour tous les pays émergents dont les principales cibles d'exportation sont les marchés européen et américain, qui présentent de graves surcapacités. Les pays qui ne pourront pas s'adapter à ce niveau catastrophique de changement seront éliminés de la scène et le chemin à parcourir sera extrêmement difficile.

Loi fondamentale de l'économie, les élites qui dirigent le monde l'ont vu venir depuis longtemps, et il ne leur reste plus qu'à l'utiliser pour atteindre leurs grands objectifs stratégiques, qu'elles attendent depuis longtemps. Une fois encore, nous rappelons aux lecteurs que 2024 sera une année cruciale pour le monde. C'est l'année où le rêve centenaire du banquier international risque de devenir réalité !

CHAPITRE X

Retour vers le futur

ack to the Future est une superproduction américaine de science-fiction qui met en scène un lycéen, Martin, dans une fuite inattendue de la vie, voyageant de 1985 à 1955 dans une machine à remonter le temps conçue par le Dr Brown, qui déroule une série d'histoires palpitantes et bizarres.

Dans ce chapitre, nous ferons également un voyage dans le temps de 2009 à 2024, soit 14 ans plus tard, lorsque le monde aura une banque centrale mondiale et une monnaie unifiée.

Le sens de la souveraineté nationale et du nationalisme a toujours été l'ennemi mortel de l'idée de gouvernement mondial, et tout l'intérêt d'une monnaie mondiale unifiée réside dans l'abolition des monnaies souveraines. La question du droit d'émettre de la monnaie n'est pas du tout une question purement théorique, mais une question d'intérêts réels. Si la monnaie n'est pas un pouvoir, alors je ne peux pas imaginer qu'elle ait quelque chose à dire.

Si la tendance vers une monnaie mondiale unifiée est irréversible, la question est de savoir qui la dominera. La monnaie implique le droit de distribuer la richesse de la société, ce qui est l'intérêt le plus central du pouvoir de tout État, et l'introduction d'une monnaie mondiale exige inévitablement que les États souverains abandonnent leur droit de distribuer la richesse.

Dans un jeu d'intérêt pour une puissance mondiale où la Chine n'est pas encore en position dominante, rejoindre un jeu de contrôle monétaire dominé par d'autres sera une question de fortune nationale de la Chine pour les 50 prochaines années, avec la richesse de 1,3 milliard de Chinois en jeu — la plus importante mais la plus insignifiante de toutes les décisions stratégiques chinoises.

Dominer ou être dominé, telle est la question !

Le 1ᵉʳ janvier 2024, la monnaie unique mondiale est lancée

> " Le contrôle de la monnaie est une grande lutte, et le contrôle de son émission et de sa distribution revient à contrôler les richesses, les ressources et l'humanité dans son ensemble. " [210]
> Jack Weatherford, célèbre anthropologue américain
> anthropologue et historien de l'argent.

Le jour de l'an 2024, le lancement officiel de la monnaie unique mondiale par la Banque centrale mondiale à Bâle, en Suisse, a fait l'objet d'une couverture médiatique 24 heures sur 24 sur Internet, à la télévision, dans les journaux et les magazines du monde entier, grâce aux reportages des principales agences de presse. Un éditorial du jour de l'An dans le *Financial Times* britannique, intitulé "Le monde entre dans la prospérité perpétuelle", a fait des éloges enthousiastes :

> "Les peuples du monde ont enfin appris les avantages de la monnaie unique mondiale, et à leur demande, les gouvernements ont abandonné les monnaies souveraines en place depuis des siècles. C'est un grand moment de l'histoire humaine, et cela signifie une nouvelle phase de prospérité permanente pour la société humaine. "

Pour sa part, le magazine britannique *The Economist* a commenté avec autorité et professionnalisme :

> "Avec l'utilisation de la monnaie unique mondiale, les marchés n'auront plus besoin d'échanges de devises encombrants ou de couvertures coûteuses pour faire face aux fluctuations des taux de change. La spéculation sur les devises, le risque de faillite monétaire et les problèmes de déséquilibre disparaîtront. Cet échange de devises contre une valeur réelle sera plus efficace lorsque les vents politiques ne seront pas pris en compte. "

Le *Wall Street Journal* représente l'attitude américaine consistant à "prendre les choses comme elles viennent :

> "L'Amérique ne peut pas s'opposer aux tendances inévitables de l'histoire. En effet, l'abandon du dollar et le soutien à la monnaie unique mondiale n'excluraient pas les intérêts légitimes des États-Unis, mais souligneraient plutôt leur rôle dominant et leur pouvoir d'engagement. Il est d'autant plus important que les intérêts supérieurs des États-Unis résident

---

[210] Weatherford, Jack, *The History of Money* (Crown Publishers, 1997).

précisément dans la suppression du privilège monétaire et le retour à une concurrence loyale, seul moyen de rompre fondamentalement le charme du destin du dollar qui s'enfonce, comme le souligne le paradoxe de Trayvon, et que les États-Unis seront dans une position unique pour relancer le pouvoir fort de l'économie réelle sur le marché mondial, continuer à maintenir leur position de puissance centrale dans l'ordre politique et économique mondial, et jouer leur rôle historique de leader de la marée progressiste du monde."

Le site chinois Sina.com a publié un concert d'applaudissements de la part des économistes traditionnels :

"Grâce aux efforts conjoints de tous les pays du monde, nous avons finalement inauguré un nouveau printemps de la mondialisation. La Chine serait l'un des plus grands bénéficiaires d'un ordre financier mondial plus juste. Bien que nos réserves de change aient subi un certain nombre de pertes et d'incertitudes à la suite du retrait du dollar de la circulation, à long terme, c'est le prix que la Chine doit payer pour s'intégrer en douceur dans la société internationale dominante. À long terme, la Chine reste la gagnante de la mondialisation."

En contraste frappant avec l'attitude favorable et partiale des médias internationaux, les pires manifestations antimondialisation du 21e siècle ont éclaté aux États-Unis. Le chômage aux États-Unis a atteint un sommet de 15 % sous le poids d'une récession prolongée, et le mécontentement à l'égard du gouvernement a atteint un point de rupture avec le grand nombre d'Américains qui ont perdu tous leurs biens et leurs prestations de santé en matière de retraite. Grandes manifestations de masse de millions de personnes à New York et Philadelphie, aux États-Unis d'Amérique, pour protester contre la fin de la circulation du dollar américain, avec des personnes vêtues de divers costumes ressemblant à des dollars et rassemblées autour de la Cloche de la Liberté, symbole de la Révolution américaine, des centaines de milliers de personnes scandant "The Star-Spangled Banner will never fall", les meneurs des manifestations récitant la Déclaration d'indépendance et la Constitution des États-Unis, et leur détermination à défendre le dollar jusqu'à la mort contre les diktats de la Banque centrale mondiale, qui est au-dessus du Congrès des États-Unis. Sur la grande pelouse du Washington Monument, un demi-million de manifestants venus de l'Est scandaient avec colère des slogans tels que "La Maison Blanche a trahi l'Amérique" et de grands slogans tels que "Arrêtez la trahison", "Pendez le traître", "Au diable la monnaie mondiale" et "Défendez la Constitution" couvraient toute la Pennsylvania Avenue et 7 à 14 pâtés de maisons. Alors que la bataille entre législateurs au Capitole s'intensifie, la police et les manifestants s'affrontent dans le sang devant le Lincoln Memorial, la circulation sur le Beltway 495 est complètement paralysée et la route à huit voies devient un camp de base où les manifestants peuvent dormir à la dure. Des menaces de bombes ont été lancées contre les bâtiments de la Banque mondiale et du Fonds monétaire international, des organisations de droite telles que l'American Association of Gun Owners conspiraient secrètement pour lancer un "soulèvement armé" afin de renverser le gouvernement traître, et il y avait une situation perfide au Pentagone, où certains généraux de l'armée fermement loyaux aux intérêts des États-Unis d'Amérique se réunissaient en secret pour préparer un coup d'État. (Richard Kubo, source : site officiel de l'Université de Harvard)

Paris, en France, a été plongé dans un état d'anarchie, avec des banques fracassées, des magasins pillés, des voitures brûlées, des transports publics coupés et des grèves de masse conduisant à une déclaration de contrôle militaire. Les protestations à Londres se sont progressivement transformées en émeutes, la ville financière d'Angleterre est presque morte, les grandes institutions financières ont annoncé que tous les employés étaient en congé sans solde, l'armée dans la ville pour maintenir l'ordre. Des villes comme Berlin, Francfort, Rome, Vienne, Moscou, Tokyo et Séoul sont également touchées à des degrés divers.

Les internationalistes ont clairement sous-estimé la détermination et la force de la résistance nationaliste. L'essor d'Internet a brisé le monopole des canaux d'information des grands médias, et une partie de plus en plus importante du grand public commence à réaliser que la perte du droit de l'État à émettre la monnaie signifie un asservissement total. Dans une démocratie, les élections générales sont l'un des moyens efficaces pour le grand public d'exercer une influence sur les dirigeants politiques, et au niveau national, le droit d'émettre une monnaie souveraine reste pertinent pour les électeurs. Mais si la monnaie souveraine est abolie, la banque centrale du monde devient un super monstre financier au-dessus de tous les gouvernements démocratiquement élus, indépendant du gouvernement, non surveillé, non élu et sans aucun processus démocratique pouvant le contraindre efficacement.

L'émission de la monnaie unique mondiale sera le moment historique de l'histoire humaine où le pouvoir de l'or atteindra l'apogée de sa puissance. Ce moment ne s'est pas produit par "chance" ou "au hasard". Il a même un calendrier précis. Une organisation appelée l'Association mondiale de la monnaie unique prévoit,

> " Calendrier du programme jusqu'en 2024. Conformément à la stratégie réaliste, l'avancement de ce plan permettra d'atteindre l'objectif d'une monnaie mondiale unique d'ici 2024. Lorsque le professeur Richard Cooper a proposé une union monétaire des pays industrialisés en 1984, il a conçu un calendrier de 25 ans pour la faire progresser, et ce calendrier nous a conduits jusqu'en 2009. " [211]

- Nouveau membre de la zone euro en 2009 : Slovaquie
- 2009 Cinq pays de la zone monétaire ouest-africaine : Ghana, Nigeria, Sierra Leone, Gambie, Guinée, utilisant une monnaie commune : ECO
- 2010 Les pays du Conseil de coopération du Golfe (CCG) prévoient de lancer une nouvelle monnaie commune : Baring, Koweït, Oman, Qatar, Arabie saoudite, EAU
- 2011 50e anniversaire de la publication de l'article de Mondale "The Theory of the Optimal Monetary Zone" dans l'American Economic Journal
- Nouveaux membres de la zone euro en 2012 : adhésion de l'Estonie
- 2012 Cinq pays d'Afrique de l'Est mettent en place une monnaie commune : Burundi, Kenya, Ouganda, Tanzanie, Rwanda.
- Conférence internationale 2012 sur la préparation de l'Union monétaire mondiale
- 2013 Nouveaux membres de la zone euro : Lettonie, Lituanie, Bulgarie

---

[211] Cooper, Richard N., "Is there a Need for Reform". (Discours prononcé lors d'une conférence de la Banque de la Réserve fédérale de Boston, mai 1984).

- Nouveaux membres de la zone euro en 2013 : République tchèque, adhésion de la Pologne
- Nouveaux membres de la zone euro en 2014 : adhésion de la Hongrie
- Nouveaux membres de la zone euro pour 2015 : Roumanie
- 2016 Union monétaire sud-africaine de 14 (SADC) : Afrique du Sud, Angola, Botswana, Congo, Lesotho, Madagascar, Malawi, Maurice, Mozambique, Namibie, Swaziland, Tanzanie, Zambie et Zimbabwe.
- 2017 Sélection d'un nom de monnaie mondiale dans le monde entier (l'euro a été nommé en 1995 et mis en œuvre quatre ans plus tard)
- 2018 Les économistes prévoient la mise en place d'une monnaie unique mondiale, au moins dans la plupart des pays industrialisés 1988 Les économistes prévoient la mise en place d'une monnaie unique mondiale 30 ans plus tard
- 1er juin 2020 : Création d'une Banque centrale mondiale, partiellement ou totalement calquée sur le modèle du Fonds monétaire international ou de la Banque mondiale.
- Le 1er janvier 2021 : La nouvelle monnaie unique mondiale est prête pour les transactions électroniques
- 2021 L'Union africaine, créée en 2001, se fixe pour objectif d'établir une union monétaire panafricaine.
- 1er janvier 2024 : les transactions mondiales sont traitées dans la nouvelle monnaie unique mondiale ; 1er mai : après cette date, toutes les anciennes monnaies ne seront plus utilisées pour les transactions et pourront être converties dans la nouvelle monnaie unique mondiale auprès des banques désignées dans les pays membres, le risque de change prend fin et la valeur des actifs continue de s'apprécier.

La monnaie unique : la fin de l'histoire

> *Nous sommes impatients de promouvoir la politique monétaire mondiale dans une période de crise comme celle-ci. La crise financière actuelle est le seul moment possible, parce que vous ne pouvez faire des choses comme ça pour construire un nouveau système que lorsqu'il y a une crise.* [212]
> – 13 novembre 2008, "Père de l'Euro" Mondale

> *L'économie mondiale a besoin d'une monnaie mondiale.* [213]
> Paul Volcker, ancien président de la Réserve fédérale.

> *Le contrôle de la monnaie et du crédit peut frapper au cœur de la souveraineté nationale.* [214]
> – Alden W. Clausen, président de la Bank of America et président de la Banque mondiale

> *Une fois que la monnaie et le crédit d'un pays sont partiellement contrôlés, il importe peu de savoir qui fait les lois de ce pays.* [215]
> W.L. Mackenzie King, ancien Premier ministre du Canada.

Il y a toujours des gens intelligents dans ce monde qui lisent le jeu de l'argent, et Kiyosaki, auteur de *Poor Dad, Rich Dad*, est l'un d'eux. Peu après le début du tsunami financier en septembre 2008, il a mentionné dans un article du 24 novembre 2008,

> "En 1910, sept hommes, dont on estime qu'ils possèdent 1/6 de la richesse mondiale, tiennent une réunion secrète sur l'île Jekyll, au large de la côte de Géorgie. Six d'entre eux sont américains et représentent JP Morgan, Rockefeller et le gouvernement américain. L'autre est venu d'Europe et représente Rothschild et Warburg, et la création de la Réserve fédérale en 1913 est le résultat direct de cette réunion secrète.

---

[212] Mondale : La promotion d'une monnaie mondiale ne peut se faire qu'en période de crise (CBN, 13 novembre 2008).

[213] Bonpasse, Morrison, *The Single Global Currency* (Single Global Currency Association, 2006).

[214] Clausen, A. W., dans une interview accordée en 1979 au Freeman Digest, "International Banking".

[215] Mackenzie King, William Lyon, dans une allocution radiophonique, le 2 août 1935, citation imprimée dans le livre de Walter Stewart, *Bank Heist* (Harper Collins, 1997).

> *Il est intéressant de noter que la Federal Reserve Bank des États-Unis n'est ni fédérale, ni une réserve, ni une banque... elle contrôle le système bancaire et la masse monétaire aux États-Unis. Le système de Bretton Woods en 1944 a conduit à la création du Fonds monétaire mondial et de la Banque mondiale, qui ont été créés pour contrôler le système bancaire et la masse monétaire du monde, tout comme la Réserve fédérale l'a fait pour les États-Unis. En 1971, le président Nixon a annoncé l'abandon de l'ancrage du dollar à l'or, ce qui signifiait que la première étape du contrôle du système financier mondial était terminée. En 2008, l'économie mondiale est en crise et les riches vont finir par s'enrichir, mais la plupart des pauvres vont s'appauvrir. Une grande partie de cette crise découle directement de ces réunions secrètes tenues il y a plusieurs décennies. En d'autres termes, une grande partie du tsunami financier a été orchestrée.*"[216]

Le monde a-t-il besoin d'une banque centrale mondiale ? Si l'on veut parvenir à un système monétaire mondial unique, il faudra une politique monétaire d'une ampleur sans précédent pour armer le système financier international. En substance, une monnaie mondiale unique permettrait aux banques d'avoir un pouvoir sur les nations, les races et les langues. L'ancien député canadien Paul Hellyer a commenté la monnaie unique mondiale en 1994 : "Dans un tel système monétaire/bancaire mondial, les intérêts des citoyens, des États individuels, ne seraient subordonnés qu'aux intérêts du système financier international... les États ne seraient plus en mesure d'élaborer la moindre politique indépendante".[217] Le système financier le plus puissant au-dessus des États souverains sera géré par des groupes de pouvoir mondiaux qui n'auront de comptes à rendre à personne.

Ce n'est pas un projet d'un jour ; il doit être conçu, accumulé, planifié et faire l'objet de recherches théoriques sur une longue période, et attendre le bon moment pour le lancer. Le moment est le plus critique, et un lancement trop précoce ou trop tardif peut être tout aussi néfaste. L'exploration théorique de la monnaie unique mondiale a atteint un stade assez avancé dès les années 1960. Parmi eux, certaines

---

[216] Kiyosaki, Robert, *How the Financial Crisis Was Built Into the System* (Yahoo Finance, 24 novembre 2008).

[217] Hellyer, Paul, *Funny Money* (Chimo Media, 1994).

déclarations importantes sur la monnaie unique mondiale sont clairement pertinentes.

1969 :

> *"Permettez-moi de passer des objections pinaillantes à des discussions plus actives, et de commencer par les meilleurs et les pires systèmes monétaires internationaux. Le meilleur système monétaire, à mon avis, est une monnaie unique mondiale avec une autorité financière mondiale."*[218]
>
> Charles P. Kindleberger, professeur d'économie, Massachusetts Institute of Technology, conférencier à la réunion de Boston de la Réserve fédérale

1984 :

> *"J'ai proposé une option radicale pour le siècle prochain : une monnaie unique pour toutes les démocraties industrielles, basée sur une politique monétaire commune, avec une banque émettrice de monnaie commune pour déterminer la politique monétaire... Cette proposition est effectivement trop radicale à court terme, mais pourrait fournir une vision ou un objectif pour guider les prochaines étapes..."* [219]
>
> — Richard N. Cooper, Professeur, Université de Harvard, États-Unis d'Amérique, orateur, Conférence de la Réserve fédérale de Boston

1998 :

> *" Pour le monde dans son ensemble, la rapidité de la transition vers une monnaie mondiale unique pourrait en surprendre plus d'un, le monde pourrait avoir évolué de plus de 200 monnaies aujourd'hui à une seule en 10 ans (2008), et dans 25 ans (2023), les historiens se demanderont pourquoi il a fallu tant de temps pour purger une monnaie qui existe depuis 20 siècles. "* [220]
>
> Bryan Taylor, économiste en chef, Global Financial Data, Inc.

---

[218] Kindleberger, Charles P., parlant à une conférence de la Réserve fédérale.

[219] Cooper, Richard N., "Is there a Need for Reform". (Discours prononcé lors d'une conférence de la Banque de la Réserve fédérale de Boston, mai 1984).

[220] Bonpasse, Morrison, *The Single Global Currency* (Single Global Currency Association, 2006).

(C'est un assez bon niveau pour une personnalité publique de dire de telles choses il y a plus de 10 ans. (Plutôt que d'être un prophète, il serait plus exact de dire qu'il était un planificateur).

2001 :

> *" Lorsque VISA a été créée il y a 25 ans, ses fondateurs voyaient le monde comme un système nécessitant une monnaie unique pour les échanges, et tout ce que nous faisons est basé sur une vision globale et un effort pour réaliser notre vision globale étape par étape. "* [221]
> Sarah Perry, responsable de la planification stratégique des investissements, VISA.

2004 :

> *" Si l'économie de marché mondial doit s'épanouir dans les prochaines décennies, l'émergence d'une monnaie mondiale semble logique. "* [222]
> Martin Wolf, commentateur économique en chef, Financial Times, économiste principal, réunion annuelle de la Banque mondiale.

Le 5 janvier 2007, Ben Steyer, directeur du département d'économie internationale de l'Association des relations extérieures des États-Unis, a publié dans le Financial Times du Royaume-Uni un article intitulé "Digital gold and the shortcomings of the monetary system", qui compare les avantages et les inconvénients des taux de change flottants et fixes et souligne à plusieurs reprises que le système monétaire du monde actuel est le maillon faible du processus de mondialisation et que la solution est la remonétisation de l'or, en utilisant l'or électronique comme moyen de paiement dans les conditions technologiques modernes. Il conclut,

> *" (Un système monétaire pour l'or numérique) peut sembler radical et irréalisable, mais l'électronisation d'une monnaie d'or que les humains ont expérimentée pendant 2 500 ans de pratique peut finalement prouver que ce système monétaire est*

---

[221] Ibid. p. 7.

[222] Wolf, Martin, écrit pour le *Financial Times*, 3 août 2004.

plus durable qu'une monnaie souveraine avec seulement une brève période d'essai de 35 ans."[223]

Le 9 mai 2007, le magazine *Diplomacy*, le porte-parole de l'Association américaine des relations étrangères, a publié un autre article de Ben Steyer, intitulé "La fin de la monnaie souveraine nationale". Dans son article, Stahl affirme que "pour se mondialiser en toute sécurité, les pays devraient abandonner l'étatisme monétaire et abolir les monnaies inutiles, qui sont la source d'une grande partie des troubles actuels". "De l'avis de Steyr, la cause profonde des troubles financiers dans le monde actuel est l'ingérence des "monnaies souveraines". Il a déclaré : " Pourquoi le problème d'une série de crises monétaires au cours des dernières décennies est-il devenu si grave ? À partir de 1971, le président Nixon a officiellement découplé le dollar de l'or, de sorte que la monnaie qui circulait dans le monde ne pouvait plus prétendre à quoi que ce soit de physique. Les monnaies du monde sont désormais des apparences purement souveraines que les gouvernements font apparaître comme par magie... Le mythe qui consiste à lier les monnaies à la souveraineté est coûteux et parfois dangereux. L'étatisme monétaire est incompatible avec la mondialisation. "Il est certain que M. Steyer est sur le point d'introduire le concept de "monnaie unique mondiale", et que la monnaie souveraine doit donc être supprimée. M. Steyer a en outre déclaré,

> *"Au cours des dernières décennies, le dollar est devenu la monnaie mondiale incontestée, les pays du monde entier détenant des dollars pour échanger sur divers marchés, notamment celui du pétrole. Le statut privilégié du dollar aujourd'hui n'est pas donné divinement, le dollar était aussi initialement soutenu par une autre monnaie d'intégrité (l'or) et d'autres sont prêts à accepter le dollar parce qu'ils croient que ce qu'ils ont acheté dans le passé peut être échangé contre une marchandise équivalente dans le futur. Cela fait peser une énorme charge sur le gouvernement américain pour garantir cette intégrité. Malheureusement, ces institutions n'ont pas réussi à assumer ce fardeau. La politique fiscale américaine irréfléchie affaiblit la position du dollar en tant que monnaie mondiale. "* [224]

---

[223] Steil, Benn, Digital gold and a flawed global order (*Financial Times*, 5 janvier 2007).

[224] Steil, Benn, "The End of National Currency" (*Foreign Affairs*, mai/juin 2007).

Et quelle est la solution proposée par M. Steyer ? Encore une fois, la re-monétisation de l'or et la monnaie unique mondiale. Il a dit :

> *"Mais il existe déjà des banques d'or privées, de sorte que les titulaires de comptes peuvent effectuer des paiements internationaux sous la forme de véritables lingots d'or comme actions. Bien que l'industrie de l'or et de l'argent soit encore une petite entreprise, elle a connu une croissance importante ces dernières années avec le déclin du dollar. Il peut certainement sembler scandaleux de parler d'un nouveau système monétaire international basé sur l'or. Mais un système monétaire sans or l'était tout autant en 1900. La technologie moderne a rendu possible le rétablissement de la monnaie-or par le biais de banques d'or privées, même sans le soutien du gouvernement. "* [225]

C'est ce paragraphe qui est le point fort de l'article, et c'est tout le propos de l'article. En d'autres termes, l'élimination des monnaies souveraines, même sans le soutien des gouvernements, et la mise en place d'une monnaie unique mondiale avec l'or en son cœur !

Il est clair que les valeurs de la monnaie-or de Steyer, Ayn Rand et Greenspan, qui sont étroitement liées les unes aux autres, proviennent des idées financières de nombreuses familles bancaires de la vieille Europe, en particulier les Rothschild, et sont très différentes des vues monétaires des groupes de pouvoir émergents aux États-Unis. Le principal moyen utilisé par la famille Rothschild pour se débarrasser de ses adversaires depuis deux cents ans est "d'être d'abord invincible, afin d'attendre que l'ennemi soit invincible". S'il y a deux forces majeures dans le monde financier aujourd'hui, ce sont les "écologistes de l'or", avec la famille Roche en leur sein, et la "faction de la guerre du pétrole", avec les Rockefeller comme bannière, un groupe d'intérêts acquis émettant des dollars. Les deux camps sont d'accord sur une stratégie pour le contrôle futur de la monnaie unique mondiale, mais il existe des différences majeures au niveau des intérêts et de la philosophie monétaire.

Les "environnementalistes de l'or" attachent plus d'importance aux attributs moraux de la monnaie, en soulignant son équité et son caractère raisonnable inhérents, et occupent fermement le terrain moral, estimant que la future monnaie mondiale ne peut qu'inclure deux

---

[225] Ibid.

éléments fondamentaux, l'or et la protection de l'environnement, afin de répondre à l'honnêteté et à la flexibilité de la monnaie. La "faction de la guerre du pétrole", d'autre part, valorise le facteur violent derrière la monnaie, croyant que tant qu'ils contrôlent l'approvisionnement en pétrole au Moyen-Orient, ils n'auront pas peur de garder la tête basse, couplé à une forte dissuasion militaire et de guerre, personne dans le monde n'osera rejeter le dollar facilement. Même l'abolition du dollar et le rejet de la dette en dollars, la nouvelle monnaie mondiale est un "crédit" que l'on peut tripoter sous la baïonnette. Ces deux blocs de pouvoir s'affrontent au niveau international dans l'opposition des États-Unis à la vieille Europe, ou du dollar à l'euro, et au niveau de la politique intérieure des États-Unis dans le bras de fer entre les démocrates écologistes et les républicains de la guerre du pétrole.

La manière de faire levier entre ces deux factions pour maximiser les intérêts stratégiques de la Chine sera une question majeure qui mettra à l'épreuve la sagesse diplomatique de la Chine.

Le 7 janvier 2008, le *Financial Times* du Royaume-Uni a publié l'article d'un commentateur intitulé "L'or est la nouvelle monnaie mondiale", l'un des appels les plus francs en faveur de la remonétisation de l'or lancés par les grands médias européens et américains ces dernières années. L'article affirme que la récente flambée des prix de l'or reflète la nervosité des investisseurs face à la situation financière internationale actuelle, et que lorsque l'or deviendra une forme de monnaie, il s'appréciera non seulement par rapport au dollar, mais aussi par rapport à la livre et à l'euro. L'article affirme que

> " Une meilleure vision de l'or pourrait être que la compréhension de l'or par les banques centrales avant que les États-Unis n'abandonnent l'étalon-or était qu'il ne s'agissait pas d'une marchandise, mais d'une autre monnaie. "

Si nous comprenons la manipulation magistrale et habile des médias et de l'agenda public par les "blocs de pouvoir anglo-américains" depuis l'époque des Rhodésiens, nous ne pouvons pas facilement ignorer les "opinions personnelles" exprimées par des porte-paroles emblématiques sous le contrôle direct de l'élite dirigeante mondiale, tels que Diplomatie, The Economist, The Financial Times, et des poids lourds comme Ben Steyer, car il ne s'agit en aucun cas de simples expressions d'opinions personnelles, mais d'indicateurs importants de la volonté des groupes d'intérêt et d'une partie d'une offensive de propagande élaborée et massive. S'il ne faut pas s'y attendre, alors, à mesure que la crise s'aggravera, de plus en plus de médias et d'acteurs du marché occidentaux développeront progressivement un intérêt "fortuit" pour l'or. En fin de compte, la flambée du prix de l'or deviendra le "cri de guerre" du système dollar.

Immédiatement après la réunion de Bilderberg du 17 mai 2009, Rogers et Soros, entre autres, ont commencé à avertir fréquemment que la crise à venir serait une crise monétaire, et ils ne plaisantaient pas. Une grave crise monétaire, qui sera marquée par une crise du dollar, est destinée à servir deux objectifs principaux : premièrement, aider les États-Unis à effectuer un reniement complet ; deuxièmement, secouer le système monétaire mondial existant et créer une dynamique en faveur du concept de monnaie unique mondiale. Cela devrait être assez comparable à la crise de 1907 qui a conduit à la création de la Réserve fédérale en 1913. On verrait alors combien l'économie mondiale serait fragile sans une banque centrale mondiale et une monnaie mondiale unifiée.

La crise est arrivée au bon moment

> *["La réforme monétaire internationale n'est généralement possible que face à des réponses et des menaces de crises mondiales."] Le lauréat du prix Nobel a également pointé du doigt les déclencheurs possibles de la crise, affirmant que "la crise économique mondiale impliquera certainement le dollar" et qu'une monnaie mondiale unifiée sera considérée comme "un coup de chance" du désastre mondial du dollar.* [226]
> – Mai 2007, "Père de l'Euro", Mondale

> *"De toute ma carrière, je n'ai jamais vu une banque centrale (la Réserve fédérale) explorer la théorie (monétaire) avec une telle distorsion au cours des six ou sept dernières années. Depuis les éloges de la 'nouvelle économie' à la fin des années 90 jusqu'à l'actuel (plaidoyer) en faveur de nouvelles théories d'ajustement des comptes courants, la banque centrale américaine a mené des tentatives de réécriture de la macroéconomie traditionnelle et a essayé de convaincre les participants au marché de ces théories 'corrigées'... Je n'ai moi-même jamais été un adepte des théories du complot, mais après avoir été témoin de ce que la*

---

[226] Mundell, Robert, "A Decade Later : Asia New Responsibilities in the International Monetary System", présentation donnée à Séoul, Corée du Sud, 2-3 mai 2007.

Fed a fait depuis la fin des années 90, j'ai dû changer d'avis. "
[227]

– 25 avril 2005, Stephen Roach,
économiste en chef, Morgan Stanley

Notez que le discours de Mondale a été prononcé en mai 2007, trois mois avant l'éclatement de la crise des prêts hypothécaires à risque aux États-Unis, et même avant, deux ans avant l'éclatement de la crise, en avril 2005, lorsque Stephen Roach, dans son article "Original Sin", avait déjà décrit exactement comment et pourquoi la crise financière s'est développée ! Ceux qui prétendent qu'il n'y a aucun signe de crise financière ou que le monde n'est pas préparé sont intenables. Le "harem" de la Réserve fédérale compte "3 000 beaux" économistes, avec les données et les statistiques les plus complètes, tandis que le chef de Greenspan est un génie des données et des modèles, dire qu'il n'a toujours pas perçu l'imminence de la crise financière en 2006, n'est en tout cas pas convaincant.

L'expérience historique a montré que les crises sont des occasions de mettre en œuvre des réformes majeures et, comme l'a dit le magnat de la finance Alden Clawson, "les nouveaux systèmes politico-économiques complets, au-delà des lignes raciales, naissent toujours d'une conquête ou d'une crise commune". "

Dans une logique de crise, M. Steyer semble proposer une solution "altruiste". Pour éviter une crise, il suffit que les pays abandonnent leur souveraineté monétaire avant que le problème ne soit irréversible. Les gouvernements doivent dépasser la notion fataliste de la souveraineté selon laquelle l'indépendance nationale doit être l'émission et le contrôle d'une monnaie commune sur leur propre territoire. "Les monnaies nationales et les marchés mondiaux ne peuvent pas simplement être mélangés, sinon ils engendreront des crises monétaires mortelles et des situations géopolitiques tendues et s'en serviront comme excuse pour créer un protectionnisme destructeur". "Attendez de voir, la "prophétie" de M. Steyer se réalisera d'elle-même. (Alden Clawson, source : site officiel de la Banque mondiale)

Alors comment se débarrasser de la souveraineté monétaire ? M. Steyer a déclaré en toute franchise que le monde devait se restructurer en trois monnaies régionales : le dollar, l'euro et une

---

[227] Roach, Stephen, Original Sin (Forum économique mondial à Tokyo, 25 avril 2005).

nouvelle monnaie asiatique. Cette proposition fait écho aux travaux de Robert Mondale, qui a parcouru le monde pour enseigner une nouvelle unité monétaire internationale basée sur le dollar (Dollar), l'euro (Euro) et le yen (Yen). Selon le plan de Mondale, sur la base de ces trois monnaies, une "unité monétaire mondiale" appelée "goutte" (DEY) serait formée, et le Fonds monétaire international serait le directeur général de cette monnaie. [228]

> "La question n'est plus de savoir si le monde adoptera une monnaie unique mondiale, mais quand, et comment, en douceur et à moindre coût, plutôt que de manière grossière, coûteuse et confuse. Pour les internationalistes, la souveraineté nationale est l'obstacle primordial, et pour qu'une banque centrale mondiale et une monnaie unique mondiale existent, un arrangement politique quelconque doit être formé."

Dans une conférence de 2003 intitulée "The International Monetary System and the Case for a World Single Currency", Robert Mondale a répondu franchement aux obstacles politiques :

> "Une monnaie unique mondiale sans gouvernement mondial n'est pas possible. L'application d'une monnaie unique aurait des implications organisationnelles importantes." (Morrison Bumpas, source : www.itp.net)

En mai 1999, l'économiste Judy Shelton a officiellement recommandé au Comité des banques et des finances de la Chambre des représentants des États-Unis que l'Amérique du Nord se dote d'une monnaie nord-américaine unifiée, le dollar américain (Amero), et d'autres chercheurs ont étudié cette option monétaire intercontinentale dans le but de créer un nouveau système monétaire régional de plus en plus contraignant couvrant le Canada, les États-Unis et le Mexique.

Mais comment les monnaies régionales évolueront-elles vers une monnaie unique mondiale ? Morrison Bonpasse est président de la Single Global Currency Association (SGCA), un groupe d'économistes qui travaillent sur la monnaie unique mondiale. M. Bonpasse fait valoir que

> "les unions monétaires du 21e siècle, et celles du 20e siècle qui ont survécu, sont des jalons sur la route de l'avenir et d'une

---

[228] Mundell, Robert, "A Decade Later : Asia New Responsibilities in the International Monetary System", présentation donnée à Séoul, Corée du Sud, 2-3 mai 2007.

> *union monétaire mondiale. Grâce au succès des unions monétaires européennes et autres, nous savons maintenant comment créer et maintenir une union monétaire de troisième génération : une union monétaire mondiale avec une banque centrale mondiale et une monnaie unique mondiale. Le monde s'apprête à commencer à se préparer à une monnaie unique mondiale, tout comme l'Europe se prépare à l'euro et les pays arabes du Golfe à leur propre monnaie commune. Avec la mise en place d'une monnaie unique mondiale visée par un groupe représentatif de pays représentant une part importante du PIB mondial, le projet pourra avancer comme les monnaies régionales qui l'ont précédé."[229]*
>
> *"En somme, le modèle monétaire régional est le tremplin vers le modèle monétaire mondial. Pourtant, le nationalisme prévaut aujourd'hui." Bumpas écrit : "Cela peut être illustré assez simplement : comment passer des 147 monnaies actuelles à 1. Les vestiges évolutifs du nationalisme et la volonté politique sont les principaux défis pour aller vers une monnaie unique mondiale."[230]*

Entre 2009 et 2024, l'économie mondiale entrera peut-être dans une ère de turbulences sans précédent. Cette ère de crise conduira à un démantèlement complet de bon nombre des règles économiques importantes que nous connaissons aujourd'hui, incluant très probablement des changements majeurs dans le système monétaire mondial. Malheureusement, à ce moment-là, nous pourrions soudainement découvrir qu'il n'y a guère d'or dans nos mains, si ce n'est une grande quantité de billets de dollars clinquants de plus en plus dévalués. Dans un scénario où les règles du jeu changent radicalement, la Chine risque de perdre la possibilité de participer à la définition des règles du jeu monétaire. Sans or en main, elle n'a pas voix au chapitre dans le futur système monétaire mondial et n'a aucun moyen de pression dans les négociations des futures règles du jeu monétaire. En ce qui concerne les réserves de change de la Chine, les gens qui ont de l'or sont dirigés par les gens, et les gens qui ont des dollars sont dirigés par les gens.

---

[229] Bonpasse, Morrison, *The Single Global Currency* (Single Global Currency Association, 2006).

[230] Ibid.

Ici, 2024 n'est pas une gifle impromptue. Avec la manière dont les banquiers internationaux opèrent depuis des siècles, même s'ils ont fait des erreurs de calcul, un raisonnement rigoureux et des calculs scientifiques ont été des raisons importantes de leurs succès répétés. Dans le chapitre IX, nous avons parlé du fait que, à partir de la fin de 2009, l'Europe et les États-Unis connaîtront un cycle de 14 ans de contraction sévère de la consommation, dans cette croissance économique basée sur la consommation de près de deux tiers des deux plus grandes économies du monde en même temps dans l'état de "résonance" de la baisse de la consommation, la pleine reprise de l'économie mondiale sera un processus "douloureux et extrêmement long", et dans cette période de temps, les conditions pour une nouvelle crise monétaire est facilement disponible. Dans un long cycle de déclin des marchés de consommation européens et américains pour produire un fort protectionnisme commercial est un phénomène extrêmement naturel, dans une guerre commerciale de balises et de loups, les scènes de monnaies nationales en concurrence pour dévaluer pour promouvoir les exportations peuvent être clairement imaginés sans beaucoup de puissance cérébrale. Les conséquences de la dévaluation des monnaies entraîneront naturellement une inflation mondiale et, surtout, une augmentation rapide des prix des matières premières, en particulier du pétrole, fera grimper les coûts de production dans tous les secteurs, déclenchant une augmentation du prix du produit final, ce qui entraînera la réalisation des attentes inflationnistes. La libération massive de liquidités par les gouvernements pour renflouer la crise financière, qui était dans un état de sédimentation et de lenteur monétaire, était comme un immense réservoir d'eaux calmes, alors qu'un renversement brutal des anticipations inflationnistes serait comme faire sauter la digue d'un barrage, et le torrent de liquidités en furie libérerait une énergie inflationniste incroyable que les banquiers centraux n'auraient pas le temps de récupérer. La lutte contre l'hyperinflation durerait au moins un an, comme ce fut le cas de 1923 à 1924 lorsque l'Allemagne a connu l'hyperinflation.

Au lendemain de la crise monétaire, les gouvernements n'ont pas encore séché leur sueur, et des économistes de renommée mondiale et des groupes de réflexion internationaux donneront leurs conseils, en affirmant que les monnaies de crédit souverain, avec en tête le dollar des États-Unis, sont les coupables de la crise monétaire, et que le manque de coordination opportune et efficace de la politique monétaire sera la deuxième grande cause de la crise monétaire, les banques centrales agissant seules. La conclusion serait que la crise de la mondialisation nécessite une coopération mondiale, que les États souverains ne pourront pas la résoudre seuls, que la monnaie unique mondiale est clairement la "panacée" pour y remédier, et que la banque centrale mondiale qui émet la monnaie mondiale doit être "indépendante" de toute "interférence et obstruction" des gouvernements nationaux. Bien entendu, les Gouvernements ne renonceront pas volontiers à leur pouvoir sur la répartition de leurs richesses, et le marchandage est inévitable et se poursuivra pendant de nombreuses années, idéalement vers 2020. C'est l'année où les États-Unis, avec un déficit potentiel de 100 000 milliards de dollars et l'implosion complète de leurs systèmes de sécurité sociale et d'assurance-maladie, devront se soumettre à une "protection de la faillite" complète afin de sortir complètement de la menace d'un lac criblé de dettes. De 2020 à 2023 après plusieurs années d'essai, 2024 sera un bon point de départ, l'Europe et les États-Unis nouvelle génération de pic de consommation de la population est précisément dans cette année pour commencer. Avec la brillance de la monnaie unique mondiale, le monde connaîtra "certainement" un boom économique dans les prochaines décennies.

La banque centrale du monde serait comme une société par actions, avec des actions de tous les pays du monde, sauf que la Grande-Bretagne et les États-Unis auraient le privilège d'un actionnaire de contrôle, ou un droit de veto. Désormais, la domination de toutes les richesses créées par tous les êtres humains sur la terre tombera effectivement entre les mains d'un très petit nombre de personnes. La répartition de la richesse mondiale, qui sera sans doute le plus grand pouvoir que l'humanité ait jamais imaginé, et dont la grande majorité de ceux qui l'ont créée seront privés du droit de distribuer de manière autonome les fruits de leur travail, constituera un tournant important dans l'histoire de la civilisation humaine. L'obscurité et la lumière, la liberté et l'esclavage couperont l'histoire en deux à ce moment-là.

Le sort de l'argent et le sort des nations

Si la monnaie unique mondiale est finalement inévitable, quel type de monnaie peut honnêtement assumer la responsabilité de la répartition équitable des richesses en toutes circonstances ?

L'essence de la richesse est le produit du travail des gens, et l'argent représente le "droit de réclamer" les fruits de ce travail. Chaque membre de la société devrait avoir le "droit de réclamer" le fruit du travail des autres en vendant le fruit de son propre travail. Lorsqu'un tel "droit de créance" est transféré, il agit comme un "moyen de paiement" ; lorsqu'un "droit de créance" est généralement accepté, il devient un "moyen d'échange". Si le détenteur du "droit de créance" choisit de retarder sa réalisation, il remplit la fonction de "réserve de richesse" ; enfin, lorsque ce "droit de créance" est exigé, il est capable d'obtenir le fruit du travail d'autrui intact, et ce "droit de créance" est une bonne "mesure de valeur". Ensemble, ces quatre facteurs forment une correspondance parfaite entre la monnaie et la richesse.

En fait, parmi les quatre fonctions principales de la monnaie, la plus centrale est la fonction de "stockage de la richesse", plus la capacité d'encaissement différé de la richesse est intacte, plus la monnaie peut jouer le rôle important d'"échelle de valeur", plus elle est populaire sur le marché et plus sa circulation est facile, devenant ainsi un "moyen d'échange" et un "moyen de paiement" de grande qualité.

Au cœur du "stock de richesse" se trouve le fait que le "droit de revendiquer" la richesse aujourd'hui doit pouvoir obtenir le fruit du travail d'autrui à l'avenir sans perte et "équitablement". Cette "équité" n'est pas le principe d'équivalence tel que nous l'entendons communément, et il est en fait difficile de procéder à une évaluation valable de la valeur dans le processus d'échange réel. On parle d'accès équitable lorsque les deux parties impliquées dans un échange évaluent l'équité de la transaction sur la base de leurs différentes priorités de besoins, et c'est parce que des personnes différentes ont des définitions différentes de ce dont elles ont "le plus besoin" que la transaction peut être réalisée de manière complémentaire.

"Les attentes" deviennent une composante importante de la monnaie en raison du décalage temporel entre l'échange des fruits du travail présent et futur. Historiquement, la monnaie primitive représentait un "droit de créance" sans "attente", toutes les transactions devaient être effectuées sur la base des fruits du travail déjà réalisé, la société ne disposait pas d'un surplus de produits pour un échange futur, et la fonction de "réserve de richesse" n'était pas évidente. Avec le développement de la productivité, il existe dans la société un excédent de fruits du travail qui peut être utilisé pour une jouissance future, et c'est ainsi que sont apparus l'argent et l'intérêt. L'intérêt agit comme une "attente" d'un surplus de travail dans le futur, constituant ainsi une masse monétaire "réalité + attente".

Lorsque le commerce maritime s'est développé, l'avènement de la lettre de change a porté la composante attendue de l'argent à un nouveau niveau, et si l'intérêt représentait une attente raisonnable d'une récolte agricole dans une économie autosuffisante, la lettre de change a étendu les attentes monétaires aux attentes raisonnables du commerce.

L'ère de la révolution industrielle a vu l'émergence du système de "réserves fractionnaires" du secteur bancaire, qui a effectivement étendu davantage la composante attendue de la monnaie pour soutenir l'expansion massive de la production industrielle.

L'avènement de l'ère de l'information a donné lieu à la prolifération des produits financiers dérivés, un processus qui transforme la richesse du monde virtuel en masse monétaire du monde réel, amplifiant ainsi à l'infini la composante "attendue" de l'argent jusqu'au bord de la destruction insoutenable, et conduisant finalement à la crise financière.

Historiquement, la composante "attentes" de la monnaie est intrinsèquement rationnelle, mais lorsqu'elle est excessive, elle déclenche la contradiction selon laquelle les attentes passées ne peuvent être satisfaites par la réalité.

Si les éléments fondamentaux de la "réserve de richesse" comprennent "les résultats réels du travail + les résultats attendus du travail", alors les "résultats réels du travail" reflètent les attributs de marchandise de la monnaie, tandis que les "résultats attendus du travail" reflètent les attributs de crédit de la monnaie. L'abolition complète de la nature de marchandise de la monnaie entraînerait le dysfonctionnement et la dérégulation de la "réserve de richesse", et toute monnaie historique, une fois retirée de la nature de marchandise de la monnaie, serait finalement soumise à une dévaluation constante.

La fonction de " stockage de la richesse " de la monnaie détermine non seulement son autosuffisance endogène, mais aussi son acceptabilité externe, c'est-à-dire son domaine de circulation.

L'essor et le déclin des grandes civilisations au cours de l'histoire sont, par essence, le reflet complet de l'efficacité de l'allocation intégrée des ressources naturelles de cette civilisation et de sa capacité à intégrer les ressources sociales sous son contrôle, tandis que la force et la faiblesse de la monnaie en sont les manifestations externes. L'essor d'une civilisation forte s'accompagne naturellement d'une monnaie forte et robuste et d'une circulation monétaire en expansion qui, en assurant sa stabilité et sa fiabilité, construit un système solide de confiance sociale pour former un contrat solide pour les intérêts multilatéraux. Sous un système monétaire fort, la société fonctionne selon un "système juridique monétaire". Au contraire, le point d'inflexion où la civilisation s'épanouit et décline se traduit principalement par l'incapacité de la capacité de création de richesses à faire face à la consommation toujours croissante des dépenses, et par le problème d'un déficit diffus qui induit la dévaluation de la monnaie et l'aggravation progressive de l'inflation, ce qui à son tour supprime la dynamique de création de richesses de la société, entraînant un rétrécissement de la zone de circulation monétaire et affaiblissant la capacité et l'efficacité de l'intégration sociale et de l'allocation des ressources, accélérant ainsi la détérioration des problèmes fiscaux. En même temps, la monnaie dévaluée sape les relations contractuelles d'intérêt commun qui s'étaient formées entre les différentes couches de la société, et la "règle monétaire" est remplacée par la "règle de l'homme-argent", ce qui entraîne la désintégration des forces sociales centripètes, la dégradation morale et, en fin de compte, le renversement des États et le déclin de la civilisation.

C'est dans l'histoire de la montée et de la chute de la Rome antique que l'histoire de son essor et de son effondrement monétaire est bien représentée. Sous le règne de Jules César, celui-ci a établi à lui seul le solide système monétaire d'or et d'argent de la Rome antique, qui, avec l'expansion de l'armée romaine dans la vaste zone autour de la mer Méditerranée, a à son tour considérablement renforcé la capacité de l'Empire romain à intégrer des ressources dans la zone environnante, renforçant ainsi l'Empire. Au cours de l'apogée de l'Empire romain, qui a duré plusieurs siècles, l'économie de l'Empire romain était prospère, les prix stables, la fiscalité modérée, le commerce avancé et les taux de prêt commercial se situaient dans la fourchette normale de 4 à 6 %, soit le niveau le plus bas de tout l'Empire romain.

À partir de l'époque de l'empereur romain Néron, en 54 après J.-C., les caisses du pays étant de plus en plus sollicitées alors que ses dépenses augmentaient, l'empereur Néron a commencé à couvrir le déficit fiscal en dévaluant la monnaie. De l'an 54 à l'an 68, la teneur en argent des pièces romaines en argent est passée de 100 % à 90 %, à 85 % en 117 et à 75 % en 180. Après deux autres empereurs, en 211 après J.-C., il ne restait plus que 50 % de la teneur en argent des pièces d'argent romaines. Le cycle de dévaluation progressive de la monnaie qui a débuté à l'époque de Néron a duré plus de 150 ans, une période qui a également coïncidé avec la fin de l'apogée de l'Empire romain. Mais le cauchemar inflationniste est bientôt entré dans une période de détérioration accélérée, et de 260 à 268 après J.-C., la teneur en argent de la pièce romaine en argent est rapidement tombée à seulement 4 %. À cette époque, l'Empire romain connaissait déjà des difficultés économiques, avec plus d'une rébellion à l'intérieur et des années d'utilisation de soldats à l'étranger. La valeur élevée de la monnaie mais la très faible teneur en argent ont entraîné une flambée des prix, une augmentation des impôts et ont finalement provoqué une mutinerie des soldats, et le roi Origène a été assassiné en 275 ap. J.-C.

Son successeur, l'empereur Dioclétien, voulut suivre l'exemple de César et d'Auguste et relancer la monnaie romaine. Pour lutter contre l'inflation, il annonça même la réémission de pièces d'argent à pleine valeur, mais il exigea par erreur que les nouvelles pièces soient "assimilées" aux anciennes, qui avaient été sévèrement dévaluées, si bien que ses nouvelles pièces furent rapidement collectées et retirées de la circulation. La seule façon de lutter contre l'inflation était de contrôler les prix, ce qui a conduit au célèbre "Édit de 301 après J.-C.", qui fixait des prix maximums pour des milliers de biens et de services, variant en fonction de la qualité des biens et du type de service. Alors que les taux d'intérêt continuent de grimper en flèche, la loi limite les intérêts entre 6 et 12 %, en fonction du niveau de risque pris. La pénurie de certains produits a entraîné l'interdiction d'exporter des biens tels que diverses denrées alimentaires et des "biens stratégiques" tels que le fer, le bronze, les armes, le matériel militaire et les chevaux. Le contrôle de ces aspects a été essentiellement étendu à la hiérarchie. Constantin le Grand exige que le fils de chaque soldat reste soldat, sauf s'il est inapte au service militaire. De même, les ouvriers agricoles sont tenus de travailler dans l'agriculture de manière permanente et pour les générations à venir. Cette tendance s'est ensuite étendue à tous les secteurs considérés comme essentiels ou suivis par personne. La conséquence du contrôle des prix est que les créateurs de richesse sont incapables de faire des bénéfices dans un tel système de prix, de sorte que de grandes quantités de marchandises sont détournées vers le marché noir clandestin. En réponse, l'empereur romain a sévèrement réprimé les transactions sur le marché noir, et la répression a fini par avoir son effet, mais au prix de l'arrêt pur et simple de toute création de richesse, et l'économie de l'Empire romain était au bord de l'extinction. À cette époque, le système monétaire de l'Empire romain s'était complètement effondré et le gouvernement a dû cesser de percevoir les impôts en monnaie et, à la place, percevoir directement les biens et les services. Le puissant Empire romain était complètement réduit au troc de marchandises.

Vers 350 après J.-C., les pièces d'argent romaines ne valaient plus que 1/30 000 de ce qu'elles valaient à l'époque d'Auguste, et l'Empire romain d'Occident avait atteint son point de rupture final.

En revanche, Constantin le Grand a rétabli une nouvelle unité monétaire dans la Rome orientale, un nouveau mécanisme monétaire fort basé sur la pièce d'or pur (Solidus), qui est devenu une garantie importante pour la pérennité de l'Empire byzantin pendant des milliers d'années. Sa crédibilité est telle que de telles pièces d'or circulent dans les pays hostiles voisins et jusqu'en Afrique et en Europe occidentale. Certains historiens pensent que le pivot essentiel de l'existence millénaire de l'Empire romain d'Orient dans une situation désastreuse, entouré d'ennemis de toutes parts, était sa structure économique et son système financier basés sur une monnaie en or. La pureté de la monnaie d'or byzantine s'est maintenue jusqu'en 1034 après J.-C., puis s'est accélérée à partir de 1081, lorsque le système monétaire en or qui avait conservé sa pureté pendant près de 800 ans s'est finalement effondré, suivi par le statut de Byzance en tant que centre de commerce mondial et par la force centripète et l'éthique morale d'un grand empire.

L'alternance de monnaies fortes et faibles s'est répétée non seulement dans l'histoire occidentale, mais aussi dans l'histoire chinoise. Sous la dynastie des Song du Nord, la pénurie générale de cuivre dans la région du Sichuan a nécessité l'utilisation intensive de la monnaie de fer dans les transactions commerciales. À cette époque, il fallait débourser 20 000 dollars en fer pour acheter une pièce de tissu d'environ 500 livres, qui devait être transportée en voiture. Le coût de la transaction était très élevé, ce qui limitait fortement le développement économique. Pour pallier ce problème, certains marchands locaux de la région de Chengdu ont créé la première institution d'émission de billets de banque au monde, et ils ont émis la première monnaie papier au monde, le "Jiaotzi", contre la monnaie de fer. Plus tard, le gouvernement des Song du Nord, en 1024 ans, a commencé à émettre des "Jiaotzi" gérés par le gouvernement, la garantie est appelée billets de banque, généralement de la monnaie de fer, est près de 30 % du montant des billets de banque émis, c'est-à-dire, environ trois fois plus que le mode d'émission de billets de banque à réserve fractionnaire. Au cours des 100 premières années de l'émission des Jiaozi, le volume des Jiaozi était encore relativement limité et le développement socio-économique a bien eu lieu, mais en 1160, la proportion de billets de banque était tombée à 1/60 du volume de papier-monnaie émis, et plus tard, le gouvernement a tout simplement abandonné les billets de banque et émis des Jiaozi à volonté. À la fin de la dynastie des Song du Sud, l'inflation avait été multipliée par 20 trillions en 150 ans ! En fait, le système monétaire des Song du Sud s'est effondré avant l'invasion de l'armée mongole aux pieds de fer. L'effondrement du système monétaire, le rétrécissement de la fiscalité du gouvernement, l'effondrement de la capacité du pays à se mobiliser pour la guerre, et l'effondrement de la dynastie Song étaient en fait le résultat de l'effondrement du système de monnaie papier.

La fin de la dynastie Jin a été assez similaire à celle de la dynastie Song, où une grave inflation causée par une monnaie faible a finalement tué le royaume. L'État d'or a émis du papier-monnaie pendant plus de 70 ans, le prix des marchandises a été multiplié par 60 millions, jusqu'à ce que le cœur du peuple soit en émoi et que la création de richesses disparaisse, le même système monétaire avant l'effondrement de l'empire.

À l'époque de la dynastie Yuan, bien que le gouvernement Yuan ait essayé de tirer les leçons de l'effondrement du système de papier-monnaie des dynasties Song et Jin, et qu'il ait procédé à de vastes réformes des mesures politiques pour créer le premier système monétaire au monde similaire à l'étalon-argent de l'époque, mais la guerre, la famine et les dépenses excessives d'extravagance n'ont pu être contenues par l'autodiscipline. La dynastie Yuan a commencé à émettre des billets de banque pendant plus de 20 ans, la monnaie a été considérablement réduite à 1/10 de sa valeur initiale, à la fin de la dynastie Yuan le prix du riz a augmenté à plus de 60 000 fois dans les premières années de la dynastie Yuan, le système de billets de banque s'est complètement effondré, et le public a refusé d'accepter les billets de banque officiels. Avec la perte de la zone de circulation de la monnaie, le méta-gouvernement n'est plus en mesure de contrôler les finances et la fiscalité, et le pays décline en force et finit par s'effondrer en monnaie.

L'expérience des Ming avec le système de papier-monnaie dura encore 150 ans et, en 1522, les billets de banque Ming Bao étaient dévalués à 2 % de leur valeur initiale et l'inflation était galopante. Le gouvernement Ming a finalement été contraint d'abandonner le système de la monnaie de papier au profit d'un retour au système de la monnaie métallique. Après près de 500 ans d'expérimentation de systèmes de papier-monnaie, des Song aux Ming, l'histoire a finalement tiré la leçon que le papier-monnaie, un système monétaire faible et sans entraves, ne peut être stable à long terme.

D'un point de vue historique, qu'il s'agisse des billets de la dynastie Song ou des Yuanming, y compris les "bons coloniaux" de la guerre d'indépendance américaine, les "Lincoln Greenbacks" de la guerre de Sécession et la "monnaie Feder" de l'Allemagne nazie, ces billets, bien qu'ils puissent jouer un rôle dans la stimulation du développement économique au cours d'une certaine période historique, ne peuvent être utilisés que comme un moyen d'urgence, mais en aucun cas comme la voie vers la paix et la stabilité à long terme. Toute monnaie papier qui perd ses attributs de marchandise répétera l'histoire.

Depuis la désintégration du système de Bretton Woods en 1971, lorsque le dollar a été complètement découplé de l'or, la société humaine est entrée pour la première fois dans l'ère d'un système monétaire purement de crédit, sans marchandises comme support. L'existence d'une monnaie de crédit présuppose que la personne qui la crée doit tenir sa parole pour qu'une monnaie basée sur elle ait une valeur. L'essence de la crise financière aux États-Unis était l'incapacité des débiteurs à honorer leur crédit, de sorte que le dollar, qui était dérivé de cette dette, ne pouvait que se déprécier de façon spectaculaire. Le problème des monnaies de crédit est qu'il existe un risque permanent de défaut de paiement de la dette, et qu'une monnaie basée sur ce risque ne peut pas vraiment fonctionner comme une "réserve de richesse".

L'expérience historique a montré que les quatre fonctions de la monnaie — "réserve de richesse", "moyen d'échange", "moyen de paiement" et "échelle de valeur" — doivent fonctionner ensemble pour que le mécanisme de fonctionnement de la monnaie soit stable et durable. Un système monétaire de crédit pur, sans la fonction essentielle de "réserve de richesse", finirait par perdre sa fonction d'"échelle de valeur". Après seulement 38 ans de fonctionnement, la table monétaire de crédit pur, qui porte l'économie mondiale, est déjà gravement déséquilibrée et chancelante sous les quatre pieds de la table monétaire dont deux manquent. Le stock de la dette américaine s'élevant actuellement à 5 700 milliards de dollars et la pression de la dette augmentant à un taux moyen de 6 %, la dette totale atteindra le chiffre effroyable de 10 200 milliards de dollars en 2020, dans dix ans à peine, et le PIB total ne sera que de 18 800 milliards de dollars avec un taux de croissance potentiellement durable de 3 %, les paiements d'intérêts sur la dette absorbant à eux seuls un tiers du PIB américain, et cette pression des paiements d'intérêts continuera de croître à un rythme désespérant. Si les États-Unis jouaient le jeu de l'argent, ils n'auraient pas eu d'autre choix que de se déclarer "sous la protection de la loi sur les faillites".

En 2020, le déficit potentiel du gouvernement des États-Unis en matière de sécurité sociale et d'assurance-maladie "contribuera" à hauteur de 100 000 milliards de dollars supplémentaires de passifs cachés. Les États-Unis n'auront d'autre choix que d'imprimer de l'argent à grande échelle pour alléger la pression du paiement de la dette. Mais les pays du monde, qui ont été complètement déçus par le dollar en 2009 et sont prêts à fuir ses actifs, peuvent-ils continuer à tolérer la douleur et l'impuissance de détenir le dollar lorsqu'ils seront confrontés à une tendance à la dépréciation du dollar beaucoup plus importante d'ici 2020 ?

Si le dollar finit par s'effondrer vers 2020, il n'y aura plus aucune monnaie souveraine dans le monde qui pourra remplacer le dollar et le système monétaire de crédit sera en liquidation finale. À ce moment-là, la remonétisation de l'or sera inévitable. La re-monétisation de l'or restaurerait la fonction de "réserve de richesse" de la monnaie et rééquilibrerait les quatre pieds de la table de la monnaie. Cependant, l'or seul comme pilier du système monétaire moderne, mais il y a de grandes lacunes, le plus grand problème est que l'augmentation de la production d'or ne peut pas rattraper la vitesse de la croissance économique mondiale, donc l'or dans le renforcement de la fonction "épargne de richesse" en même temps, mais a freiné la fonction "échelle de valeur" de jouer efficacement. Ainsi, sous un régime monétaire entièrement fondé sur l'or, l'ensemble de l'économie mondiale continuerait à se développer de manière inégale. En tant qu'avenir de la monnaie unique mondiale, l'or doit être un élément complémentaire fort afin de constituer un système monétaire capable de "stabilité à long terme".

La combinaison parfaite et mortelle : Monnaie unique mondiale = or + carbone

Face à la rigidité de l'or, les nouveaux éléments monétaires doivent avoir une "élasticité", qui peut compenser l'inadéquation entre l'or et le développement économique, rendant les quatre fonctions majeures de la monnaie complètes et adéquates.

C'est la cause première de la monnaie émettrice de CO2 qui finira par briller sur la scène monétaire mondiale.

Les choses sont plus précieuses qu'elles ne sont rares. Pour que le concept de CO2 privilégié par les "écologistes dorés" parmi les banquiers internationaux ait une valeur, il faut qu'il devienne "rare". Que peut-on faire pour que le dioxyde de carbone, qui aurait pu être émis librement, devienne rare ? Il faut alors qu'il y ait un "dicton" de la rareté, et c'est la protection de l'environnement. La logique sous-jacente est que la protection de l'environnement est une question de survie humaine, que les émissions de dioxyde de carbone sont au cœur de la protection de l'environnement et que, par conséquent, le dioxyde de carbone détermine le sort de l'humanité. Puisque le CO2 est si critique, il doit y avoir un "plafond" sur ses émissions, et tant qu'il y a un plafond, il peut y avoir une "pénurie" artificielle. C'est ainsi qu'est né le protocole de Kyoto.

Au cœur du protocole de Kyoto se trouve l'établissement d'un "plafond" pour les émissions de dioxyde de carbone, qui obligerait ensuite les pays du monde entier à s'engager à réduire leurs émissions en conséquence. Si les objectifs respectifs de réduction des émissions ne sont pas atteints, les objectifs d'émission excédentaires des autres pays devront être achetés sur le marché des émissions de CO2. Pour la première fois, la valeur financière potentielle des quotas d'émission de CO2 a été donnée sous la forme d'un traité international. À l'avenir, les quotas d'émission de dioxyde de carbone, en tant que produit financier négociable, seront librement cotés et transférés, comme toutes les obligations et les actions, et pourront être hypothéqués dans les banques, pour finalement devenir une partie intégrante de la monnaie de base de la banque centrale.

Les émissions de dioxyde de carbone sont un concept merveilleux à l'extrême, doté d'un haut degré de "résilience", puisque leurs émissions peuvent être contrôlées et ajustées par les êtres humains, assurant ainsi la "rareté" que doit avoir l'argent. Il s'agit également d'une "variable de substitution" fiable pour l'activité socio-économique et, comme la consommation d'électricité, les émissions de CO2 peuvent être utilisées pour évaluer le niveau de croissance économique, ce qui permet d'inclure une composante "attendue" raisonnable de la monnaie dans la masse monétaire totale.

Bien sûr, le dioxyde de carbone n'est pas le seul élément monétaire "élastique", mais, en l'état actuel des choses, il a le plus grand potentiel pour devenir l'un des composants de la monnaie unique mondiale. Ce n'est pas seulement parce que cela a un sens théorique, mais plus fondamentalement parce que les intérêts stratégiques de l'élite dirigeante mondiale peuvent être mieux servis en utilisant le CO2 comme élément monétaire. Les pays développés d'Europe et des États-Unis, en tant que changeurs de jeu de la monnaie mondiale, sont tenus de choisir les éléments monétaires les plus avantageux pour eux, ils ont un fort avantage dans la haute technologie, leur structure socio-économique a déjà été transformée d'une société industrialisée à une société de l'information et des services, un grand nombre d'industries traditionnelles ont été ou sont en train d'accélérer leur transfert vers les pays émergents en développement, dont les émissions de dioxyde de carbone ont tendance à diminuer à un moment où les pays émergents s'industrialisent à grande échelle et leurs émissions de dioxyde de carbone vont inévitablement augmenter dans un avenir prévisible.

Le système monétaire, en tant que pouvoir suprême dans une société, sera toujours dans "l'œil du vent", au cœur du jeu des divers groupes de pouvoir. Le choix d'un système monétaire qui maximise ses propres avantages tout en freinant efficacement la montée en puissance de concurrents potentiels sera sans aucun doute au centre des réflexions des différents groupes d'intérêt.

Si une combinaison "parfaite" de monnaies "or + émissions de carbone" est finalement introduite, l'Occident sera clairement le plus grand gagnant, tandis que les pays en développement comme la Chine seront les plus grands perdants. De toute évidence, l'Occident possède plus de 30 000 tonnes de réserves d'or, tandis que la Chine n'en possède que 1 000 tonnes, et la grande majorité des réserves de change de la Chine sont concentrées en actifs en dollars. Si l'or est remonétisé et que le dollar s'effondre en même temps, les États-Unis compteront sur la grande majorité de leur dette. Avec les 8 100 tonnes de réserves d'or du Trésor et les 3 000 tonnes d'or sous le contrôle du FMI, l'économie américaine sera peu chargée et rajeunira rapidement après avoir été complètement libérée du fardeau de sa dette massive. La plupart des fruits des 30 années de réforme et d'ouverture de la Chine ont été consommés par les États-Unis d'une part, et les excédents commerciaux économisés d'autre part ont été empruntés par les États-Unis, ne laissant que la dette des États-Unis aux mains des billets blancs. La re-monétisation de l'or va complètement piller les 2 000 milliards de dollars de richesse que la Chine a accumulés en 30 ans de réforme, l'équivalent de 30 ans pendant lesquels les 1,3 milliard de citoyens chinois ont travaillé pour l'Occident pour rien.

Si les émissions de dioxyde de carbone sont monétisées, alors les "amendes" environnementales de la Chine pour les 30 prochaines années arriveront aussi discrètement, ce qui signifie qu'à l'avenir, le peuple chinois devra continuer à ne rien faire pendant 30 autres années. Le système monétaire unique mondial de combinaisons monétaires "or + émissions de carbone" aurait coûté 60 ans aux 1,3 milliard de Chinois en Occident !

Que signifie une stratégie financière ? C'est le pouvoir de la stratégie financière ! La Chine ne manque pas d'experts, ce qui manque à la Chine, ce sont des penseurs stratégiques !

Comme le dit le dicton, il est trop tôt pour ne rien gagner. L'Ouest stratégique de la monétisation de l'environnement complote depuis 40 ans. Qui dépenserait autant de temps et d'argent pour promouvoir l'idée des émissions de CO_2 sans une forte motivation d'intérêt ? Où ces élites dirigeantes mondiales "compatissantes" ont-elles jamais réellement fait quelque chose pour sauver des vies humaines alors qu'il existe tant de formes d'altruisme, des menaces bien plus immédiates que le dioxyde de carbone, comme la pauvreté dans le tiers monde, la faim et la maladie qui tuent des milliers d'enfants chaque jour en Afrique ? Si même le sauvetage imminent de vies humaines est ignoré par ces gens, comment peut-on croire qu'il n'y a pas d'intérêt significatif qui anime les concepts de monnaies carbone, de commerce du carbone, de tarifs carbone, etc. qui sont partout en Occident ?

Ce qui est fatal, c'est que ces gens sont si intelligents que, grâce à une campagne de propagande massive et prolongée, la question du dioxyde de carbone a été "façonnée" pour devenir l'ordre du jour public le plus urgent du monde, et en effet, la question des émissions de dioxyde de carbone a même été élevée au niveau stratégique de la survie de la planète. Ils ont la mainmise sur le pouvoir moral du monde. Toute personne qui s'oppose à la réduction du CO_2 sera qualifiée d'anti-humaine, voire d'anti-Terre. Les pays qui résistent à la limitation des émissions de CO_2 deviendront des ennemis publics de l'humanité et seront condamnés aux quatre coins du monde. Les gouvernements et les groupes de la société civile se lèveront et attaqueront, par exemple, en imposant une taxe stupéfiante sur les émissions de carbone dans le commerce international, ce qui évincera les produits des "ennemis de l'humanité" du marché mondial ; le consensus punitif sur les marchés financiers internationaux mettra complètement en attente les fusions et acquisitions à l'étranger des "ennemis de l'humanité" ; et la "taxe environnementale" punitive sera imposée sur toutes les matières premières et produits de base internationaux nécessaires au développement économique des "ennemis de l'humanité", ce qui entraînera une grave inflation des coûts et affaiblira considérablement le potentiel de développement économique du pays.

La Chine ne peut absolument pas se permettre de payer le prix fort de ce chapeau. Ce jour ne viendra peut-être pas dans un an ou deux, mais ce sera très probablement la dure réalité à laquelle la Chine devra faire face dans 10 ans.

À cette fin, il est urgent de mener des recherches stratégiques préventives. La Chine est déjà confrontée à une guerre des monnaies qui ne se voit pas.

La fin du dollar

Le déversoir de la dette américaine actuelle de 57 000 milliards de dollars, qui croît de manière rentable chaque heure de chaque jour, combiné à l'énorme fardeau des obligations cachées en matière de soins de santé et de retraites pour les 10 prochaines années, constitue depuis longtemps une lourde entrave à la poursuite de la croissance de l'économie américaine. En fait, les États-Unis ne seront jamais en mesure de rembourser ces dettes. Ils ne feront que s'enfoncer de plus en plus dans le marécage de la dette au fil du temps. La crédibilité du dollar a été sérieusement ébranlée et ce n'est qu'une question de temps avant qu'il ne soit complètement abandonné par le monde. Les responsables de la politique du dollar le savent bien.

La mise en œuvre de la politique nationale de base de "mise à zéro contrôlée" du dollar est déjà la seule issue et la meilleure option pour les intérêts à long terme des États-Unis, afin de tromper au maximum les peuples de tous les pays, y compris la Chine, avant l'effondrement total, et de s'appuyer astucieusement sur la dette de plusieurs milliers de milliards de dollars pour changer le visage de l'avenir, pour remonter légèrement. Mais l'abolition du dollar est une chose à laquelle le peuple américain dans son ensemble et les investisseurs du monde entier ne peuvent pas dire oui, donc seule une grande crise peut entraîner un grand changement. C'est l'une des raisons pour lesquelles la crise financière actuelle aux États-Unis a éclaté.

Dans une économie normale, la monnaie ne peut se déprécier que petit à petit, et il faut beaucoup de temps et de parcours pour amener le dollar à zéro complètement. Sur une période aussi longue, le fardeau croissant de la dette des États-Unis ne peut qu'étouffer complètement leur développement économique et donner amplement le temps aux autres pays d'abandonner le dollar. Pour ce faire, le dollar doit raisonnablement et légalement accélérer sa dépréciation tout en laissant les investisseurs dans le dollar sans méfiance et en soutenant même la politique d'émission abusive de monnaie de la Fed. Ainsi, les réglementations interdisant aux banquiers de spéculer sauvagement ont été levées, une variété d'armes financières de destruction massive — les produits financiers dérivés ont explosé, la politique de taux d'intérêt pour encourager les prêts hypothécaires à risque est sortie, avec un risque extrême rapidement engagé dans les grandes entreprises financières des patrons des récompenses super élevé est apparu, une crise financière centenaire a soudainement éclaté, la Réserve fédérale des centaines de milliards de dollars de l'impression de la monnaie du crime était légal, les investisseurs étrangers ont exprimé leur soutien et la compréhension et même continué à acheter. Dans un effort pour apaiser les craintes des investisseurs étrangers, le dollar a inexplicablement cessé de chuter et est reparti à la hausse. Toutes sortes de choses étranges, et tout s'est enchaîné !

Les intérêts du dollar engourdissent les nerfs du monde en faisant bouillir une grenouille dans l'eau chaude. Contrairement à l'appréciation en ligne droite du yuan, la tactique de la dévaluation du dollar est une grande baisse et une petite hausse, une baisse soudaine et une hausse soudaine, avec de plus en plus et de plus en plus et de moins en moins, de sorte que ceux qui sont à court de dollar ne peuvent pas voir le timing et n'osent pas agir de manière irréfléchie, de sorte que les détenteurs du dollar et des bons du Trésor américain dans le monde entier ont toujours eu des illusions sur le dollar, mais qu'ils ne peuvent pas prendre une décision rapide et en sortir rapidement, de sorte que le dollar peut continuer à tenir les investisseurs en haleine, de manière à atteindre le "zéro contrôlé" selon le calendrier et la manière les plus favorables au groupe d'intérêt du dollar.

Toutefois, ni l'Europe ni les États-Unis ne laisseront probablement les pêcheurs chinois s'enrichir dans cette crise financière et s'enrichir tant qu'ils le peuvent. Ils feront en sorte d'entasser autant de passagers chinois que possible sur le titanesque navire des dollars. Et les passagers chinois se sentent bien de posséder des billets à prix réduit sur ce luxueux bateau de croisière et de se rendre à Yellow Springs. Un scénario possible pour l'avenir est que le dollar est "un millier de cadavres passant à côté d'un bateau qui coule, la plupart d'entre eux étant chinois".

Ce qui est particulièrement remarquable dans ce processus, c'est le spectacle du gouvernement américain en matière de sauvetage, qui est vraiment brillant et merveilleux ! Parmi les plus spectaculaires, la scène extraordinaire dans laquelle Paulson s'est agenouillé au Congrès en suppliant l'adoption du projet de loi de sauvetage de 700 milliards de dollars, qui a poussé le grand drame jusqu'à un point culminant tragique. Ces spectacles de sauvetage sont destinés à montrer au monde que moi, le gouvernement américain, j'ai fait tout ce qui était en mon pouvoir pour sauver le dollar et l'économie américaine. Vous pouvez voir que j'essaie désespérément de "renflouer" le marché avec 100 milliards en trois jours et 1 trillion en cinq jours. On ne peut pas me blâmer si je ne peux pas être sauvé à nouveau. Alors que tout était prêt, un jour, soudainement, les anglo-français et les allemands ont annoncé simultanément qu'ils n'accepteraient plus de dollars. Personne n'a sauvé la bourse du plongeon, personne ne s'est soucié de la chute du dollar. Du jour au lendemain, toute la dette américaine a disparu, ainsi que l'épargne chinoise et la plupart de ses réserves de change. Les retraites du peuple américain sont dans la soupe, l'assurance maladie a disparu, la dette nationale américaine est transformée en eau, les réserves en dollars en papier à main, tout cela finira par exploser ; la colère ne vient pas de moi le gouvernement américain. J'ai fait tout ce que je pouvais, j'ai fait tout ce que je pouvais, j'ai fait tout ce que je pouvais, j'ai fait tout ce que je pouvais, j'ai la conscience tranquille. La communauté théorique occidentale visera la "mauvaise monnaie souveraine", avec le "malheureux" dollar en point de mire. Enfin, l'élite dirigeante mondiale ne pourra qu'exprimer sa plus sincère sympathie et ses condoléances au grand nombre de victimes du dollar, y compris le peuple chinois, travailleur et bienveillant. Leur éloge funèbre se terminera ainsi : "Laissez-nous, vivants, nous relever des ruines des monnaies souveraines et nous embarquer dans le nouveau voyage de la monnaie unique et honnête du monde !". Amen. "

"Le monde sous Hercule"

Dans le film *Retour vers le futur*, Martin, qui revient par hasard à Martin il y a 30 ans, constate que son jeune père et sa jeune mère, par erreur, ne semblent plus être amoureux, et il est horrifié de voir que l'image de la fratrie et de lui-même disparaît progressivement de la photo de famille prise 30 ans plus tard ! Martin, qui était si occupé, a finalement allumé l'étincelle d'amour entre son père et sa mère, et au moment où les parents de l'adolescente et du garçon se sont embrassés joyeusement pour la vie, 30 ans plus tard, les cristaux d'amour sont enfin réapparus sur la photo de famille. Martin a repris ses esprits et a réalisé que toutes ses actions de retour dans le passé allaient changer le cours et l'issue de sa vie future.

Il s'est précipité vers la machine à remonter le temps que le Dr Brown avait fabriquée et a réglé l'heure à quelques instants du départ. Après une course contre la montre palpitante, Martin "courut" 30 ans en arrière au moment où le Dr Brown était sur le point d'être tué par les criminels, au moment où la balle a été tirée sur le Dr Brown, Martin s'est envolé, changeant la fin de la mort du docteur.

C'est à ce moment-là que le public a compris. Pourquoi s'appelle-t-on "Retour vers le futur" alors que l'histoire parle de "Retour vers le passé" ? Il s'avère que "retourner dans le passé" consiste précisément à changer le futur, et que le futur peut être réécrit "en arrière".

La grande scène finale de l'*Atlas Shrugged* d'Ayn Rand est le retour triomphal de chacune des "meilleures" élites dirigeantes du monde qui ont fait une "grève collective" et ont réussi, aux commandes de jets privés perfectionnés. Alors qu'ils dominent les masses, à un moment où le monde rouge plonge progressivement dans le chaos, le déclin et la destruction, conformément à leur calendrier soigneusement élaboré, le groupe de fonctionnaires cupides, éhontés et stupides qui les combattaient autrefois a été totalement vaincu et est impuissant, et la véritable essence du monde — la richesse, la sagesse, la pensée — est concentrée uniquement dans les mains de ce groupe d'élite volant haut dans le ciel. Ils ont souri triomphalement et fièrement en regardant le monde en dessous d'eux aller sur la "bonne voie de la sagesse, de la justesse et de l'excellence" selon leur conception.

Tout au long de l'histoire, les chefs de gouvernement qui tentent de freiner ces élites dirigeantes sont l'antithèse de leur hypocrisie, de leur stupidité, de leur avidité éhontée, de leur bravade et de leur laideur intouchable. Et toutes les autres "petites gens" du grand public n'en sont qu'une partie pratiquement négligeable depuis le début. Ils sont incompétents, ignorants, faibles, se recroquevillent à côté des chemins de fer brisés, des mines abandonnées, et ne savent plus quoi dire dans les banques en faillite, les villes chaotiques et les campagnes affamées. Ayn Rand ne prend tout simplement pas la peine de donner des noms à ces personnages mineurs dispensables de l'histoire — ils ne sont de toute façon qu'un flou de couleur de fond, un nuage de différence par rapport aux héros d'élite, attendant d'être placés comme pions dans un tout nouveau monde d'échecs dans le futur.

Les "Hercules" se sont débarrassés à eux seuls des vieux schémas inefficaces et restrictifs sur le terrain et vont reconstruire la société avec "la plus grande sagesse et ingéniosité, le plus grand talent et la plus grande conception". Ils se sont préparés et ont planifié cela depuis de nombreuses années, et ils déplacent l'ensemble du système social pas à pas vers le "ciel bleu de la dissolution", tout comme Keiji Yokomichi l'a fait dans le film japonais "La Chasse", selon les étapes et les rythmes qu'ils ont précisément conçus. Oui, quel ciel bleu, dans lequel les masses ignorantes marchent, marchent...

Est-ce que "Hercule" aura vraiment le dernier mot ? Est-il vrai que le "futur" qu'ils ont créé ne peut être changé ?

Hercule est convaincu de détenir la clé d'or de l'avenir et d'avoir conçu une destination destinée à tous les peuples. Mais ce qu'Hercule oublie, c'est que la force motrice fondamentale de toute l'histoire de l'humanité, ce sont les gens ! L'eau peut porter un bateau, mais elle peut aussi le renverser. Cela a été le cas dans le passé et dans le présent. La droiture de l'homme, ce sont les vicissitudes du monde.

Si tous les êtres sous le ciel savaient que leur destin serait "arrangé" par "Hercule" dans le futur, seraient-ils encore indifférents aujourd'hui ?

Peut-être qu'"Hercule" s'est surestimé et a sous-estimé les autres.

Que verront les "Hercules" lorsqu'ils regarderont la vaste étendue de la terre ?

Peut-être verront-ils que des pays comme la Russie et le Brésil se débarrassent stratégiquement et résolument d'énormes quantités d'obligations américaines.

Peut-être verront-ils les pays du Moyen-Orient changer avec ténacité leur système de règlement dominé par les pétrodollars.

Peut-être verront-ils que les pays en développement, représentés par la Chine, ne suivent pas le scénario de crise financière qu'ils ont compilé et jouent selon les règles.

Ils verront également les pays en développement planifier leur propre système monétaire futur pour concurrencer la monnaie unique mondiale "Hercule". Lorsque le grand public est informé de la fin future, ses actions maintenant changeront l'avenir !

Attendons de voir.

Remerciements et réflexions

L'année passée à la maison, qui était aussi la dernière période d'écriture de *La guerre des monnaies II – Le pouvoir de l'or*, a vu de nombreux changements dans ma vie. Ces changements ont non seulement donné naissance à ce livre, mais aussi à une nouvelle personne. Avant d'écrire la préface de ce livre, je n'ai pu m'empêcher de ressentir beaucoup d'émotions.

En 2009, la vie m'a laissé un regret irréparable : ma mère, Mme Ren Yunqing, a quitté le monde pour cause de maladie alors que *La guerre des monnaies II – Le pouvoir de l'or* venait de s'achever. Lorsque ma mère était gravement malade, je n'ai pas pu accomplir mon devoir filial à ses côtés en raison de ma charge de travail intense. Bien qu'elle dise encore : "Ne le laisse pas revenir parce qu'il est occupé", je ne sais pas à quel point je lui manque. Dans son cœur, je suis une bannière dont elle espère que son fils volera toujours haut, même au ciel, et elle en sera heureuse et fière. Chère maman, ton petit triplé travaillera dur et vivra heureux, et je suis sûr que ton esprit céleste me regarde à chaque instant, priant pour moi et me donnant de la force ! Mes deux frères ont pris soin de ma mère lorsqu'elle était gravement malade, ce qui m'a fait soupirer de regret. Je pense que même si ma mère est partie, nous serons tous les trois plus unis dans nos vies, et nous pourrons nous entraider à l'avenir jusqu'à notre mort.

Quand il s'agit de ma mère, je ne peux m'empêcher de penser à ma plus jeune fille qui est loin de là, de l'autre côté de l'océan. Bébé, tu as grandi ? Tu as grossi ? Les résultats scolaires s'améliorent-ils ? Tu es peut-être trop jeune maintenant pour comprendre pourquoi papa s'éloigne de toi pour retourner dans ton pays natal et créer une entreprise, mais crois-moi, tu seras toujours le petit ange de papa et le bonheur de ta vie est mon plus grand souhait ! Mes filles, écoutez votre mère, qui a travaillé si dur pour vous éduquer et prendre soin de vous, et prenez bien soin de vous-mêmes pendant que je ne suis pas avec vous, et votre gratitude sera gravée dans vos cœurs cette vie.

2009 a été le début de mes 40 ans, et quel processus difficile pour quelqu'un de si passionné mais qui n'avait pas été proche de son pays depuis des années. C'est à cette époque que j'ai eu la chance de rencontrer Mme Ren Wen, l'éditrice du magazine Global Finance, M. Xiang Song-jo, l'économiste en chef, et M. Peng Xiaoguang, le rédacteur en chef adjoint, et nous avons fondé le Global Finance Institute en raison de notre vision et de nos convictions communes. À mon avis, la richesse de l'expérience commerciale de Mme Ren, son sens des affaires et son attitude gracieuse sont la clé de l'émergence rapide du Global Institute of Finance and Economics en tant que force majeure du groupe de réflexion privé chinois en un court laps de temps. Et Song Jo et Xiao Guang utilisent leurs vastes contacts dans les cercles financiers et économiques en Chine et à l'étranger, des connaissances épaisses et fines, pour que le Global Institute of Finance and Economics construise un pont vers le monde. La coopération avec vous m'a fait sentir le pouvoir spirituel de la nouvelle génération d'élites chinoises. Sans votre aide, ma vision ne se serait pas concrétisée aussi rapidement, et je n'aurais pas derrière moi aujourd'hui la solide équipe du magazine Global Finance, de l'Institut de recherche Global Finance et de Beijing Jinquan Investment Company Limited.

Mes frères et sœurs de carrière, me donnent confiance quand je suis perdu, me donnent de la chaleur quand je suis seul, nous n'avons pas de plaintes et pas de regrets, nous sommes unis et nous nous aimons, toute la lutte est juste parce que j'aime le moment du succès !

Beaucoup de gens disent que le succès est pour ceux qui sont préparés, mais beaucoup de ceux qui sont préparés n'ont pas l'opportunité de réussir. Le 4 juillet 2009, après que tout notre travail en tant qu'un des organisateurs du Global Think Tank Summit ait été achevé avec succès, la jeune équipe de Global Finance s'est finalement placée sur un nouveau chemin de carrière. Même les jours de fatigue et de labeur n'ont plus suffi, car nous avons mis le cap sur l'avenir. Je tiens à exprimer ma gratitude particulière aux aînés, à savoir M. Zeng Peiyan, président du China Center for International Economic Exchanges, l'organisateur du sommet, M. Zheng Xinli, vice-président exécutif, M. Wei Jianguo, secrétaire général, et M. Chen Yanbing, secrétaire général adjoint. Pendant les préparatifs intensifs de la Conférence, votre confiance et votre soutien ont rendu la jeune génération inoubliable, mais en fait, il n'est pas nécessaire de parler de gratitude dans votre domaine.

En outre, je tiens à remercier M. Tang Shisheng, président de Hongyuan Securities, pour la gentillesse dont il a fait preuve à mon égard au début de mon retour en Chine. Vous m'avez fait de nombreuses suggestions et commentaires précieux sur l'origine et le rôle du crédit, la relation entre le crédit et la monnaie, et les causes profondes de la crise financière. Grâce à vos encouragements et à vos conseils, j'ai lu certaines parties des *Œuvres complètes de Max Engels* sur le crédit et la monnaie et les marchés financiers de l'Europe du XIXe siècle et j'en ai été grandement inspiré.

En outre, je tiens à remercier tout particulièrement Mme L. H., principale assistante de recherche et assistante de rédaction pour deux exemplaires de *La guerre des monnaies*. Son cœur et sa sagesse se retrouvent dans chacune de mes créations.

Il y a tant de personnes à remercier : M. Robert Mondale, à qui il est facile de parler, M. Chen Jian, qui est d'un soutien discret, M. Li Jun, qui est le directeur général de l'Institut, M. Liu Congxing, qui est strict et méticuleux, M. Shi Weidong, qui est un véritable ami, M. Yang Wei, qui a abandonné sa vie supérieure aux États-Unis et est rentré chez lui pour se battre avec moi, M. Sheng Jie, qui est mon assistant, tous les membres qui m'ont apporté un soutien inégalé au début de l'Institut, tous les experts du comité de rédaction de Global Finance and Economics, tous les fidèles lecteurs qui attendent chaque jour avec impatience la publication de *La guerre des monnaies II – Le pouvoir de l'or*, M. et Mme Niu Zhang, qui m'ont accordé beaucoup d'attention dans leur vie, veuillez me pardonner de ne pas pouvoir remercier toutes ces personnes pour diverses raisons. Et à ce stade, tous les mots de gratitude semblent trop pâles, car je sais dans mon cœur que le soutien et l'engagement de vous tous ont été mon plus grand atout dans cette vie. Qu'est-ce que je regrette dans cette vie ?

Permettez-moi de dédier ce livre à tous ceux qui m'aiment et à ceux que j'aime, et que vous soyez toujours en bonne santé et heureux !

POSTFACE

Ce livre n'a pas été écrit pour vous apprendre à investir, à répartir vos actifs ou à enseigner un ensemble typique de méthodes de couverture de change. Ce livre a pour but de répondre à la question qui nous intrigue depuis si longtemps et qui reste sans réponse : pourquoi les monnaies s'affrontent-elles ?

Érudit très doué dans le domaine de l'économie mondiale, Song passe beaucoup de temps à explorer l'histoire, à étudier la réalité et à essayer de déchiffrer l'avenir. Au moment où M. Song a écrit son deuxième livre, *La guerre des monnaies II – Le pouvoir de l'or*, il avait feuilleté plus de 100 livres et remonté 300 ans en arrière pour explorer les origines du système financier actuel. Dans son livre, M. Song ouvre la "boîte de Pandore" sur la façon dont 17 familles ont dirigé le système financier mondial depuis le début du 19e siècle jusqu'à aujourd'hui et comment elles ont contrôlé le système bancaire, le pétrole brut, l'industrie et l'industrie de la défense en créant des instruments financiers et en créant des événements majeurs afin de pouvoir maîtriser le monde de façon habile et efficace depuis le début jusqu'à aujourd'hui. Ils sont assis au sommet de la pyramide et cachent tous leurs secrets sous leurs trônes. M. Song a essayé d'inciter son pays, la Chine, à comprendre les tendances de la mondialisation. En lisant ce livre avec grand intérêt, vous aurez l'impression que le temps a passé comme une flèche et que l'histoire a changé. Personnellement, je considère ce livre comme l'un des meilleurs de tous les ouvrages qui décrivent de tels sujets. La lecture de ce livre est dix fois plus enrichissante que celle de son premier livre, *La guerre des monnaies*, et j'ai hâte de lire le troisième livre sur lequel il commence à travailler. Je suis très reconnaissant à M. Song de nous fournir des réflexions et des perspectives aussi précieuses et de partager sa passion et sa persévérance avec ses lecteurs.

Dr. Mohamed Abdul Haq

Président et PDG de G6 Group et président du groupe Fortune Nest

Pékin, 28 juin 2009

Autres titres

LE POUVOIR DE L'OR

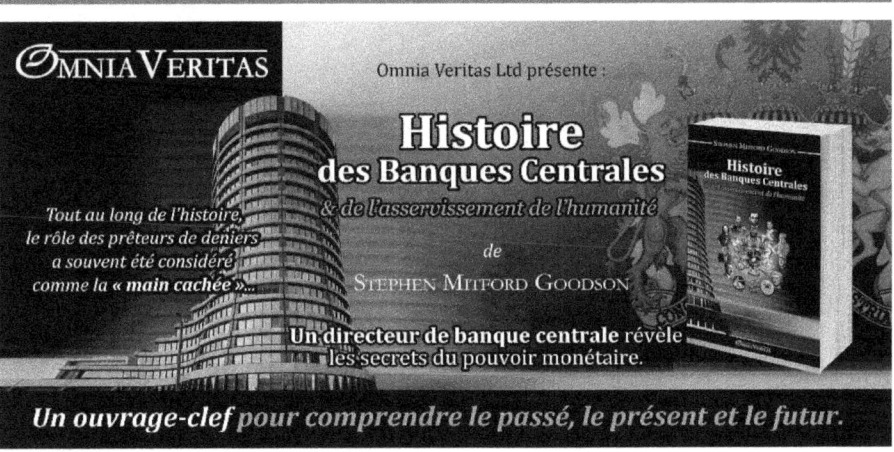

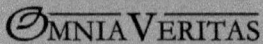

www.ingramcontent.com/pod-product-compliance
Lightning Source LLC
Chambersburg PA
CBHW071309150426
43191CB00007B/561